MAX-PLANCK-INSTITUT
FÜR AUSLÄNDISCHES ÖFFENTLICHES RECHT
UND VÖLKERRECHT

Beiträge zum ausländischen öffentlichen Recht und Völkerrecht

Begründet von Viktor Bruns

Herausgegeben von
Armin von Bogdandy · Anne Peters

Band 254

Christian Wohlfahrt

Die Vermutung unmittelbarer Wirkung des Unionsrechts

Ein Plädoyer für die Aufgabe der Kriterien hinreichender Genauigkeit und Unbedingtheit

The Presumption of Direct Effect in European Union Law

(English Summary)

Springer

ISSN 0172-4770 ISSN 2197-7135 (electronic)
Beiträge zum ausländischen öffentlichen Recht und Völkerrecht
ISBN 978-3-662-48980-2 ISBN 978-3-662-48981-9 (eBook)
DOI 10.1007/978-3-662-48981-9

Die Deutsche Nationalbibliothek verzeichnet diese Publikation in der Deutschen Nationalbibliografie; detaillierte bibliografische Daten sind im Internet über http://dnb.d-nb.de abrufbar.

Springer

Gedruckt auf säurefreiem und chlorfrei gebleichtem Papier

Springer-Verlag GmbH Berlin Heidelberg ist Teil der Fachverlagsgruppe Springer Science+Business Media (www.springer.com)

Geleitwort

Den Leser erwartet mit dem vorliegenden Band ein überzeugender Versuch, Natur und Wirkung des Unionsrechts neu zu definieren. Die Europäische Union bietet ihren Bürgerinnen und Bürgern einen Raum der Freiheit, der Sicherheit und des Rechts ohne Binnengrenzen. Sie errichtet einen Binnenmarkt. Nutznießer eines Raumes ohne Binnengrenzen und Akteure eines Binnenmarktes sind nicht Staaten, sondern Einzelpersonen und Unternehmen. Diese brauchen eine verlässliche Rechtsgrundlage für ihre grenzüberschreitenden Tätigkeiten, d.h., sie müssen sich darauf verlassen können, „dass das im Amtsblatt der EU veröffentlichte Recht wirkt und von den nationalen Gerichten beachtet wird" (S. 50). Die bisher verwandte Formel, dass EU-Recht nur unmittelbar wirkt, wenn es genau und unbedingt ist, führt, wie der Verfasser zutreffend hervorhebt, zu einer „Konfusion über die Voraussetzungen der unmittelbaren Wirkung" (S. 46). Diese Erkenntnis verlangt, nach einem neuen, transparenteren Weg zu suchen. Nach eingehender Analyse der Rechtsprechung wird folgerichtig vorgeschlagen, die unmittelbare Wirkung der Vorschriften des EU-Rechts, wie bei sonstigen Rechtsvorschriften üblich, zu vermuten und die von der Rechtsprechung des EuGH anerkannten Fälle nicht unmittelbarer Wirkung als Ausnahmen zu behandeln. Eine solche Beweislastumkehr wird erstmalig auf eine solide dogmatische Grundlage gestellt. Sie wird der Verfasstheit der EU und den sie bestimmenden Rechtsprinzipien beim derzeitigen Stand der Integration gerecht und verdeutlicht insbesondere die Unterschiede zur Völkerrechtsordnung. Der Band schließt mit der Feststellung: „Die unmittelbare Wirkung des Unionsrechts ist eine Errungenschaft, die es zu bewahren und verteidigen gilt" (S. 229). Dem ist nichts hinzuzufügen.

Prof. Dr. Carl Otto Lenz
Generalanwalt am Gerichtshof der Europäischen Gemeinschaften a.D.

Vorwort

Diese Arbeit wurde im März 2015 der juristischen Fakultät der Goethe-Universität Frankfurt am Main zur Begutachtung vorgelegt. Sie entstand hauptsächlich während meiner Zeit als wissenschaftlicher Mitarbeiter am Max-Planck-Institut für ausländisches öffentliches Recht und Völkerrecht in Heidelberg.

Mein besonderer Dank gilt meinem Doktorvater, Professor Dr. Armin von Bogdandy, der mich geduldig unterstützt hat und mir mit seinem tiefgründigen Verstand, seinem Umgang mit der Sprache und seiner Liebe zur Wissenschaft zum Vorbild geworden ist.

Mein Dank gilt ferner den Teilnehmern der „Dienstagsrunde" am Max-Planck-Institut, die mit ihrer konstruktiven Kritik zum Gelingen der Arbeit beigetragen haben.

Danken möchte ich ebenso meiner Frau Zoi Lada, meinem Bruder Dr. Matthias Wohlfahrt und meinem Freund Dr. Sebastian Müller für ihre tatkräftige Unterstützung.

Mit Freude widme ich die Arbeit meinen Eltern Ines und Dr. Jürgen Wohlfahrt.

September 2015 Christian Wohlfahrt

Inhaltsübersicht

Inhaltsverzeichnis

Verzeichnis der Abkürzungen

a.a.O.	am angegebenen Ort
ABl.	Amtsblatt
Abs.	Absatz
a.E.	am Ende
ÄndVO	Änderungsverordnung
AEUV	Vertrag über die Arbeitsweise der Europäischen Union
AEU-Vertrag	Vertrag über die Arbeitsweise der Europäischen Union
AJDA	L'Actualité juridique : Droit administratif
AJIL	American Journal of International Law
Am. J. Comp. L.	American Journal of Comparative Law
AöR	Archiv des öffentlichen Rechts
Art.	Artikel
Aufl.	Auflage
AusglStO	Ausgleichsteuerordnung
AWD	Außenwirtschaftsdienst
BAGE	Entscheidungen des Bundesarbeitsgerichts
BayVBl	Bayerische Verwaltungsblätter
BB	Betriebs-Berater
Bd.	Band
BFH	Bundesfinanzhof
BFHE	Entscheidungen des Bundesfinanzhofs
BGBl.	Bundesgesetzblatt
BGHZ	Entscheidungen des Bundesgerichtshofs in Zivilsachen
bspw.	beispielsweise
BVerfGE	Entscheidungen des Bundesverfassungsgerichts
BVerwGE	Entscheidungen des Bundesverwaltungsgerichts

CDE	Cahiers de droit européen
CLJ	Cambridge Law Journal
CML Rev	Common Market Law Review
CPS	Comparative Political Studies
CYELS	Cambridge Yearbook of European Legal Studies
ders.	derselbe
dies.	dieselbe/dieselben
DÖV	Die Öffentliche Verwaltung
DVBl	Deutsches Verwaltungsblatt
EG	Europäische Gemeinschaften
EGKSV	Vertrag über die Gründung der Europäischen Gemeinschaft für Kohle und Stahl
EGKS-Vertrag	Vertrag über die Gründung der Europäischen Gemeinschaft für Kohle und Stahl
EGV	Vertrag zur Gründung der Europäischen Gemeinschaft
EJIL	European Journal of International Law
ELJ	European Law Journal
EL Rev	European Law Review
engl.	englisch
EU	Europäische Union
EuG	Gericht erster Instanz
EuGH	Europäischer Gerichtshof
EU-GRCharta	Charta der Grundrechte der Europäischen Union
EU-Grundrechtecharta	Charta der Grundrechte der Europäischen Union
EuGRZ	Europäische GRUNDRECHTE-Zeitschrift
EuR	Europarecht
EUV	Vertrag über die Europäische Union
EU-Vertrag	Vertrag über die Europäische Union
EuZW	Europäische Zeitschrift für Wirtschaftsrecht
EWG	Europäische Wirtschaftsgemeinschaft
EWGV	Vertrag zur Gründung der Europäischen Wirtschaftsgemeinschaft

EWG-Vertrag	Vertrag zur Gründung der Europäischen Wirtschaftsgemeinschaft
EWR-Abkommen	Abkommen über den Europäischen Wirtschaftsraum
EWS	Europäisches Wirtschafts- und Steuerrecht
f.	folgend
ff.	folgende
FIDE	Fédération internationale pour le droit européen
Fn.	Fußnote
franz.	französisch
GA	Generalanwalt/Generalanwältin
GAe	Generalanwälte/Generalanwältinnen
GmbH	Gesellschaft mit beschränkter Haftung
Harv. Int'l L.J.	Harvard International Law Journal
Hg.	Herausgeber
HStR	Handbuch des Staatsrechts der Bundesrepublik Deutschland
ICLQ	International and Comparative Law Quarterly
I.CON	International Journal of Constitutional Law
i.d.F.	in der Fassung
IPE	Ius Publicum Europaeum
i.V.m.	in Verbindung mit
JCMS	Journal of Common Market Studies
JDI	Journal du droit international
JuS	Juristische Schulung
JZ	Juristenzeitung
Law & Contemp. Probs.	Law and Contemporary Problems
LIEI	Legal Issues of Economic Integration
Loy. L.A. Int'l & Comp. L. Rev.	Loyola of Los Angeles International and Comparative Law Review
MJ	Maastricht Journal of European and Comparative Law
MLR	The Modern Law Review
m.w.N.	mit weiteren Nachweisen

NJW	Neue Juristische Wochenschrift
Nr.	Nummer
NuR	Natur + Recht
NVwZ	Neue Zeitschrift für Verwaltungsrecht
ÖJZ	Österreichische Juristen-Zeitung
OJLS	Oxford Journal of Legal Studies
OLG	Oberlandesgericht
RBDI	Revue belge de droit international
RdC	Recueil des cours
RDIP	Revue Général de Droit International Public
REALaw	Review of European Administrative Law
RFDA	Revue française de droit administratif
RGDIP	Revue Général de Droit International Public
RIW	Recht der Internationalen Wirtschaft
Rn.	Randnummer
Rs.	Rechtssache
RTDEur.	Revue Trimestrielle de Droit Européen
S.	Seite
SJZ	Schweizerische Juristen-Zeitung
Slg.	Sammlung
sog.	sogenannt
ssr	sous-sections réunies
Stan. L. Rev.	Stanford Law Review
stRspr	ständige Rechtsprechung
Tex. Int'l. L.J.	Texas International Law Journal
UAbs.	Unterabsatz
UStG	Umsatzsteuergesetz
Va. J. Int'l L.	Virginia Journal of International Law
Van. J. Transnat'l L.	Vanderbilt Journal of Transnational Law
verb. Rs.	verbundene Rechtssachen
VVDStRL	Veröffentlichungen der Vereinigung deutscher Staatsrechtslehrer
West Eur. Polit.	West European Politics
WTO	Welthandelsorganisation

WuW	Wirtschaft und Wettbewerb
Yale L.J.	The Yale Law Journal
YEL	Yearbook of European Law
ZaöRV	Zeitschrift für ausländisches öffentliches Recht und Völkerrecht
z.B.	zum Beispiel
ZEuS	Zeitschrift für Europarechtliche Studien
Ziff.	Ziffer
ZöR	Zeitschrift für öffentliches Recht

Einleitung

„Tucked away in the fairyland Duchy of Luxembourg" – so beginnt *Eric Stein* seinen bekannten Artikel aus dem Jahr 1981, in dem er den von Politik und Medien weitgehend unbeachteten Konstitutionalisierungsprozess der Europäischen Gemeinschaft durch den EuGH beschreibt.[1] Der Gerichtshof stieß den Konstitutionalisierungsprozess an, indem er die Wirksamkeit des Gemeinschaftsrechts stärkte, die – anders als die Wirksamkeit des nationalen Rechts – nicht selbstverständlich war. Als zentraler Baustein für die Wirksamkeit des Gemeinschaftsrechts sollte sich dessen unmittelbare Wirkung erweisen. Dank dieser konnten sich Einzelne vor mitgliedstaatlichen Gerichten auf das Gemeinschaftsrecht berufen und wurden somit zu einer Art *„agent auxiliare de la Communauté"*.[2] Dadurch wurden die nationalen Gerichte zu funktionalen Gemeinschaftsgerichten, die – mit den Durchsetzungsmechanismen des nationalen Rechts ausgestattet – für den effektiven Vollzug des Gemeinschaftsrechts sorgten.[3]

Die Wirksamkeit des Unionsrechts sichert der EuGH mit seiner Rechtsprechung zur unmittelbaren Wirkung nunmehr schon seit vielen Jahren mit Erfolg. Widerstand der Mitgliedstaaten gegen seine Rechtsprechung gab es fast nicht. Ermöglicht wurde die „leise Revolution"[4] vor allem durch das Vorabentscheidungsverfahren, dessen Ausgestaltung im Vertragsgefüge wohl mehr das Ergebnis von Zufall als von Strategie war.[5] Als hilfreich erwies sich auch, dass der EuGH das integrative Potenzial der unmittelbaren Wirkung unter dem Deckmantel einer ihren Voraussetzungen nach formal anmutenden Doktrin verbergen konnte. Nach dieser sollen nur solche Vorschriften des Gemeinschaftsrechts

---

1 Siehe E. Stein, Lawyers, Judges and the Making of a Transnational Constitution, AJIL 75 (1981), S. 1.

2 Lecourt, L'Europe des juges, 1976, S. 260. Siehe auch S. 249 f. („agents de l'unité de marché").

3 Siehe nur Weiler, A Quiet Revolution: The European Court of Justice and Its Interlocutors, CPS 26 (1994), S. 510 (519).

4 Siehe Weiler, a.a.O., S. 510 (517).

5 Siehe Pescatore, Les travaux du « groupe juridique » dans la négotiation des traités de Rome, Studia Diplomatica 34 (1981), S. 159 (173).

unmittelbar wirken, die hinreichend genau und unbedingt sind.[6] Obwohl dieser Test simpel erscheint, können selbst Juristen, die sich intensiv mit dem Unionsrecht befassen, nicht überzeugend erklären, was mit diesen Kriterien geprüft wird. Selbst ein Blick in die einschlägige Literatur hilft kaum weiter. Das erstaunt umso mehr, als die unmittelbare Wirkung seit vielen Jahren zu den „Grundpfeilern" des Unionsrechts gehört. Auch ein Rückgriff auf die Doktrin der unmittelbaren Anwendbarkeit von Völkerrecht, die ähnliche Voraussetzungen aufweist, ist nicht erhellend, da sich beide Rechtsinstitute fundamental unterscheiden: Mit der unmittelbaren Anwendbarkeit von Völkerrecht wird die Frage adressiert, inwieweit die nationale Hoheitssphäre gegen Völkerrecht „abzuschirmen" ist, wohingegen sich die Doktrin der unmittelbaren Wirkung als Werkzeug des EuGH erwiesen hat, das Gemeinschaftsrecht gegenüber nationalem Recht durchzusetzen.[7]

Manche mögen argumentieren, es sei ein notwendiges Übel gewesen, die konstitutionalisierende Kraft der unmittelbaren Wirkung hinter einer „technisch" wirkenden Doktrin zu verbergen, um den vertraglich vorgesehenen immer engeren Zusammenschluss der europäischen Völker nicht zu gefährden.[8] Wie auch immer diese Auffassung zu bewerten ist, die Rechtsprechung des EuGH zur unmittelbaren Wirkung des Unionsrechts steht mittlerweile weitgehend außer Frage. Im Jahr 2009 gab der französische *Conseil d'État* als letzte „Bastion" seinen Widerstand gegen die Rechtsprechung des EuGH zur unmittelbaren Wirkung von Richtlinien vorbehaltlos auf.[9] Nach wie vor ist die zunehmende europäische Integration, trotz einzelner Rückschläge, ein Faktum und von einem Desinteresse der Politik und der Medien, wie von *Eric Stein* beschrieben, kann schon lange keine Rede mehr sein. Im Gegenteil hat die

---

6 Diese „Technizität" kritisierend Steiner, Direct Applicability in EEC Law – A Chameleon Concept, The Law Quarterly Review 98 (1982), S. 229 (240); von Bogdandy, Pluralism, direct effect, and the ultimate say, I.CON 6 (2008), S. 397 (401 ff.).

7 Deutlich Prechal, Does Direct Effect Still Matter?, CML Rev (2000), S. 1047 (1048); Nollkaemper, The Duality of Direct Effect of International Law, EJIL 25 (2014), S. 105.

8 Siehe den ersten Erwägungsgrund der Präambel des EWG-Vertrags. Heute mit kleinen Unterschieden der 13. Erwägungsgrund der Präambel des EU-Vertrags.

9 Siehe Conseil d'État (assemblée), Entscheidung vom 30.10.2009, N°298348, abrufbar unter http://www.conseil-etat.fr/fr/base-de-jurisprudence (abgerufen am 22.8.2013).

gewachsene Machtfülle der Europäischen Union Mängel offen gelegt, insbesondere das demokratische Legitimationsdefizit, das Politik, Rechtsprechung und Wissenschaft auch in Zukunft nachhaltig beschäftigen wird.[10] Nicht zuletzt aus diesem Grund ist es nunmehr an der Zeit, für Transparenz zu sorgen und 50 Jahre nach der Entscheidung *Van Gend & Loos* ein Resümee zu ziehen. *The „constitutional honeymoon has ended"*.[11]

Ein solcher Schritt hin zu mehr Transparenz wird mit der hier vertretenen These einer Vermutung unmittelbarer Wirkung des Unionsrechts getan. Damit ist es nicht mehr erforderlich, die unmittelbare Wirkung mittels der hinreichenden Genauigkeit und Unbedingtheit einer Vorschrift zu belegen. Die Vermutung zieht vielmehr eine einfache Regel: Unionsrecht wirkt unmittelbar, ist also von mitgliedstaatlichen Gerichten und Verwaltungsbehörden anzuwenden, solange sich keine überzeugenden Argumente dagegen finden lassen. Infolgedessen bedarf lediglich die fehlende unmittelbare Wirkung einer Begründung. Da eine Rechtfertigungslast nur besteht, wenn die unmittelbare Wirkung abgelehnt werden soll, zwingt sie den Rechtsanwender, sich seiner Argumente, die gegen eine unmittelbare Wirkung sprechen, zu vergewissern. Es verringert sich somit die Gefahr, dass die unmittelbare Wirkung von Unionsrecht irrtümlich verneint wird. Eine solche Gefahr besteht, da bei nationalen Gerichten und Verwaltungsbehörden nach wie vor eine gewisse Scheu festzustellen ist, das seinem Wortlaut nach häufig an die Mitgliedstaaten gerichtete und nicht selten vage Unionsrecht anzuwenden.

Dies belegt eine Entscheidung des Oberlandesgerichts München aus dem Jahr 2008. Das höchste Gericht der ordentlichen Gerichtsbarkeit in

---

[10] Zum demokratischen Legitimationsdefizit etwa Weiler, The Transformation of Europe, Yale L.J. 100 (1991), S. 2403 (2466 ff.); ders., Deciphering the Political and Legal DNA of European Integration: An Exploratory Essay, in: Dickson/Eleftheriadis (Hg.), Philosophical Foundations of European Union Law, 2012, S. 137 (139 ff.); der Sammelband von Kadelbach (Hg.), Europäische Integration und parlementarische Demokratie, 2009; Franzius, Demokratisierung der Europäischen Union, EuR 2013, S. 655; Grimm, Zum Stand der demokratischen Legitimation der Europäischen Union nach Lissabon, in: Heinig/Terhechte (Hg.), Potsnationale Demokratie, Postdemokratie, Neoetatismus, 2013, S. 105.

[11] Weiler, Epilogue, The European Courts of Justice: Beyond 'Beyond Doctrine' or the Legitimacy Crisis of European Constitutionalism, in: Slaughter/Stone Sweet/ders. (Hg.), The European Court and National Courts – Doctrine and Jurisprudence, 1997, S. 365 (366).

Bayern lehnte die unmittelbare Wirkung des in der Dienstleistungsfreiheit enthaltenen Diskriminierungsverbots mit der Begründung ab, eine Sanktion für einen Verstoß gegen dieses sei nicht angeordnet.[12] Dabei wurde verkannt, dass nach ständiger Rechtsprechung des EuGH seit 1966 die unmittelbare Wirkung von gemeinschaftsrechtlichen (nun unionsrechtlichen) Diskriminierungsverboten nicht mit dieser Begründung abgelehnt werden kann.[13] Dass die Dienstleistungsfreiheit als solche unmittelbar wirkt, steht außerdem seit 1974 fest.[14] Hätte das Oberlandesgericht die Vermutung der unmittelbaren Wirkung beachtet, wäre der Fall womöglich anders ausgegangen.

Anliegen des Verfassers ist es, die Vermutung der unmittelbaren Wirkung des Unionsrechts nachzuweisen. Diese Vermutung wurde zwar immer wieder in der Wissenschaft angedacht, allerdings blieb es bei eher beiläufigen Äußerungen. In der Rechtsprechung des EuGH findet sich eine deutliche Vermutung der unmittelbaren Wirkung nur im Hinblick auf wenige, eng begrenzte Bereiche. Dagegen bezieht sich die Vermutung, wie sie hier vertreten wird, auf das gesamte primäre und sekundäre Unionsrecht, gilt also selbst für staatengerichtete Richtlinien, die eine Umsetzung durch die Mitgliedstaaten vorsehen. Ausgenommen wird lediglich das die Europäische Union bindende Völkerrecht, da dieses anderen Regeln folgt.

Die These einer Vermutung soll im ersten Teil näher ausgeführt werden. Im zweiten Teil wird die These begründet. Dabei wird sich zeigen, dass es trotz vordergründigen Festhaltens an der bisherigen Dogmatik nicht nur eine Vielzahl von Hinweisen für die Vermutung der unmittelbaren Wirkung in der Rechtsprechung des EuGH gibt, sondern dass die Vermutung auch dogmatisch geboten ist. Es zeigt sich, dass die Gründe, die im Hinblick auf das Völkerrecht eine Zurückhaltung bei der unmittelbaren Anwendung rechtfertigen, sich nicht auf das primäre und sekundäre Unionsrecht übertragen lassen. Im dritten und letzten Teil wird erläutert, in welchen Fällen Unionsrecht ausnahmsweise nicht unmittelbar wirkt. Da die Kriterien der hinreichenden Genauigkeit und Unbe-

---

[12] Siehe OLG München, Urteil vom 16.1.2008 - 3 U 1990/07 -, juris, Rn. 39, 45.

[13] Siehe nur EuGH, 16.6.1966, Rs. 57/66, Lütticke, Slg. 1966, S. 257 (266 f.); EuGH (Sechste Kammer), 12.12.2002, Rs. C-442/00, Rodríguez Caballero, Slg. 2002, I-7569, Rn. 42.

[14] Seit EuGH, 3.12.1974, Rs. 33/74, van Binsbergen, Slg. 1974, S. 1299, Rn. 27.

dingtheit wenig praktikabel sind, soll durch Bildung konkreter Fallgruppen fehlender unmittelbarer Wirkung dogmatisch ein neuer Weg beschritten werden. Mittels dieser Fallgruppen wird die Vermutung gleichsam operationalisiert.

Erster Teil

Die Vermutung unmittelbarer Wirkung des Unionsrechts als These

Zunächst ist die aufgestellte These zu erläutern (A.). Im Anschluss soll gezeigt werden, dass die aktuelle Doktrin der unmittelbaren Wirkung, wie in Rechtsprechung und Wissenschaft vertreten, unzulänglich ist (B.). Die dort vorherrschende Begriffskonfusion bedingt den folgenden Abschnitt, in dem das mit der Vermutung der unmittelbaren Wirkung verbundene Potenzial dargestellt wird (C.). In einem letzten Abschnitt wird unter Berücksichtigung der Rechtsprechung des EuGH und der Literatur dargelegt, wie innovativ die Vermutungsthese ist (D.).

A. Ausführung der These

Um die These, dass die unmittelbare Wirkung zu vermuten ist, näher auszuführen, ist auf die Merkmale der Vermutung (I.), auf das Unionsrecht als Gegenstand der Vermutung (II.) und auf das Verständnis von unmittelbarer Wirkung (III.) näher einzugehen.

I. Merkmale der Vermutung

Statt von einer Vermutung kann auch von einem Grundsatz oder einer Präsumtion gesprochen werden. Eine Vermutung kann sich sowohl auf das Vorliegen von Tatsachen als auch auf rechtliche Qualifikationen beziehen.[15] Gegenstand der Vermutung der unmittelbaren Wirkung ist ei-

---

[15] Für rechtliche Vermutungen siehe etwa EuGH (Dritte Kammer), 18.7.2013, Rs. C-205/11 P, FIFA/Kommission, Rn. 64 (Vermutung der Rechtmäßigkeit für Rechtsakte der Union), oder EuGH (Dritte Kammer), 17.7.2014, verb. Rs. C-141/12 und C-372/12, YS, Rn. 63 (Vermutung der Entscheidungserheblichkeit der von den nationalen Gerichten vorgelegten Fragen nach

ne rechtliche Qualifikation. Die hier vertretene Vermutung der unmittelbaren Wirkung des Unionsrechts ist voraussetzungslos. Dem Begriff der Vermutung ist allerdings immanent, dass diese widerleglich ist.[16] Die Vermutung wird widerlegt, wenn sich überzeugende Gründe gegen die unmittelbare Wirkung finden lassen. Die Argumentationslast liegt daher bei denen, die an der unmittelbaren Wirkung Zweifel hegen.[17] Folglich ist (jedenfalls in einem ersten Argumentationsschritt) irrelevant, ob sich überzeugende Argumente *für* eine unmittelbare Wirkung finden lassen. Relevant sind nur Argumente *gegen* eine unmittelbare Wirkung.

Die hier vertretene Vermutung führt aber nicht, wie man meinen könnte, zu einer Vermehrung unmittelbar wirkender Vorschriften. Die Vermutung ist von der Frage, welche Gründe für oder gegen eine unmittelbare Wirkung sprechen, zu unterscheiden. Mit anderen Worten: Rechtsnormen, die sich bisher nicht zu unmittelbarer Wirkung eigneten, eignen sich auch unter Zugrundelegung einer Vermutung nicht dazu. Daher muss sich die Vermutungsthese auch keinen Legitimationsfragen stellen, die mit einer Erhöhung der Anzahl unmittelbar wirkender Vorschriften verbunden sein könnten.

Art. 267 AEUV). Für tatsächliche Vermutungen siehe bspw. Art. 5 Abs. 3 Richtlinie 1999/44/EG des Europäischen Parlaments und des Rates vom 25. Mai 1999 zu bestimmten Aspekten des Verbrauchsgüterkaufs und der Garantien für Verbrauchsgüter, ABl. (EG) L 171 vom 7.7.1999, S. 12 („Bis zum Beweis des Gegenteils wird vermutet, daß Vertragswidrigkeiten, die binnen sechs Monaten nach der Lieferung des Gutes offenbar werden, bereits zum Zeitpunkt der Lieferung bestanden, es sei denn, diese Vermutung ist mit der Art des Gutes oder der Art der Vertragswidrigkeit unvereinbar."). Grundlegend zur Unterscheidung nach tatsächlichen und rechtlichen Vermutungen Rosenberg, Die Beweislast auf der Grundlage des Bürgerlichen Gesetzbuchs und der Zivilprozessordnung, 5. Aufl. 1965, S. 199 ff.

[16] Vermutungen können aber auch unwiderleglich sein, siehe bspw. Art. 3 Abs. 2 UAbs. 1 Richtlinie 93/13/EWG des Rates vom 5. April 1993 über mißbräuchliche Klauseln in Verbraucherverträgen, ABl. (EG) L 95 vom 21.4.1993, S. 29 („Eine Vertragsklausel ist immer dann als nicht im einzelnen ausgehandelt zu betrachten, wenn sie im voraus abgefaßt wurde und der Verbraucher deshalb, insbesondere im Rahmen eines vorformulierten Standardvertrags, keinen Einfluß auf ihren Inhalt nehmen konnte.").

[17] Zur Argumentationslast Alexy, Theorie der juristischen Argumentation, 2. Aufl. 1991, S. 216 f., 242 ff. m.w.N.

II. Primäres und sekundäres Unionsrecht als Gegenstand der Vermutung

Die Vermutung der unmittelbaren Wirkung betrifft das primäre und sekundäre Unionsrecht. Konkret gesprochen bezieht sie sich also vor allem auf den EUV und den AEUV, die EU-Grundrechtecharta (Art. 6 Abs. 1 UAbs. 1 EUV) sowie auf die in Art. 288 AEUV vorgesehenen organgeschaffenen Rechtsakte.[18] Daher umfasst die Vermutung auch Richtlinien, die sich an die Mitgliedstaaten richten, diesen nicht selten ein erhebliches Umsetzungsermessen einräumen und dem Anschein nach nicht unmittelbar wirken.

Die Beschränkung der Vermutung auf primäres und sekundäres Unionsrecht erfolgt, um das die EU bindende Völkerrecht thematisch auszuklammern.[19] Zwar verwendet der EuGH auch in diesem Zusammenhang den Begriff der unmittelbaren Wirkung[20] und es ergeben sich teils identische Fragen, trotzdem bestehen wesentliche Unterschiede. Bei der Anwendung des primären und sekundären Unionsrechts stellen sich

---

[18] Zur Definition von primärem und sekundärem Unionsrecht und dem hiermit umfassten Recht siehe nur Bergmann, in: ders. (Hg.), Handlexikon der Europäischen Union, 4. Aufl. 2012, S. 750, 809; Oppermann/Classen/Nettesheim, Europarecht, 6. Aufl. 2014, § 9, Rn. 19 ff.; Schwarze, in: ders. (Hg.), EU-Kommentar, 3. Aufl. 2012, Art. 19 EUV, Rn. 22 ff. Zum Sekundärrecht im hier verstandenen Sinn gehört ebenfalls jenes Recht, das gelegentlich als Tertiärrecht bezeichnet wird. Zum Begriff des Tertiärrechts König, § 2 Gesetzgebung, in: Schulze/Zuleeg/Kadelbach (Hg.), Europarecht, Handbuch für die deutsche Rechtspraxis, 3. Aufl. 2015, S. 83 (84 f., Rn. 1 f.); Nettesheim, in: Grabitz/Hilf/ders. (Hg.), Das Recht der Europäischen Union, Bd. III, Art. 288 AEUV, Rn. 31 (August 2012).

[19] Der Begriff des Sekundärrechts im hier verstandenen Sinn umfasst entgegen teilweise vertretener Ansicht (etwa W. Cremer, in: Calliess/Ruffert [Hg.], EUV/AEUV, 4. Aufl. 2011, Art. 263 AEUV, Rn. 91; Nettesheim, in: Grabitz/Hilf/ders. [Hg.], Das Recht der Europäischen Union, Bd. III, Art. 288 AEUV, Rn. 30 [August 2012]) nicht die völkerrechtlichen Verträge der EU. Wie hier etwa Geiger, in: ders./Kahn/Kotzur (Hg.), EUV/AEUV, 5. Aufl. 2010, Art. 19 EUV, Rn. 23 ff.; Martens, Methodenlehre des Unionsrechts, 2013, S. 161 ff., 170 ff.; W. Schroeder, in: Streinz (Hg.), EUV/AEUV, 2. Aufl. 2012, Art. 288 AEUV, Rn. 21.

[20] Aus einer Vielzahl siehe EuGH (Sechste Kammer), 11.5.2000, Rs. C-37/98, Savas, Slg. 2000, I-2927, Rn. 39 ff.; EuGH (Große Kammer), 18.3.2014, Rs. C-363/12, Z., Rn. 90; EuGH (Zweite Kammer), 11.9.2014, Rs. C-91/13, Essent Energie Productie, Rn. 21.

insbesondere weit weniger Legitimationsfragen als bei der Anwendung des die Union bindenden Völkerrechts.[21] Außerdem kennt das primäre und sekundäre Unionsrecht nicht das im Völkerrecht mit Blick auf seine Anwendbarkeit vorherrschende Reziprozitätsprinzip.[22] Wird daher im Folgenden ohne Einschränkung von „Unionsrecht" gesprochen, ist hiermit das gesamte Unionsrecht mit Ausnahme des die Union bindenden Völkerrechts gemeint.

III. Definition der unmittelbaren Wirkung

Die unmittelbare Wirkung (englisch *direct effect*; französisch *effet direct* beziehungsweise *effet immédiat*) zu definieren, ist kein leichtes Unterfangen. Der Begriff der unmittelbaren Wirkung wird in Rechtsprechung und Wissenschaft – wie noch zu zeigen sein wird – mit verschiedenen Inhalten besetzt. Gleichzeitig werden unterschiedliche Begriff für den gleichen Inhalt benutzt. Beispielsweise finden sich in der deutschen Übersetzung der EuGH-Entscheidungen gelegentlich die Begriffe der unmittelbaren Geltung,[23] der unmittelbaren Anwendung oder der unmittelbaren Anwendbarkeit[24] als Synonyme zur unmittelbaren Wirkung. In den Schlussanträgen einiger Generalanwälte wird sogar der Begriff *self-executing* verwendet.[25] Zutreffend wurde bereits 1971 for-

---

[21] Zu Legitimationsfragen bei der Anwendung von Völkerrecht siehe im zweiten Teil, C.I.5.

[22] Hierzu ausführlich im zweiten Teil, C.I.3.

[23] Siehe nur EuGH, 14.12.1971, Rs. 43/71, Politi, Slg. 1971, S. 1039, Rn. 8 („immédiatement applicables"); EuGH (Dritte Kammer), 10.3.2011, Rs. C-379/09, Casteels, Slg. 2011, I-1379, Rn. 14 („juridique opérante").

[24] Siehe nur EuGH, 3.2.1976, Rs. 59/75, Manghera, Slg. 1976, S. 91, Rn. 14 („directement applicable"); EuGH, 17.9.2002, Rs. C-413/99, Baumbast, Slg. 2002, I-7091, Rn. 76 („application directe"); EuGH (Zweite Kammer), 24.6.2004, Rs. C-278/02, Handlbauer, Slg. 2004, I-6171, Rn. 24 und 35 („directement applicable").

[25] Siehe GA Roemer zu EuGH, Rs. 26/62, Van Gend & Loos, Slg. 1963, S. 1 (41); GA Lagrange zu EuGH, Rs. 6/64, Costa/E.N.E.L., Slg. 1964, S. 1253 (1286); GA Gand zu EuGH, Rs. 57/65, Lütticke, Slg. 1966, S. 257 (273); GA Trabucchi zu EuGH, Rs. 43/75, Defrenne II, Slg. 1976, S. 455 (485). Der Begriff „self-executing" wird typischerweise im Kontext der Wirkung völkerrechtlicher Vertragsbestimmungen im nationalen Rechtsraum synonym zur unmittelbaren Anwendbarkeit verwendet. Siehe Verdross/Simma, Universelles Völkerrecht,

muliert, die Sprachverwirrung sei „verheerend", „babylonisch" und sogar die Frage gestellt, „ob eine Klärung noch möglich" sei.[26] Da das Rechtsinstitut der unmittelbaren Wirkung vor allem durch den EuGH seine Kontur erfahren hat, soll bei der folgenden Darstellung die Rechtsprechung des Gerichtshofs im Vordergrund stehen.[27] Von einer umfassenden Aufbereitung der Terminologie in der Wissenschaft wird abgesehen.[28]

Dieser Arbeit wird folgende Definition zugrunde gelegt:

> Eine Vorschrift des Unionsrechts wirkt dann unmittelbar, wenn sie durch die mitgliedstaatlichen Gerichte und Verwaltungsbehörden anwendbar ist.

Drei Aspekte dieser Definition sollen näher beleuchtet werden.

1. *Mitgliedstaatliche Gerichte und Verwaltungsbehörden*

Die unmittelbare Wirkung des Unionsrechts betrifft lediglich seine Anwendbarkeit durch *mitgliedstaatliche* Gerichte und Verwaltungsbehörden.[29] Dagegen wird die Anwendbarkeit von Unionsrecht durch Organe, Einrichtungen oder sonstige Stellen der *Union* nicht als Frage der unmittelbaren Wirkung angesehen. Folgerichtig prüft auch der EuGH die unmittelbare Wirkung des primären und sekundären Unionsrechts nicht, wenn er dieses Recht selbst anwendet, wie zum Beispiel

---

3. Aufl. 1984, § 864; C. Koenig, in: v. Mangoldt/Klein/Starck (Hg.), Kommentar zum Grundgesetz, Bd. 2, 6. Aufl. 2010, Art. 25, Rn. 45; Kaiser, Treaties, Direct Applicability, Max Planck Encyclopedia of Public International Law, www.mpepil.com, Februar 2013, Rn. 1 ff. (abgerufen am 11.1.2015).

[26] Siehe Koller, Die unmittelbare Anwendbarkeit völkerrechtlicher Verträge und des EWG-Vertrages im innerstaatlichen Bereich, 1971, S. 29, 42.

[27] Durch den Vertrag von Amsterdam wurde die unmittelbare Wirkung sogar zu einem Vertragsbegriff. Art. 34 Abs. 2 Buchstaben b und c EUV-Amsterdam sah vor, dass Rahmenbeschlüsse und Beschlüsse für andere Zwecke „nicht unmittelbar wirksam" sind. Mit Inkrafttreten des Lissabonner-Reformvertrags zum 1. Dezember 2009 wurden diese Klauseln allerdings wieder entfernt.

[28] Instruktiv Klein, Unmittelbare Geltung, Anwendbarkeit und Wirkung von Europäischem Gemeinschaftsrechts, 1988.

[29] Aus einer Vielzahl siehe EuGH, 5.2.1963, Rs. 26/62, Van Gend & Loos, Slg. 1963, S. 1 (29 f.); EuGH, 22. Juni 1989, Rs. 103/88, Fratelli Costanzo, Slg. 1989, S. 1839, Rn. 28 ff.; EuGH (Erste Kammer), 26.5.2011, verb. Rs. C-165/09 bis C-167/09, Stichting Natuur en Milieu, Slg. 2011, I-4599, Rn. 100.

bei Vertragsverletzungs-[30] beziehungsweise Amtshaftungsverfahren oder bei Nichtigkeitsklagen.[31] Hintergrund hierfür ist ein Verständnis der unmittelbaren Wirkung, das die Anwendung von Rechtsvorschriften durch Organe, die einer anderen Rechtsordnung angehören, impliziert. Dieses Verständnis dürfte auf die entfernte Verwandtschaft der Doktrin der unmittelbaren Wirkung mit dem Rechtsinstitut der unmittelbaren Anwendbarkeit völkervertraglicher Bestimmungen durch nationale Stellen zurückzuführen sein, das eben solche Konstellationen betrifft. Hiermit einher geht die Vorstellung, dass die unmittelbare Anwendbarkeit von Unionsrecht durch Organe, Einrichtungen oder sonstige Stellen der Union eine Selbstverständlichkeit ist, die grundsätzlich keiner besonderen Begründung bedarf.[32]

---

[30] Vereinzelt hat der EuGH sich dennoch zur unmittelbaren Wirkung geäußert. Siehe die Nachweise Fn. 940.

[31] Ausnahmsweise anders EuG (Vierte erweiterte Kammer), 11.12.2001, Rs. T-191/99, Petrie/Kommission, Slg. 2001, II-3677, Rn. 12 ff., 28 ff., 34 ff. Gewisse inhaltliche Überschneidungen mit der Prüfung der unmittelbaren Wirkung können sich aber ergeben, wenn der EuGH die unmittelbare Betroffenheit als Zulässigkeitsvoraussetzung einer Nichtigkeitsklage von natürlichen oder juristischen Personen nach Art. 263 Abs. 4 AEUV prüft. Dementsprechend verwendet der EuGH hier die Begriffe der „unmittelbaren Auswirkungen", „unmittelbaren Rechtswirkungen", aber auch der „unmittelbaren Wirkung" zur Auslegung des Merkmals der unmittelbaren Betroffenheit (siehe die Nachweise in Fn. 941). Allerdings laufen unmittelbare Wirkung und unmittelbare Betroffenheit nur teilweise parallel. Gegen eine Gleichstellung bereits GA Roemer zu EuGH, Rs. 9/70, Grad („Leberpfennig"), Slg. 1970, S. 825 (848). So kommt es für die unmittelbare Betroffenheit darauf an, dass Interessen des Klägers durch einen Eingriff in seine Rechtsstellung beeinträchtigt sind (siehe nur EuGH, 11.11.1981, Rs. C-60/81, IBM/Kommission, Slg. 1981, S. 2639, Rn. 9). Dieser Umstand ist für die unmittelbare Wirkung aber ohne Bedeutung. Darüber hinaus ist zu bedenken, dass eine unmittelbare Betroffenheit auch gegeben sein kann, obwohl noch ein Durchführungsakt der Union oder der Mitgliedstaaten erforderlich ist, um die Rechtsstellung des Klägers zu beeinträchtigen, die Beschwer aber praktisch feststeht, da die angegriffene Handlung zu einer rechtlichen oder praktischen Determinierung führt. Siehe EuGH, 5.5.1998, Rs. C-386/96 P, Dreyfus/Kommission, Slg. 1998, I-2309, Rn. 43; Dörr, in: Grabitz/Hilf/Nettesheim (Hg.), Das Recht der Europäischen Union, Bd. III, Art. 263 AEUV, Rn. 63 ff. m.w.N. (November 2012). In diesem Fall liegt eine unmittelbare Betroffenheit, aber keine unmittelbare Wirkung vor.

[32] Gleichwohl gibt es auch hier Beschränkungen. Die Anwendbarkeit des Unionsrechts ist dem EuGH zuweilen entzogen, siehe Art. 24 Abs. 1 UAbs. 1 Satz 6 EUV, Art. 275 f. AEUV. Die Anwendbarkeit des Unionsrechts ist dem

Dass die unmittelbare Wirkung nicht nur die Anwendbarkeit des Unionsrechts durch mitgliedstaatliche *Gerichte*, sondern auch *Verwaltungsbehörden* betrifft, ist ständige Rechtsprechung des EuGH. Zwar bezog sich der Gerichtshof in seiner Rechtsprechung zunächst nur auf Gerichte,[33] in der Folge hat er jedoch immer wieder festgestellt, dass die unmittelbare Wirkung auch von nationalen Verwaltungsbehörden zu beachten ist.[34]

2. *Irrelevanz spezifischer Rechtswirkungen*

Ob die Vorschriften des Unionsrechts bei Anwendung durch nationale Gerichte und Verwaltungsbehörden sich ihrer sachlichen Tragweite nach dazu eignen, ein bestimmtes rechtliches Resultat zu begründen, ist gemäß der hier vertretenen Definition der unmittelbaren Wirkung unerheblich. Diese Feststellung bedarf näherer Erläuterung. Es lassen sich in der Rechtsprechung zwei Auffassungen von unmittelbarer Wirkung ausmachen. Nach einem Verständnis kommt es für die unmittelbare Wirkung lediglich auf die vom Einzelfall der Anwendung losgelöste Eignung von Vorschriften zur Anwendung an. Nach anderem Verständnis ist entscheidend, ob sich aus den Vorschriften ein konkreter rechtlicher Inhalt ableiten lässt.

Entsprechend dem hier vertretenen Verständnis stellt der Gerichtshof im Regelfall für die unmittelbare Wirkung auf eine Eigenschaft von

---

EuGH auch dann entzogen, wenn das Unionsrecht die Anwendung anderen Stellen zuweist. Vgl. EuGH, 22.11.1978, Rs. C-93/78, Mattheus, Slg. 1978, I-2203, Rn. 7 f.; EuGH, 29.6.1999, Rs. C-256/97, DM Transport, Slg. 1999, I-3913, Rn. 16.

33 Siehe EuGH, 5.2.1963, Rs. 26/62, Van Gend & Loos, Slg. 1963, S. 1 (29 f.); EuGH, 15.7.1964, Rs. 6/64, Costa/E.N.E.L., Slg. 1964, S. 1253 (1277 f.); EuGH, 16.6.1966, Rs. 57/65, Lütticke, Slg. 1966, S. 257 (268); EuGH, 3.4.1968, Rs. 28/67, Molkerei-Zentrale Westfalen/Lippe, Slg. 1968, S. 215 (236); EuGH, 4.4.1968, Rs. 27/67, Fink-Frucht, Slg. 1968, S. 327 (349).

34 Siehe nur EuGH, 19.12.1968, Rs. 13/68, Salgoil, Slg. 1968, S. 679 (693); EuGH, 4.4.1974, Rs. 167/73, Kommission/Frankreich, Slg. 1974, S. 359, Rn. 35; EuGH, 27.3.1980, Rs. 61/79, Denkavit Italiana, Slg. 1980, S. 1205, Rn. 28; EuGH, 11.8.1995, Rs. C-431/92, Kommission/Deutschland (Großkrotzenburg), Slg. 1995, I-2189, Rn. 39 f.; EuGH (Erste Kammer), 26.5.2011, verb. Rs. C-165/09 bis C-167/09, Stichting Natuur en Milieu, Slg. 2011, I-4599, Rn. 100. Zur administrativen unmittelbaren Wirkung siehe im zweiten Teil, A.III.5.

Unionsrechtsvorschriften ab, die unabhängig davon besteht, welche konkreten rechtlichen Wirkungen den fraglichen Vorschriften zukommt. Erkennt der EuGH die unmittelbare Wirkung an, steht fest, dass die Unionsrechtsvorschriften durch die mitgliedstaatlichen Gerichte und Verwaltungsbehörden anwendbar sind. Er öffnet dadurch das Unionsrecht für eine Anwendung durch nationale Gerichte und Verwaltungsbehörden. Diese können die relevanten Vorschriften auch zukünftig in unterschiedlichen Zusammenhängen anwenden. Sie können andererseits aus der Feststellung der unmittelbaren Wirkung durch den EuGH nicht auf einen bestimmten Inhalt schließen. Insofern dienen die vom Gerichtshof herangezogenen Kriterien zur Feststellung der unmittelbaren Wirkung, wie die hinreichende Genauigkeit und Unbedingtheit, grundsätzlich nur der Bestimmung, ob sich die relevanten Vorschriften unabhängig von ihrer sachlichen Tragweite eignen, von mitgliedstaatlichen Gerichten und Verwaltungsbehörden angewendet zu werden.

Dieses Verständnis der unmittelbaren Wirkung kommt nicht zuletzt darin zum Ausdruck, dass der EuGH für die unmittelbare Wirkung grundsätzlich auf die Bestimmungen des Unionsrechts als solche abstellt, ohne nach bestimmten Rechtswirkungen zu differenzieren. In der *Baumbast*-Entscheidung wird beispielsweise festgestellt, dass „Art. 18 Absatz 1 EG" unmittelbar wirkt.[35] In einer anderen Entscheidung, dem Urteil *Stockholm Lindöpark*, stellt der EuGH für die unmittelbare Wirkung auf die „Vorschriften der Richtlinie" ab.[36] Es gibt unzählige weitere Beispiele.[37] Das Verständnis, wonach es für die unmittelbare Wirkung von Vorschriften auf ihre vom Einzelfall der Anwendung losgelöste Eignung zur Anwendung ankommt, wird auch darin reflektiert, dass der Gerichtshof zuweilen nicht nur den Singular „unmittelbare

---

[35] Siehe EuGH, 17.9.2002, Rs. C-413/99, Baumbast, Slg. 2002, I-7091, Rn. 86.

[36] Siehe EuGH (Fünfte Kammer), 18.1.2001, Rs. C-150/99, Stockholm Lindöpark, Slg. 2001, I-493, Rn. 31.

[37] Siehe nur EuGH (Fünfte Kammer), 12.9.2013, Rs. C-614/11, Kuso, Rn. 32; EuGH (Achte Kammer), 18.5.2013, Rs. C-142/12, Marinov, Rn. 37; EuGH (Große Kammer), 15.1.2014, Rs. C-176/12, Association de médiation sociale, Rn. 35; EuGH (Erste Kammer), 6.3.2014, Rs. C-595/12, Napoli, Rn. 46 f.; EuGH (Siebte Kammer), 15.5.2014, Rs. C-337/13, Almos Agrárkülkereskedelmi, Rn. 31 ff.; EuGH (Zweite Kammer), 3.9.2014, Rs. C-589/12, GMAC UK, Rn. 29 ff.; EuGH (Fünfte Kammer), 9. Oktober 2014, Rs. C-492/13, Traum, Rn. 45 ff.

Wirkung", sondern alternativ auch den Plural „unmittelbare Wirkungen" gebraucht.[38] In der Regel verwendet der EuGH jedoch den Singular, weshalb dieser auch hier verwendet werden soll. Zwar würde der Begriff der unmittelbaren „Wirksamkeit" dem hier vertretenen Verständnis besser gerecht werden.[39] Da sich diese Variante in der deutschen Übersetzung der EuGH-Entscheidungen in aller Regel aber nicht findet,[40] soll an dem Begriff der unmittelbaren Wirkung im Folgenden festgehalten werden.

Konträr zu der dargestellten Rechtsprechung liegt einem Großteil der EuGH-Entscheidungen zur unmittelbaren Wirkung eine Sichtweise zugrunde, die auf bestimmte Rechtsfolgen abstellt. Der Gerichtshof benutzt dann die Kriterien der hinreichenden Genauigkeit und Unbedingtheit zur Feststellung, ob sich aus dem Unionsrecht ein konkreter rechtlicher Inhalt – wie etwa ein bestimmter Anspruch oder die Unionsrechtswidrigkeit mitgliedstaatlichen Rechts – ableiten lässt. Deutlich

---

38 Vor allem in den 60er und 70er Jahren hat der EuGH in erheblichem Maß den Plural gebraucht. Siehe nur EuGH, 5.2.1963, Rs. 26/62, Van Gend & Loos, Slg. 1963, S. 1 (26), franz. „effets immédiats" (S. 25 der franz. Fassung); EuGH, 15.7.1964, Rs. 6/64, Costa/E.N.E.L., Slg. 1964, S. 1253 (1271 ff.); EuGH, 16.6.1966, Rs. 57/65, Lütticke, Slg. 1966, S. 257 (267); EuGH, 3.4.1968, Rs. 28/67, Molkerei-Zentrale Westfalen/Lippe, Slg. 1968, S. 215 (234); EuGH, 4.4.1968, Rs. 27/67, Fink-Frucht, Slg. 1968, S. 327 (347); EuGH, 19.12.1968, Rs. 13/68, Salgoil, Slg. 1968, S. 679 (691); EuGH, 6.10.1970, Rs. 9/70, Grad („Leberpfennig"), Slg. 1970, S. 825, Rn. 9 f.; EuGH, 21.10.1970, Rs. 20/70, Transports Lesage & Clie, Slg. 1970, S. 861, Rn. 9 f.; EuGH, 21.10.1970, Rs. 23/70, Haselhorst, Slg. 1970, S. 881, Rn. 9 f.; EuGH, 17.12.1970, Rs. 33/70, S.A.C.E., Slg. 1970, S. 1213, Rn. 18; EuGH, 14.12.1971, Rs. 43/71, Politi, Slg. 1971, S. 1039, Rn. 10; EuGH, 7.3.1972, Rs. 84/71, Marimex, Slg. 1972, S. 89, Rn. 5; EuGH, 17.5.1972, Rs. 93/71, Leonesio, Slg. 1972, S. 287, Rn. 5/6; EuGH, 10.10.1973, Rs. 34/73, F.lli Variola, Slg. 1973, S. 981, Rn. 8; EuGH, 27.3.1974, Rs. 127/73, BRT-I, Slg. 1974, S. 51, Rn. 15/17; EuGH, 26.2.1976, Rs. 65/75, Tasca, Slg. 1976, S. 291, Rn. 31/32; EuGH, 4.12.1974, Rs. 41/74, van Duyn, Slg. 1974, S. 1337, Rn. 12; EuGH, 22.3.1977, Rs. 74/76, Iannelli & Volpi, Slg. 1977, S. 557, Rn. 13, 17. Auch in Entscheidungen neueren Datums findet sich gelegentlich der Plural. Siehe etwa EuGH (Sechste Kammer), 11.5.2000, Rs. C-37/98, Savas, Slg. 2000, I-2927, Rn. 47; EuGH (Fünfte Kammer), 5.6.2014, Rs. C-557/12, Kone, Rn. 20.

39 Zum Verhältnis der Begriffe „Anwendung" und „Anwendbarkeit" Bleckmann, Begriff und Kriterien der innerstaatlichen Anwendbarkeit völkerrechtlicher Verträge, 1970, S. 114.

40 Für eine Ausnahme siehe EuG, verb. Rs. T-3/00 und T-337/04, Pitsiorlas/Rat und Zentralbank, Slg. 2007, II-4779, Rn. 216.

zeigt sich ein derartiges Verständnis, wenn der EuGH die unmittelbare Wirkung mit der Begründung ablehnt, die relevanten Unionsrechtsvorschriften ließen sich aufgrund ihrer Ungenauigkeit und des damit eröffneten Ermessensspielraums nicht zur Begründung eines bestimmten rechtlichen Ergebnisses heranziehen. Häufig stellt der Gerichtshof in diesem Zusammenhang auf das Bestehen oder Nichtbestehen einer „Ergebnispflicht" ab.[41]

Diese Sicht bringt es mit sich, dass die unmittelbare Wirkung jeweils davon abhängt, nach welchem rechtlichen Ergebnis gefragt wird. Eine Vorschrift kann mit Blick auf ein bestimmtes rechtliches Ergebnis unmittelbar wirken, mit Blick auf ein anderes aber nicht. Beispielsweise lässt sich einer Vorschrift des Unionsrechts mit programmatischem Charakter unter Umständen ein Verbot einer bestimmten nationalen Regelung nicht unmittelbar entnehmen, weil sie hierfür zu ungenau ist.[42] Gleichwohl enthalten – wie vom EuGH immer wieder bestätigt – auch programmatische Vorschriften einen Kern an Verbindlichkeit.[43] Soweit dieser Kern betroffen ist, sind auch programmatische Vorschrif-

---

[41] Zur Ergebnispflicht vgl. EuGH, 8.4. 1976, Rs. 43/75, Defrenne II, Slg. 1976, S. 455, Rn. 30/34 („obligation de résultat"); EuGH, 28.6.1977, Rs. 11/77, Patrick, Slg. 1977, S. 1199, Rn. 10/11; EuGH, 18.1.1979, verb. Rs. 110 und 111/78, van Wesemael, Slg. 1979, S. 35, Rn. 24; EuGH, 7.5.1991, Rs. C-340/89, Vlassopoulou, Slg. 1991, I-2357, Rn. 13; EuGH (Sechste Kammer), 7.5.1992, Rs. C-104/91, Aguirre Borrell, Slg. 1992, I-3003, Rn. 8; EuGH (Sechste Kammer), 9.9.1999, Rs. C-217/97, Kommission/Deutschland, Slg. 1999, I-5087, Rn. 33; EuGH (Große Kammer), 5.10.2004, verb. Rs. C-397/01 bis C-403/01, Pfeiffer, Slg. 2004, I-8835, Rn. 104; EuGH (Dritte Kammer), 1.7.2010, Rs. C-194/08, Gassmayr, Slg. 2010, I-6281, Rn. 46; EuGH (Zweite Kammer), 14.10.2010, Rs. C-243/09, Fuß, Slg. 2010, I-9849, Rn. 57; EuGH (Große Kammer), 24.1.2012, Rs. C-282/10, Dominguez, Rn. 34. Siehe auch GA Mancini zu EuGH, Rs. 71/85, Federatie Nederlandse Vakbeweging, Slg. 1986, S. 3855 (3868); GA Darmon zu EuGH, Rs. 54/87, Kommission/Italien, Slg. 1989, S. 385, Rn. 18; GA Lenz zu EuGH, Rs. C-42/89, Kommission/Belgien, Slg. 1990, I-2821, Rn. 25; GA Mischo zu EuGH, verb. Rs. C-6/90 und C-9/90, Francovich, Slg. 1991, I-5357, Rn. 23; GA Colomer zu EuGH, Rs. C-336/96, Gilly, Slg. 1998, I-2793, Rn. 34.

[42] Siehe etwa EuGH (Sechste Kammer), 29.9.1987, Rs. 126/86, Giménez Zaera, Slg. 1986, S. 3697, Rn. 3 ff. im Hinblick auf eine nationale Regelung von Altersrenten.

[43] Siehe nur EuGH, 21.12.1954, Rs. 1/54, Regierung der Französischen Republik/Hohe Behörde, Slg. 1954, S. 7 (25); EuGH, 14.12.1995, verb. Rs. C-430/93 und C-431/93, van Schijndel, Slg. 1995, I-4705, Rn. 13 ff. Hierzu im zweiten Teil, B.III.2.

ten für nationale Gerichte und Verwaltungsbehörden verbindlich und wirken somit unmittelbar.

In der Rechtsprechung des EuGH finden sich einige Beispiele, die diese „Relativität" der unmittelbaren Wirkung als Folge eines auf bestimmte Rechtswirkungen abstellenden Verständnisses der unmittelbaren Wirkung verdeutlichen. So konnte in der Rechtssache *Connect Austria* eine Unionsrechtsvorschrift nicht unmittelbar herangezogen werden, um einen bestimmten Anspruch zu begründen, obgleich sie sich unmittelbar als Maßstabsnorm für nationales Recht eignete.[44] Im *Brinkmann*-Urteil engte der Gerichtshof die Feststellung der unmittelbaren Wirkung in der Weise ein, dass aus der relevanten Vorschrift kein Recht erwachse, „um [ein bestimmtes Ziel] zu erreichen".[45] In den verbundenen Rechtssachen *Stichting Natuur en Milieu* führte er mit Blick auf die unmittelbare Wirkung aus, die relevante Vorschrift verpflichte nicht unbedingt und hinreichend genau „dazu", bestimmte Handlungen vorzunehmen.[46]

Auf dieses „relative" Verständnis der unmittelbaren Wirkung in der Rechtsprechung des EuGH wurde in der Wissenschaft immer wieder hingewiesen,[47] ohne allerdings zu verdeutlichen, dass regelmäßig der

---

[44] Siehe EuGH (Fünfte Kammer), 22.5.2003, Rs. C-462/99, Connect Austria, Slg. 2003, I-5197, Rn. 36 zur positiven, Rn. 40 f. zur negativen Anwendung. Zur Unterscheidung zwischen positiver und negativer Anwendung siehe in diesem Teil, D.III.

[45] Siehe EuGH (Sechste Kammer), 15.6.2000, Rs. C-365/98, Brinkmann, Slg. 2000, I-4619, Rn. 39, 41 und Tenor 2. Siehe auch EuGH (Große Kammer), 5.9.2012, Rs. C-83/11, Rahman, Rn. 25.

[46] Siehe EuGH (Erste Kammer), 26.5.2011, verb. Rs. C-165/09 bis C-167/09, Stichting Natuur en Milieu, Slg. 2011, I-4599, Rn. 98.

[47] Vgl. Timmermans, Directives: Their Effect within the National Legal Systems, CML Rev 16 (1979), S. 533 (540); Pescatore, The Doctrine of "Direct Effect": An Infant Disease of Community Law, EL Rev 8 (1983), S. 155 (162 f.); Manin, De l'utilisation des directives communautaires par les personnes physiques ou morales, AJDA 50 (1994), S. 259 (264); Eleftheriadis, The Direct Effect of Community Law, YEL 16 (1996), S. 205 (211); Simon, La directive européenne, 1997, S. 62; Prechal, Does Direct Effect Still Matter?, CML Rev 37 (2000), S. 1047 (1062, 1064); dies., Direct Effect Reconsidered, Redefined and Rejected, in: Prinssen/Schrauwen (Hg.), Direct Effect: Rethinking a Classic of EC Legal Doctrine, 2002, S. 15 (21 f.); dies., Directives in EC Law, 2. Aufl. 2005, S. 250 ff.; Eilmansberger, Zur Direktwirkung von Richtlinien gegenüber Privaten (1. Teil), Juristische Blätter 126 (2004), S. 283 (287); Szpunar, Van Gend en Loos from the perspective of new Member States, in: Tizza-

von der Begründung bestimmter Rechtswirkungen losgelöste Maßstab angelegt wird. In der Wissenschaft wird sogar die Ansicht vertreten, die unmittelbare Wirkung müsse stets bezogen auf einen bestimmten Inhalt einer Vorschrift festgestellt werden.[48] In diesem Sinne folgerichtig wird auch vertreten, die Kriterien, mit denen der Gerichtshof die unmittelbare Wirkung bestimmt, wie die hinreichende Genauigkeit und Unbedingtheit einer Vorschrift, dienten lediglich dazu, die sachliche Tragweite des Unionsrechts festzustellen.[49] Kritisch angemerkt wird außerdem, dass diese Kriterien die „Relativität" der unmittelbaren Wirkung zu wenig reflektieren.[50]

Ob sich Vorschriften nach ihrer Genauigkeit und Unbedingtheit dazu eignen, ein bestimmtes rechtliches Resultat zu begründen, ist nach der hier vertretenen Sichtweise jedoch keine Frage der unmittelbaren Wirkung. Insofern sollte nur nach der sachlichen Tragweite des Unionsrechts gefragt werden.[51] Dementsprechend erstreckt sich die Vermutung der unmittelbaren Wirkung nicht darauf, welche rechtlichen Wirkungen dem Unionsrecht in bestimmten Fällen der Anwendung zukommen. Zum einen macht eine Vermutung der sachlichen Tragweite aufgrund der Unterschiedlichkeit von Vorschriften keinen Sinn. Zum anderen gibt es keinen ersichtlichen Grund, die Rechtswirkung von Unionsrecht in bestimmten Fällen als Frage der unmittelbaren Wirkung zu behandeln. Ob sich aus Unionsrecht bestimmte Rechtswirkungen

---

no/Kokott/Prechal (Hg.), 50ème anniversaire de l'arrêt Van Gend en Loos, 2013, S. 123 (126); Hartley, The Foundations of European Union Law, 8. Aufl. 2014, S. 211. Analog im Hinblick auf das Völkerrecht Bleckmann, Begriff und Kriterien der innerstaatlichen Anwendbarkeit völkerrechtlicher Verträge, 1970, S. 66 ff., 69 ff.; Iwasawa, The Doctrine of Self-Executing Treaties in the United States, Va. J. Int'l L. 26 (1985-1986), S. 627 (686 ff.: „'Relative' Approach"); Cottier, A Theory of Direct Effect in Global Law, in: von Bogdandy/Mavroidis/Mény (Hg.), European Integration and International Coordination: Studies in Transnational Law in Honour of Claus-Dieter Ehlermann, 2002, S. 99 (119).

[48] Siehe Bengoetxea, Direct Applicability or Effect, in: Hoskins/Robinson (Hg.), A True European: Essays for Judge David Edward, 2003, S. 353.

[49] Siehe von Danwitz, Verwaltungsrechtliches System und Europäische Integration, 1996, S. 232.

[50] Siehe Prechal, Does Direct Effect Still Matter?, CML Rev 37 (2000), S. 1047 (1064).

[51] Wie hier EuGH (Erste Kammer), 11.7.2013, Rs. C-409/11, Csonka, Rn. 21 ff.

ableiten lassen, ist bei jeder Anwendung zu klären, zum Beispiel im Rahmen von Vertragsverletzungsverfahren, von Verfahren über Nichtigkeitsklagen und Vorabentscheidungsverfahren. Hier wird jedoch in aller Regel allein nach der sachlichen Tragweite einschlägiger Vorschriften und nicht nach deren unmittelbaren Wirkung gefragt.[52] Eine Prüfung der hinreichenden Genauigkeit und Unbedingtheit findet verständlicherweise nicht statt.[53]

3. *Objektive unmittelbare Wirkung*

Nach der hier verwendeten Definition ist die unmittelbare Wirkung des Unionsrechts nur eine notwendige, jedoch keine ausreichende Bedingung dafür, dass Einzelne die relevanten Vorschriften vor mitgliedstaatlichen Gerichten oder Verwaltungsbehörden geltend machen können. Unmittelbare Wirkung und die Eigenschaft des Unionsrechts, individuell geltend gemacht werden zu können, sind daher nicht gleichzusetzen.[54] Dieses Verständnis der unmittelbaren Wirkung wird in der

---

[52] Hierauf hinweisend Bebr, Directly Applicable Provisions of Community Law, ICLQ 19 (1970), S. 257 (267); Manin, L'invocabilité des directives, RTDEur. 26 (1990), S. 669 (673, 678, 680); Prechal, Does Direct Effect Still Matter?, CML Rev 37 (2000), S. 1047 (1064, 1067). Einige Male hat sich der EuGH im Rahmen von Vertragsverletzungsverfahren mit der unmittelbaren Wirkung einzelner Vorschriften auseinandergesetzt. Siehe nur EuGH, 13.7.1972, Rs. 48/71, Kommission/Italien, Slg. 1972, S. 529, Rn. 5 ff.; EuGH, 20.10.1981, Rs. 137/80, Kommission/Belgien, Slg. 1981, S. 2393, Rn. 7; EuGH, 25.7.1991, Rs. C-353/89, Kommission/Niederlande, Slg. 1991, I-4069, Rn. 27. In einigen Entscheidungen im Verfahren der Nichtigkeitsklage hat sich der EuGH ebenfalls zur unmittelbaren Wirkung geäußert. Bspw. EuGH, 1.7.1965, verb. Rs. 106 und 107/63, Alfred Töpfer und Getreide-Import-Gesellschaft/Kommission, Slg. 1965, S. 547 (556); EuGH (Erste Kammer), 5.2.1981, Rs. 40/79, P./Kommission, Slg. 1981, S. 361, Rn. 13; EuG, 10.7.1990, Rs. T-51/89, Tetra Pak I, Slg. 1990, II-309, Rn. 40; EuG (Vierte erweiterte Kammer), 11.12.2001, Rs. T-191/99, Petrie/Kommission, Slg. 2001, II-3677, Rn. 34 f.

[53] Vgl. aus einer Vielzahl EuGH, 11.3.1992, verb. Rs. C-78/90, C-79/90, C-80/90, C-81/90, C-82/90 und C-83/90, Sociétés Compagnie commerciale de l'Ouest, Slg. 1992, I-1847, Rn. 17 ff.

[54] Deutlich Prechal, Directives in EC Law, 2. Aufl. 2005, S. 240 f.; Dougan, When Worlds Collide! Competing Visions of the Relationship Between Direct Effect and Supremacy, CML Rev 44 (2007), S. 931 (934 f.: „trigger model"); Ohler, Objektive Wirkung von Richtlinien, in: Hummer (Hg.), Neueste Entwicklungen im Zusammenspiel von Europarecht und nationalem Recht der Mitgliedstaaten, 2010, S. 147 (170 ff.); Bobek, The effects of EU law in the na-

deutschsprachigen Wissenschaft zuweilen als objektive unmittelbare Wirkung bezeichnet. Demgegenüber wird der Fall der unmittelbaren Berechtigung Einzelner als subjektive unmittelbare Wirkung beschrieben.[55] Eine entsprechende Differenzierung wird übrigens auch im Hinblick auf die unmittelbare Anwendbarkeit von Völkerrecht vorgeschlagen.[56]

Zwar legt die Rechtsprechung des EuGH nahe, dass die unmittelbare Wirkung mit der individuellen Geltendmachung eng verbunden ist. So hat der Gerichtshof seit der *Van Gend & Loos*-Entscheidung immer wieder festgestellt, dass unmittelbar wirkende Vorschriften individuelle[57] Rechte verliehen, erzeugten oder begründeten, welche nationale Gerichte zu wahren oder schützen hätten;[58] dass die Einzelnen sich vor

tional legal systems, in: Barnard/Peers (Hg.), European Union Law, 2014, S. 140 (147).

55 Siehe nur Klein, Unmittelbare Geltung, Anwendbarkeit und Wirkung von Europäischem Gemeinschaftsrecht, 1988, S. 16; Pechstein, Die Anerkennung der rein objektiven unmittelbaren Richtlinienwirkung, EWS 1996, S. 261; Klagian, Die objektive unmittelbare Wirkung von Richtlinien, ZöR 2001, S. 305 (319 ff., 346 ff.); Schweitzer/Hummer/Obwexer, Europarecht: Das Recht der Europäischen Union, 2007, Rn. 171; Ohler, Objektive Wirkung von Richtlinien, in: Hummer (Hg.), Neueste Entwicklungen im Zusammenspiel von Europarecht und nationalem Recht der Mitgliedstaaten, 2010, S. 147 (170 ff.); Nettesheim, in: Grabitz/Hilf/ders. (Hg.), Das Recht der Europäischen Union, Bd. III, Art. 288 AEUV, Rn. 42, 151 ff. (August 2012).

56 Siehe nur Verdross/Simma, Universelles Völkerrecht, 3. Aufl. 1984, § 864; Iwasawa, The Doctrine of Self-Executing Treaties in the United States, Va. J. Int'l L. 26 (1985-1986), S. 627 (648 f.); Nollkaemper, National Courts and the International Rule of Law, 2011, S. 121 f. Prägend für ein Verständnis der unmittelbaren Anwendbarkeit im Sinn einer Begründung individueller Rechte Permanent Court of International Justice, Series B.-No. 15, 3.3.1928, Jurisdiction of the Courts of Danzig, S. 17 f.

57 Von individuellen Rechten spricht der Gerichtshof vor allem in der frühen Rechtsprechung, siehe nur EuGH, 16.6.1966, Rs. 57/65, Lütticke, Slg. 1966, S. 257 (267: „individuelle Rechte"), franz. „droits individuels" (S. 303 der franz. Fassung); EuGH, 4.4.1968, Rs. 27/67, Fink-Frucht, Slg. 1968, S. 327 (347); EuGH, 14.7.1971, Rs. 10/71, Hafen von Mertert, Slg. 1971, S. 723, Rn. 13/16; EuGH, 7.7.1976, Rs. 118/75, Watson und Belmann, Slg. 1976, S. 1185, Tenor 1.

58 Siehe nur EuGH, 5.2.1963, Rs. 26/62, Van Gend & Loos, Slg. 1963, S. 1 (27). Franz. „des droits individuels que les jurisdictions internes doivent sauvegarder" (S. 25 der franz. Fassung); EuGH, 24.10.1973, Rs. 9/73, Schlüter, Slg. 1973, S. 1135, Rn. 39 („des droits que les juridictions nationales auraient le

nationalen Gerichten auf die unmittelbar wirkenden Vorschriften berufen[59] oder dass unmittelbar wirkende Vorschriften vor nationalen Gerichten und Behörden geltend gemacht werden könnten,[60] um nur die häufigsten Formulierungen zu nennen.[61] Gleichwohl wird hier die Ansicht vertreten, dass die individuelle Berechtigung durch Unionsrecht von der unmittelbaren Wirkung zu unterscheiden ist. In der Rechtsprechung des EuGH finden sich keine Anhaltspunkte dafür, dass er anhand der zur Feststellung der unmittelbaren Wirkung herangezogenen Kriterien der hinreichenden Genauigkeit und Unbedingtheit bestimmt, ob Vorschriften des Unionsrechts vor nationalen Gerichten und Verwaltungsbehörden individuell geltend gemacht werden können. Vielmehr können Vorschriften hinreichend genau und unbedingt sein und trotzdem können sich Einzelne nicht auf sie berufen. In diesen Fällen hat der Gerichtshof Einzelnen verwehrt, die Vorschriften des Unionsrechts geltend zu machen, weil diese nicht ihre wirtschaftliche oder rechtliche Stellung[62] unmittelbar[63] betreffen[64] oder kein Interesse an

---

devoir de sauvegarder"); EuGH (Dritte Kammer), 10.3.2011, Rs. C-379/09, Casteels, Slg. 2011, I-1379, Rn. 15 („des droits susceptibles d'être invoqués devant les juridictions nationales").

[59] Siehe nur EuGH, 17.5.1972, Rs. 93/71, Leonesio, Slg. 1972, S. 287, Rn. 21/23 („les particuliers peuvent les invoquer"); EuGH (Zweite Kammer), 20.11.2008, Rs. C-18/08, Foselev Sud-Ouest, Slg. 2008, I-8745, Rn. 9 f. („peut être invoquée par un particulier"); EuGH (Dritte Kammer), 10.3.2011, Rs. C-379/09, Casteels, Slg. 2011, I-1379, Rn. 13 („qu'un particulier puisse invoquer cet article").

[60] Bspw. EuGH, 3.2.1976, Rs. 59/75, Manghera, Slg. 1976, S. 91, Rn. 15/16 („susceptible d'être invoquée"); EuGH (Fünfte Kammer), 18.10.2001, Rs. C-441/99, Gharehveran, Slg. 2001, I-7687, Rn. 36 („puissent se prévaloir de celles-ci"); EuGH (Sechste Kammer), 10.9.2002, Rs. C-141/00, Ambulanter Pflegedienst Kügler, Slg. 2002, I-6833, Rn. 51 („peuvent être invoquées").

[61] Für eine weitere Variante siehe etwa EuGH, 3.10.2000, Rs. C-303/98, Simap, Slg. 2000, I-7963, Rn. 70 („elles confèrent aux particuliers un droit à ce que […]").

[62] Siehe EuGH, 17.2.1976, Rs. 45/75, Rewe-Zentrale des Lebensmittel-Großhandels, Slg. 1976, S. 181, Rn. 24 („par sa nature même, concerne directement la situation économique et juridique de ces ressortissants").

[63] Siehe EuGH, 15.7.1964, Rs. 6/64, Costa/E.N.E.L., Slg. 1964, S. 1253 (1274 f.), franz. „directement" (S. 1163 f. der franz. Fassung); EuGH, 17.2.1976, Rs. 45/75, Rewe-Zentrale des Lebensmittel-Großhandels, Slg. 1976, S. 181, Rn. 24 („directement"); EuGH (Zweite Kammer), 25.7.2008, Rs. C-237/07, Janecek, Slg. 2008, I-6221, Rn. 39 („directement"); EuGH (Erste Kammer),

der Erfüllung der Verpflichtung besteht.[65] Hier ging es zum Beispiel um Verfahrensregeln, die sich ausschließlich auf das Verhältnis der Union zu den Mitgliedstaaten[66] beziehungsweise das Verhältnis der Mitgliedstaaten untereinander beziehen.[67] Über die Deutung dieser Rechtsprechung wird ein in seiner Meinungsvielfalt schwer überschaubarer Streit geführt.[68] Darüber hinaus zeichnet sich die wissenschaftliche Diskussi-

---

26.5.2011, verb. Rs. C-165/09 bis C-167/09, Stichting Natuur en Milieu, Slg. 2011, I-4599, Rn. 100 („directement").

64 Siehe EuGH, 6.10.1970, Rs. 9/70, Grad („Leberpfennig"), Slg. 1970, S. 825, Rn. 5 („betroffene Personen", franz. „personnes concernées"); EuGH, 4.4.1974, Rs. 167/73, Kommission/Frankreich, Slg. 1974, S. 359, Rn. 35 („zugunsten der Betroffenen", franz. „dans le chef des intéressés"); EuGH, 4.12.1974, Rs. 41/74, van Duyn, Slg. 1974, S. 1337, Rn. 12 ("betroffene Person", franz. „personnes concernées"), 13/14 („die Betroffenen", franz. „des intéressés"); EuGH, 9.3.1978, Rs. 106/77, Simmenthal, Slg. 1978, S. 629, Rn. 14/16 („Quelle von Rechten und Pflichten für alle diejenigen, die sie betreffen", franz. „une source immédiate de droits et d'obligations pour tous ceux qu'elles concernent"); EuGH (Zweite Kammer), 15.7.2004, Rs. C-213/03, Pêcheurs de l'étang de Berre, Slg. 2004, I-7357, Rn. 47 („jeder Betroffene", franz. „toute personne intéressée").

65 Siehe nur EuGH, 6.10.1970, Rs. 9/70, Grad („Leberpfennig"), Slg. 1970, S. 825, Rn. 5 („par toute personne intéressée à l'exécution de cette obligation"). Ähnlich EuGH, 28.10.1975, Rs. 36/75, Rutili, Slg. 1975, S. 1219, Rn. 16/18 („les dispositions du traité et du droit dérivé ont pour objet de régler la situation de particuliers ou d'assurer leur protection").

66 Siehe EuGH, 15.7.1964, Rs. 6/64, Costa/E.N.E.L., Slg. 1964, S. 1253 (1271 ff.) im Hinblick auf Art. 93 Abs. 3 EWGV (mit Ausnahme von S. 3, nun Art. 108 Abs. 3 AEUV) und Art. 102 Abs. 1 EWGV (Art. 117 Abs. 1 AEUV); EuGH, 18.2.1986, Rs. 174/84, Bulk Oil, Slg. 1986, S. 559, Rn. 62, im Hinblick auf eine Unterrichtungspflicht der Mitgliedstaaten gegenüber der Kommission.

67 Siehe EuGH, 18.2.1986, Rs. 174/84, Bulk Oil, Slg. 1986, S. 559, Rn. 62, im Hinblick auf eine Unterrichtungspflicht der Mitgliedstaaten gegenüber anderen Mitgliedstaaten. Anderes soll dagegen gelten, soweit ein mit dem Verfahren zusammenhängendes Verbot der Durchführung einer Handlung durch die Mitgliedstaaten besteht. Siehe EuGH, 15.7.1964, Rs. 6/64, Costa/E.N.E.L., Slg. 1964, S. 1253 (1273) im Hinblick auf Art. 93 Abs. 3 Satz 3 EWGV (Art. 108 Abs. 3 Satz 3 AEUV); EuGH, 30.4.1996, Rs. C-194/94, CIA Security International, Slg. 1996, I-2201, Rn. 44, 55.

68 Näher Kadelbach, Allgemeines Verwaltungsrecht unter europäischem Einfluß, 1996, S. 78 ff.; Classen, in: Grabitz/Hilf/Nettesheim (Hg.), Das Recht der Europäischen Union, Bd. II, Art. 197 AEUV, Rn. 42 ff. (März 2011); Hong, Subjektive Rechte und Schutznormtheorie im europäischen Verwaltungsrechts-

on um die individuelle Geltendmachung von Unionsrecht durch eine Vielzahl verschiedener Facetten aus, die ebenfalls mit der hinreichenden Genauigkeit und Unbedingtheit der Unionsrechtsvorschriften nichts zu tun haben.[69] Schon im Interesse der Klarheit sollte daher die Diskussion um die individuelle Geltendmachung nicht unnötig durch Fragen der unmittelbaren Wirkung kompliziert werden.

Das hier vertretene Verständnis der unmittelbaren Wirkung wird in der Rechtsprechung des EuGH reflektiert, die sprachlich zwischen unmittelbarer Wirkung und individueller Geltendmachung differenziert. So heißt es bereits in der *Van Gend & Loos*-Entscheidung, also der ersten Entscheidung des EuGH, in der er den Begriff der unmittelbaren Wirkung benutzt, der relevante Artikel sei dahin auszulegen, dass er „unmittelbare Wirkungen erzeugt *und* individuelle Rechte begründet […]".[70] Das Nebeneinander von unmittelbarer Wirkung und individu-

---

raum, JZ 2012, S. 380 (381 ff.); Picod, Le statut des particuliers, désormais titulaires de droits individuels, in: Tizzano/Kokott/Prechal (Hg.), 50ème anniversaire de l'arrêt Van Gend en Loos, 2013, S. 81.

69 Zur Frage, inwieweit nationale Gerichte oder Verwaltungsbehörden Unionsrechtsvorschriften von sich aus unangewendet lassen dürfen, etwa wenn der Einzelne sich in einem Zivilprozess nicht auf das Unionsrecht beruft: Engström, National Courts' Obligation to Apply Community Law Ex Officio – The Court Showing new Respect for Party Autonomy and National Procedural Autonomy?, REALaw I (2008), S. 67; Schebesta, Does the National Court Know European Law? A Note on Ex Officio Application after Asturcom, European Review of Private Law 18 (2010), S. 847. Zur Frage, ob weitere Voraussetzungen erfüllt sein müssen, damit Vorschriften des Unionsrechts eine Klagebefugnis nach § 42 Abs. 2 VwGO vermitteln: Kadelbach, Allgemeines Verwaltungsrecht unter europäischem Einfluß, 1996, S. 78 ff., 369 ff., 387 ff.; von Danwitz, Verwaltungsrechtliches System und Europäische Integration, 1996, S. 242 ff. Zur Frage, unter welchen Voraussetzungen Vorschriften des Unionsrechts dem Einzelne Rechte verleihen, so dass eine Verletzung zu einem Staatshaftungsanspruch führen kann: Jarass, Voraussetzungen der innerstaatlichen Wirkung des EG-Rechts, NJW 1990, S. 2420 (2422 f.); Kokott, Europäisierung des Verwaltungsprozessrechts, Die Verwaltung 1998, S. 335 (354); Ruffert in: Calliess/ders. (Hg.), EUV/AEUV, 4. Aufl. 2011, Art. 340 AEUV, Rn. 56; Sagmeister, Ist die Gewährung eines subjektiven Rechts Voraussetzung für die unmittelbare Anwendbarkeit von EU-Recht?, ZEuS 2011, S. 1 (24 f.).

70 EuGH, 5.2.1963, Rs. 26/62, Van Gend & Loos, Slg. 1963, S. 1 (27, 29 f.). Hervorhebung durch den Autor. Franz. „effets immédiats et […] droits individuels" (S. 25, 28 der franz. Fassung). Siehe auch EuGH, 16.6.1966, Rs. 57/66, Lütticke, Slg. 1966, S. 257 (267); EuGH, 4.4.1968, Rs. 27/67, Fink-Frucht, Slg. 1968, S. 327 (347); EuGH, 6.10.1970, Rs. 9/70, Grad („Leberpfennig"),

eller Rechtsbegründung verdeutlicht, dass beide Konzepte unterschieden werden können.[71]

B. Aktuelle Doktrin der unmittelbaren Wirkung

In seinen Schlussanträgen zu der Rechtssache *Ratti* aus dem Jahr 1979 schreibt Generalanwalt *Reischl*: „Unter welchen Voraussetzungen eine [...] unmittelbare Wirkung angenommen werden kann, ist in der Rechtsprechung schon hinlänglich geklärt. [...] Danach ist entscheidend, ob sich nach Natur, System und Wortlaut einer Richtlinie sagen läßt, sie enthalte klare, vollständige und präzise Verpflichtungen der Mitgliedstaaten, sie sehe keine anderen als genau definierte Bedingungen vor und sie lasse den Mitgliedstaaten für die Erfüllung der Verpflichtung keinen Spielraum. Anhand dieser Kriterien läßt sich leicht beurteilen, welchen Vorschriften [...] direkte Wirkung zugesprochen werden kann."[72] Die folgenden Ausführungen sollen jedoch verdeutlichen, dass in der Rechtsprechung weder im Jahr 1979 hinlänglich geklärt war noch heute geklärt ist, unter welchen Voraussetzungen eine unmittelbare Wirkung angenommen werden kann, und dass es sich damals wie heute anhand der von Generalanwalt *Reischl* erwähnten Kriterien nicht leicht beurteilen lässt, welchen Vorschriften direkte Wirkung zugesprochen werden kann.[73] Wenn auch einzuräumen ist, dass von einem Gericht, das sich aus Juristen mannigfaltiger Muttersprachen und Rechtstraditionen zusammensetzt, schwerlich eine klare Dogmatik erwartet werden

---

Slg. 1970, S. 825, Rn. 10; EuGH, 14.12.1971, Rs. 43/71, Politi, Slg. 1971, S. 1039, Rn. 8.

[71] Ebenso de Witte, The Continuous Significance of Van Gend en Loos, in: Maduro/Azoulai (Hg.), The Past and Future of EU Law, 2010, S. 9 (12).

[72] GA Reischl zu EuGH, Rs. 148/78, Ratti, Slg. 1979, S. 1629 (1651). Ähnlich Ward, More than an 'Infant Disease': Individual Rights, EC Directives, and the Case for Uniform Remedies, in: Prinssen/Schrauwen (Hg.), Direct Effect: Rethinking a Classic of EC Legal Doctrine, 2002, S. 43 (45: „fairly simple").

[73] Ebenso Bobek, Van Gend en Loos +50: the Changing Social Context of Direct Effect, in: Tizzano/Kokott/Prechal (Hg.), 50ème anniversaire de l'arrêt Van Gend en Loos, 2013, S. 181 (182); Krämer, Direct Effect and Consistent Interpretation: Strengths and Weaknesses of The Concepts, in: Jans/Macrory/Moreno Molina (Hg.), National Courts and EU Environmental Law, 2013, S. 51 (62, 64 ff.).

kann wie von nationalen Gerichten,[74] ist die im Folgenden dargestellte Konfusion beachtlich.

I. Bestandsaufnahme

Prüft der EuGH die unmittelbare Wirkung, stellt er unabhängig vom Vertragswerk[75] und unabhängig davon, ob es sich um Primär- oder Sekundärrecht handelt,[76] darauf ab, ob sich die Vorschriften, um die es geht,[77] zu unmittelbarer Wirkung eignen,[78] sie einer unmittelbaren

---

[74] Aus einer Vielzahl Kokott/Sobotta, Der EuGH – Blick in eine Werkstatt der Integration, EuGRZ 2013, S. 465 (470 ff.).

[75] Zum EGKS-Vertrag siehe EuGH, 13.4.1994, Rs. C-128/92, Banks, Slg. 1994, I-1209, Rn. 15 ff.; EuGH, 22.2.1990, Rs. 221/88, Busseni, Slg. 1990, I-495, Rn. 21 ff.

[76] Deutlich EuGH, 15.1.1986, Rs. 44/84, Hurd, Slg. 1986, S. 29, Rn. 47; EuGH, 19.1.1993, Rs. C-76/91, Caves Neto Costa, Slg. 1993, I-117, Rn. 7; EuGH (Sechste Kammer), 17.9.1996, verb. Rs. C-246/94, C-247/94, C-248/94 und C-249/94, Cooperativa Agricola Zootecnica S. Antonio, Slg. 1996, I-4373, Rn. 18. Diese Frage gab einst Anlass zu Diskussion, siehe Prechal, Directives in EC Law, 2. Aufl. 2005, S. 241 f. m.w.N. Zu den Besonderheiten hinsichtlich Richtlinien und staatengerichtete Entscheidungen/Beschlüssen im zweiten Teil, A.III.3.

[77] Siehe nur EuGH, 4.12.1974, Rs. 41/74, van Duyn, Slg. 1974, S. 1337, Rn. 12 („la disposition en cause"); EuGH, 4.12.1986, Rs. 71/85, Federatie Nederlandse Vakbeweging, Slg. 1986, S. 3855, Rn. 24; EuGH, 24.3.1987, Rs. 286/85, McDermott und Cotter, Slg. 1987, S. 1453, Rn. 10 ff., vor allem Rn. 14; EuGH (Erste Kammer), 9.9.2004, Rs. C-292/02, Meiland Azewijn, Slg. 2004, I-7905, Rn. 59. In einzelnen Fällen erfolgt die Prüfung und Feststellung der unmittelbaren Wirkung durch den EuGH allerdings in recht pauschaler Weise. Bspw. EuGH (Fünfte Kammer), 28.3.1985, Rs. 96/84, Vereniging Slachtpluimvee-Export, Slg. 1985, S. 1157, Rn. 22 („die Bestimmungen der Richtlinie 76/211 [...]"). Der EuGH stellt oft die unmittelbare Wirkung ganzer Verordnungen fest. Bspw. EuGH, 17.5.1972, Rs. 93/71, Leonesio, Slg. 1972, S. 287, Rn. 5 ff., vor allem Rn. 18; EuGH, 23.1.1975, Rs. 31/74, Galli, Slg. 1975, S. 47, Rn. 32/34, Tenor 3. Zum Hintegrund dieser Pauschalität in diesem Teil, D.II.2.

[78] Bspw. EuGH, 5.2.1963, Rs. 26/62, Van Gend & Loos, Slg. 1963, S. 1 (25 f.), „susceptible d'application" (S. 15 der franz. Fassung); EuGH, 6.10.1970, Rs. 9/70, Grad („Leberpfennig"), Slg. 1970, S. 825, Rn. 9 f.; EuGH, 14.12.1971, Rs. 43/71, Politi, Slg. 1971, S. 1039, Rn. 9; EuGH, 4.12.1974, Rs. 41/74, van Duyn, Slg. 1974, S. 1337, Rn. 12; EuGH, 20.5.2003, verb. Rs. C-465/00, C-

Durchführung zugänglich sind[79] beziehungsweise sie keiner weiteren Durchführung bedürfen[80] oder diese erfordern[81] beziehungsweise nicht von einer solchen abhängig sind.[82] Weiterhin wird darauf abgestellt, ob die Wirkungen vom Erlass eines weiteren Aktes,[83] vom Erlass weiterer Rechtsetzungsakte[84] oder Vorschriften,[85] von einem Eingriff des staatlichen Gesetzgebers[86] abhängen beziehungsweise ob die Vorschriften zu ihrer Erfüllung oder Wirksamkeit weiterer Handlungen der Staaten o-

---

138/01 und C-139/01, Österreichischer Rundfunk, Slg. 2003, I-4989, Rn. 98, 100.

79 Bspw. EuGH, 15.7.1960, Rs. 20/59, Regierung der Italienischen Republik/Hohe Behörde, Slg. 1960, S. 681 (707), „susceptibles [...] d'être exécutées immédiatement" (S. 686 f. der franz. Fassung); EuGH, 31.1.1978, Rs. 94/77, Fratelli Zerbone, Slg. 1978, S. 99, Rn. 8/30.

80 Bspw. EuGH, 15.7.1960, Rs. 20/59, Regierung der Italienischen Republik/Hohe Behörde, Slg. 1960, S. 681 (707), „exigent des mesures d'exécution préalables à leur application" (S. 687 der franz. Fassung); EuGH, 5.2.1963, Rs. 26/62, Van Gend & Loos, Slg. 1963, S. 1 (25); EuGH, 4.12.1974, Rs. 41/74, van Duyn, Slg. 1974, S. 1337, Rn. 13/14; EuGH (Sechste Kammer), 21.9.2000, Rs. C-109/99, ABBOI, Slg. 2000, I-7247, Rn. 68.

81 Bspw. EuGH, 17.5.1972, Rs. 93/71, Leonesio, Slg. 1972, S. 287, Rn. 5/6 („celles qui pourraient être exigées"); EuGH (Zweite Kammer), 24.6.2004, Rs. C-278/02, Handlbauer, Slg. 2004, I-6171, Rn. 25; EuGH (Vierte Kammer), 28.10.2010, Rs. C-367/09, SGS Belgium, Slg. 2010, I-10761, Rn. 32; EuGH (Dritte Kammer), 10.3.2011, Rs. C-379/09, Casteels, Slg. 2011, I-1379, Rn. 15.

82 Bspw. EuGH, 19.12.1968, Rs. 13/68, Salgoil, Slg. 1968, S. 679 (691), „de subordonner sa mise en oeuvre" (S. 673 der franz. Fassung); EuGH, 17.12.1970, Rs. 33/70, S.A.C.E., Slg. 1970, S. 1213, Rn. 10; EuGH, 4.4.1974, Rs. 167/73, Kommission/Frankreich, Slg. 1974, S. 359, Rn. 45/47.

83 Bspw. EuGH (Dritte Kammer), 10.3.2011, Rs. C-379/09, Casteels, Slg. 2011, I-1379, Rn. 15 („se trouve, dès lors, subordonnée dans ses effets à l'intervention d'un acte desdites institutions de l'Union").

84 Bspw. EuGH, 19.12.1968, Rs. 13/68, Salgoil, Slg. 1968, S. 679 (691), franz. „acte positif de droit [interne]" (S. 673 der franz. Fassung); EuGH, 17.12.1970, Rs. 33/70, S.A.C.E., Slg. 1970, S. 1213, Rn. 10; EuGH, 26.10.1971, Rs. 18/71, Eunomia di Porro, Slg. 1971, S. 811, Rn. 9/11; EuGH, 4.4.1974, Rs. 167/73, Kommission/Frankreich, Slg. 1974, S. 359, Rn. 45/47.

85 Bspw. EuGH, 17.5.1972, Rs. 93/71, Leonesio, Slg. 1972, S. 287, Rn. 5/6 („dispositions").

86 Bspw. EuGH, 5.2.1963, Rs. 26/62, Van Gend & Loos, Slg. 1963, S. 1 (26), franz. „ne nécessite pas une intervention législative des États" (S. 24 der franz. Fassung).

der der Kommission,[87] weiterer Maßnahmen der Gemeinschaftsorgane oder der Mitgliedstaaten[88] beziehungsweise besonderer Durchführungsmaßnahmen[89] oder Maßnahmen zur Umwandlung in nationales Recht bedürfen.[90] Ferner müssen die Vorschriften vollständig[91] beziehungsweise rechtlich vollkommen[92] sein. Sie müssen eine klare,[93] klar ausgesprochene,[94] klar formulierte,[95] eindeutige,[96] unzweideutige,[97]

---

87 Bspw. EuGH, 15.7.1964, Rs. 6/64, Costa/E.N.E.L., Slg. 1964, S. 1253 (1273), franz. „acte, ni des États, ni de la Commission“ (S. 1162 der franz. Fassung).

88 Bspw. EuGH, 16.6.1966, Rs. 57/65, Lütticke, Slg. 1966, S. 257 (266), franz. „acte soit des institutions de la Communauté, soit des États membres“ (S. 302 der französischen Fassung); EuGH, 22.3.1977, Rs. 74/76, Iannelli & Volpi, Slg. 1977, S. 557, Rn. 13.

89 Bspw. EuGH (Sechste Kammer), 21.9.2000, Rs. C-109/99, ABBOI, Slg. 2000, I-7247, Rn. 68 („ne nécessite aucune mesure particulière de mise en oeuvre“); EuGH (Zweite Kammer), 24.6.2004, Rs. C-278/02, Handlbauer, Slg. 2004, I-6171, Rn. 25; EuGH (Vierte Kammer), 28.10.2010, Rs. C-367/09, SGS Belgium, Slg. 2010, I-10761, Rn. 32.

90 Bspw. EuGH, 31.1.1978, Rs. 94/77, Fratelli Zerbone, Slg. 1978, S. 99, Rn. 22/27 („mesure portant réception dans le droit national”).

91 Bspw. EuGH, 15.7.1964, Rs. 6/64, Costa/E.N.E.L., Slg. 1964, S. 1253 (1273), franz. „complète“ (S. 1162 der franz. Fassung); EuGH, 16.6.1966, Rs. 57/65, Lütticke, Slg. 1966, S. 257 (266); EuGH, 6.10.1970, Rs. 9/70, Grad („Leberpfennig“), Slg. 1970, S. 825, Rn. 10.

92 Bspw. EuGH, 15.7.1964, Rs. 6/64, Costa/E.N.E.L., Slg. 1964, S. 1253 (1273), franz. „juridiquement parfaite“ (S. 1162 der franz. Fassung); EuGH, 16.6.1966, Rs. 57/65, Lütticke, Slg. 1966, S. 257 (266); EuGH, 3.4.1968, Rs. 28/67, Molkerei-Zentrale Westfalen/Lippe, Slg. 1968, S. 215 (231).

93 Bspw. EuGH, 5.2.1963, Rs. 26/62, Van Gend & Loos, Slg. 1963, S. 1 (25), franz. „claire“ (S. 24 der franz. Fassung); EuGH, 6.10.1970, Rs. 9/70, Grad („Leberpfennig“), Slg. 1970, S. 825, Rn. 9; EuGH (Fünfte Kammer), 18.1.2001, Rs. C-150/99, Stockholm Lindöpark, Slg. 2001, I-493, Rn. 29, 31, 33; EuGH (Zweite Kammer), 20.9.2008, Rs. C-18/08, Foselev Sud-Ouest, Slg. 2008, I-8745, Rn. 11 f.

94 Bspw. EuGH, 15.7.1964, Rs. 6/64, Costa/E.N.E.L., Slg. 1964, S. 1253 (1274 f.), franz. „formellement exprimée“ (S. 1163 der franz. Fassung); EuGH, 19.12.1968, Rs. 13/68, Salgoil, Slg. 1968, S. 679 (691).

95 EuGH (Sechste Kammer), 21.9.2000, Rs. C-109/99, ABBOI, Slg. 2000, I-7247, Rn. 68 („est formulée de façon claire“); EuGH (Vierte Kammer), 15.5.2008, verb. Rs. C-147/06 und C-148/06, SECAP und Santorso, Slg. 2008, I-3565, Rn. 24.

unmissverständliche,[98] genaue,[99] genau formulierte,[100] ausdrückliche,[101] im Ergebnis klar umrissene,[102] zwingende,[103] zwingend gefasste,[104] zwingend formulierte,[105] keinen Ermessensspielraum[106] beziehungs-

---

[96] Bspw. EuGH, 17.12.1970, Rs. 33/70, S.A.C.E., Slg. 1970, S. 1213, Rn. 10 („précise"); EuGH, 26.10.1971, Rs. 18/71, Eunomia di Porro, Slg. 1971, S. 811, Rn. 9/11.

[97] Bspw. EuGH, 15.7.1964, Rs. 6/64, Costa/E.N.E.L., Slg. 1964, S. 1253 (1271), franz. „limité" (S. 1161 der franz. Fassung).

[98] Bspw. EuGH (Große Kammer), 5.10.2004, verb. Rs. C-397/01 bis C-403/01, Pfeiffer, Slg. 2004, I-8835, Rn. 104 („termes non équivoques"); EuGH (Erste Kammer), 6.3.2014, Rs. C-595/12, Napoli, Rn. 48.

[99] Bspw. EuGH, 6.10.1970, Rs. 9/70, Grad („Leberpfennig), Slg. 1970, S. 825, Rn. 9 („précise"); EuGH, 5.4.1979, Rs. 148/78, Ratti, Slg. 1979, S. 1629, Rn. 23; EuGH, 3.10.2000, Rs. C-303/98, Simap, Slg. 2000, I-7963, Rn. 68; EuGH (Zweite Kammer), 14.10.2010, Rs. C-243/09, Fuß, Slg. 2010, I-9849, Rn. 56; EuGH (Zweite Kammer), 3.9.2014, Rs. C-589/12, GMAC UK, Rn. 29; EuGH (Fünfte Kammer), 9.10.2014, Rs. C-492/13, Traum, Rn. 45.

[100] Bspw. EuGH (Sechste Kammer), 21.9.2000, Rs. C-109/99, ABBOI, Slg. 2000, I-7247, Rn. 68 („est formulée de façon [...] précise").

[101] Bspw. EuGH, 1.2.1977, Rs. 51/76, Verbond van Nederlandse Ondernemingen, Slg. 1977, S. 113, Rn. 25/29 („en termes explicites").

[102] Bspw. EuGH, 21.6.1974, Rs. 2/74, Reyners, Slg. 1974, S. 631, Rn. 24/28 („une obligation de résultat précise"); EuGH, 3.12.1974, Rs. 33/74, van Binsbergen, Slg. 1974, S. 1299, Rn. 24/26; EuGH, 3.2.1976, Rs. 59/75, Manghera, Slg. 1976, S. 91, Rn. 15/16.

[103] Bspw. EuGH, 22.3.1977, Rs. 74/76, Iannelli & Volpi, Slg. 1977, S. 557, Rn. 13 („impérative"); EuGH, 6.10.1970, Rs. 9/70, Grad („Leberpfennig"), Slg. 1970, S. 825, Rn. 9.

[104] Bspw. EuGH, 11.3.1965, Rs. 31/64, Gemeenschappelijke Verzekeringskas „De Sociale Voorzorg", Slg. 1965, S. 111 (119; franz. „est conçu en termes péremptoires", S. 118 der franz. Fassung); EuGH, 11.3.1965, Rs. 33/64, Betriebskrankenkasse der Heseper Torfwerke, Slg. 1965, S. 133 (142).

[105] Bspw. EuGH (Vierte Kammer), 15.5.2008, verb. Rs. C-147/06 und C-148/06, SECAP und Santorso, Slg. 2008, I-3565, Rn. 24 („rédigée en des termes [...] impératifs").

[106] Bspw. EuGH, 16.6.1966, Rs. 57/65, Lütticke, Slg. 1966, S. 257 (266), franz. „sans réserve"; EuGH, 23.11.1977, Rs. 38/77, Enka, Slg. 1977, S. 2203, Rn. 15/17.

weise Entscheidungsspielraum[107] oder Gestaltungsspielraum belassende,[108] präzise,[109] uneingeschränkte,[110] ohne Einschränkungen formulierte,[111] unbedingte,[112] unbedingt formulierte,[113] allgemeine[114] Verpflichtung enthalten, die durch keinen Vorbehalt eingeschränkt ist,[115] und einer Anwendung zugänglich sein, ohne dass Vorschriften zur Auslegung erlassen werden müssen.[116] Ergänzt werden diese Formeln gelegentlich durch Qualifizierungen, wonach die Vorschriften sich ihrem

---

[107] Bspw. EuGH, 3.4.1968, Rs. 28/67, Molkerei-Zentrale Westfalen/Lippe, Slg. 1968, S. 215 (234), franz. „une marge d'appréciation" (S. 230 der franz. Fassung); EuGH, 24.10.1973, Rs. 9/73, Schlüter, Slg. 1973, S. 1135, Rn. 39; EuGH, 24.10.1973, Rs. 10/73, Rewe-Zentral, Slg. 1973, S. 1175, Rn. 26.

[108] Bspw. EuGH (Fünfte Kammer), 4.10.2001, Rs. C-438/99, Jiménez Melgar, Slg. 2001, I-6915, Rn. 33 („marge d'appréciation").

[109] Bspw. EuGH, 1.2.1977, Rs. 51/76, Verbond van Nederlandse Ondernemingen, Slg. 1977, S. 113, Rn. 25/29 („en termes [...] précis"); EuGH, 17.9.2002, Rs. C-413/99, Baumbast, Slg. 2002, I-7091, Rn. 84.

[110] Bspw. EuGH, 5.2.1963, Rs. 26/62, Van Gend & Loos, Slg. 1963, S. 1 (25), franz. „inconditionnelle" (S. 24 der franz. Fassung).

[111] Bspw. EuGH (Vierte Kammer), 15.5.2008, verb. Rs. C-147/06 und C-148/06, SECAP und Santorso, Slg. 2008, I-3565, Rn. 24 („rédigée en des termes [...] absolus").

[112] Bspw. EuGH, 15.7.1964, Rs. 6/64, Costa/E.N.E.L., Slg. 1964, S. 1253 (1273, 1275), franz. „inconditionnelle" (S. 1164 der franz. Fassung); EuGH, 3.2.1976, Rs. 59/75, Manghera, Slg. 1976, S. 91, Rn. 15/16; EuGH, 3.10.2000, Rs. C-303/98, Simap, Slg. 2000, I-7963, Rn. 68; EuGH (Fünfte Kammer), 9.10.2014, Rs. C-492/13, Traum, Rn. 45.

[113] Bspw. EuGH (Sechste Kammer), 21.9.2000, Rs. C-109/99, ABBOI, Slg. 2000, I-7247, Rn. 68 („est formulée de façon [...] inconditionnelle").

[114] Bspw. EuGH, 6.10.1970, Rs. 9/70, Grad („Leberpfennig"), Slg. 1970, S. 825, Rn. 9 („générale"); EuGH (Erste Kammer), 6.3.2014, Rs. C-595/12, Napoli, Rn. 48.

[115] Bspw. EuGH, 5.2.1963, Rs. 26/62, Van Gend & Loos, Slg. 1963, S. 1 (25 f.), franz. „que cette obligation n'est d'ailleurs assortie d'aucune réserve" (S. 24 der franz. Fassung); EuGH, 17.12.1970, Rs. 33/70, S.A.C.E., Slg. 1970, S. 1213, Rn. 10; EuGH, 4.12.1974, Rs. 41/74, van Duyn, Slg. 1974, S. 1337, Rn. 13/14.

[116] Bspw. EuGH, 31.1.1978, Rs. 94/77, Fratelli Zerbone, Slg. 1978, S. 99, Rn. 28/30 („sans que soient nécessaires des dispositions législatives nationales arrêtées aux fins de son interprétation").

Wesen,[117] ihrem Wortlaut,[118] ihrer Natur nach[119] oder sich inhaltlich[120] für eine unmittelbare Wirkung eignen oder so geartet sein müssen, dass sie unmittelbare Wirkung erzeugen.[121] Zuweilen präzisiert der EuGH den anzulegenden Maßstab, indem er verlangt, dass die Vorschriften „so" klar und unbedingt sein müssen, dass sie unmittelbare Wirkung erzeugen können[122] beziehungsweise „hinreichend" klar und unbedingt sein müssen.[123] Teilweise fordert der EuGH auch, die einzelnen Vorschriften müssten geeignet sein, aus dem Gesamtzusammenhang gelöst

---

[117] Bspw. EuGH, 5.2.1963, Rs. 26/62, Van Gend & Loos, Slg. 1963, S. 1 (25 f.), franz. „se prête parfaitement, par sa nature même, à produire des effets directs" (S. 24 der franz. Fassung); EuGH, 6.10.1970, Rs. 9/70, Grad („Leberpfennig"), Slg. 1970, S. 825, Rn. 9; EuGH, 29.11.1978, Rs. 83/78, Pigs Marketing Board, Slg. 1978, S. 2347, Rn. 66/67.

[118] Bspw. EuGH, 4.12.1974, Rs. 41/74, van Duyn, Slg. 1974, S. 1337, Rn. 12 („les termes de la disposition en cause").

[119] Bspw. EuGH, 17.12.1970, Rs. 33/70, S.A.C.E., Slg. 1970, S. 1213, Rn. 10 („par sa nature"); EuGH, 26.10.1971, Rs. 18/71, Eunomia di Porro, Slg. 1971, S. 811, Rn. 9/11; EuGH, 27.3.1974, Rs. 127/73, BRT-I, Slg. 1974, S. 51, Rn. 15/17.

[120] Bspw. EuGH (Sechste Kammer), 20.6.2002, verb. Rs. C-388/00 und C-429/00, Radiosistemi, Slg. 2002, I-5845, Rn. 49 („du point de vue de leur contenu"), 54, 57, 63; EuGH (Fünfte Kammer), 10.4.2003, Rs. C-276/01, Steffensen, Slg. 2003, I-3735, Rn. 38, 41; EuGH (Fünfte Kammer), 9.10.2014, Rs. C-492/13, Traum, Rn. 45.

[121] Bspw. EuGH (Sechste Kammer), 10.9.2002, Rs. C-141/00, Ambulanter Pflegedienst Kügler, Slg. 2002, I-6833, Rn. 51 („de nature à définir"); EuGH, 20.5.2003, verb. Rs. C-465/00, C-138/01 und C-139/01, Österreichischer Rundfunk, Slg. 2003, I-4989, Rn. 98.

[122] Bspw. EuGH (Fünfte Kammer), 18.1.2001, Rs. C-150/99, Stockholm Lindöpark, Slg. 2001, I-493, Rn. 29 („pour qu'un"); EuGH (Fünfte Kammer), 18.10.2001, Rs. C-441/99, Gharehveran, Slg. 2001, I-7687, Rn. 33, 36; EuGH, 20.5.2003, verb. Rs. C-465/00, C-138/01 und C-139/01, Österreichischer Rundfunk, Slg. 2003, I-4989, Rn. 100.

[123] Bspw. EuGH, 6.10.1970, Rs. 9/70, Grad („Leberpfennig"), Slg. 1970, S. 825, Rn. 9 („suffisamment"); EuGH, 5.4.1979, Rs. 148/78, Ratti, Slg. 1979, S. 1629, Rn. 23; EuGH (Fünfte Kammer), 18.1.2001, Rs. C-150/99, Stockholm Lindöpark, Slg. 2001, I-493, Rn. 31, 33; EuGH (Zweite Kammer), 20.11.2008, Rs. C-18/08, Foselev Sud-Ouest, Slg. 2008, I-8745, Rn. 11 f.; EuGH (Fünfte Kammer), 9.10.2014, Rs. C-492/13, Traum, Rn. 45.

zu werden.[124] Gleichzeitig sei aber auch das Gesamtsystem zu berücksichtigen.[125] Diese Anforderungen haben sich über die Jahrzehnte hinweg jedenfalls nicht wesentlich geändert (siehe Übersicht im Anhang I).

II. Dichotomie in Genauigkeit und Unbedingtheit

Das genaue Verhältnis der vielen soeben dargestellten Kriterien zueinander bleibt in der Rechtsprechung weitgehend unklar. Gleichwohl ergibt eine Gesamtbetrachtung, dass die Kriterien scheinbar in zwei Gruppen unterteilt werden können. Zum einen in die Gruppe, wonach die Vorschriften klar, eindeutig, zwingend, präzise und genau sein müssen, und zum anderen in die Gruppe, wonach die Vorschriften uneingeschränkt und unbedingt sein müssen und durch keinen Vorbehalt eingeschränkt sein dürfen. Bestätigt wird diese Unterteilung dadurch, dass sich häufig eine doppelte Aufzählung, bestehend aus jeweils einer, gelegentlich auch zwei Formulierungen beider Gruppen in der Rechtsprechung finden lässt („klares und uneingeschränktes Verbot";[126] „klare und unbedingte Verpflichtung";[127] „unbedingt und hinreichend genau";[128] „klar, genau und unbedingt"[129]).

---

[124] EuGH, 19.1.1982, Rs. 8/81, Becker, Slg. 1982, S. 53, Rn. 27 ff., vor allem Rn. 29 („susceptibles d'être détachées de l'ensemble et appliquées comme telles"). Mehrfach bestätigt, siehe nur EuGH (Erste Kammer), 9.9.2004, Rs. C-292/02, Meiland Azewijn, Slg. 2004, I-7905, Rn. 59.

[125] EuGH, 19.6.1973, Rs. 77/72, Capolongo, Slg. 1973, S. 611, Rn. 5 („le […] paragraphe […] ne peut pas être pris isolément, mais doit être considéré dans le cadre du système institué"); EuGH, 3.12.1974, Rs. 33/74, van Binsbergen, Slg. 1974, S. 1299, Rn. 19; EuGH, 14.12.1995, verb. Rs. C-163/94, C-165/94 und C-250/94, Sanz de Lera, Slg. 1995, I-4821, Rn. 42.

[126] Siehe EuGH, 5.2.1963, Rs. 26/62, Van Gend & Loos, Slg. 1963, S. 1 (25).

[127] Siehe EuGH, 16.6.1966, Rs. 57/65, Lütticke, Slg. 1966, S. 257 (266); EuGH, 3.4.1968, Rs. 28/67, Molkerei-Zentrale Westfalen/Lippe, Slg. 1968, S. 215 (230).

[128] Aus einer Vielzahl EuGH, 5.4.1979, Rs. 148/78, Ratti, Slg. 1979, S. 1629, Rn. 23; EuGH (Sechste Kammer), 20.6.2002, verb. Rs. C-388/00 und C-429/00, Radiosistemi, Slg. 2002, I-5845, Rn. 49; EuGH (Große Kammer), 17.7.2008, verb. Rs. C-152/07 bis C-154/07, Arcor, Slg. 2008, I-5959, Rn. 40; EuGH (Große Kammer), 15.1.2014, Rs. C-176/12, Association de médiation sociale, Rn. 31.

[129] Siehe EuGH (Fünfte Kammer), 18.1.2001, Rs. C-150/99, Stockholm Lindöpark, Slg. 2001, I-493, Rn. 29, 31, 33; EuGH (Sechste Kammer),

Innerhalb der ersten Gruppe dominieren der Häufigkeit nach die Begriffe „klar“[130] und „genau“,[131] wobei sich der EuGH seit der Jahrtau-

21.9.2000, Rs. C-109/99, ABBOI, Slg. 2000, I-7247, Rn. 68; EuGH (Große Kammer), 15.1.2014, Rs. C-176/12, Association de médiation sociale, Rn. 36; EuGH (Erste Kammer), 6.3.2014, Rs. C-595/12, Napoli, Rn. 49, 51.

[130] Siehe EuGH, 5.2.1963, Rs. 26/62, Van Gend & Loos, Slg. 1963, S. 1 (25), franz. „claire“ (S. 24 der franz. Fassung); EuGH, 11.3.1965, Rs. 31/64, Gemeenschappelijke Verzekeringskas „De Sociale Voorzorg“, Slg. 1965, S. 111 (119); EuGH, 11.3.1965, Rs. 33/64, Betriebskrankenkasse der Heseper Torfwerke, Slg. 1965, S. 133 (142); EuGH, 16.6.1966, Rs. 57/65, Lütticke, Slg. 1966, S. 257 (266); EuGH, 3.4.1968, Rs. 28/67, Molkerei-Zentrale Westfalen/Lippe, Slg. 1968, S. 215 (230); EuGH, 6.10.1970, Rs. 9/70, Grad („Leberpfennig“), Slg. 1970, S. 825, Rn. 9; EuGH, 21.10.1970, Rs. 20/70, Transports Lesage & Clie, Slg. 1970, S. 861, Rn. 9; EuGH, 21.10.1970, Rs. 23/70, Haselhorst, Slg. 1970, S. 881, Rn. 9; EuGH, 17.12.1970, Rs. 33/70, S.A.C.E., Slg. 1970, S. 1213, Rn. 10; EuGH, 26.10.1971, Rs. 18/71, Eunomia di Porro, Slg. 1971, S. 811, Rn. 9/11; EuGH, 22.3.1977, Rs. 74/76, Iannelli & Volpi, Slg. 1977, S. 557, Rn. 13; EuGH (Fünfte Kammer), 18.1.2001, Rs. C-150/99, Stockholm Lindöpark, Slg. 2001, I-493, Rn. 29, 31, 33; EuGH (Fünfte Kammer), 18.10.2001, Rs. C-441/99, Gharehveran, Slg. 2001, I-7687, Rn. 33, 36; EuGH, 17.9.2002, Rs. C-413/99, Baumbast, Slg. 2002, I-7091, Rn. 84; EuGH (Erste Kammer), 9.9.2004, Rs. C-292/02, Meiland Azewijn, Slg. 2004, I-7905, Rn. 61; EuGH (Zweite Kammer), 20.11.2008, Rs. C-18/08, Foselev Sud-Ouest, Slg. 2008, I-8745, Rn. 11 f.

[131] Siehe EuGH, 6.10.1970, Rs. 9/70, Grad („Leberpfennig“), Slg. 1970, S. 825, Rn. 9 („précise“); EuGH, 21.10.1970, Rs. 20/70, Transports Lesage & Clie, Slg. 1970, S. 861, Rn. 9; EuGH, 21.10.1970, Rs. 23/70, Haselhorst, Slg. 1970, S. 881, Rn. 9; EuGH, 5.4.1979, Rs. 148/78, Ratti, Slg. 1979, S. 1629, Rn. 23; EuGH, 3.10.2000, Rs. C-303/98, Simap, Slg. 2000, I-7963, Rn. 68; EuGH (Fünfte Kammer), 18.1.2001, Rs. C-150/99, Stockholm Lindöpark, Slg. 2001, I-493, Rn. 29, 31, 33; EuGH (Fünfte Kammer), 18.10.2001, Rs. C-441/99, Gharehveran, Slg. 2001, I-7687, Rn. 33, 36; EuGH (Fünfte Kammer), 4.10.2001, Rs. C-438/99, Jiménez Melgar, Slg. 2001, I-6915, Rn. 33; EuGH (Sechste Kammer), 20.6.2002, verb. Rs. C-388/00 und C-429/00, Radiosistemi, Slg. 2002, I-5845, Rn. 49, 54, 57, 63; EuGH (Sechste Kammer), 10.9.2002, Rs. C-141/00, Ambulanter Pflegedienst Kügler, Slg. 2002, I-6833, Rn. 51; EuGH (Fünfte Kammer), 10.4.2003, Rs. C-276/01, Steffensen, Slg. 2003, I-3735, Rn. 38, 41; EuGH, 20.5.2003, verb. Rs. C-465/00, C-138/01 und C-139/01, Österreichischer Rundfunk, Slg. 2003, I-4989, Rn. 98, 100; EuGH (Sechste Kammer), 5.2.2004, Rs. C-157/02, Rieser Internationale Transporte, Slg. 2004, I-1477, Rn. 22, 34 f., 38; EuGH (Fünfte Kammer), 29.4.2004, Rs. C-102/02, Beuttenmüller, Slg. 2004, I-5405, Rn. 54 f.; EuGH (Erste Kammer), 9.9.2004, Rs. C-292/02, Meiland Azewijn, Slg. 2004, I-7905, Rn. 61; EuGH (Große Kammer), 5.10.2004, verb. Rs. C-397/01 bis C-403/01, Pfeiffer, Slg. 2004, I-8835, Rn. 103;

sendwende zumeist für das Wort „genau" entschieden hat. Innerhalb der zweiten Gruppe dominiert die Formulierung, dass die Vorschriften „unbedingt" sein müssen.[132] Die in der Rechtsprechung benutzte Ter-

---

EuGH (Erste Kammer), 9.9.2004, Rs. C-292/02, Meiland Azewijn, Slg. 2004, I-7905, Rn. 57; EuGH (Zweite Kammer), 17.2.2005, verb. Rs. C-453/02 und C-462/02, Linneweber und Akritidis, Slg. 2005, I-1131, Rn. 33; EuGH (Zweite Kammer), 2.6.2005, Rs. C-15/04, Koppensteiner, Slg. 2005, I-4855, Rn. 38; EuGH (Fünfte Kammer), 13.6.2006, Rs. C-336/05, Echouikh, Slg. 2006, I-5223, Rn. 40; EuGH (Erste Kammer), 19.4.2007, Rs. C-356/05, Farrell, Slg. 2007, I-3067, Rn. 37 f.; EuGH (Dritte Kammer), 28.6.2007, Rs. C-363/05, JP Morgan Fleming Claverhouse Investment Trust, Slg. 2007, I-5517, Rn. 58; EuGH (Vierte Kammer), 13.12.2007, Rs. C-372/06, Asda Stores, Slg. 2007, I-11223, Rn. 57; EuGH (Große Kammer), 17.7.2008, verb. Rs. C-152/07 bis C-154/07, Arcor, Slg. 2008, I-5959, Rn. 40; EuGH (Dritte Kammer), 17.7.2008, Rs. C-226/07, Flughafen Köln/Bonn, Slg. 2008, I-5999, Rn. 23, 28; EuGH (Zweite Kammer), 25.7.2008, Rs. C-237/07, Janecek, Slg. 2008, I-6221, Rn. 36; EuGH (Zweite Kammer), 20.11.2008, Rs. C-18/08, Foselev Sud-Ouest, Slg. 2008, I-8745, Rn. 11 f.; EuGH (Erste Kammer), 12.2.2009, Rs. C-138/07, Cobelfret, Slg. 2009, I-731, Rn. 58; EuGH (Dritte Kammer), 23.4.2009, verb. Rs. C-378/07 bis C-380/97, Angelidaki, Slg. 2009, I-3071, Rn. 193; EuGH (Dritte Kammer), 14.1.2010, verb. Rs. C-471/07 und C-472/07, AGIM, Slg. 2010, I-113, Rn. 26; EuGH (Dritte Kammer), 1.7.2010, Rs. C-194/08, Gassmayr, Slg. 2010, I-6281, Rn. 44; EuGH (Zweite Kammer), 14.10.2010, Rs. C-243/09, Fuß, Slg. 2010, I-9849, Rn. 56; EuGH (Vierte Kammer), 12.5.2011, Rs. C-115/09, Bund für Umwelt und Naturschutz Deutschland, Slg. 2011, I-3673, Rn. 54; EuGH (Erste Kammer), 26.5.2011, verb. Rs. C-165/09 bis C-167/09, Stichting Natuur en Milieu, Slg. 2011, I-4599, Rn. 93; EuGH (Achte Kammer), 18.5.2013, Rs. C-142/12, Marinov, Rn. 37; EuGH (Erste Kammer), 6.3.2014, Rs. C-595/12, Napoli, Rn. 46; EuGH (Siebte Kammer), 15.5.2014, Rs. C-337/13, Almos Agrárkülkereskedelmi, Rn. 31; EuGH (Zweite Kammer), 3.9.2014, Rs. C-589/12, GMAC UK, Rn. 29; EuGH (Fünfte Kammer), 9.10.2014, Rs. C-492/13, Traum, Rn. 45.

[132] Siehe EuGH, 15.7.1964, Rs. 6/64, Costa/E.N.E.L., Slg. 1964, S. 1253 (1273, 1275), franz. „inconditionnelle" (S. 1164 der franz. Fassung); EuGH, 16.6.1966, Rs. 57/65, Lütticke, Slg. 1966, S. 257 (266); EuGH, 3.4.1968, Rs. 28/67, Molkerei-Zentrale Westfalen/Lippe, Slg. 1968, S. 215 (230 f.); EuGH, 6.10.1970, Rs. 9/70, Grad („Leberpfennig"), Slg. 1970, S. 825, Rn. 9; EuGH, 21.10.1970, Rs. 20/70, Transports Lesage & Clie, Slg. 1970, S. 861, Rn. 9; EuGH, 21.10.1970, Rs. 23/70, Haselhorst, Slg. 1970, S. 881, Rn. 9; EuGH, 14.7.1971, Rs. 10/71, Hafen von Mertert, Slg. 1971, S. 723, Rn. 13/16; EuGH, 4.12.1974, Rs. 41/74, van Duyn, Slg. 1974, S. 1337, Rn. 13/14; EuGH, 3.2.1976, Rs. 59/75, Manghera, Slg. 1976, S. 91, Rn. 15/16; EuGH, 5.4.1979, Rs. 148/78, Ratti, Slg. 1979, S. 1629, Rn. 23; EuGH, 3.10.2000, Rs. C-303/98, Simap, Slg. 2000, I-7963, Rn. 68; EuGH (Fünfte Kammer), 18.1.2001, Rs. C-150/99,

minologie lässt sich also dahingehend reduzieren, dass die jeweiligen Vorschriften genau und unbedingt sein müssen. Hiermit korrespondiert, dass sich über die Jahrzehnte hinweg die Formel finden lässt, die

---

Stockholm Lindöpark, Slg. 2001, I-493, Rn. 29, 31, 33; EuGH (Fünfte Kammer), 18.10.2001, Rs. C-441/99, Gharehveran, Slg. 2001, I-7687, Rn. 33, 36; EuGH (Sechste Kammer), 20.6.2002, verb. Rs. C-388/00 und C-429/00, Radiosistemi, Slg. 2002, I-5845, Rn. 49, 54, 57, 63; EuGH (Sechste Kammer), 10.9.2002, Rs. C-141/00, Ambulanter Pflegedienst Kügler, Slg. 2002, I-6833, Rn. 51; EuGH (Fünfte Kammer), 10.4.2003, Rs. C-276/01, Steffensen, Slg. 2003, I-3735, Rn. 38, 41; EuGH, 20.5.2003, verb. Rs. C-465/00, C-138/01 und C-139/01, Österreichischer Rundfunk, Slg. 2003, I-4989, Rn. 98; EuGH (Sechste Kammer), 5.2.2004, Rs. C-157/02, Rieser Internationale Transporte, Slg. 2004, I-1477, Rn. 22, 34 f., 38; EuGH (Fünfte Kammer), 29.4.2004, Rs. C-102/02, Beuttenmüller, Slg. 2004, I-5405, Rn. 54 f.; EuGH (Erste Kammer), 9.9.2004, Rs. C-292/02, Meiland Azewijn, Slg. 2004, I-7905, Rn. 57, 61; EuGH (Große Kammer), 5.10.2004, verb. Rs. C-397/01 bis C-403/01, Pfeiffer, Slg. 2004, I-8835, Rn. 103; EuGH (Zweite Kammer), 17.2.2005, verb. Rs. C-453/02 und C-462/02, Linneweber und Akritidis, Slg. 2005, I-1131, Rn. 33; EuGH (Zweite Kammer), 2.6.2005, Rs. C-15/04, Koppensteiner, Slg. 2005, I-4855, Rn. 38; EuGH (Fünfte Kammer), 13.6.2006, Rs. C-336/05, Echouikh, Slg. 2006, I-5223, Rn. 40; EuGH (Erste Kammer), 19.4.2007, Rs. C-356/05, Farrell, Slg. 2007, I-3067, Rn. 37 f.; EuGH (Dritte Kammer), 28.6.2007, Rs. C-363/05, JP Morgan Fleming Claverhouse Investment Trust, Slg. 2007, I-5517, Rn. 58; EuGH (Vierte Kammer), 13.12.2007, Rs. C-372/06, Asda Stores, Slg. 2007, I-11223, Rn. 57; EuGH (Große Kammer), 17.7.2008, verb. Rs. C-152/07 bis C-154/07, Arcor, Slg. 2008, I-5959, Rn. 40; EuGH (Dritte Kammer), 17.7.2008, Rs. C-226/07, Flughafen Köln/Bonn, Slg. 2008, I-5999, Rn. 23, 28; EuGH (Zweite Kammer), 25.7.2008, Rs. C-237/07, Janecek, Slg. 2008, I-6221, Rn. 36; EuGH (Zweite Kammer), 20.11.2008, Rs. C-18/08, Foselev Sud-Ouest, Slg. 2008, I-8745, Rn. 11 f.; EuGH (Erste Kammer), 12.2.2009, Rs. C-138/07, Cobelfret, Slg. 2009, I-731, Rn. 58; EuGH (Dritte Kammer), 23.4.2009, verb. Rs. C-378/07 bis C-380/97, Angelidaki, Slg. 2009, I-3071, Rn. 193; EuGH (Dritte Kammer), 14.1.2010, verb. Rs. C-471/07 und C-472/07, AGIM, Slg. 2010, I-113, Rn. 26; EuGH (Dritte Kammer), 1.7.2010, Rs. C-194/08, Gassmayr, Slg. 2010, I-6281, Rn. 44; EuGH (Zweite Kammer), 14.10.2010, Rs. C-243/09, Fuß, Slg. 2010, I-9849, Rn. 56; EuGH (Vierte Kammer), 12.5.2011, Rs. C-115/09, Bund für Umwelt und Naturschutz Deutschland, Slg. 2011, I-3673, Rn. 54; EuGH (Erste Kammer), 26.5.2011, verb. Rs. C-165/09 bis C-167/09, Stichting Natuur en Milieu, Slg. 2011, I-4599, Rn. 93; EuGH (Achte Kammer), 18.5.2013, Rs. C-142/12, Marinov, Rn. 37 f.; EuGH (Erste Kammer), 6.3.2014, Rs. C-595/12, Napoli, Rn. 46; EuGH (Siebte Kammer), 15.5.2014, Rs. C-337/13, Almos Agrárkülkereskedelmi, Rn. 31; EuGH (Zweite Kammer), 3.9.2014, Rs. C-589/12, GMAC UK, Rn. 29; EuGH (Fünfte Kammer), 9.10.2014, Rs. C-492/13, Traum, Rn. 45.

Vorschriften müssten klar und unbedingt sein.[133] Sind damit die zentralen Kriterien des EuGH für die unmittelbare Wirkung identifiziert, kann davon ausgegangen werden, dass die Begriffe „klar", „eindeutig" und „genau" einerseits und die Begriffe „uneingeschränkt" und „unbedingt" andererseits jeweils als Synonyme zu verstehen sind, was als gewisse Beliebigkeit in der Wortwahl des EuGH gedeutet werden kann.

In wenigen Urteilen unterscheidet der Gerichtshof im Obersatz streng zwischen Genauigkeit und Unbedingtheit und hält für jeden der beiden Begriffe eine Definition bereit. Soweit ersichtlich, beginnt diese Rechtsprechung mit der Entscheidung *Comitato di coordinamento per la difesa della Cava* aus dem Jahr 1994. Der EuGH führt aus, eine Vorschrift müsse unbedingt und hinreichend genau sein. Unbedingt sei sie, „wenn sie eine Verpflichtung begründet, die weder an eine Bedingung geknüpft ist noch zu ihrer Erfüllung und Wirksamkeit einer Maßnahme der Gemeinschaftsorgane oder der Mitgliedstaaten bedarf". Hinreichend genau sei sie, „wenn sie unzweideutig eine Verpflichtung begründet".[134] Offensichtlich hat sich der Gerichtshof hierbei an den Schlussanträgen von Generalanwalt *Darmon* orientiert, der diese Differenzierung vorgeschlagen hatte.[135] Weitere Generalanwälte gehen ebenfalls von einer strengen Trennung zwischen Genauigkeit und Unbe-

---

[133] Bspw. EuGH, 16.6.1966, Rs. 57/65, Lütticke, Slg. 1966, S. 257 (266); EuGH, 3.4.1968, Rs. 28/67, Molkerei-Zentrale Westfalen/Lippe, Slg. 1968, S. 215 (230); EuGH, 6.10.1970, Rs. 9/70, Grad („Leberpfennig"), Slg. 1970, S. 825, Rn. 9; EuGH (Fünfte Kammer), 18.1.2001, Rs. C-150/99, Stockholm Lindöpark, Slg. 2001, I-493, Rn. 29; EuGH (Fünfte Kammer), 18.10.2001, Rs. C-441/99, Gharehveran, Slg. 2001, I-7687, Rn. 33 und 36; EuGH (Zweite Kammer), 20.11.2008, Rs. C-18/08, Foselev Sud-Ouest, Slg. 2008, I-8745, Rn. 11 f.; EuGH (Achte Kammer), 18.5.2013, Rs. C-142/12, Marinov, Rn. 38.

[134] EuGH, 23.2.1994, Rs. C-236/92, Comitato di coordinamento per la difesa della Cava, Slg. 1994, I-483, Rn. 9 f. Siehe auch EuGH (Sechste Kammer), 17.9.1996, verb. Rs C-246/94, C-247/94, C-248/94 und C-249/94, Cooperativa Agricola Zootecnica S. Antonio, Slg. 1996, I-4373, Rn. 17-19; EuGH (Fünfte Kammer), 29.5.1997, Rs. C-389/95, Klattner, Slg. 1997, I-2719, Rn. 33; EuGH (Dritte Kammer), 17.7.2008, Rs. C-226/07, Flughafen Köln/Bonn, Slg. 2008, I-5999, Rn. 28 ff.; EuGH (Dritte Kammer), 1.7.2010, Rs. C-194/08, Gassmayr, Slg. 2010, I-6281, Rn. 45.

[135] Siehe GA Darmon zu EuGH, Rs. C-236/92, Comitato di coordinamento per la difesa della Cava, Slg. 1994, I-483, Rn. 17 f.

dingtheit aus.[136] Ähnliche Versuche einer Systematisierung, zuweilen auch im Sinn einer Trichotomie, finden sich in der Wissenschaft.[137]

Diese Systematik suggeriert allerdings eine Differenziertheit, die in der Rechtsprechung des EuGH nicht durchgehalten wird.[138] Bereits die vom Gerichtshof im Urteil *Comitato di coordinamento per la difesa della Cava* zitierte Rechtsprechung lässt eine solche Differenzierung nicht erkennen.[139] Dieser Befund gilt für den Großteil der Entscheidungen zur unmittelbaren Wirkung: Eine Zweiteilung nach Genauigkeit und Unbedingtheit lässt sich nur schwerlich ausmachen. Abgesehen von der

---

[136] Siehe GA Léger zu EuGH, Rs. C-287/98, Linster, Slg. 2000, I-6917, Rn. 38 f., 42 ff.; GA Colomer zu EuGH, Rs. C-233/99, Haugsted Hansen, Slg. 2002, I-3107, Rn. 29, zweiter Absatz; ders. zu EuGH, verb. Rs. C-397/01 bis C-403/01, Pfeiffer, Slg. 2004, I-8835, Rn. 51; GA Stix-Hackl zu EuGH, Rs. C-276/01, Steffensen, Slg. 2003, I-3735, Rn. 34 ff.

[137] Aus einer Vielzahl Jarass, Voraussetzungen der innerstaatlichen Wirkung des EG-Rechts, NJW 1990, S. 2420 (2423 ff.); Simon, Le système juridique communautaire, 3. Aufl. 2001, S. 389, der drei Kriterien unterscheidet; C. Herrmann, Richtlinienumsetzung durch die Rechtsprechung, 2003, S. 46 ff.; Nettesheim, in: Grabitz/Hilf/ders. (Hg.), Das Recht der Europäischen Union, Bd. III, Art. 288 AEUV, Rn. 146 f. (August 2012); W. Schroeder, in: Streinz (Hg.), EUV/AEUV, 2. Aufl. 2012, Art. 288 AEUV, Rn. 108 f.

[138] Ähnlich wie hier Galmot/Bonichot, La Cour de justice des Communautés européennes et la transposition des directives en droit national, RFDA 4 (1988), S. 1 (16: „On peut distinguer le critère de précision de celui d'inconditionnalité. Mais la distinction est de degré plus que nature."); Manin, De l'utilisation des directives communautaires par les personnes physiques ou morales, AJDA 50 (1994), S. 259 (261); Isaac/Blanquet, Droit général de l'Union européenne, 9. Aufl. 2006, S. 272 („C'est donc toujours le caractère conditionnel de la disposition en cause, plutôt que le manque de précision, qui a conduit à la conclusion du refus d'effet direct"); Gassner, Richtlinien mit Doppelwirkung, in: Classen/Dittmann/Fechner/ders./Kilian (Hg.), Liber amicorum Thomas Oppermann, 2001, S. 503 („Letztlich geht es bei beiden Kriterien [...] um die Frage der Justiziabilität"); Krämer, Direct Effect and Consistent Interpretation: Strengths and Weaknesses of The Concepts, in: Jans/Macrory/Moreno Molina (Hg.), National Courts and EU Environmental Law, 2013, S. 51 (64 f.).

[139] Es wird auf EuGH, 3.4.1968, Rs. 28/67, Molkerei-Zentrale Westfalen/Lippe, Slg. 1968, S. 215; EuGH, 26.2.1986, Rs. 152/84, Marshall I, Slg. 1986, S. 723 und EuGH, 4.12.1986, Rs. 71/85, Federatie Nederlandse Vakbeweging, Slg. 1986, S. 3855, bezeichnenderweise ohne Angabe der genauen Seite oder Randnummer, verwiesen. Siehe EuGH, 23.2.1994, Rs. C-236/92, Comitato di coordinamento per la difesa della Cava, Slg. 1994, I-483, Rn. 9 f.

dargestellten Konfusion der Begrifflichkeiten, verwendet der EuGH die Paarung „Genauigkeit und Unbedingtheit" häufig nicht. Spätestens bei der Subsumtion einzelner Vorschriften unter die Kriterien der unmittelbaren Wirkung ist eine Differenzierung zwischen Genauigkeit und Unbedingtheit üblicherweise nicht ersichtlich. Zuweilen prüft der EuGH nur die Unbedingtheit, so in der Entscheidung *Kaefer und Procacci.*[140] In der Entscheidung *Busseni* fragt der Gerichtshof zwar nach der Unbedingtheit und hinreichenden Genauigkeit, stellt aber in der Folge nur die hinreichende Genauigkeit fest.[141] Selbst die angeführten Entscheidungen des EuGH, in denen er im Obersatz streng Unbedingtheit und Genauigkeit voneinander abgrenzt, lassen die Dichotomie in der Anwendung auf die konkreten Vorschriften nicht in Schärfe erkennen oder sie erschöpfen sich in der Wiederholung der Formel.[142]

III. Genauigkeit

Was der EuGH damit meint, dass nur genaue, klare, eindeutige, zwingende und präzise Vorschriften unmittelbare Wirkung entfalten, ist unklar. Es stellt sich die Frage, zu welchen Zwecken der EuGH die Klarheit, Eindeutigkeit, Genauigkeit etc. überhaupt prüft und warum mitgliedstaatliche Gerichte und Verwaltungsbehörden nicht auch ungenaue und mehrdeutige Vorschriften des Unionsrechts anwenden sollen. Der EuGH gibt hierauf keine Antwort. Dass er die identischen Kriterien

---

[140] Siehe EuGH, 12.12.1990, verb. Rs. C-100/89 und C-101/89, Kaefer und Procacci, Slg. 1990, I-4647, Rn. 26.

[141] Siehe EuGH, 22.2.1990, Rs. 221/88, Busseni, Slg. 1990, I-495, Rn. 27 ff.

[142] Siehe EuGH, 23.2.1994, Rs. C-236/92, Comitato di coordinamento per la difesa della Cava, Slg. 1994, I-483, Rn. 8 ff.; EuGH (Sechste Kammer), 17.9.1996, verb. Rs. C-246/94, C-247/94, C-248/94 und C-249/94, Cooperativa Agricola Zootecnica S. Antonio, Slg. 1996, I-4373, Rn. 20 ff.; EuGH (Fünfte Kammer), 29.5.1997, Rs. C-389/95, Klattner, Slg. 1997, I-2719, Rn. 34; EuGH (Fünfte Kammer), 26.10.2006, Rs. C-317/05, G. Pohl-Boskamp, Slg. 2006, I-10611, Rn. 42; EuGH (Dritte Kammer), 17.7.2008, Rs. C-226/07, Flughafen Köln/Bonn, Slg. 2008, I-5999, Rn. 28 ff.; EuGH (Dritte Kammer), 1.7.2010, Rs. C-194/08, Gassmayr, Slg. 2010, I-6281, Rn. 46 ff.; EuGH (Siebte Kammer), 15.5.2014, Rs. C-337/13, Almos Agrárkülkereskedelmi, Rn. 32 ff.

auch in anderen, völlig unterschiedlichen Zusammenhängen verwendet, macht die Sache nicht einfacher.[143]

Wie bereits erwähnt, definiert der EuGH gelegentlich das Kriterium der Genauigkeit dahingehend, Vorschriften müssten unzweideutig eine Verpflichtung begründen,[144] doch ist diese Definition nicht erkenntnisstiftend. Der Schluss von der Unzweideutigkeit auf die Genauigkeit ist eine *petitio principii.*[145] Es wird ein unbestimmter Rechtsbegriff durch einen anderen ersetzt. Vor diesem Hintergrund bleibt fraglich, welches Maß an Klarheit, Eindeutigkeit oder Genauigkeit nötig ist, damit Unionsrechtsvorschriften unmittelbar wirken. Soweit der EuGH den anzulegenden Maßstab dahingehend präzisiert, die Vorschriften müssten „so" genau sein, dass sie unmittelbare Wirkung erzeugen können[146] be-

---

[143] Die Mitgliedstaaten müssen, um die volle Anwendung des Unionsrechts zu gewährleisten, „eine so bestimmte, klare und transparente Lage schaffen, dass der Einzelne seine Rechte in vollem Umfang erkennen und sich vor nationalen Gerichten auf sie berufen kann". Siehe etwa EuGH (Sechste Kammer), 18.1.2001, Rs. C-162/99, Kommission/Italien, Slg. 2001, I-541, Rn. 22. Ferner muss, damit der Grundsatz der Rechtssicherheit gewahrt ist, eine Regelung „klar und deutlich" sein, damit der Rechtsunterworfene „seine Rechte und Pflichten unzweideutig erkennen und somit seine Vorkehrungen treffen kann". Siehe nur EuGH (Dritte Kammer), 9.7.1981, Rs. 169/80, Gondrand und Garancini, Slg. 1981, S. 1931, Rn. 17. Auch setzt ein Staatshaftungsanspruch nach der Rechtsprechung des EuGH voraus, dass die Rechtsverletzung hinreichend qualifiziert ist. Hinreichend qualifiziert ist der Verstoß, wenn der Mitgliedstaat seine Ermessensgrenzen offenkundig und erheblich überschritten hat, wofür wiederum auf „das Maß an Klarheit und Genauigkeit der verletzten Vorschrift" abgestellt wird. Siehe EuGH, 5.3.1996, verb. Rs. C-46/93 und C-48/93, Brasserie du pêcheur und Factortame, Slg. 1996, I-1029, Rn. 55 f. Außerdem prüft der EuGH, inwieweit eine Nichterfüllung Gegenstand eines die Untätigkeit feststellenden Urteils nach Art. 265 AEUV sein kann, danach, ob die Verpflichtung „hinreichend genau bestimmt" ist. Siehe EuGH, 22.5.1985, Rs. 13/83, Parlament/Rat, Slg. 1985, S. 1513, Rn. 66 f. Ferner lehnt der Gerichtshof die Erforderlichkeit einer Vorlage nach Art. 267 AEUV ab, wenn sich der Vorlagebeschluss nicht auf Auslegung oder Gültigkeit von Unionsrecht bezieht, weil das nationale Recht „keine unmittelbare und unbedingte Verweisung" auf das Unionsrecht enthält. Siehe EuGH, 28.3.1995, Rs. C-346/93, Kleinwort Benson, Slg. 1995, I-615, Rn. 16.

[144] Siehe Fn. 134.

[145] Ebenso Simon, La directive européenne, 1997, S. 62 („[...] cette formulation est pour le moins tautologique.").

[146] Bspw. EuGH (Fünfte Kammer), 18.1.2001, Rs. C-150/99, Stockholm Lindöpark, Slg. 2001, I-493, Rn. 29 („pour qu'un"). Siehe auch EuGH,

ziehungsweise „hinreichend" genau sein,[147] wird kein Mehrwert an Präzision erreicht.

Darüber hinaus bleibt verborgen, wie man die Klarheit, Eindeutigkeit oder Genauigkeit bei ungeschriebenen Rechtsnormen prüft, die gleichfalls unmittelbar wirken können. Gänzlich unbrauchbar sind insofern Formulierungen, die auf die Schriftlichkeit von Rechtsnormen Bezug nehmen, etwa wenn der EuGH ausführt, die Rechtsnormen müssten sich ihrem „Wortlaut" nach für eine unmittelbare Wirkung eignen.[148] Der Gerichtshof ist dem Dilemma, die hinreichende Genauigkeit ungeschriebener Rechtsnormen prüfen zu müssen, bisher ausgewichen, indem er die Beantwortung entsprechender Fragen vorlegender Gerichte nicht für erforderlich hielt[149] oder wie selbstverständlich die unmittelbare Wirkung unterstellte, ohne die hinreichende Genauigkeit zu begründen.[150] Dabei leuchtet nicht ein, warum die Klarheit, Eindeutigkeit

---

20.5.2003, verb. Rs. C-465/00, C-138/01 und C-139/01, Österreichischer Rundfunk, Slg. 2003, I-4989, Rn. 100.

147 Bspw. EuGH, 6.10.1970, Rs. 9/70, Grad („Leberpfennig"), 1970, S. 825, Rn. 9 („suffisamment"). Siehe auch EuGH, 5.4.1979, Rs. 148/78, Ratti, Slg. 1979, S. 1629, Rn. 23; EuGH (Fünfte Kammer), 18.1.2001, Rs. C-150/99, Stockholm Lindöpark, Slg. 2001, I-493, Rn. 31, 33; EuGH (Zweite Kammer), 20.11.2008, Rs. C-18/08, Foselev Sud-Ouest, Slg. 2008, I-8745, Rn. 11 f.

148 Siehe EuGH, 4.12.1974, Rs. 41/74, van Duyn, Slg. 1974, S. 1337, Rn. 12 („les termes de la disposition en cause").

149 So wich der Gerichtshof im Urteil Roussel Laboratoria einer Prüfung der unmittelbaren Wirkung einer Reihe ungeschriebener Rechtsnormen, wie den Grundsätzen der Gleichheit, Verhältnismäßigkeit, Rechtssicherheit und der ordnungsgemäßen und sorgfältigen Vorbereitung aus, indem er die Beantwortung einer anderen vorgelegten Frage für ausreichend hielt. Siehe EuGH, 29.11.1983, Rs. 181/82, Roussel Laboratoria, Slg. 1983, S. 3849, Rn. 26. Dies, obwohl das vorlegende Gericht ausdrücklich hiernach fragte und die Fragen nicht unter einer innerprozessualen Bedingung standen. Siehe auch EuGH, 7.2.1984, Rs. 237/82, Jongeneel Kaas, Slg. 1984, S. 483, Rn. 5, 39.

150 Siehe etwa EuGH, 12.11.1969, Rs. 29/69, Stauder, Slg. 1969, S. 419, insb. Rn. 7, und EuGH, 17.12.1970, Rs. 11/70, Internationale Handelsgesellschaft, Slg. 1970, S. 1125, insb. Rn. 3 f. im Hinblick auf die anfänglich nicht kodifizierten Unionsgrundrechte; EuGH, 27.3.1980, Rs. 61/79, Denkavit Italiana, Slg. 1980, S. 1205, Rn. 25 im Hinblick auf die Verpflichtung, die Bedingungen für die Ausgestaltung der Verfahren für nationalrechtliche Klagen, die das Unionsrecht betreffen, nicht ungünstiger zu gestalten als für Klagen, die das innerstaatliche Recht betreffen, und die Verpflichtung, die Ausübung der durch die Unionsrechtsordnung verliehenen Rechte praktisch nicht unmöglich zu ma-

oder Genauigkeit nur bei geschriebenen und nicht bei ungeschriebenen Rechtsnormen zu prüfen wäre. Gerade bei letzteren erscheint es *a fortiori* angebracht zu fragen, ob diese hinreichend klar, eindeutig oder genau sind, um unmittelbar zu wirken.[151]

IV. Unbedingtheit

Wendet man sich dem Kriterium der Unbedingtheit zu, ergibt sich dasselbe Bild. Was der EuGH damit meint, Vorschriften müssten für ihre unmittelbare Wirkung eine uneingeschränkte, unbedingte Verpflichtung enthalten, die durch keinen Vorbehalt eingeschränkt und deren Vollzug nicht an eine materielle Voraussetzung geknüpft ist, bleibt unklar. Wie bereits erwähnt, erklärt der Gerichtshof zuweilen, eine Vorschrift sei dann unbedingt, „wenn sie eine Verpflichtung begründet, die weder an eine Bedingung geknüpft ist noch zu ihrer Erfüllung und Wirksamkeit einer Maßnahme der Gemeinschaftsorgane oder der Mitgliedstaaten bedarf".[152] Auch diese Definition bringt, wie schon die Definition der

---

chen; EuGH (Große Kammer), 22.11.2005, Rs. C-144/04, Mangold, Slg. 2005, I-9981, Rn. 77, und EuGH (Große Kammer), 19.1.2010, Rs. C-555/07, Kücükdeveci, Slg. 2010, I-365, Rn. 51, 53, im Hinblick auf das ungeschriebene Diskriminierungsverbot aus Gründen des Alters; EuGH (Fünfte Kammer), 3.7.2014, verb. Rs. C-129/13 und C-130/13, Kamino International Logistics, Rn. 27 ff., im Hinblick auf den Grundsatz der Wahrung der Verteidigungsrechte.

[151] Dementsprechend wurde die unmittelbare Wirkung von ungeschriebenen Rechtsnormen immer wieder bestritten, z.B. durch die niederländische Regierung in ihrer Stellungnahme zur Rs. Jongeneel Kaas im Hinblick auf allgemeine Rechtsgrundsätze, weil diese keine genau umrissenen und unbedingten Verpflichtungen begründeten. Siehe EuGH, 7.2.1984, Rs. 237/82, Jongeneel Kaas, Slg. 1984, S. 483 (497). In ihren Stellungnahmen zu der Rs. Audiolux bestritten die irische und die polnische Regierung die unmittelbare Wirkung eines ungeschriebenen Grundsatzes der Gleichbehandlung von Aktionären. Vgl. GA Trstenjak zu EuGH, Rs. C-101/08, Audiolux, Slg. 2009, I-9823, Rn. 44, 48, 90 und Fn. 65.

[152] EuGH, 23.2.1994, Rs. C-236/92, Comitato di coordinamento per la difesa della Cava, Slg. 1994, I-483, Rn. 9 f. Siehe auch EuGH (Sechste Kammer), 17.9.1996, verb. Rs. C-246/94, C-247/94, C-248/94 und C-249/94, Cooperativa Agricola Zootecnica S. Antonio, Slg. 1996, I-4373, Rn. 17-19; EuGH (Fünfte Kammer), 29.5.1997, Rs. C-389/95, Klattner, Slg. 1997, I-2719, Rn. 33. Ähnlich EuGH (Dritte Kammer), 17.7.2008, Rs. C-226/07, Flughafen Köln/Bonn, Slg. 2008, I-5999, Rn. 28 ff.; EuGH (Dritte Kammer), 1.7.2010, Rs. C-194/08,

Genauigkeit, keinen Mehrwert. Der Schluss, eine Vorschrift sei unbedingt, weil sie nicht an eine Bedingung geknüpft sei, ist offensichtlich ein Zirkelschluss. Ebenfalls als Zirkelschluss ist zu werten, wenn die Unbedingtheit einer Vorschrift angenommen wird, weil diese zu ihrer Erfüllung und Wirksamkeit keiner Maßnahme der Unionsorgane oder der Mitgliedstaaten bedarf. Schließlich geht es gerade darum nachzuweisen, warum eine Vorschrift zu ihrer Erfüllung und Wirksamkeit ohne Maßnahme der Unionsorgane oder der Mitgliedstaaten auskommt. Eine sinnvolle Definition der Unbedingtheit müsste vielmehr aufzeigen, wann eine Vorschrift eine Maßnahme der Unionsorgane oder der Mitgliedstaaten verlangt.

Die Rechtsprechung, dass nur unbedingte Vorschriften unmittelbar wirken, hat dazu geführt, dass immer wieder der unverständliche (und erfolglose) Versuch unternommen wurde, die unmittelbare Wirkung mit dem Argument zu widerlegen, die Vorschriften seien bestimmten Einschränkungen unterworfen. In der Rechtssache *Reyners* versuchte die irische Regierung die unmittelbare Wirkung der Niederlassungsfreiheit (damals Art. 52 EWGV, nun Art. 49 AEUV) mit dem Hinweis zu widerlegen, der Rat sei nach Art. 55 Abs. 2 EWGV (Art. 51 Abs. 2 AEUV) befugt, bestimmte Tätigkeiten von der Anwendung der Niederlassungsfreiheit auszuschließen.[153] Die Regierung des Vereinigten Königreichs argumentierte in der Rechtssache *Marshall I*, eine Richtlinienvorschrift sei nicht unmittelbar wirksam, da die Richtlinie eine Zahl von Ausnahmen zulasse.[154] In der Rechtssache *Baumbast* behaupteten die Regierung des Vereinigten Königreichs und die deutsche Regierung, Art. 18 Abs. 1 EGV (Art. 21 Abs. 1 AEUV), wonach jeder Unionsbürger das Recht hat, sich im Hoheitsgebiet der Mitgliedstaaten „vorbehaltlich der in diesem Vertrag und in den Durchführungsvorschriften vorgesehenen Beschränkungen und Bedingungen“ frei zu bewegen und aufzuhalten, habe deshalb keine unmittelbare Wirkung, weil die Vorschrift Beschränkungen und Bedingungen unterworfen sei.[155] Mit der

---

Gassmayr, Slg. 2010, I-6281, Rn. 45; EuGH (Siebte Kammer), 15.5.2014, Rs. C-337/13, Almos Agrárkülkereskedelmi, Rn. 32; EuGH (Zweite Kammer), 3.9.2014, Rs. C-589/12, GMAC UK, Rn. 30.

[153] Vgl. EuGH, 21.6.1974, Rs. 2/74, Reyners, Slg. 1974, S. 631 (645 ff.).

[154] Vgl. EuGH, 26.2.1986, Rs. 152/84, Marshall I, Slg. 1986, S. 723, Rn. 45 und 53-55.

[155] Vgl. EuGH, 17.9.2002, Rs. C-413/99, Baumbast, Slg. 2002, I-7091, Rn. 78 und GA Geelhoed hierzu bei Rn. 100. Dieses Argument wurde durch den Gerichtshof zurückgewiesen (Rn. 86 des Urteils).

gleichen Logik versuchte etwa Irland in der Rechtssache *Impact* die unmittelbare Wirkung einer Richtlinienvorschrift zu widerlegen, wonach befristet beschäftigte Arbeitnehmer gegenüber Dauerbeschäftigten nicht schlechter behandelt werden dürfen, „es sei denn, die unterschiedliche Behandlung ist aus sachlichen Gründen gerechtfertigt."[156] Ähnlich argumentierte das Vereinigte Königreich in der Rechtssache *Santillo*, eine Richtlinienvorschrift sei nicht unmittelbar wirksam, weil die Rechtsvorschrift – durch das Wort „sofern" eingeleitet – Voraussetzungen benenne und daher bedingt sei.[157]

Obgleich der EuGH die unmittelbare Wirkung davon abhängig macht, dass die relevanten Rechtsvorschriften uneingeschränkt und unbedingt sind, hat die Existenz von Ausnahmetatbeständen den EuGH aber in aller Regel nicht davon abgehalten, die unmittelbare Wirkung anzunehmen.[158] Das gilt zum einen für Erlaubnisvorbehalte, also Ausnahmetatbestände, die ein weiteres (konstitutives) Handeln der Unionsorgane oder der Mitgliedstaaten vorsehen wie beispielsweise Art. 51 Abs. 2 AEUV, wonach das Europäische Parlament und der Rat beschließen können, dass das Kapitel über das Niederlassungsrecht auf bestimmte Tätigkeiten keine Anwendung findet.[159] Wie selbstverständ-

---

[156] Vgl. EuGH (Große Kammer), 15.4.2008, Rs. C-268/06, Impact, Slg. 2008, I-2483, Rn. 63 und GA Kokott hierzu bei Rn. 99. Auch dieses Argument wurde vom Gerichtshof zurückgewiesen (Rn. 64 des Urteils).

[157] Vgl. die Darstellung in den Schlussanträgen von GA Warner zu EuGH, Rs. 131/79, Santillo, Slg. 1980, S. 1585 (1610 f.), und im Urteil bei S. 1590.

[158] Ebenso C. Herrmann, Richtlinienumsetzung durch die Rechtsprechung, 2003, S. 49. Ähnlich Kadelbach, Allgemeines Verwaltungsrecht unter europäischem Einfluß, 1996, S. 77 f.

[159] Die Bezeichnungen für diese Ausnahmetatbestände variieren, z.B. Freistellungsklausel (siehe EuGH, 11.4.1989, Rs. 66/86, Ahmed Saeed Flugreisen, Slg. 1989, S. 803, Rn. 32; Kahn, in: Geiger/ders./Kotzur [Hg.], EUV/AEUV, 5. Aufl. 2010, Art. 101 AEUV, Rn. 38 ff.); Option oder Optionsrecht (siehe EuGH, 19.1.1982, Rs. 8/81, Becker, Slg. 1982, S. 53, Rn. 36 ff.; EuGH, 10.6.1982, Rs. 255/81, Grendel, Slg. 1982, S. 2301, Rn. 11); Befugnis (siehe EuGH, 19.1.1982, Rs. 8/81, Becker, Slg. 1982, S. 53, Rn. 36 ff.; EuGH, 10.6.1982, Rs. 255/81, Grendel, Slg. 1982, S. 2301, Rn. 11; EuGH, 4.12.1986, Rs. 71/85, Federatie Nederlandse Vakbeweging, Slg. 1986, S. 3855, Rn. 18 f.); Ausnahmeregelung (siehe EuGH, 13.2.1985, Rs. 5/84, Direct Cosmetics, Slg. 1985, S. 617, Rn. 3); Ausnahme (siehe EuGH, 26.2.1986, Rs. 152/84, Marshall I, Slg. 1986, S. 723, Rn. 54); Ermächtigung (siehe EuGH, 15.5.1986, Rs. 222/84, Johnston, Slg. 1986, S. 1651, Rn. 52); Abweichungsbestimmung (siehe EuGH [Sechste Kammer], 30.5.1991, verb. Rs. C-19/90 und C-20/90,

lich geht der Gerichtshof davon aus, dass der jeweilige Grundsatz uneingeschränkt gilt, solange von dem entsprechenden Ausnahmetatbestand kein Gebrauch gemacht worden ist.[160] Dahingehend lassen sich die gelegentlichen Hinweise des Gerichtshofs auf den „Eventualcharakter“ einer Ausnahmebestimmung[161] beziehungsweise auf die Punktuali-

Karella, Slg. 1991, I-2691, Rn. 21); Möglichkeit einer Begrenzung (siehe EuGH, 19.11.1991, verb. Rs. C-6/90 und C-9/90, Francovich, Slg. 1991, I-5357, Rn. 20 f.); Abweichungsmöglichkeit (siehe EuGH [Zweite Kammer], 10.11.1992, Rs. C-156/91, Hansa Fleisch Ernst Mundt, Slg. 1992, I-5567, Rn. 15); Möglichkeit, von einer grundsätzlichen Regelung abzuweichen (siehe EuGH [Fünfte Kammer], 17.10.1996, verb. Rs. C-283/94, C-291/94 und C-292/94, Denkavit, Slg. 1996, I-5063, Rn. 39); Ermächtigungsgrundlage, Bereichsausnahmen zu schaffen (siehe Müller-Graff, in: Streinz [Hg.], EUV/AEUV, 2. Aufl. 2012, Art. 51 AEUV, Rn. 11; Kotzur, in: Geiger/Kahn/ders. [Hg.], EUV/AEUV, 5. Aufl. 2010, Art. 51 AEUV, Rn. 5); Genehmigungsvorbehalt (siehe Kahn, in: Geiger/ders./Kotzur [Hg.], EUV/AEUV, 5. Aufl. 2010, Art. 96 AEUV, Rn. 3); Erlaubnisvorbehalt (siehe Schäfer, in: Streinz [Hg], EUV/AEUV, 2. Aufl. 2012, Art. 96 AEUV, Rn. 5).

160 Vgl. EuGH, 21.6.1974, Rs. 2/74, Reyners, Slg. 1974, S. 631, Rn. 3 ff.; EuGH, 1.2.1977, Rs. 51/76, Verbond van Nederlandse Ondernemingen, Slg. 1977, S. 113, Rn. 25/29, 30 und Tenor 3; EuGH, 19.1.1982, Rs. 8/81, Becker, Slg. 1982, S. 53, Rn. 36 ff.; EuGH, 10.6.1982, Rs. 255/81, Grendel, Slg. 1982, S. 2301, Rn. 11; EuGH, 13.2.1985, Rs. 5/84, Direct Cosmetics, Slg. 1985, S. 617, Rn. 35; EuGH, 4.12.1986, Rs. 71/85, Federatie Nederlandse Vakbeweging, Slg. 1986, S. 3855, Rn. 18 f.; EuGH (Sechste Kammer), 27.6.1989, Rs. 50/88, Kühne, Slg. 1989, S. 1925, Rn. 22 ff.; EuGH (Sechste Kammer), 30.5.1991, verb. Rs. C-19/90 und C-20/90, Karella, Slg. 1991, I-2691, Rn. 21; EuGH, 19.11.1991, verb. Rs. C-6/90 und C-9/90, Francovich, Slg. 1991, I-5357, Rn. 13 f., 20 f.; EuGH, 24.3.1992, Rs. C-381/89, Syndesmos Melon Tis Eleftheras Evangelikis Ekklissias, Slg. 1992, I-2111, Rn. 41 f.; EuGH (Zweite Kammer), 10.11.1992, Rs. C-156/91, Hansa Fleisch Ernst Mundt, Slg. 1992, I-5567, Rn. 15; EuGH (Fünfte Kammer), 17.10.1996, verb. Rs. C-283/94, C-291/94 und C-292/94, Denkavit, Slg. 1996, I-5063, Rn. 39; EuGH, 2.12.1997, Rs. C-188/95, Fantask, Slg. 1997, I-6783, Rn. 53 ff.; EuGH, 1.6.1999, Rs. C-319/97, Kortas, Slg. 1999, I-3143, Rn. 22; EuGH (Zweite Kammer), 9.9.1999, Rs. C-374/97, Feyrer, Slg. 1999, I-5153, Rn. 21 ff.; EuGH (Sechste Kammer), 10.9.2002, Rs. C-141/00, Ambulanter Pflegedienst Kügler, Slg. 2002, I-6833, Rn. 59 f.; EuGH (Zweite Kammer), 24.6.2004, Rs. C-278/02, Handlbauer, Slg. 2004, I-6171, Rn. 28; EuGH (Dritte Kammer), 17.7.2008, Rs. C-226/07, Flughafen Köln/Bonn, Slg. 2008, I-5999, Rn. 32.

161 Bspw. EuGH (Sechste Kammer), 10.9.2002, Rs. C-141/00, Ambulanter Pflegedienst Kügler, Slg. 2002, I-6833, Rn. 59 f.; EuGH (Dritte Kammer), 17.7.2008, Rs. C-226/07, Flughafen Köln/Bonn, Slg. 2008, I-5999, Rn. 32.

tät derselben deuten.[162] Darüber hinaus hat auch die Existenz von Legalausnahmen, also solcher Ausnahmetatbestände, deren Anwendung keinen konstitutiven Akt der Union oder der Mitgliedstaaten voraussetzt (wie beispielsweise der Vorbehalt des Art. 45 Abs. 3 AEUV, wonach Beschränkungen der Arbeitnehmerfreizügigkeit aus Gründen der öffentlichen Ordnung, Sicherheit und Gesundheit gerechtfertigt sein können),[163] den EuGH nicht daran gehindert, die unmittelbare Wirkung festzustellen, ohne auf die entsprechenden Ausnahmebestimmungen Bezug zu nehmen.[164] Auf den Einwand der irischen Regierung, es bestehe ein Ausnahmetatbestand, ist der Gerichtshof in der Entscheidung *Reyners* aus dem Jahr 1974 ebenfalls nicht eingegangen.[165] In an-

[162] Bspw. EuGH (Sechste Kammer), 30.5.1991, verb. Rs. C-19/90 und C-20/90, Karella, Slg. 1991, I-2691, Rn. 20; EuGH, 24.3.1992, Rs. C-381/89, Syndesmos Melon Tis Eleftheras Evangelikis Ekklissias, Slg. 1992, I-2111, Rn. 40 f.

[163] Auch insofern sind die Bezeichnungen unterschiedlich, z.B. Vorbehalt (siehe Art. 45 Abs. 3 AEUV); Schranke (siehe Brechmann, in: Calliess/Ruffert [Hg.], EUV/AEUV, 4. Aufl. 2011, Art. 45 AEUV, Rn. 95); Sondertatbestand (siehe EuGH, 19.12.1968, Rs. 13/68, Salgoil, Slg. 1968, S. 679 [694]); Vorbehalt (siehe EuGH, 4.12.1974, Rs. 41/74, van Duyn, Slg. 1974, S. 1337, Rn. 5/7; EuGH, 23.2.1995, verb. Rs. C-358/93 und C-416/93, Bordessa, Slg. 1995, I-361, Rn. 34, 63); Ausnahme (siehe EuGH, 22.3.1977, Rs. 74/76, Iannelli & Volpi, Slg. 1977, S. 557, Rn. 11/12; EuGH, 26.2.1986, Rs. 152/84, Marshall I, Slg. 1986, S. 723, Rn. 54; EuGH, 17.10.1995, Rs. C-83/94, Leifer, Slg. 1995, I-3231, Rn. 45); Einschränkung der Regel (siehe EuGH, 17.10.1989, verb. Rs. 231/87 und 129/88, Ufficio distrettuale delle imposte dirette di Fiorenzuola d'Arda, Slg. 1989, S. 3233, Rn. 32); Abweichungsbestimmung (siehe EuGH (Sechste Kammer), 30.5.1991, verb. Rs. C-19/90 und C-20/90, Karella, Slg. 1991, I-2691, Rn. 20); Möglichkeit abzuweichen (siehe GA Kokott zu EuGH, Rs. C-268/06, Impact, Slg. 2008, I-2483, Rn. 99); Ausnahmetatbestand (siehe dies. zu EuGH, Rs. C-268/06, Impact, Slg. 2008, I-2483, Fn. 58).

[164] Vgl. nur EuGH, 15.7.1964, Rs. 6/64, Costa/E.N.E.L., Slg. 1964, S. 1253 (1273); EuGH, 19.12.1968, Rs. 13/68, Salgoil, Slg. 1968, S. 679 (691); EuGH, 21.6.1974, Rs. 2/74, Reyners, Slg. 1974, S. 631, Rn. 1 ff.; EuGH, 3.12.1974, Rs. 33/74, van Binsbergen, Slg. 1974, S. 1299, Rn. 18 ff.; EuGH, 4.12.1974, Rs. 41/74, van Duyn, Slg. 1974, S. 1337, Rn. 5 ff.; EuGH, 22.3.1977, Rs. 74/76, Iannelli & Volpi, Slg. 1977, S. 557, Rn. 13; EuGH, 29.11.1978, Rs. 83/78, Pigs Marketing Board, Slg. 1978, S. 2347, Rn. 66/67.

[165] Vgl. EuGH, 21.6.1974, Rs. 2/74, Reyners, Slg. 1974, S. 631, Rn. 3 ff.

deren Fällen hat der EuGH die Unerheblichkeit aber ausdrücklich bestätigt.[166]

Abgesehen von den Entscheidungen, die nicht klar erkennen lassen, welche Bedeutung einem Ausnahmetatbestand für die unmittelbare Wirkung zukommt,[167] hat der Gerichtshof, soweit ersichtlich, die unmittelbare Wirkung lediglich im Hinblick auf zwei Vorschriften des Unionsrechts aufgrund eines Ausnahmetatbestandes abgelehnt.[168] Eine Regel, wann ein Ausnahmetatbestand zur Ablehnung der unmittelbaren Wirkung führt, lässt sich dieser, bereits viele Jahre zurückliegenden und vereinzelt gebliebenen Rechtsprechung nicht entnehmen.[169] Überdies

---

[166] Siehe EuGH, 19.12.1968, Rs. 13/68, Salgoil, Slg. 1968, S. 679 (694); EuGH, 4.12.1974, Rs. 41/74, van Duyn, Slg. 1974, S. 1337, Rn. 5/7; EuGH, 17.10.1989, verb. Rs. 231/87 und 129/88, Ufficio distrettuale delle imposte dirette di Fiorenzuola d'Arda, Slg. 1989, S. 3233, Rn. 32; EuGH (Sechste Kammer), 30.5.1991, verb. Rs. C-19/90 und C-20/90, Karella, Slg. 1991, I-2691, Rn. 20; EuGH, 23.2.1995, verb. Rs. C-358/93 und C-416/93, Bordessa, Slg. 1995, I-361, Rn. 34; EuGH, 17.10.1995, Rs. C-83/94, Leifer, Slg. 1995, I-3231, Rn. 45; EuGH (Sechste Kammer), 20.6.2002, verb. Rs. C-388/00 und C-429/00, Radiosistemi, Slg. 2002, I-5845, Rn. 59 ff.; EuGH, 17.9.2002, Rs. C-413/99, Baumbast, Slg. 2002, I-7091, Rn. 86; EuGH (Große Kammer), 5.10.2004, verb. Rs. C-397/01 bis C-403/01, Pfeiffer, Slg. 2004, I-8835, Rn. 105; EuGH (Große Kammer), 15.4.2008, Rs. C-268/06, Impact, Slg. 2008, I-2483, Rn. 63 f.; EuGH (Zweite Kammer), 14.10.2010, Rs. C-243/09, Fuß, Slg. 2010, I-9849, Rn. 58; EuGH (Zweite Kammer), 22.12.2010, verb. Rs. C-444/09 und C-456/09, Gavieiro Gavieiro, Slg. 2010, I-14031, Rn. 80 f.

[167] Unklar etwa EuGH (Sechste Kammer), 24.9.1998, Rs. C-76/97, Tögel, Slg. 1998, I-5357, Rn. 46 („vorbehaltlich von Ausnahmen und Qualifizierungen").

[168] Siehe EuGH, 6.4.1962, Rs. 13/61, de Geus, Slg. 1962, S. 97 (112 f.), im Hinblick auf die unmittelbare Wirkung von Art. 85 Abs. 2 EWGV (Art. 101 Abs. 2 AEUV) und den Ausnahmetatbestand des Art. 85 Abs. 3 EWGV (Art. 101 Abs. 3 AEUV). Siehe außerdem EuGH, 22.3.1977, Rs. 74/76, Iannelli & Volpi, Slg. 1977, S. 557, Rn. 11/12, und EuGH, 22.3.1977, Rs. 78/76, Steinike & Weinlig, Slg. 1977, S. 595, Rn. 8, im Hinblick auf die unmittelbare Wirkung von Art. 92 EWGV (Art. 107 AEUV) und die Ausnahmetatbestände der Art. 92 Abs. 2 und 3 EWGV (Art. 107 Abs. 2 und 3 AEUV) und Art. 93 Abs. 2 UAbs. 3 EWGV (Art. 108 Abs. 2 UAbs. 3 AEUV).

[169] Entgegen Jarass, Voraussetzungen der innerstaatlichen Wirkung des EG-Rechts, NJW 1990, S. 2420 (2424), nach dem – ohne nähere Begründung – eine Regel unmittelbar wirksam sei, solange ein Regel-Ausnahme-Verhältnis eindeutig erkennbar sei. Siehe auch ders., Grundfragen der innerstaatlichen Bedeutung des EG-Rechts, 1994, S. 75.

hat der EuGH entschieden, ein Ausnahmetatbestand könne der unmittelbaren Wirkung nicht entgegengehalten werden, wenn er nicht einschlägig sei, also von vornherein nicht in Betracht komme.[170] In diese Richtung könnte der gelegentlich anzutreffende Hinweis des Gerichtshofs auf den „Eventualcharakter" eines Ausnahmetatbestands auch zu verstehen sein.[171] Doch bleibt die Frage offen, warum es auf die Einschlägigkeit von Ausnahmetatbeständen ankommen soll, wenn diese der unmittelbaren Wirkung von vornherein nicht entgegenstehen.

C. Potenzial der Vermutung der unmittelbaren Wirkung

Die dargestellte Konfusion über die Voraussetzungen der unmittelbaren Wirkung verlangt nach einem neuen, transparenteren Weg, diese zu bestimmen. Die hier vorgeschlagene Vermutung macht die Feststellung der unmittelbaren Wirkung nachvollziehbarer und die Anwendung sicherer.

Die Vermutung der unmittelbaren Wirkung organisiert die Argumentation: Zu fragen ist in einem ersten Schritt, ob es Argumente gibt, die einen Ausschluss der unmittelbaren Wirkung rechtfertigen. Im Fall der Bejahung, ist in einem zweiten Schritt zu fragen, ob es Gegenargumente gibt, die die Argumente gegen eine unmittelbare Wirkung wieder ent-

---

[170] Siehe EuGH, 26.2.1986, Rs. 152/84, Marshall I, Slg. 1986, S. 723, Rn. 54. Bestätigt durch EuGH, 15.5.1986, Rs. 222/84, Johnston, Slg. 1986, S. 1651, Rn. 52, 57; EuGH (Sechste Kammer), 20.6.2002, verb. Rs. C-388/00 und C-429/00, Radiosistemi, Slg. 2002, I-5845, Rn. 62 f. Ebenso GA Darmon zu EuGH, Rs. 184/83, Hofmann, Slg. 984, S. 3047 (3087); GA Jacobs zu EuGH, Rs. 50/88, Kühne, Slg. 1989, S. 1925 (1946); GA Mischo zu EuGH, verb. Rs. 231/87 und 129/88, Ufficio distrettuale delle imposte dirette di Fiorenzuola d'Arda, Slg. 1989, S. 3233 (3253 f.). Eine parallele Rechtsprechung existiert im Hinblick auf Schutzklauseln für die unmittelbare Wirkung von Völkerrecht. Siehe EuGH, 26.10.1982, Rs. 104/81, Kupferberg, Slg. 1982, S. 3641, Rn. 21. Bestätigt in EuGH, 20.9.1990, Rs. C-192/89, Sevince, Slg. 1990, I-3461, Rn. 25; EuG (Vierte Kammer), 22.1.1997, Rs. T-115/94, Opel Austria/Rat, Slg. 1997, II-39, Rn. 114; EuGH, 4.5.1999, Rs. C-262/96, Sürül, Slg. 1999, I-2685, Rn. 67 f.

[171] Bspw. EuGH, 17.10.1989, verb. Rs. 231/87 und 129/88, Ufficio distrettuale delle imposte dirette di Fiorenzuola d'Arda, Slg. 1989, S. 3233, Rn. 32; EuGH (Sechste Kammer), 10.9.2002, Rs. C-141/00, Ambulanter Pflegedienst Kügler, Slg. 2002, I-6833, Rn. 59 f.; EuGH (Dritte Kammer), 17.7.2008, Rs. C-226/07, Flughafen Köln/Bonn, Slg. 2008, I-5999, Rn. 32.

kräften. Die Argumente, die gegen beziehungsweise für die unmittelbare Wirkung sprechen können, werden im dritten Teil dieser Arbeit vorgestellt. Um die unmittelbare Wirkung sicherer zu bestimmen, als es nach dem derzeitigen Verständnis möglich ist, werden präzise definierte Fallgruppen gebildet, in denen Vorschriften des Unionsrechts ausnahmsweise nicht unmittelbar wirken.

Ein weiterer Vorteil der hier vertretenen Vermutung liegt darin, dass sie dem aktuellen Stand der europäischen Integration entspricht[172] und die Doktrin der unmittelbaren Wirkung der Rechtswirklichkeit anpasst. Die Vermutung der unmittelbaren Wirkung verdeutlicht, dass Unionsrecht überwiegend unmittelbar wirkt. Damit wird sie dem mittlerweile erreichten Grad der Verfasstheit der Europäischen Union gerecht und ist Ausdruck des engen Verbunds zwischen Union und Mitgliedstaaten.[173] Beschreibt man die Integration in europäisch föderaler Tradition mittels des Konzepts der Supranationalität,[174] macht die Vermutung der unmittelbaren Wirkung den hohen Grad normativer Supranationalität der Union deutlich.[175] Auch zeigt sich in der Vermutung eine gewisse

---

[172] Für eine Korrelation zwischen unmittelbarer Wirkung und dem Grad der europäischen Integration spricht sich auch Nicolaysen, Europäisches Gemeinschaftsrecht, 1979, S. 10, aus.

[173] Zum Konzept des Verbundes Pernice, Bestandssicherung der Verfassungen: Verfassungsrechtliche Mechanismen zur Wahrung der Verfassungsordnung, in: Bieber/Widmer (Hg.), Der europäische Verfassungsraum, 1995, S. 225 (261 f.); ders., Die Dritte Gewalt im europäischen Verfassungsverbund, EuR 1996, S. 27 (29 ff.); Schmidt-Aßmann, Europäische Verwaltung zwischen Kooperation und Hierarchie, in: Cremer/Giegerich/Richter/Zimmermann (Hg.), Tradition und Weltoffenheit des Rechts, Festschrift für Helmut Steinberger, 2002, S. 1375 (1381 ff.); ders., § 5 Verfassungsprinzipien für den Europäischen Verwaltungsverbund, in: Hoffmann-Riem/Schmidt-Aßmann/Voßkuhle (Hg.), Grundlagen des Verwaltungsrechts, Bd. I, 2. Aufl. 2012, S. 261 (271 ff., Rn. 14 ff.); von Bogdandy, Grundprinzipien, in: ders./Bast (Hg.), Europäisches Verfassungsrecht, 2. Aufl. 2009, S. 13 (50 ff.). Den Zusammenhang zwischen unmittelbarer Wirkung und dem Konzept des Verbundes ebenfalls herstellend F. C. Mayer/Wendel, § 4 Die verfassungsrechtlichen Grundlagen des Europarechts, in: Hatje/Müller-Graff (Hg.), Europäisches Organisations- und Verfassungsrecht, 2014, S. 163 (167 f., Rn. 5 f.).

[174] Hierzu Schütze, On "Federal" Ground: The European Union as (Inter)National Phenomenon, CML Rev 46 (2009), S. 1069 (1071 ff., 1091).

[175] Zur normativen und dezisionalen Dimension der Supranationalität siehe H. P. Ipsen, Europäisches Gemeinschaftsrecht, 1972, S. 67 ff.; Weiler, The Community System: the Dual Character of Supranationalism, YEL 1 (1981),

Nähe zu einem Bundesstaat,[176] da in Bundesstaaten die Prüfung der unmittelbaren Wirkung von Bundesrecht grundsätzlich nicht als Vorprüfung der eigentlichen Anwendung vorangestellt wird.[177] Doch

---

S. 267 (vor allem 271 ff.); Schütze, On "Federal" Ground: The European Union as (Inter)National Phenomenon, CML Rev 46 (2009), S. 1069 (1071 ff.). Zu weiteren Dimensionen der Supranationalität von Bogdandy, Supranationaler Föderalismus als Wirklichkeit und Idee einer neuen Herrschaftsform, 1999, S. 61 f.

[176] Nach E. Stein, Lawyers, Judges and the Making of a Transnational Constitution, AJIL 75 (1981), S. 1 (24), macht die unmittelbare Wirkung aus Gemeinschaftsrecht „quasi-federal law". Buergenthal, Self-executing and Non-self-executing Treaties in National and International Law, RdC 235 (1992-IV), S. 303 (331), führt aus: „what has happened is the step-by-step federalization of the Community". Jackson, Status of Treaties in Domestic Legal Systems: A Policy Analysis, AJIL 86 (1992), S. 310, schreibt: „When governments desire a federal system to be a closer knit, more responsive to the federal level of authority, it makes sense for federal law to be [...] directly effective"). De Witte, Direct Effect, Primacy, and the Nature of the Legal Order, in: Craig/de Búrca (Hg.), The Evolution of EU Law, 2. Aufl. 2011, S. 323 (362), bezeichnet unmittelbare Wirkung und Vorrang als quasi-föderale Blüten („quasi-federal, blossoms"). Ähnlich Craig, Administrative Law, 7. Aufl. 2012, Rn. 10-011; Burgess, Federalism and the European Union, 2000, S. 276. Nach Douglas-Scott, Constitutional Law of the European Union, 2002, S. 292, bewirkt die unmittelbare Wirkung „something closer to a federal system". Nach Anderson/Demetriou, References to the European Court, 2002, Rn. 1-009, gründet die Entwicklung der Europäischen Gemeinschaften in Richtung einer Föderation auf dem Vorrang und der unmittelbaren Wirkung. Schütze, On "Federal" Ground: The European Union as (Inter)National Phenomenon, CML Rev 46 (2009), S. 1069 (1087) schreibt: „In making regulations and decisions directly applicable in domestic legal orders, the EC Treaty thus recognized two "national" instruments". Zum Verhältnis der Konzepte des Bundesstaats und des Föderalismus von Bogdandy, Supranationaler Föderalismus als Wirklichkeit und Idee einer neuen Herrschaftsform, 1999, S. 62 f. m.w.N., der darauf hinweist, dass der Föderalismus nicht auf Bundesstaatlichkeit reduziert werden sollte. Ebenso Beaud, Europa als Föderation? Relevanz und Bedeutung einer Bundeslehre für die Europäische Union, in: Pernice/Otto (Hg.), Europa neu verfasst ohne Verfassung, Chancen und Bedeutung des Vertrags von Lissabon, Forum Constitutionis Europae, Bd. 10, 2008, S. 59 (63, 73 f.).

[177] Ebenso Bebr, Directly Applicable Provisions of Community Law, ICLQ 19 (1970), S. 257 (267); Iwasawa, The Doctrine of Self-Executing Treaties in the United States, Va. J. Int'l L. 26 (1985-1986), S. 627 (656); Manin, L'invocabilité des directives, RTDEur. 26 (1990), S. 669 (673); Prechal, Does Direct Effect Still Matter?, CML Rev 37 (2000), S. 1047 (1064); Schmidt-Aßmann, Das Allgemeine Verwaltungsrecht als Ordnungsidee, 2. Aufl. 2006, Kapitel 2, Rn. 12, S. 50;

wohlgemerkt: Mit einer Vermutung der unmittelbaren Wirkung ist keine normative Aussage verbunden. Durch die Vermutung als solche wird die Integration der Europäischen Union nicht vertieft. Schon gar nicht wird die Union dadurch zu einem Bundesstaat. Es wird lediglich der bereits erreichte Stand der Integration abgebildet.

Ebenso liegt ein Vorteil der Vermutung der unmittelbaren Wirkung darin, dass sie eine klare Regel zieht: Vorschriften wirken unmittelbar, solange sich keine überzeugenden Argumente dagegen finden lassen. Insofern belässt die Vermutung der unmittelbaren Wirkung den Rechtsanwender nicht im Zweifel, ob Vorschriften unmittelbar oder nicht unmittelbar wirken. Im Zweifel wirken sie unmittelbar. Das bedeutet, dass Sicherheit bei der Feststellung der unmittelbaren Wirkung geschaffen und ein Beitrag zur Wirksamkeit und einheitlichen Anwendung des Unionsrechts geleistet wird. Fraglos verbleibt nationalen Gerichten, aber auch nur diesen und nicht den Verwaltungsbehörden, die regelmäßig zeitaufwendige Möglichkeit, den Gerichtshof nach der unmittelbaren Wirkung im Wege eines Vorabentscheidungsersuchens zu befragen.

Ein weiterer Nutzen der Vermutung der unmittelbaren Wirkung ist darin zu sehen, dass sie eine Rechtfertigungslast erzeugt, wenn die unmittelbare Wirkung abgelehnt werden soll. Dadurch zwingt sie den Rechtsanwender, sich seiner Argumente gegen eine unmittelbare Wirkung zu vergewissern, womit sich die Gefahr verringert, dass die unmittelbare Wirkung irrtümlich abgelehnt wird.[178] Auch insofern leistet die Vermutung der unmittelbaren Wirkung einen Beitrag zur Wirksamkeit und Einheitlichkeit der Anwendung des Unionsrechts. Sollte der EuGH seine Kriterien für die unmittelbare Wirkung zum Beispiel zugunsten der hier vorgeschlagenen Fallgruppenbildung aufgeben, können sich nationale Gerichte und Verwaltungsbehörden, die Unionsrechtsvorschriften für nicht unmittelbar wirksam halten, in ihrer Argumentation nicht mehr hinter den wenig aussagekräftigen Formeln aus der EuGH-Rechtsprechung „verstecken“.[179]

Vedder, in: ders./Heintschel von Heinegg (Hg.), Europäisches Unionsrecht, 2012, Art. 288 AEUV, Rn. 64.

[178] Hierzu das Beispiel in der Einleitung.

[179] Krämer, Direct Effect and Consistent Interpretation: Strengths and Weaknesses of The Concepts, in: Jans/Macrory/Moreno Molina (Hg), National Courts and EU Environmental Law, 2013, S. 51 (70), weist auf die Gefahr hin, dass die Doktrin der unmittelbaren Wirkung eine Reihe vager Begriffe beinhaltet, die es den nationale Verwaltungsbehörden erlauben, von der unmittelbaren Anwendung abzusehen.

Die Gefahr, dass von einer unmittelbaren Wirkung des Unionsrechts irrtümlich abgesehen wird, ist gerade angesichts der dargestellten Verwirrung, die durch die Kriterien des EuGH für eine unmittelbare Wirkung erzeugt wird, nicht unerheblich. Umgekehrt ist die Gefahr, dass Unionsrecht irrtümlich als unmittelbar wirksam eingestuft wird, auch unter Zugrundelegung der Vermutung für eine unmittelbare Wirkung gering. Das hängt zum einen bereits damit zusammen, dass die Vorschriften des Unionsrechts in aller Regel unmittelbar wirken.[180] Zum anderen sind die Fälle, in denen Vorschriften nach der Rechtsprechung des EuGH nicht unmittelbar wirken, weitgehend evident.[181]

Schließlich liegt ein Vorteil der Vermutung der unmittelbaren Wirkung darin, dass sie der ein oder anderen nationalen Stelle die unbegründete Scheu nehmen kann, das zum Teil immer noch als „exotisch" empfundene Unionsrecht anzuwenden, insbesondere, wenn es sich um recht vage, an die Mitgliedstaaten gerichtete Vorschriften handelt, wie dies bei Richtlinien der Fall ist. Längerfristig fördert die Vermutung der unmittelbaren Wirkung, dass sich die Gewohnheit des Rechtsgehorsams mit dem Unionsrecht verbindet.[182] Dieser Effekt für die Wirksamkeit des Unionsrechts darf nicht unterschätzt werden, da die zwangsweise Rechtsdurchsetzung die Ausnahme darstellt,[183] zumal die Akzeptanz des Unionsrechts immer noch hinter derjenigen des nationalen Rechts zurückbleibt.

Indem die Vermutung der unmittelbaren Wirkung die Wirksamkeit und einheitliche Anwendung des Unionsrechts fördert, leistet sie gleichsam einen Beitrag zur Rechtssicherheit und zum effektiven Rechtsschutz. Der Einzelne kann sich darauf verlassen, dass das im Amtsblatt der EU veröffentlichte Recht wirkt und von nationalen Gerichten beachtet wird. Ihm steht das gesamte nationale Rechtsinstrumentarium zur Verfügung, seine aus dem Unionsrecht fließenden Rechte durchzusetzen.

---

180 Siehe im zweiten Teil, B.

181 Siehe im dritten Teil.

182 Zur Gewohnheit des Rechtsgehorsams Hart, The Concept of Law, 1961, S. 49 ff. („habit of obedience"). Im Kontext des Unionsrechts Weiler, Journey to an Unknown Destination: A Retrospective and Prospective of the European Court of Justice in the Arena of Political Integration, JCMS 31 (1993), S. 417 (422 f.); Haltern, Europarecht, 2. Aufl. 2007, Rn. 347.

183 Pescatore, The Doctrine of "Direct Effect": An Infant Disease of Community Law, EL Rev 8 (1983), S. 155; Haltern, Europarecht, 2. Aufl. 2007, Rn. 346.

Insofern fördert die Vermutung der unmittelbaren Wirkung auch die (Output-)Legitimität der Europäischen Union und damit die Akzeptanz des Unionsrechts.[184]

D. Innovativität der These

Eine Vermutung für die unmittelbare Wirkung besteht nach der Rechtsprechung und verbreiteter Auffassung in der Wissenschaft grundsätzlich nicht (I.). Nur in gewissen Bereichen geht die Rechtsprechung von einer Vermutung der unmittelbaren Wirkung aus (II.). In der Wissenschaft wird seit den 70er Jahren außerdem die These vertreten, die Eignung zu unmittelbarer Wirkung sei nicht zu prüfen, wenn es um die Anwendung von Unionsrecht als Rechtsmäßigkeitsmaßstab für nationales Recht gehe. Diese Auffassung, die mit der hier vertretenen Vermutungsthese konkurriert, vermag, wie gezeigt werden wird, nicht zu überzeugen (III.).

---

[184] Zur Output-Legitimität Scharpf, Demokratietheorie zwischen Utopie und Anpassung, 1970, S. 21 ff.; ders., Regieren in Europa, Effektiv und demokratisch?, 1999, S. 16 ff.

I. Grundsätzlich keine Vermutung unmittelbarer Wirkung

Auch wenn die Ansicht, dass die unmittelbare Wirkung zu vermuten ist, vor allem in den letzten 20 Jahren zunehmend Anhänger in der Wissenschaft gefunden hat, wird sie letztendlich selten vertreten[185] und

---

[185] Für eine Vermutung der unmittelbaren Wirkung: Rigaux, Observations, Journal des Tribunaux 78 (1963), S. 190; Pescatore, Le problème des dispositions directement applicables (self-executing) des traités internationaux et son application aux traités instituant les Communautés, in: Association Néerlandaise pour le Droit Européen, Deuxième colloque international de droit Européen, 1966, S. 137 (157); ders., Aspects judiciares de l'«acquis communautaire», RTDEur. 17 (1981), S. 617 (637 f.); ders., The Doctrine of "Direct Effect", EL Rev 8 (1983), S. 155; M. Waelbroeck, Traités internationaux et juridictions internes dans les pays du Marché commun, 1969, S. 184; J. Verhoeven, La notion d'«applicabilité directe» du droit international, RBDI 15 (1980), S. 243 (263); E. Stein, Lawyers, Judges and the Making of a Transnational Constitution, AJIL 75 (1981), S. 1 (9 f.); Bach, Direkte Wirkungen von EG-Richtlinien, JZ 1990, S. 1108 (1110); Weiler, The Transformation of Europe, Yale L.J. 100 (1991), S. 2403 (2418); Bribosia, Report on Belgium, in: Slaughter u.a. (Hg.), The European Court and National Courts – Doctrine and Jurisprudence, 1997, S. 3 (9); Peters, The Position of International Law Within the European Community Legal Order, German Yearbook of International Law 40 (1997), S. 9 (55); W. Schroeder/Selmayr, Die EG, das GATT und die Vollzugslehre, JZ 1998, S. 344 (346); Wathelet, Du concept de l'effet direct à celui de l'invocabilité au regard de la jurisprudence récente de la Cour de Justice, in: Hoskins/Robinson (Hg.), A True European: Essays for Judge David Edward, 2002, S. 367 (369); Hartley, European Union Law in a Global Context, 2004, S. 155; ders., The Foundations of European Unions Law, 8. Aufl. 2014, S. 214; Schütz/Bruha/König, Casebook Europarecht, 2004, S. 72; Isaac/Blanquet, Droit général de l'Union européenne, 9. Aufl. 2006, S. 269, 272 f.; Dashwood, From Van Duyn to Mangold via Marshall: Reducing Direct Effect to Absurdity?, CYELS 9 (2006-2007), S. 81 im Hinblick auf Vertrags- und Verordnungsbestimmungen; Haltern, Europarecht, 2. Aufl. 2007, Rn. 642; Ehlers, § 11 Verhältnis des Unionsrechts zu dem Recht der Mitgliedstaaten, in: Schulze u.a. (Hg.), Europarecht, Handbuch für die deutsche Rechtspraxis, 3. Aufl. 2015, S. 491 (496, Rn. 9); Wegener, in: Calliess/Ruffert (Hg.), EUV/AEUV, 4. Aufl. 2011, Art. 19 EUV, Rn. 31; de Witte, The Continuous Significance of Van Gend en Loos, in: Maduro/Azoulai (Hg.), The Past and Future of EU Law, 2010, S. 9 (10); Wohlfahrt, Veränderungen des Lissabon-Vertrages im Hinblick auf die Doktrin der unmittelbaren Wirkung, ZaöRV 70 (2010), S. 523 (537 ff.); Schütze, European Constitutional Law, 2012, S. 314; Graf von Kielmansegg, Tücken im Dreieck, EuR 2014, S. 30 (31, 42); Bobek, The effects of EU law in the national legal systems, in: Barnard/Peers (Hg.), European Union Law, 2014, S. 140 (151). Implizit hinsichtlich Primärrecht und Verordnungen: Zöchling-Jud, Überle-

wurde bisher auch nicht eingehend begründet. Das gilt selbst für den bekannten Artikel von *Pescatore*, in dem er die Doktrin der unmittelbaren Wirkung als Kinderkrankheit des Gemeinschaftsrechts bezeichnet.[186] Mit Blick auf Richtlinien wird sogar die Meinung vertreten, die hinreichende Genauigkeit und Unbedingtheit einer Vorschrift stelle die Ausnahme dar.[187] Diese Auffassung vertritt dem Anschein nach auch

---

gungen zur unmittelbare Wirkung des Unionsrechts, in: Jabloner u.a. (Hg.), Vom praktischen Wert der Methode: Festschrift Heinz Mayer zum 65. Geburtstag, 2011, S. 871 (872). Andeutungsweise für eine Vermutung: Pescatore, Les aspects fonctionnels de la Communauté Economique Européenne, notamment les sources du droit, in: Faculté de droit de Liège (Hg.), Les aspects juridiques du Marché Commun, 1958, S. 51 (62); Lecourt, L'Europe des juges, 1976, S. 221, 248; Timmermans, Directives: Their Effect within the National Legal Systems, CML Rev 16 (1979), S. 533 (555); Manin, L'invocabilité des directives, RTDEur. 26 (1990), S. 669 (678); Edward, Direct Effect, the Separation of Powers and the Judicial Enforcement of Obligations, in: Scritti in onore di Giuseppe Federico Mancini, Bd. II, Diritto dell'Unione Europea, 1998, S. 423 (431); M. Lenz/Tynes/Young, Horizontal What? Back to basics, EL Rev 25 (2000), S. 509 (522); von Bogdandy, Rechtsgleichheit, Rechtssicherheit und Subsidiarität im transnationalen Wirtschaftsrecht, EuZW 2001, S. 357 (357); Simon, Le système juridique communautaire, 3. Aufl. 2001, S. 387; Szpunar, Van Gend en Loos from the perspective of new Member States, in: Tizzano u.a. (Hg.), 50ème anniversaire de l'arrêt Van Gend en Loos, 2013, S. 123 (126); Robin-Olivier, The evolution of direct effect in the EU: Stocktaking, problems, projections, I.CON 12 (2014), S. 165 (167, 174 f.). Nach Art. 145 der kroatischen Verfassung soll Unionsrecht ohne Unterschied nach der Handlungsform unmittelbar angewendet werden. Vgl. die deutsche Übersetzung, abrufbar unter http://www.kas.de/wf/doc/kas_2764-1442-1-30.pdf?110114141431 (abgerufen am 20.1.2013). Für eine Aufgabe der Doktrin der unmittelbaren Wirkung: Manin, L'invocabilité des directives, RTDEur. 26 (1990), S. 669 (671 ff.); Prechal, Does Direct Effect Still Matter?, CML Rev 37 (2000), S. 1047 (1064); dies., Direct Effect Reconsidered, Redefined and Rejected, in: Prinssen/Schrauwen (Hg.), Direct Effect: Rethinking a Classic of EC Legal Doctrine, 2002, S. 15 (18 ff.); dies., Direct Effect, Indirect Effect, Supremacy and the Evolving Constitution of the European Union, in: Barnard (Hg.), The Fundamentals of EU Law Revisited, 2007, S. 35 (45). Allerdings ist diese Meinung schon nicht in der Lage, die existierenden Fälle zu erklären, in denen Vorschriften des primären und sekundären Unionsrechts nicht unmittelbar wirken. Für Beispiele siehe den dritten Teil.

[186] Siehe Pescatore, The Doctrine of "Direct Effect": An Infant Disease of Community Law, EL Rev 8 (1983), S. 155.

[187] Siehe GA Reischl zu EuGH, Rs. 148/78, Ratti, Slg. 1979, S. 1629 (1654); GA Capotorti zu EuGH, Rs. 158/80, Rewe-Handelsgesellschaft Nord und Re-

das Bundesverfassungsgericht, wenn ausgeführt wird, eine Richtlinie entfalte nur „ausnahmsweise wie eine Verordnung unmittelbare Wirkung“.[188]

Die Annahme, wonach die unmittelbare Wirkung von Unionsrecht die Ausnahme darstellt, korrespondiert mit der verbreiteten These, die unmittelbare Anwendbarkeit des Völkervertragsrechts stelle die Ausnahme dar.[189] Prominenter Vertreter dieser Vorstellung ist wiederum das

---

we-Markt Steffen, Slg. 1981, S. 1805 (1851); GA Darmon zu EuGH, Rs. 190/87, Moormann, Slg. 1988, S. 4689 (4710); GA Sharpston zu EuGH, Rs. C-228/05, Stradasfalti, Slg. 2006, I-8391, Rn. 79; die Kommission, vgl. EuGH, 5.4.1979, Rs. 148/78, Ratti, Slg. 1979, S. 1629 (1637); die niederländische Regierung, vgl. EuGH, 4.12.1986, Rs. 71/85, Federatie Nederlandse Vakbeweging, Slg. 1986, S. 3855 (3860). Aus der Literatur bspw. Dougan, When Worlds Collide! Competing Visions of the Relationship Between Direct Effect and Supremacy, CML Rev 44 (2007), S. 931 (944); Hetmeier, in: Lenz/Borchardt (Hg.), EU-Verträge Kommentar, 6. Aufl. 2012, Art. 288 AEUV, Rn. 13; W. Schroeder, in: Streinz (Hg.), EUV/AEUV, 2. Aufl. 2012, Art. 288 AEUV, Rn. 106; Nettesheim, in: Grabitz/Hilf/ders. (Hg.), Das Recht der Europäischen Union, Bd. III, Art. 288 AEUV, Rn. 105 (August 2012). Im Allgemeinen gegen eine Vermutung der unmittelbaren Wirkung (mit Ausnahme im Hinblick auf Verordnungen): die italienische Regierung, vgl. EuGH (Zweite Kammer), 15.12.1983, Rs. 5/83, Rienks, Slg. 1983, S. 4233 (4240 f.).

188 BVerfGE 118, 79 (97). Wie das Bundesverfassungsgericht Streinz, § 218 Vollzug des europäischen Rechts durch deutsche Staatsorgane, in: Isensee/Kirchhof (Hg.), HStR, Bd. X, Deutschland in der Staatengemeinschaft, 3. Aufl. 2012, S. 507 (508, Rn. 3).

189 Siehe etwa Ruiz Fabri, Is There a Case – Legally and Politically – for Direct Effect of WTO Obligations?, EJIL 25 (2014), S. 151 (152); dies., Conjuguer justice et prudence: commentaire sur le développement de l’effet direct du droit international en droit de l’Union, in: Tizzano/Kokott/Prechal (Hg.), 50ème anniversaire de l’arrêt Van Gend en Loos, 2013, S. 189 (189 f.); Weiler, Revisiting Van Gend en Loos: Subjectifying and Objectifying the Individual, in: Tizzano/Kokott/Prechal (Hg.), 50ème anniversaire de l’arrêt Van Gend en Loos, 2013, S. 11 (14); T. Stein/von Buttlar, Völkerrecht, 2012, Rn. 186 f.; de Witte, The Continuous Significance of Van Gend en Loos, in: Maduro/Azoulai (Hg.), The Past and Future of EU Law, 2010, S. 9 (10); Daillier/Forteau/Pellet, Droit international public, 8. Aufl. 2009, S. 259 f.; Isaac/Blanquet, Droit général de l’Union européenne, 9. Aufl. 2006, S. 268 f.; Schütz/Bruha/König, Casebook Europarecht, 2004, S. 72; Simon, Le système juridique communautaire, 3. Aufl. 2001, S. 387; Bleckmann, Verfassungsrechtliches Kompetenzbild des nationalen Richters und innerstaatliche Anwendbarkeit des Art. 95 EWG-Vertrag, EuR 1969, S. 109 (117 bei Fn. 32); Spengler, Abgrenzung zwischen dem GWB und den „Vorschriften für Unternehmen“ im EWG-Vertrag, WuW 1958, S. 73 (75).

Bundesverfassungsgericht, nach dessen Erkenntnis die Festlegung von Rechtspflichten oder Rechtsansprüchen in völkerrechtlichen Verträgen für einzelne Bürger nach „allgemeiner Ansicht" eine Ausnahme ist, die nur bei entsprechend klarem Anhalt im Vertragstext als vereinbart gilt.[190] Bereits das für das Rechtsinstitut der unmittelbaren Anwendbarkeit völkerrechtlicher Verträge prägende Gutachten Nr. 15 des Ständigen Internationalen Gerichtshofes betreffend die „Jurisdiction of the Courts of Danzig" vom 3. März 1928[191] wurde dahingehend gedeutet, dieser habe sich im Grundsatz gegen eine unmittelbare Anwendbarkeit des Völkervertragsrechts ausgesprochen.[192] Die oberflächliche Ähn-

---

Nach Verdross/Simma, Universelles Völkerrecht, 3. Aufl. 1984, § 865, bedarf ein Großteil der völkerrechtlichen Verträge der Konkretisierung und Präzisierung durch innerstaatliche Rechtssätze, um durch Gerichte und Verwaltungsbehörden vollzogen werden zu können. Für eine umfassende Vermutung der unmittelbaren Anwendbarkeit völkerrechtlicher Verträge dagegen Bleckmann, Völkerrecht, 2001, Rn. 432. Für eine Vermutung im Hinblick auf die Anwendung durch US-amerikanische Gerichte Iwasawa, The Doctrine of Self-Executing Treaties in the United States, Va. J. Int'l L. 26 (1985-1986), S. 627 (656), der allerdings darauf hinweist, dass viele US-Gerichte von einer Vermutung gegen eine unmittelbare Anwendbarkeit ausgehen; Jiménez de Aréchaga, Self-Executing Provisions of International Law, in: Hailbronner/Ress/Stein (Hg.), Staat und Völkerrechtsordnung, Festschrift für Karl Doehring, 1989, S. 409 (412 f.); Buergenthal, Self-executing and Non-self-executing Treaties in National and International Law, RdC 235 (1992-IV), S. 303 (382), allerdings unter der Einschränkung auf multilaterale Verträge; Vázquez, The Four Doctrines of Self-Executing Treaties, AJIL 89 (1995), S. 695 (709, 718). Eine Vermutung der unmittelbaren Anwendbarkeit des Völkerrechts für die Zukunft in Aussicht stellend: J. Verhoeven, La notion d' « applicabilité directe » du droit international, RBDI 15 (1980), S. 243 (263).

190 Siehe BVerfGE 29, 348 (360); 40, 141 (164 f.); 41, 126 (169); 43, 203 (209).

191 Permanent Court of International Justice, Series B.-No. 15, 3. März, 1928, Jurisdiction of the Courts of Danzig. Zur Bedeutung dieses Gutachtens für die Doktrin der unmittelbaren Anwendbarkeit völkerrechtlicher Verträge Koller, Die unmittelbare Anwendbarkeit völkerrechtlicher Verträge und des EWG-Vertrages im innerstaatlichen Bereich, 1971, S. 31 ff.; Cassese, International Law, 2. Aufl. 2005, S. 227; Kaiser, Treaties, Direct Applicability, Max Planck Encyclopedia of Public International Law, www.mpepil.com, Februar 2013, Rn. 4 f. (abgerufen am 11.1.2015).

192 Siehe Jacomet, Rapport français: Le problème des dispositions directement applicables (self executing), des traités internationaux, et son application aux traités instituant les Communautés Européennes, in: Association Néerlandaise pour le Droit Européen, Deuxième colloque international de droit Européen, 1966, S. 235 (242); M. Waelbroeck, Traités internationaux et juridictions

lichkeit der Doktrin der unmittelbaren Wirkung von Unionsrecht mit dem Rechtsinstitut der unmittelbaren Anwendbarkeit des Völkervertragsrechts mag eine Erklärung dafür sein, dass zuweilen auch die unmittelbare Wirkung von Unionsrecht als Ausnahme gesehen wird.

Der EuGH hat sich abgesehen von wenigen Fällen, auf die im nächsten Abschnitt einzugehen sein wird, allgemein weder eindeutig für noch gegen eine Vermutung der unmittelbaren Wirkung ausgesprochen. Es gibt lediglich Indizien, die auf ein bestimmtes Verständnis der Rechtsprechung schließen lassen. Allerdings bleibt die Rechtsprechung widersprüchlich: Einerseits lassen sich eine ganze Reihe von Anzeichen finden, die für eine Vermutung der unmittelbaren Wirkung durch den Gerichtshof sprechen. Diese Indizien, die im zweiten Teil behandelt werden, treten umso deutlicher hervor, je mehr man den Blick von den einzelnen Entscheidungen löst und versucht, die Rechtsprechung in ihrer Gesamtheit zu erfassen. Fokussiert man dagegen einzelne Entscheidungen, vermittelt die Rechtsprechung andererseits den Eindruck, dass die unmittelbare Wirkung gerade nicht vermutet wird, sondern grundsätzlich begründungsbedürftig ist.

Für die grundsätzliche Begründungsbedürftigkeit spricht, dass der EuGH in der Mehrzahl der Entscheidungen die unmittelbare Wirkung gemäß einem Katalog von Kriterien prüft (oder zu prüfen vorgibt), die positiv gegeben sein müssen, anstatt festzustellen, dass nichts gegen eine unmittelbare Wirkung spricht. Diese Rechtsprechung beginnt mit der *Van Gend & Loos*-Entscheidung, in welcher der Gerichtshof auf Geist, Systematik und Wortlaut des Vertrags Bezug nimmt, um die unmittelbare Wirkung zu begründen.[193] Ein willkürlich gewähltes Beispiel aus jüngerer Zeit findet sich in der Entscheidung *Foselev Sud-Ouest* aus dem Jahr 2008. In diesem Urteil heißt es: „Wie der Gerichtshof entschieden hat, [...] kann [...] eine Bestimmung einer an einen Mitgliedstaat gerichteten Entscheidung diesem Mitgliedstaat entgegengehalten werden, wenn sie ihrem Adressaten eine unbedingte und hinreichend

---

internes dans les pays du Marché commun, 1969, S. 164 f.; Wilhelm, Introduction et force obligatoire des traités internationaux dans l'ordre juridique suisse, 1993, S. 133; Schermers, No Direct Effect for Directives, European Public Law 3 (1997), S. 527 (528); Wüger, Anwendbarkeit und Justitziabilität völkerrechtlicher Normen im schweizerischen Recht, 2005, S. 63; Kaczorowska, European Union Law, 3. Aufl. 2013, S. 264. Eine überzeugende Begründung wird nicht geliefert.

[193] Siehe EuGH, 5.2.1963, Rs. 26/62, Van Gend & Loos, Slg. 1963, S. 1 (24 ff.).

klare und genaue Verpflichtung auferlegt […]. Daher ist zu prüfen, ob die Entscheidung […] eine unbedingte sowie hinreichend klare und genaue Verpflichtung auferlegt."[194] Im Urteil *Napoli* aus dem Jahr 2014 formuliert der EuGH etwa, Bestimmungen einer Richtlinie, „die inhaltlich als unbedingt und hinreichend genau" erscheinen, könnten vom Einzelnen vor den nationalen Gerichten dem Mitgliedstaat gegenüber geltend gemacht werden.[195] Die Rechtsprechung beinhaltet zahlreiche weitere Beispiele dieser Art.[196]

Die Wissenschaft vermittelt ebenfalls den Eindruck, die unmittelbare Wirkung sei grundsätzlich begründungsbedürftig. Um nur einige Beispiele zu nennen: *Werner Schroeder* führt in seiner Kommentierung zu Art. 288 AEUV aus: „Voraussetzung für eine unmittelbare Anwendung ist […] die inhaltliche Eignung der entsprechenden unionsrechtlichen Vorschriften. Diese müssen eine klare und eindeutige Verpflichtung enthalten, welche durch keinen Vorbehalt zugunsten der Mitgliedstaaten eingeschränkt ist."[197] *Martin Nettesheim* formuliert in seiner Kommentierung zu Art. 288 AEUV: „Findet sich keine ausdrückliche Festlegung, so ist interpretativ zu ermitteln, ob die Voraussetzungen für die unmittelbare Wirkung vorliegen. Dabei sind vor allem die folgenden Grundkriterien anzuwenden: […]".[198] *Alan Dashwood*, *Michael Dougan*, *Barry Rodger*, *Eleanor Spaventa* und *Derrick Wyatt* schreiben: *„For any provision of Union law to have direct effect,* […] *it must satisfy certain threshold criteria: first,* […]*; secondly,* […]*; and finally,* […]. *If those three criteria are fulfilled, then the relevant Union act becomes ca-*

---

[194] EuGH (Zweite Kammer), 20.11.2008, Rs. C-18/08, Foselev Sud-Ouest, Slg. 2008, I-8745, Rn. 11 f.

[195] EuGH (Erste Kammer), 6.3.2014, Rs. C-595/12, Napoli, Rn. 46.

[196] Aus einer Vielzahl EuGH (Zweite Kammer), 14.10.2010, Rs. C-243/09, Fuß, Slg. 2010, I-9849, Rn. 56 f.

[197] W. Schroeder, in: Streinz (Hg.), EUV/AEUV, 2. Aufl. 2012, Art. 288 AEUV, Rn. 48.

[198] Nettesheim, in: Grabitz/Hilf/ders. (Hg.), Das Recht der Europäischen Union, Bd. III, Art. 288 AEUV, Rn. 46 (August 2012): „Klärungsbedürftig ist zunächst, ob die Norm ein hinreichend klares, eindeutiges und uneingeschränktes Verbot (Unterlassungspflicht) ausspricht oder eine hinreichend klare, eindeutige und uneingeschränkte Handlungspflicht begründet. Normen des Unionsrechts, die einen mitgliedstaatlichen Regelungsvorbehalt vorsehen, sind danach nicht unmittelbar wirksam. Der Vollzug der Norm darf nicht einen Rechtsakt des nationalen Gesetzgebers erfordern und den ausführenden mitgliedstaatlichen Organen keinen Ermessensspielraum belassen".

pable of producing direct effect. Application of the threshold criteria for direct effect is essentially an interpretive task to be undertaken on a case-by-case basis."[199]

II. Ausdrückliche Vermutung unmittelbarer Wirkung nur in einzelnen Bereichen

Lediglich mit Blick auf das Kartellverbot des Art. 101 AEUV (1.) und Verordnungsvorschriften (2.) hat sich der EuGH klar für eine Vermutung der unmittelbaren Wirkung ausgesprochen.

1. Kartellverbot

Im Urteil *de Geus*, der ersten Entscheidung des EuGH zur unmittelbaren Wirkung einer Vorschrift des EWG-Vertrags, leitet der Gerichtshof aus der Adressierung mitgliedstaatlicher Behörden durch Art. 88 EWGV (Art. 104 AEUV) und der Kommission durch Art. 89 EWGV (Art. 105 AEUV) eine Vermutung der unmittelbaren Wirkung des Kartellverbots nach Art. 85 EWGV (Art. 101 AEUV) ab: Die unmittelbare Wirkung sei „im Grundsatz zu bejahen“.[200] Inkonsequenterweise schließt der Gerichtshof aber nicht generell aus der Adressierung mitgliedstaatlicher Gerichte, Verwaltungsbehörden oder des Einzelnen auf eine Vermutung der unmittelbaren Wirkung.[201] Allerdings korrespondiert mit der hier vertretenen Vermutungsthese, dass – soweit ersichtlich – die unmittelbare Wirkung von individualgerichteten Entscheidungen nach Art. 249 Abs. 4 EGV beziehungsweise (seit Inkrafttreten

[199] Dashwood/Dougan/Rodger/Wyatt, Wyatt and Dashwood's European Union Law, 6. Aufl. 2011, S. 245. Neben den genannten Beispielen siehe etwa Bievert, in: Schwarze (Hg.), EU-Kommentar, 3. Aufl. 2012, Art. 288 AEUV, Rn. 5; Hetmeier, in: Lenz/Borchardt (Hg.), EU-Verträge Kommentar, 6. Aufl. 2012, Art. 288 AEUV, Rn. 13; Vedder, in: ders./Heintschel von Heinegg (Hg.), Europäisches Unionsrecht, 2012, Art. 288 AEUV, Rn. 35, 65.

[200] EuGH, 6.4.1962, Rs. 13/61, de Geus, Slg. 1962, S. 97 (111 f.). Bestätigt in EuGH, 30.4.1986, verb. Rs. 209 bis 213/84, Asjes, Slg. 1986, S. 1425, Rn. 61 ff.

[201] Vgl. EuGH (Sechste Kammer), 17.9.1996, verb. Rs. C-246/94, C-247/94, C-248/94 und C-249/94, Cooperativa Agricola Zootecnica S. Antonio, Slg. 1996, I-4373, Rn. 21 ff. Die Adressierung ergab sich im Wege der Auslegung aus dem Begriff „nachweislich“.

des Vertrags von Lissabon) Beschlüssen nach Art. 288 Abs. 4 AEUV noch nicht vor dem EuGH angezweifelt worden ist. Gleichfalls wird in der Wissenschaft die unmittelbare Wirkung von individualgerichteten Entscheidungen oder Beschlüssen als unproblematisch angesehen oder ohne nähere Begründung bejaht.[202]

2. *Verordnungsvorschriften*

Aus dem Wortlaut des Art. 189 Abs. 2 EWGV (heute Art. 288 Abs. 2 AEUV), wonach die Verordnung unmittelbar in jedem Mitgliedstaat gilt, schließt der EuGH ebenfalls auf eine Vermutung für die unmittelbare Wirkung.[203] Dies wird deutlich im Urteil *Apple and Pear Development Council* aus dem Jahr 1983, in dem er erstmals ausführt, die „unmittelbare Wirkung [ergebe sich] daraus, daß die Verordnungen gemäß Artikel 189 EWG-Vertrag in jedem Mitgliedstaat unmittelbar gelten."[204] Angedeutet ist diese Konsequenz aber bereits im Urteil

---

[202] Siehe nur Biervert, in: Schwarze (Hg.), EU-Kommentar, 3. Aufl. 2012, Art. 288 AEUV, Rn. 34; Hetmeier, in: Lenz/Borchardt (Hg.), EU-Verträge Kommentar, 6. Aufl. 2012, Art. 288 AEUV, Rn. 19 f.; Isaac/Blanquet, Droit général de l'Union européenne, 9. Aufl. 2006, S. 276; Jacqué, Droit institutionnel de l'Union européenne, 7. Aufl. 2012, Rn. 978; Louis, in: Mégret/Waelbroeck/ders./Vignes/Dewost (Hg.), Commentaire Mégret, Bd. 10, 2. Aufl. 1993, Article 189, Rn. 73; Nettesheim, in: Grabitz/Hilf/ders. (Hg.), Das Recht der Europäischen Union, Bd. III, Art. 288 AEUV, Rn. 188 f. (August 2012); Öhlinger/Potacs, EU-Recht und staatliches Recht, 5. Aufl. 2013, S. 69; W. Schroeder, in: Streinz (Hg.), EUV/AEUV, 2. Aufl. 2012, Art. 288 AEUV, Rn. 137 ff. Siehe auch GA Trstenjak zu EuGH, Rs. C-80/06, Carp, Slg. 2007, I-4473, Rn. 58.

[203] Ebenso GA Reischl zu EuGH, Rs. 148/78, Ratti, Slg. 1979, S. 1629 (1650 f.); GA Fennelly zu EuGH, Rs. C-281/98, Angonese, Slg. 2000, I-4139, Rn. 39; Zuleeg, Das Recht der Europäischen Gemeinschaften im innerstaatlichen Bereich, 1969, S. 54 ff.; Winter, Direct Applicability and Direct Effect, CML Rev 9 (1972), S. 425 (435); Klein, Unmittelbare Geltung, Anwendbarkeit und Wirkung von Europäischem Gemeinschaftsrecht, 1988, S. 18 f.; Craig, Once upon a Time in the West: Direct Effect and the Federalization of EEC Law, OJLS 12 (1992), S. 453 (470 f.); Edward, Direct Effect, the Separation of Powers and the Judicial Enforcement of Obligations, in: Scritti in onore di Giuseppe Federico Mancini, Bd. II, Diritto dell'Unione Europea, 1998, S. 423 (427 ff.); Isaac/Blanquet, Droit général de l'Union européenne, 9. Aufl. 2006, S. 275; Hartley, The Foundations of European Unions Law, 8. Aufl. 2014, S. 215 f.

[204] EuGH, 13.12.1983, Rs. 222/82, Apple and Pear Development Council, Slg. 1983, S. 4083, Rn. 37 („ce même effet direct découle de ce que, selon l'article 189 du traité, les règlements sont directement applicables dans tout Etat

Grad aus dem Jahr 1970, in welchem der Gerichtshof für Recht erkennt, dass Verordnungen „nach Art. 189 [...] unmittelbar [gelten] und [...] infolgedessen schon wegen ihrer Rechtsnatur unmittelbare Wirkungen erzeugen [können]."[205] Während der Gerichtshof im *Grad*-Urteil noch das Verb „können" verwendet und damit auf eine bloße Möglichkeit hinweist, verzichtet er hierauf schon kurze Zeit später im Urteil *Politi* aus dem Jahr 1971. In dieser Entscheidung schließt er aus dem Wortlaut des Art. 189 Abs. 2 EWGV, dass die Verordnung schon „nach ihrer Rechtsnatur und ihrer Funktion im Rechtsquellensystem des Gemeinschaftsrechts [...] unmittelbare Wirkungen [erzeugt] und [...] als solche geeignet [ist], für die einzelnen Rechte zu begründen, zu deren Schutz die nationalen Gerichte verpflichtet sind."[206] Auf die Verwendung des einschränkenden Begriffs der Eignung verzichtet der Gerichtshof in der Folge sogar zuweilen.[207] Seit der Entscheidung

---

membre"). Siehe auch EuGH, 17.5.1972, Rs. 93/71, Leonesio, Slg. 1972, S. 287, Rn. 21/23 („die in Art. 189 vorgesehene unmittelbare Wirkung"); EuGH, 31.1.1978, Rs. 94/77, Fratelli Zerbone, Slg. 1978, S. 99, Rn. 22/27 („setzt die unmittelbare Geltung voraus, daß die Verordnung [...] zugunsten oder zu Lasten der Rechtssubjekte Anwendung findet, ohne daß es irgendwelcher Maßnahmen zur Umwandlung in nationales Recht bedarf."); EuGH (Vierte Kammer), 14.2.2008, Rs. C-449/06, Gysen, Slg. 2008, I-553, Rn. 24; EuGH (Große Kammer), 3.5.2011, Rs. C-375/09, Tele2 Polska, Slg. 2011, I-3055, Rn. 34.

[205] EuGH, 6.10.1970, Rs. 9/70, Grad („Leberpfennig"), Slg. 1970, S. 825, Rn. 5 („en vertu des dispositions de l'article 189, les règlements sont directement applicables et par conséquent par leur nature susceptibles de produire des effets directs"). Vielfach bestätigt, siehe nur EuGH (Erste Kammer), 14.7.2011, verb. Rs. C-4/10 und C-27/10, Bureau National Interprofessionnel du Cognac, Slg. 2011, I-6131, Rn. 40.

[206] EuGH, 14.12.1971, Rs. 43/71, Politi, Slg. 1971, S. 1039, Rn. 9 („que dès lors, en raison de sa nature même et de sa fonction dans le système des sources du droit communautaire, il produit des effets immédiats et est, que dès lors, en raison de sa nature même et de sa fonction dans le système des sources du droit communautaire, il produit des effets immédiats et est, comme tel, apte à conférer aux particuliers des droits que les juridictions nationales ont l'obligation de protéger"). Vielfach bestätigt, siehe nur EuGH (Dritte Kammer), 13.10.2005, Rs. C-379/04, Dahms, Slg. 2005, I-8723, Rn. 13.

[207] Siehe nur EuGH, 29.11.1978, Rs. 83/78, Pigs Marketing Board, Slg. 1978, S. 2347, Rn. 66/67; EuGH, 17.10.1995, Rs. C-83/94, Leifer, Slg. 1995, I-3231, Rn. 44; EuGH, 20.5.2003, Rs. C-469/00, Ravil, Slg. 2003, I-5053, Rn. 91 f.; EuGH (Dritte Kammer), 21.12.2011, Rs. C-316/10, Danske Svineproducenter, Slg. 2011, I-13721, Rn. 39; EuGH (Achte Kammer), 25.10.2012, Rs. C-592/11, Ketelä, Rn. 35.

Handlbauer aus dem Jahr 2004 formuliert er regelmäßig, Verordnungen hätten aufgrund ihrer Rechtsnatur und ihrer Funktion im Rechtsquellensystem des Gemeinschaftsrechts „im Allgemeinen" unmittelbare Wirkung in den nationalen Rechtsordnungen.[208] Dass der EuGH mit dieser Rechtsprechung lediglich eine Vermutung für die unmittelbare Wirkung ausdrücken will, ergibt sich nicht zuletzt daraus, dass auch Verordnungsvorschriften nicht unmittelbar wirksam sein können.[209]
Bestätigt wird die Vermutung der unmittelbaren Wirkung hinsichtlich Verordnungen dadurch, dass der Gerichtshof seit den frühen 70er Jahren bei der Feststellung der unmittelbaren Wirkung von Verordnungsvorschriften in aller Regel auf eine Begründung verzichtet, weswegen sich die relevanten Vorschriften dazu eignen, unmittelbar zu wirken.[210] Im Übrigen lassen schon die Entscheidungen des Gerichtshofes der 50er und 60er Jahre zur unmittelbaren Wirkung von Verordnungen beziehungsweise von Entscheidungen nach Art. 14 Abs. 2 EGKSV, in denen er noch nicht aus Art. 189 EWGV beziehungsweise Art. 14 EGKSV auf die unmittelbare Wirkung schließt, keinerlei Bedenken an einer unmittelbaren Wirkung erkennen.[211] Schließlich lässt sich auch mit

---

[208] EuGH (Zweite Kammer), 24.6.2004, Rs. C-278/02, Handlbauer, Slg. 2004, I-6171, Rn. 25 („en général"). Vielfach bestätigt, etwa durch EuGH (Neunte Kammer), 15.5.2014, Rs. C-135/13, Szatmári Malom, Rn. 54.

[209] Für Beispiele siehe EuGH, 30.11.1978, Rs. 31/78, Bussone, Slg. 1978, S. 2429, Rn. 28/33 ff.; EuGH, 20.10.1981, Rs. 137/80, Kommission/Belgien, Slg. 1981, S. 2393, Rn. 7, 9; EuGH, 20.3.1986, Rs. 72/85, Kommission/Niederlande, Slg. 1986, S. 1219, Rn. 16 ff.; EuGH, 10.9.1996, Rs. C-277/94, Taflan-Met, Slg. 1996, I-4085, Rn. 28 ff.; EuGH (Sechste Kammer), 11.1.2001, Rs. C-403/98, Monte Arcosu, Slg. 2001, I-103, Rn. 26 ff.; EuGH (Zweite Kammer), 24.6.2004, Rs. C-278/02, Handlbauer, Slg. 2004, I-6171, Rn. 26; EuGH (Vierte Kammer), 28.10.2010, Rs. C-367/09, SGS Belgium, Slg. 2010, I-10761, Rn. 33 ff.

[210] Für eine Ausnahme siehe EuGH, 24.10.1973, Rs. 9/73, Schlüter, Slg. 1973, S. 1135, Rn. 32.

[211] Siehe EuGH, 10.12.1957, verb. Rs. 1/57 und 14/57, Société des usines à tubes de la Sarre/Hohe Behörde, Slg. 1957, S. 213 (236); EuGH, 14.12.1962, verb. Rs. 16 und 17/62, Confédération nationale des producteurs de fruit et légumes/Rat, Slg. 1962, S. 961 (979); EuGH, 14.12.1962, verb. Rs. 19 bis 22/62, Fédération nationale de la boucherie en gros et du commerce en gros des viandes/Rat, Slg. 1962, S. 1003 (1221); EuGH, 11.3.1965, Rs. 31/64, Gemeenschappelijke Verzekeringskas „De Sociale Voorzorg", Slg. 1965, S. 111 (119); EuGH, 11.3.1965, Rs. 33/64, Betriebskrankenkasse der Heseper Torfwerke, Slg. 1965, S. 133 (142); EuGH, 1.7.1965, verb. Rs. 106 und 107/63, Alfred Töp-

einer Vermutung der unmittelbaren Wirkung erklären, dass der EuGH zuweilen die unmittelbare Wirkung nicht nur einzelner Verordnungsvorschriften, sondern von Rechtsakten in ihrer Gesamtheit feststellt, ohne die Eignung zu unmittelbarer Wirkung im Einzelnen zu prüfen.[212]

III. Anwendung des Unionsrechts als Rechtmäßigkeitsmaßstab für nationales Recht

Seit den 70er Jahren wird in der Wissenschaft von der Annahme ausgegangen, bei der Anwendung von Unionsrecht als Rechtmäßigkeitsmaßstab für nationales Recht stelle sich nicht die Frage der unmittelbaren Wirkung und daher sei die Eignung von Unionsrecht zu unmittelbarer Wirkung in diesem Fall nicht zu prüfen.[213] Diese These konkurriert,

---

fer und Getreide-Import-Gesellschaft/Kommission, Slg. 1965, S. 547 (556); EuGH, 13.12.1967, Rs. 17/67, Max Neumann, Slg. 1967, S. 592 (608).

[212] Bspw. EuGH, 17.5.1972, Rs. 93/71, Leonesio, Slg. 1972, S. 287, Rn. 5 ff., vor allem Rn. 18; EuGH, 23.1.1975, Rs. 31/74, Galli, Slg. 1975, S. 47, Rn. 32/34, Tenor 3.

[213] Siehe GA Saggio zu EuGH, verb. Rs. C-240/98 bis C-244/98, Océano Grupo Editorial, Slg. 2000, I-4941, Rn. 30, 36, 38; GA Alber zu EuGH, Rs. C-343/98, Collino und Chiappero, 2000, I-6659, Rn. 29; GA Léger zu EuGH, Rs. C-287/98, Linster, Slg. 2000, I-6917, Rn. 52 ff., vor allem 59, 64 ff., 81 f.; GA Colomer zu EuGH, verb. Rs. C-397/01 bis C-403/01, Pfeiffer, Slg. 2004, I-8835, Rn. 57 f., vor allem Rn. 58, 2. Absatz; GA Mazák zu EuGH, Rs. C-2/08, Fallimento Olimpiclub, Slg. 2009, I-7501, Rn. 41; GA Bot zu EuGH, Rs. C-555/07, Kücükdeveci, Slg. 2010, I-365, Rn. 63 ff., 88. So wohl auch die Kommission, vgl. GA Tizzano zu EuGH, Rs. C-144/04, Mangold, Slg. 2005, I-9981, Rn. 105. Aus der Literatur bspw. Timmermans, Directives: Their Effect within the National Legal Systems, CML Rev 16 (1979), S. 533 (544 ff.); Galmot/Bonichot, La Cour de justice des Communautés européennes et la transposition des directives en droit national, RFDA 4 (1988), S. 1 (10 ff.); Bach, Direkte Wirkungen von EG-Richtlinien, JZ 1990, S. 1108 (1111); Langenfeld, Die dezentrale Kontrolle der Anwendung des Europäischen Gemeinschaftsrechts im innerstaatlichen Rechtsraum, in: Siedentopf (Hg.), Europäische Integration und nationalstaatliche Verwaltung, 1991, S. 173 (180 ff.); dies., Zur Direktwirkung von EG-Richtlinien, DÖV 1992, S. 955 (962 ff.); Dal Farra, L'invocabilité des directives communautaires devant le juge national de la légalité, RTDEur. 28 (1992), S. 631 (640 ff.); Manin, De l'utilisation des directives communautaires par les personnes physiques ou morales, AJDA 50 (1994), S. 259 (261); Steindorff, EG-Richtlinien und Illusionen, in: Due/Lutter/Schwarze (Hg.), Festschrift für Ulrich Everling, Bd. II, 1995, S. 1455 (1460 ff.); Bleckmann, Europarecht, 6. Aufl.

wie zu zeigen sein wird, mit der hier vertretenen These der Vermutung, vermag aber nicht zu überzeugen. Sie knüpft an eine vor allem in der frankophonen Literatur anzutreffende und auch vom französischen *Conseil d'État* vertretene Unterscheidung zwischen einer positiven und negativen Anwendung an.[214] Negativ ist die Anwendung, wenn Unionsrecht als Rechtmäßigkeitsmaßstab für nationales Recht geltend gemacht wird, ohne selbst an die Stelle des nationalen Rechts zu treten. In diesem Zusammenhang werden Begriffe wie *invocabilité d'exclusion* oder *d'éviction* verwendet.[215] Positiv ist die Anwendung dagegen, wenn

---

1997, Rn. 1198; Simon, La directive européenne, 1997, S. 87, 95 ff.; M. Lenz/Tynes/Young, Horizontal What? Back to basics, EL Rev 25 (2000), S. 509 (517 ff.); Simon, Le système juridique communautaire, 3. Aufl. 2001, S. 441 ff.; Gassner, Richtlinien mit Doppelwirkung, in: Classen u.a. (Hg.), Liber amicorum Thomas Oppermann, 2001, S. 503 (515 f.); Beljin, Die Zusammenhänge zwischen dem Vorrang, den Instituten der innerstaatlichen Beachtlichkeit und der Durchführung des Gemeinschaftsrechts, EuR 2002, S. 351 (363 ff.); Figueroa Regueiro, Invocability of Substitution and Invocability of Exclusion, 2002, S. 28 ff.; Wathelet, Du concept de l'effet direct à celui de l'invocabilité au regard de la jurisprudence récente de la Cour de Justice, in: Hoskins/Robinson (Hg.), A True European: Essays for Judge David Edward, 2002, S. 367 (370); Eilmansberger, Zur Direktwirkung von Richtlinien gegenüber Privaten (1. Teil), Juristische Blätter 126 (2004), S. 283 (287 f.); Prechal, Directives in EC Law, 2. Aufl. 2005, S. 237; Isaac/Blanquet, Droit général de l'Union européenne, 9. Aufl. 2006, S. 272; Lenaerts/Corthaut, Of Birds and Hedges: The Role of Primacy in Invoking Norms of EU Law, EL Rev 31 (2006), S. 287; Dubout, L'invocabilité d'éviction des directives dans les litiges horizontaux, RTDEur. 46 (2010), S. 277; Dickson, Directives in EU Legal Systems, ELJ 17 (2011), S. 190 (204 ff.); Rodin, Back to the Square One, CEU Instituto Universitario de Estudios Europeos Universidad San Pablo – Documento de Trabajo: Serie Unión Europea Número 40/2011, 2011, S. 12 (abrufbar unter http://www.idee.ceu.es/Portals/0/Publicaciones/Back-to-Square-One-the-Past-Present-and-Future-of-the-Simmenthal-Mandate.pdf, abgerufen am 27.9.2013).

214 Grundlegend M. Waelbroeck, L'immédiateté communautaire, caractéristique de la supranationalité, in: Rousseau u.a. (Hg.), Le droit international demain – International Law Tomorrow, 1974, S. 85 (87). Zur Verwendung der Differenzierung durch den Conseil d'État siehe im zweiten Teil, A.III.3.

215 Siehe nur GA Léger zu EuGH, Rs. C-287/98, Linster, Slg. 2000, I-6917, Rn. 57 f., 68; GA Bot zu EuGH, Rs. C-555/07, Kücükdeveci, Slg. 2010, I-365, Rn. 64, 89; M. Waelbroeck, L'immédiateté communautaire, caractéristique de la supranationalité, in: Rousseau u.a. (Hg.), Le droit international demain – International Law Tomorrow, 1974, S. 85 (87, auch effet direct simple); Isaac/Blanquet, Droit général de l'Union européenne, 9. Aufl. 2006, S. 278; Du-

Unionsrecht zur Begründung eines Anspruches herangezogen wird, es also anstelle nicht bestehender oder nicht konformer Vorschriften des nationalen Rechts tritt,[216] beispielsweise wenn vor einem mitgliedstaatlichen Gericht ein unionsrechtliches Widerrufsrecht geltend gemacht wird.[217] Die positive Anwendung wird als *invocabilité de substitution* bezeichnet.[218]

Der These, die Eignung zu unmittelbarer Wirkung sei nicht zu prüfen, wenn es um die Anwendung von Unionsrecht als Rechtsmäßigkeitsmaßstab für nationales Recht geht, haben sich eine Reihe von Generalanwälten angeschlossen. Generalanwalt *Saggio* nimmt an, Richtlinienvorschriften müssten auch dann zur Nichtanwendung abweichenden mitgliedstaatlichen Rechts führen, wenn die Vorschriften nicht hinreichend genau seien.[219] Generalanwalt *Bot* meint, nur die „Situation [der positiven Anwendung] würde Anlass zu der Frage geben, ob es angebracht“ sei, einer Richtlinie „echte unmittelbare […] Wirkung zuzuweisen“.[220] Generalanwalt *Léger* vertritt die Auffassung, die positive Anwendung sei „bekanntermaßen“ eng mit der Bestimmtheit und Unbedingtheit einer Vorschrift verknüpft.[221] Seit der Entscheidung *Verbond van Nederlandse Ondernemingen* habe der Gerichtshof daher im Fall der negativen Anwendung „nicht immer“ die Kriterien der Bestimmt-

---

bout, L'invocabilité d'éviction des directives dans les litiges horizontaux, RTDEur. 46 (2010), S. 277.

[216] Siehe nur GA Léger zu EuGH, Rs. C-287/98, Linster, Slg. 2000, I-6917, Rn. 58; M. Waelbroeck, L'immédiateté communautaire, caractéristique de la supranationalité, in: Rousseau u.a. (Hg.), Le droit international demain – International Law Tomorrow 1974, S. 85 (87).

[217] Vgl. EuGH, 14.7.1994, Rs. C-91/92, Faccini Dori, Slg. 1994, I-3325, Rn. 1 ff.

[218] Siehe nur GA Léger zu EuGH, Rs. C-287/98, Linster, Slg. 2000, I-6917, Rn. 57 f.; GA Bot zu EuGH, Rs. C-555/07, Kücükdeveci, Slg. 2010, I-365, Rn. 64, 89; Isaac/Blanquet, Droit général de l'Union européenne, 9. Aufl. 2006, S. 278.

[219] GA Saggio zu EuGH, verb. Rs. C-240/98 bis C-244/98, Océano Grupo Editorial, Slg. 2000, I-4941, Rn. 30.

[220] GA Bot zu EuGH, Rs. C-555/07, Kücükdeveci, Slg. 2010, I-365, Rn. 88 f. und Fn. 23 („Seule cette situation conduirait à s'interroger sur l'opportunité de reconnaître à cette directive un véritable effet direct horizontal“). Siehe auch ders. zu EuGH, Rs. C-232/09, Danosa, 2010, I-11405, Rn. 110.

[221] GA Léger zu EuGH, Rs. C-287/98, Linster, Slg. 2000, I-6917, Rn. 58.

heit und Unbedingtheit herangezogen.[222] Die Bestimmtheit sei bei der negativen Anwendung „von geringerer Bedeutung."[223] Generalanwalt *Alber* nimmt wie selbstverständlich die negative Anwendung von der Doktrin der unmittelbaren Wirkung aus, wenn er in seinen Schlussanträgen darauf hinweist, in dem relevanten Rechtsstreit ginge es nicht um die direkte Anwendung; Gegenstand des Falles sei „vielmehr" die Frage, ob eine nationale Regelung, wenn sie mit der Richtlinie unvereinbar sei, unangewendet bleiben müsse.[224]

Hintergrund dergleichen Rechtsauffassungen dürfte nicht selten der Versuch sein, die Rechtsprechung des EuGH zur fehlenden unmittelbaren Wirkung von Richtlinien im Verhältnis zwischen Einzelnen zumindest teilweise zu korrigieren.[225] Es wird als unbefriedigend empfunden, dass der Einzelne die Vorschriften einer Richtlinie nicht gegenüber einem anderen Individuum geltend machen können soll, wenn die Umsetzungsfrist abgelaufen ist und der Mitgliedstaat die Richtlinie nicht oder nur unzureichend umgesetzt hat. Dass nach der Rechtsprechung des EuGH nationales Recht auch bei seiner Anwendung in einem horizontalen Verhältnis unionsrechtskonform auszulegen ist und der Einzelne möglicherweise den säumigen Mitgliedstaat in Haftung nehmen kann, wird als unzureichend angesehen, den Einzelnen zu schützen.[226] Versteht man die Anwendung des Unionsrechts als Maßstab für nationales Recht nicht als Fall der unmittelbaren Wirkung, dann unterliegt diese Anwendung des Unionsrechts auch nicht mehr der einschränkenden Rechtsprechung des EuGH, wonach Vorschriften aus Richtlinien keine Verpflichtungen zu Lasten des Einzelnen erzeugen können. Dass die Gründe, aus denen der EuGH eine unmittelbare Wirkung von

---

[222] GA Léger, a.a.O., Rn. 41 ff., 50.

[223] GA Léger, a.a.O., Rn. 74, 78 ff.

[224] GA Alber zu EuGH, Rs. C-343/98, Collino und Chiappero, Slg. 2000, I-6659, Rn. 29.

[225] Hierzu im Einzelnen im zweiten Teil, A.III.3.

[226] Deutlich GA Saggio zu EuGH, verb. Rs. C-240/98 bis C-244/98, Océano Grupo Editorial, Slg. 2000, I-4941, Rn. 36; GA Bot zu EuGH, Rs. C-555/07, Kücükdeveci, Slg. 2010, I-365, Rn. 63 ff.; Buchberger, Die Entscheidung des EuGH in der Rs „Océano/Quintero", ÖJZ 2001, S. 441 (445); C. Herrmann, Richtlinienumsetzung durch die Rechtsprechung, 2003, S. 77 f.; von Danwitz, Rechtswirkungen von Richtlinien in der neueren Rechtsprechung des EuGH, JZ 2007, S. 697 (703).

Richtlinien zu Lasten Einzelner ablehnt,[227] unabhängig davon gelten, ob eine Richtlinienvorschrift positiv oder negativ angewendet wird, wird dabei ignoriert.

Die Annahme, die Eignung zu unmittelbarer Wirkung sei bei der Anwendung von Unionsrecht als Rechtmäßigkeitsmaßstab nicht zu prüfen, erklärt sich aber auch aus einem anderen Grund. Die große Anzahl an Entscheidungen, in denen der EuGH die unmittelbare Wirkung von Unionsrecht im Hinblick auf seine Anwendung durch mitgliedstaatliche Gerichte und Verwaltungsbehörden als Rechtmäßigkeitsmaßstab für nationales Recht bejaht hat oder hiervon implizit ausgeht, lässt eine Prüfung der unmittelbaren Wirkung in diesen Fällen überflüssig erscheinen.[228] Insofern konkurriert der Ansatz, die negative Anwendung nicht als Fall der unmittelbaren Wirkung zu behandeln, mit dem Vorschlag, die unmittelbare Wirkung zu vermuten. Denn auch die Vermutung spiegelt die Tatsache wider, dass der EuGH die unmittelbare Wirkung vorwiegend bejaht.

Überzeugen vermag die Meinung, die Anwendung von Unionsrecht als Rechtmäßigkeitsmaßstab für nationales Recht sei kein Fall der unmittelbaren Wirkung, jedoch nicht.[229] Von den Vertretern dieser Auffas-

---

[227] Hierzu im zweiten Teil, A.III.3.

[228] Deutlich Manin, L'invocabilité des directives, RTDEur. 26 (1990), S. 669 (678); Dougan, When Worlds Collide! Competing Visions of the Relationship Between Direct Effect and Supremacy, CML Rev 44 (2007), S. 931 (943).

[229] Wie hier GA Mazák zu EuGH, Rs. C-411/05, Palacios de la Villa, Slg. 2007, I-8531, Rn. 126 f.; Jarass, Grundfragen der innerstaatlichen Bedeutung des EG-Rechts, 1994, S. 104 f.; Klein, Objektive Wirkungen von Richtlinien, in: Due/Lutter/Schwarze (Hg.), Festschrift für Ulrich Everling, Bd. I, 1995, S. 641 (649 f.); C. Herrmann, Richtlinienumsetzung durch die Rechtsprechung, 2003, S. 79; Dashwood, From Van Duyn to Mangold via Marshall: Reducing Direct Effect to Absurdity?, CYELS 9 (2006-2007), S. 81 (103); Dougan, When Worlds Collide! Competing Visions of the Relationship Between Direct Effect and Supremacy, CML Rev 44 (2007), S. 931 (941 f., 948); Ohler, Objektive Wirkung von Richtlinien, in: Hummer (Hg.), Neueste Entwicklungen im Zusammenspiel von Europarecht und nationalem Recht der Mitgliedstaaten, 2010, S. 147 (170); Ruffert, in: Calliess/ders. (Hg.), EUV/AEUV, 4. Aufl. 2011, Art. 288 AEUV, Rn. 72; Zöchling-Jud, Überlegungen zur unmittelbare Wirkung des Unionsrechts, in: Jabloner u.a. (Hg.), Vom praktischen Wert der Methode: Festschrift Heinz Mayer zum 65. Geburtstag, 2011, S. 871 (878 f.); W. Schroeder, in: Streinz (Hg.), EUV/AEUV, 2. Aufl. 2012, Art. 288 AEUV, Rn. 119, 124. Auch umfasst die Doktrin der unmittelbaren Wirkung nicht allein die negative Anwendung. Entgegen EuGH, 30.11.1978, Rs. 31/78, Bussone,

sung wird nicht einleuchtend dargelegt, warum bei der negativen Anwendung die Eignung einer Vorschrift zu unmittelbarer Wirkung nicht oder weniger relevant ist als bei der positiven Anwendung. Dabei versteht es sich nicht von selbst, warum zwischen einer positiven und negativen Anwendung unterschieden werden sollte, wird doch im einen wie im anderen Fall Unionsrecht unmittelbar angewendet. Der Vorrang des Unionsrechts gegenüber dem nationalen Recht, der bei der negativen Anwendung zum Tragen kommt, impliziert die unmittelbare Anwendbarkeit des Unionsrechts. Darüber hinaus sei angemerkt, dass es Fälle gibt, in denen die Unterscheidung nach einer positiven und negativen Anwendung nicht trägt. Ein Beispiel betrifft den Staatshaftungsanspruch wegen Verletzung von Unionsrecht:[230] Die Anwendung der (wenn auch ungeschriebenen) Regeln über den Staatshaftungsanspruch ist positiv, da Unionsrecht anstelle nicht bestehender oder nicht konformer Vorschriften des nationalen Rechts angewendet wird. Gleichzeitig ist die Voraussetzung, dass ein Mitgliedstaat gegen Unionsrecht verstoßen haben muss, eine Anwendung von Unionsrecht als Maßstab für nationales Recht, also eine negative Anwendung. Positive und negative Anwendung fallen zusammen.

Im Übrigen kann nicht behauptet werden, die Doktrin der unmittelbaren Wirkung beziehe sich nach der Rechtsprechung des EuGH von vornherein nur auf die positive Anwendung. Die Entscheidungen, in denen der Gerichtshof eine unmittelbare Wirkung abgelehnt hat, liefern für eine Differenzierung nach einer positiven und einer negativen Anwendung keinen Anlass.[231] Im Gegenteil hat der EuGH immer wieder festgestellt, dass die Kriterien der unmittelbaren Wirkung auch für den Fall der negativen Anwendung gelten.[232] In der Rechtsprechung des

Slg. 1978, S. 2429, Rn. 27 ff.; Dederer, Die Architektonik des europäischen Grundrechtsraums, ZaöRV 66 (2006), S. 575 (591 ff.).

230 Grundlegend hierzu EuGH, 19.11.1991, verb. Rs. C-6/90 und C-9/90, Francovich, Slg. 1991, I-5357, Rn. 28 ff; EuGH, 5.3.1996, verb. Rs. C-46/93 und C-48/93, Brasserie du pêcheur und Factortame, Slg. 1996, I-1029, Rn. 16 ff.

231 Siehe die Fallgruppen im dritten Teil.

232 Aus einer Vielzahl EuGH, 5.4.1979, Rs. 148/78, Ratti, Slg. 1979, S. 1629, Rn. 23; EuGH, 19.1.1982, Rs. 8/81, Becker, Slg. 1982, S. 53, Rn. 25; EuGH, 24.3.1987, Rs. 286/85, McDermott und Cotter, Slg. 1987, S. 1453, Rn. 11; EuGH (Sechste Kammer), 10.9.2002, Rs. C-141/00, Ambulanter Pflegedienst Kügler, Slg. 2002, I-6833, Rn. 51; EuGH (Erste Kammer), 19.4.2007, Rs. C-356/05, Farrell, Slg. 2007, I-3067, Rn. 38; EuGH (Dritte Kammer), 17.7.2008, Rs. C-226/07, Flughafen Köln/Bonn, Slg. 2008, I-5999, Rn. 22, 33, 39; EuGH

Gerichtshofs lassen sich überhaupt nur wenige Entscheidungen zur unmittelbaren Wirkung finden, in denen es um die positive Anwendung von Unionsrechtsvorschriften geht.[233] In der Regel liegt den Entscheidungen eine Anwendungskonstellation zugrunde, in der das Unionsrecht negativ als Rechtmäßigkeitsmaßstab herangezogen wird.[234] Das gilt selbst für die wohl bekannteste und grundlegendste Entscheidung zur unmittelbaren Wirkung in der Rechtssache *Van Gend & Loos.*[235]

(Vierte Kammer), 23.4.2009, Rs. C-74/08, PARAT Automotive Cabrio, Slg. 2009, I-3459, Rn. 33, 36; EuGH (Vierte Kammer), 24.6.2010, Rs. C-98/09, Sorge, Slg. 2010, I-5837, Rn. 55. Entgegen M. Lenz/Tynes/Young, Horizontal What? Back to basics, EL Rev 25 (2000), S. 509 (521); Beljin, Die Zusammenhänge zwischen dem Vorrang, den Instituten der innerstaatlichen Beachtlichkeit und der Durchführung des Gemeinschaftsrechts, EuR 2002, S. 351 (364).

233 Für eine positive Anwendung siehe EuGH, 19.1.1982, Rs. 8/81, Becker, Slg. 1982, S. 53 (56) und Rn. 4 ff.; EuGH, 10.4.1984, Rs. 14/83, von Colson und Kamann, Slg. 1984, S. 1891, Rn. 27; EuGH, 10.4.1984, Rs. 79/83, Harz, Slg. 1984, S. 1921, Rn. 27; EuGH (Fünfte Kammer), 28.3.1985, Rs. 96/84, Vereniging Slachtpluimvee-Export, Slg. 1985, S. 1157, Rn. 22 und Tenor 2; EuGH, 19.11.1991, verb. Rs. C-6/90 und C-9/90, Francovich, Slg. 1991, I-5357, Rn. 1 ff.; EuGH (Fünfte Kammer), 16.12.1993, Rs. C-334/92, Wagner Miret, Slg. 1993, I-6911, Rn. 1 ff.; EuGH, 14.7.1994, Rs. C-91/92, Faccini Dori, Slg. 1994, I-3325, Rn. 1 ff.; EuGH, 17.9.1997, Rs. C-54/96, Dorsch Consult, Slg. 1997, I-4961, Rn. 1 ff.; EuGH (Sechste Kammer), 24.9.1998, Rs. C-111/97, EvoBus Austria, Slg. 1998, I-5411, Rn. 13 ff.; EuGH (Fünfte Kammer), 25.2.1999, Rs. C-131/97, Carbonari, Slg. 1999, I-1103, Rn. 20 ff.; EuGH (Fünfte Kammer), 18.10.2001, Rs. C-441/99, Gharehveran, Slg. 2001, I-7687 Rn. 15 ff.; EuGH (Fünfte Kammer), 10.4.2003, Rs. C-276/01, Steffensen, Slg. 2003, I-3735, Rn. 26 ff.; EuGH (Fünfte Kammer), 22.5.2003, Rs. C-462/99, Connect Austria, Slg. 2003, I-5197, Rn. 36; EuGH (Fünfte Kammer), 26.10.2006, Rs. C-317/05, G. Pohl-Boskamp, Slg. 2006, I-10611, Rn. 14, 37 ff.; EuGH (Vierte Kammer), 28.10.2010, Rs. C-367/09, SGS Belgium, Slg. 2010, I-10761, Rn. 25, 29. Gelegentlich ist es zweifelhaft, ob es um eine positive oder negative Anwendung geht. Siehe etwa EuGH (Zweite Kammer), 2.6.2005, Rs. C-15/04, Koppensteiner, Slg. 2005, I-4855, Rn. 10 ff., 29 ff., und GA Stix-Hackl hierzu bei Rn. 100.

234 Ebenso Manin, De l'utilisation des directives communautaires par les personnes physiques ou morales, AJDA 50 (1994), S. 259 (260). Entgegen Prechal, Does Direct Effect Still Matter?, CML Rev 37 (2000), S. 1047 (1059 f.); Bengoetxea, Direct Applicability or Effect, in: Hoskins/Robinson (Hg.), A True European: Essays for Judge David Edward, 2003, S. 353 (365).

235 Im Ausgangsrechtsstreit machte die Firma Van Gend & Loos geltend, mit der Erhöhung des Einfuhrzolls auf Harnstoff-Formaldehyd habe die niederländische Regierung gegen Art. 12 EWGV verstoßen. Siehe EuGH, 5.2.1963, Rs. 26/62, Van Gend & Loos, Slg. 1963, S. 1 (9 f.). Ebenso Dougan, When

Vor diesem Hintergrund ist es entgegen der Auffassung von Generalanwalt *Léger* wenig überzeugend, daraus, dass der EuGH gelegentlich auf die ausdrückliche Begründung der hinreichenden Genauigkeit und Unbedingtheit im Falle der negativen Anwendung verzichtet hat,[236] zu schließen, er halte diese Kriterien im Falle der negativen Anwendung für weniger erheblich.[237] Überzeugender, weil widerspruchsfrei, kann die Inkonsistenz des EuGH mit der Vermutung der unmittelbaren Wirkung erklärt werden.

Da sich für eine Differenzierung nach einer positiven und negativen Anwendung im Hinblick auf die unmittelbare Wirkung kein dogmatisch einleuchtender Grund findet und diese außerdem keinen Rückhalt in der Rechtsprechung des EuGH hat, ist sie abzulehnen. Wenden nationale Gerichte und Verwaltungsbehörden Unionsrecht an, liegt eine unmittelbare Wirkung vor, unabhängig davon, ob dieses Recht anstelle von nicht bestehendem nationalem Recht oder nur als Rechtmäßigkeitsmaßstab für letzteres herangezogen wird.

Worlds Collide! Competing Visions of the Relationship Between Direct Effect and Supremacy, CML Rev 44 (2007), S. 931 (939, Fn. 26). Entgegen M. Lenz/Tynes/Young, Horizontal What? Back to basics, EL Rev 25 (2000), S. 509 (520 f.).

236 Bspw. EuGH, 29.11.1978, Rs. 21/78, Delkvist, Slg. 1978, S. 2327, Rn. 18 ff.; EuGH (Fünfte Kammer), 28.3.1985, Rs. 96/84, Vereniging Slachtpluimvee-Export, Slg. 1985, S. 1157, Rn. 17 ff.; EuGH (Sechste Kammer), 16.9.1999, Rs. C-435/97, WWF, Slg. 1999, I-5613, Rn. 68 f.; EuGH, 19.9.2000, Rs. C-287/98, Linster, Slg. 2000, I-6917, Rn. 31 ff.; EuGH (Sechste Kammer), 26.6.2001, Rs. C-173/99, BECTU, Slg. 2001, I-4881, Rn. 47 ff.; EuGH (Fünfte Kammer), 22.5.2003, Rs. C-462/99, Connect Austria, Slg. 2003, I-5197, Rn. 40 ff.; EuGH (Große Kammer), 7.9.2004, Rs. C-127/02, Waddenvereniging und Vogelsbeschermingvereniging, Slg. 2004, I-7405, Rn. 62 ff.; EuGH (Plenum), 12.10.2004, Rs. C-222/02, Paul, Slg. 2004, I-9425, Rn. 25 ff.; EuGH (Erste Kammer), 11.11.2004, Rs. C-216/02, Zuchtverband für Ponys, Slg. 2004, I-10683, Rn. 30 ff.; EuGH (Zweite Kammer), 17.2.2005, verb. Rs. C-453/02 und C-462/02, Linneweber und Akritidis, Slg. 2005, I-1131, Rn. 32 ff.

237 Siehe GA Léger zu EuGH, Rs. C-287/98, Linster, Slg. 2000, I-6917, Rn. 42 ff.

Zweiter Teil

Begründung der Vermutung unmittelbarer Wirkung

In der Rechtsprechung des EuGH lassen sich eine ganze Reihe von Evidenzen dafür finden, dass die unmittelbare Wirkung vermutet wird. Doch dergleichen Offensichtlichkeiten genügen nicht, um die Vermutungsregel zu begründen. Daher soll gezeigt werden, dass sich eine Vermutung der unmittelbaren Wirkung ebenfalls mit dem Primärrecht rechtfertigen lässt. Bevor darauf und auf die Evidenzen eingegangen wird, soll ein Überblick über die Entwicklung der einschlägigen Rechtsprechung des Gerichtshofs gegeben werden.

A. Entwicklung der Rechtsprechung im Überblick

Die Rechtsprechung des EuGH zur unmittelbaren Wirkung lässt sich besser verstehen, wenn man ihren Kontext und ihre Entwicklung kennt.[238] Daher werden im Folgenden die dogmatisch besonders bedeutsamen Entscheidungen zur unmittelbaren Wirkung in chronologischer Reihenfolge vorgestellt. Ausgehend von diesen Leitentscheidungen soll die Entwicklung der Rechtsprechung nachgezeichnet und die Dogmatik erläutert werden. Diese chronologische Aufbereitung verdeutlicht, wie der Gerichtshof die unmittelbare Wirkung des Gemeinschaftsrechts schrittweise ausgeweitet und die Grundlage dafür geschaffen hat, dass die unmittelbare Wirkung des Unionsrechts mittlerweile überwiegend bejaht wird. Auf die ohne Zweifel wichtigste Entscheidung für die Doktrin der unmittelbaren Wirkung, das *Van Gend & Loos*-Urteil, soll ausführlich eingegangen werden.

---

[238] Siehe Snyder, New Directions in European Community Law, 1990, S. 1 ff.; Grimmel, Der Kontext als Schlüssel für ein angemessenes Verständnis der Integration durch Recht in Europa, EuR 2013, S. 146.

I. Die Zeit vor Van Gend & Loos: Unklarheit über die unmittelbare Wirkung

Inwieweit Gemeinschaftsrecht unmittelbar wirkt, wurde durch die Gründungsverträge nur undeutlich beantwortet. Die gelegentlich anzutreffende Aussage, die Verträge erwähnten die unmittelbare Wirkung nicht,[239] ist aber geeignet, in die Irre zu führen. Selbst wenn diese nicht ausdrücklich genannt wurde, fanden sich doch Hinweise darauf (zum Beispiel in Art. 48 Abs. 3 EWGV, nun Art. 45 Abs. 3 AEUV: „den Arbeitnehmern das Recht“[240]; in Art. 60 Abs. 3 EWGV, nun Art. 57 Abs. 3 AEUV: „kann der Leistende“; in Art. 85 Abs. 2 EWGV, nun Art. 101 Abs. 2 AEUV: „[…] verbotene Vereinbarungen oder Beschlüsse sind nichtig“ oder in Art. 189 Abs. 2 EWGV, nun Art. 288 Abs. 2 AEUV: „[…] gilt unmittelbar“).[241] Allerdings gab es unter den Vorschriften des EWG-Vertrags auch gewisse Anzeichen, die gegen eine unmittelbare Wirkung interpretiert werden konnten und nach einer Klärung verlangten.[242] Zutreffend ließ sich der EWG-Vertrag daher als ein *„fundamentally ambiguous text“* beschreiben.[243]

---

[239] Etwa Simon, Le système juridique communautaire, 3. Aufl. 2001, S. 387; Douglas-Scott, Constitutional Law of the European Union, 2002, S. 282; Hartley, European Union Law in a Global Context, 2004, S. 145; Mayer, Van Gend en Loos: The Foundation of a Community of Law, in: Maduro/Azoulai (Hg.), The Past and Future of EU Law, 2010, S. 16 (18); de Witte, Direct Effect, Primacy, and the Nature of the Legal Order, in: Craig/de Búrca (Hg.), The Evolution of EU Law, 2. Aufl. 2011, S. 323 (324); Bobek, The effects of EU law in the national legal systems, in: Barnard/Peers (Hg.), European Union Law, 2014, S. 140 (141).

[240] Anders noch die Parallelvorschrift des Art. 69 EGKSV, die sich ausdrücklich an die Mitgliedstaaten richtete.

[241] Im Übrigen sei auf die Verpflichtung nationaler Instanzen, mit den Gemeinschaftsorganen auf dem Gebiet der Rechtsprechung und Vollstreckung zusammenzuarbeiten (siehe Art. 177 und 192 EWGV, Art. 26 und 27 des Protokolls über die Satzung des Gerichtshofes), und auf die Verwendung des Begriffs „Verbot“ statt jenem der „Unvereinbarkeit“ in Art. 7 Abs. 1, Art. 9 Abs. 1 Halbsatz 2, Art. 30, 34 Abs. 1 und Art. 80 Abs. 1 EWGV hingewiesen.

[242] Etwa die Adressierung der Mitgliedstaaten (z.B. Art. 5, 11, 12, 16 EWGV; hierzu in diesem Teil, A.II.3.b); die Bezeichnung als ‘Verpflichtung’ (z.B. Art. 31 Abs. 2, Art. 37 Abs. 5 EWGV), als ‘Grundsatz’ (z.B. Art. 37 Abs. 2, 87 Abs. 1 EWGV; hierzu in diesem Teil, A.III.1.), Ermächtigungsgrundlagen zum Erlass legislativer Durchführungsregeln (z.B. Art. 7 Abs. 2, Art. 49, Art. 87 Abs. 1, Art. 94 EWGV; hierzu in diesem Teil, A.III.4.) oder Verfahren zur An-

Zwar gab es vor dem Urteil *Van Gend & Loos* bereits Rechtsprechung zur unmittelbaren Wirkung des Gemeinschaftsrechts, doch blieben viele Fragen offen. Gleichwohl ließ bereits diese Rechtsprechung eine bemerkenswerte Bereitschaft des EuGH erahnen, dem Gemeinschaftsrecht unmittelbare Wirkung zuzuerkennen. Die zwei ersten Entscheidungen mit direkter Relevanz für die Doktrin der unmittelbaren Wirkung,[244] die die unmittelbare Wirkung des Gemeinschaftsrechts nicht nur streiften,[245] waren jene in den Rechtssachen 20/59, *Regierung der Italienischen Republik / Hohe Behörde*, und 25/59, *Regierung des Königreichs der Niederlande / Hohe Behörde*, beide vom 15. Juli 1960. Der Gerichtshof ging erstmalig auf die unmittelbare Anwendbarkeit von Gemeinschaftsrecht – genauer des Rechts der Montanunion – ein und stellte fest, dass „eine Reihe von Bestimmungen" des EGKS-Vertrags „einer unmittelbaren Durchführung in den Mitgliedstaaten zugänglich" ist und diese „infolge ihrer mit der Ratifikation des Vertrages erfolgten Eingliederung in die Rechtsordnung der Mitgliedstaaten auch ohne wei-

---

wendung der entsprechenden Bestimmungen im Einzelfall (z.B. Art. 93, 97 Abs. 2 EWGV; hierzu im dritten Teil C.).

243 M. Rasmussen, Revolutionizing European law, I.CON 12 (2014), S. 136 (145).

244 Höchstens von mittelbarer Bedeutung waren EuGH, 21.12.1954, Rs. 1/54, Regierung der Französischen Republik/Hohe Behörde, Slg. 1954, S. 7; EuGH, 21.12.1954, Rs. 2/54, Regierung der Italienischen Republik/Hohe Behörde, Slg. 1954, S. 79; EuGH, 23.4.1956, verb. Rs. 7/54 und 9/54, Groupement des industries sidérurgiques luxembourgeoises/Hohe Behörde, Slg. 1956, S. 53 und EuGH, 21.6.1958, Rs. 8/57, Groupement des hauts fourneaux et aciéries belges, Slg. 1958, S. 231. Diese Urteile betrafen nicht die unmittelbare Wirkung im hier verstandenen Sinn, also die Anwendung durch nationale Gerichte und Behörden (siehe im ersten Teil, A.III.1.), sondern die Frage, ob ein Handeln oder Unterlassen der Hohen Behörde an bestimmten Vorschriften des EGKS-Vertrags unmittelbar gemessen werden kann oder ob es sich bei diesen lediglich um unverbindliche Programmsätze handelt. Die Bedeutung dieser Entscheidungen für die Doktrin der unmittelbaren Wirkung dennoch betonend Pescatore, Van Gend en Loos, 3 February 1963 – A View from Within, in: Maduro/Azoulai (Hg.), The Past and Future of EU Law, 2010, S. 3 (4).

245 Siehe EuGH, 4.12.1957, Rs. 18/57 R, Nold/Hohe Behörde, Slg. 1957, S. 233 (247, 255); EuGH, 4.2.1959, Rs. 1/58, Storck & Co., Slg. 1959, S. 43 (64 ff.); beide zum Kartellrecht des EGKS-Vertrags.

teres von Rechts wegen durchgeführt" werden müssen.[246] Dass die Aussagen zur unmittelbaren Wirkung vage blieben, hing damit zusammen, dass sie keine zentralen Teile seiner Entscheidungen waren. Gleichwohl ließen diese Urteile die Bereitschaft des EuGH erahnen, Vertragsvorschriften unmittelbare Wirkung zuzuerkennen. Die Formulierung „eine Reihe von Bestimmungen" lässt, anders als „einzelne Bestimmungen", nach oben Spielraum.

Die erste Entscheidung, die sich mit der unmittelbaren Wirkung einer Vorschrift des EWG-Vertrags befasst, ist das Urteil *de Geus* vom 6. April 1962.[247] Diese Entscheidung ist auch die erste Vorabentscheidung des Gerichtshofs auf Grundlage des Art. 177 EWGV. In Frage stand die unmittelbare Wirkung des Art. 85 Abs. 2 EWGV (Art. 101 Abs. 2 AEUV), wonach Vereinbarungen und Beschlüsse, die gegen das Kartellverbot verstoßen, nichtig sind. Für die unmittelbare Anwendbarkeit des Kartellverbots gab es im Vertrag Hinweise wie zum Beispiel die Verwendung des Begriffs „nichtig". Der Verstoß gegen das Kartellverbot soll die Wirksamkeit von Vereinbarungen und Beschlüssen also unmittelbar berühren. Der Gerichtshof bejahte die unmittelbare Anwendbarkeit des Kartellverbots „im Grundsatz", lehnte aber die unmittelbare Anwendbarkeit der Nichtigkeitsregel des Art. 85 Abs. 2 EWGV aus Gründen der Billigkeit und Rechtssicherheit in Bezug auf solche Kartelle ab, zu denen bis dato noch keine Entscheidung nach Art. 85 Abs. 3 EWGV hat ergehen können.[248] Nach dieser Vorschrift können die Bestimmungen des Art. 85 Abs. 1 EWGV in näher bestimmten Fällen für nicht anwendbar erklärt werden.

Dass der Gerichtshof die unmittelbare Wirkung einer Vorschrift ablehnte, für deren unmittelbare Wirkung es im Vertrag deutliche Hinweise gab, könnte zu dem Schluss verleiten, er hätte zu dieser Zeit bewusst Zurückhaltung geübt, die unmittelbare Wirkung von Vorschriften des EWG-Vertrags anzuerkennen. Dies würde jedoch zu kurz greifen: Die Ablehnung der unmittelbaren Wirkung des Art. 85 Abs. 2 EWGV betraf nur die Anwendung auf Kartelle, zu denen noch keine Entschei-

---

[246] Siehe EuGH, 15.7.1960, Rs. 20/59, Regierung der Italienischen Republik/Hohe Behörde, Slg. 1960, S. 681 (707); EuGH, 15.7.1960, Rs. 25/59, Regierung des Königreichs der Niederlande/Hohe Behörde, Slg. 1960, S. 743 (780).

[247] EuGH, 6.4.1962, Rs. 13/61, de Geus, Slg. 1962, S. 97. Zuweilen wird die Entscheidung auch als „Bosch"-Entscheidung bezeichnet. Vgl. etwa M. Rasmussen, Revolutionizing European law, I.CON 12 (2014), S. 136 (157).

[248] EuGH, a.a.O., S. 97 (111 ff.).

dung nach Art. 85 Abs. 3 EWGV hatte ergehen können, und hing mit der Besonderheit zusammen, dass eine Anwendung der Nichtigkeitsfolge unbillig gewesen wäre, ohne dass die betroffenen Unternehmen die Möglichkeit gehabt hätten, sich auf einen in Art. 85 Abs. 3 EWGV aufgeführten Ausnahmetatbestand zu berufen.[249] Dass der EuGH die unmittelbare Anwendbarkeit des Art. 85 EWGV dem Grunde nach bejahte, war vielmehr Ausdruck seiner Bereitwilligkeit, die unmittelbare Wirkung von Gemeinschaftsrecht anzuerkennen, zumal vor der Entscheidung heftig umstritten war, ob es sich bei Art. 85 und 86 EWGV (Art. 101 und 102 AEUV) um hinreichend präzises Recht handelt, um unmittelbar zu wirken.[250] Außerdem sah der EWG-Vertrag in Art. 87 EWGV (Art. 103 AEUV) eine Ausführungsermächtigung zum Kartellverbot des Art. 85 EWGV vor, die der unmittelbaren Anwendbarkeit des Art. 85 EWGV hätte entgegenstehen können. Zu alledem verliert der Gerichtshof im *de Geus*-Urteil allerdings kein Wort.

II. Van Gend & Loos (1963): Unmittelbare Wirkung als summa divisio

Die Parteien des Ausgangsrechtsstreits des Vorabentscheidungsverfahrens *de Geus* legten gegen die Entscheidung des Appellationshofs, der dem Gerichtshof vorgelegt hatte, Rechtsmittel zum *Hoge Raad* mit der Begründung ein, der Appellationshof hätte die Sache dem EuGH nicht vorlegen dürfen. Der *Hoge Raad* entschied, die Frage, ob die Bestimmungen eines Vertrags die Bürger eines der vertragsschließenden Staaten direkt bänden, sei zumindest für das holländische Recht eine Frage, die ausschließlich aufgrund der Auslegung der Vertragsbestimmungen beantwortet werden könne. Daher sei die Vorlage zulässig gewesen.[251]

---

[249] Hierzu GA Kirschner, Schlussanträge zu EuG, Rs. T-51/89, Tetra Pak I, Slg. 1990, II-309, Rn. 20. Siehe auch mit Blick die Kartellvorschriften des EGKS-Vertrags EuGH, 4.2.1959, Rs. 1/58, Storck & Co., Slg. 1959, S. 43 (67).

[250] Vgl. Spengler, Abgrenzung zwischen dem GWB und den „Vorschriften für Unternehmen" im EWG-Vertrag, WuW 1958, S. 73 (74 ff.); ders., Abgrenzung zwischen dem GWB und den „Vorschriften für Unternehmen" im EWG-Vertrag (II), WuW 1958, S. 461 (463 ff.); Thiesing, in: von der Groeben/von Boeckh (Hg.), Kommentar zum EWG-Vertrag, Bd. I, 1958, Vorbemerkung zu den Wettbewerbsregeln, Rn. 10 ff.; Wohlfarth/Everling/Glaesner/Sprung, Die Europäische Wirtschaftsgemeinschaft, 1960, Art. 88, Rn. 4; jeweils m.w.N.

[251] Siehe Nederlandse Jurisprudentie 1965, No. 115, S. 437 ff.

Dies mag mit ein Grund dafür gewesen sein, dass (nur drei Monate nach der Entscheidung des *Hoge Raad*[252]) ein weiteres niederländisches Gericht ein Vorabentscheidungsverfahren anstrengte,[253] nämlich jenes in der Rechtssache 26/62, *Van Gend & Loos*. Die Vorlage führte mit Urteil vom 5. Februar 1963 zur zweiten Vorabentscheidung des Gerichtshofs. Wie gezeigt, ist diese Entscheidung damit weder die erste zur unmittelbaren Wirkung des Rechts der Europäischen Gemeinschaften im Allgemeinen noch zum Recht der Europäischen Wirtschaftsgemeinschaft im Speziellen. Dennoch ist sie ein Meilenstein. Zu Recht schreibt *Mancini*: „[...] *if the European Community still exists 50 or 100 years from now, historians will look back on Van Gend en Loos as the unique judicial contribution to the making of Europe.*“[254]

1. Hintergrund

Die Bedeutung, die dem EuGH zur Zeit der *Van Gend & Loos*-Entscheidung für die europäische Integration zugemessen wurde, war verglichen mit jener der Kommission und des Rates gering. Man hoffte, eine Integration durch Sekundärrechtsetzung zu erreichen. Diese Hoffnungen erfüllten sich jedoch nicht. Die Harmonisierung des mitgliedstaatlichen Rechts insbesondere mithilfe von Richtlinien machte nur geringe Fortschritte. Zudem wurden im Januar 1963, also kurz vor der Urteilsverkündung, die Verhandlungen über den Beitritt des Vereinigten Königreichs abgebrochen. Kurzum: Die Gemeinschaft befand sich in einer politischen Krise.[255] Als Folge wurde nach alternativen Wegen

---

[252] Die Entscheidung des Hoge Raad stammt vom 18. Mai 1962. Das Vorabentscheidungsersuchen der Tariefcommissie in der Rs. Van Gend & Loos ging am 16. August 1962 beim Gerichtshof ein.

[253] Hierauf ebenfalls hinweisend de Witte, Direct Effect, Primacy, and the Nature of the Legal Order, in: Craig/de Búrca (Hg.), The Evolution of EU Law, 2. Aufl. 2011, S. 323 (326); Claes, The impact of Van Gend en Loos beyond the scope of EU law, in: Tizzano/Kokott/Prechal (Hg.), 50ème anniversaire de l'arrêt Van Gend en Loos, 2013, S. 103 (105). Zur Offenheit der niederländischen Verfassung und zur Aufgeschlossenheit der niederländischen Juristen gegenüber dem Völkerrecht siehe M. Rasmussen, Revolutionizing European law, I.CON 12 (2014), S. 136 (146 f.).

[254] Mancini, Democracy and Constitutionalism in the European Union, 2000, S. 40.

[255] Siehe Sk., Annotation, CML Rev 1 (1963/1964), S. 88; Vauchez, The transnational politics of judicialization, ELJ 16 (2010), S. 1 (6 ff.); Pescatore,

für die europäische Integration gesucht, vor allem über die Rechtsprechung des Gerichtshofs.[256]

Genau wie viele andere grundlegende Verfahren wurde auch die Rechtssache *Van Gend & Loos* initiiert, um dem Gerichtshof Gelegenheit zu geben, bestimmte Fragen zu klären. Maßgebliche Akteure waren insoweit der juristische Dienst der Kommission und die niederländische Sektion der *Fédération internationale pour le droit européen* (FIDE). Für die Kommission stellte die FIDE nicht nur eine Informationsquelle dar, sondern eröffnete ihr auch die Möglichkeit, ihre Vorstellungen der Wissenschaft gegenüber zu kommunizieren.[257] Die niederländische Sektion der FIDE bildete 1961 eine Arbeitsgruppe, die sich damit auseinandersetzen sollte, inwieweit das Gemeinschaftsrecht unmittelbar anwendbar ist.[258] Dabei gelang es dem niederländischen FIDE-Mitglied *Ter Kuile*, sich an einem Rechtsstreit zu beteiligen, in dem es genau um die Frage ging, mit der sich die niederländische FIDE-Sektion beschäftigte. Er vertrat das niederländische Transportunternehmen *N. V. Algemene Transport- en Expeditie Onderneming Van Gend & Loos* in einem Rechtsstreit mit der niederländischen Finanzverwaltung vor der zuständigen *Tariefcommissie*. In diesem Verfahren ging es um die Vereinbarkeit eines Wertzolls mit dem damaligen Art. 12 EWGV.[259] Nach diesem „werden" die Mitgliedstaaten „untereinander weder neue Einfuhr- oder Ausfuhrzölle oder Abgaben gleicher Wirkung einführen noch die in ihren gegenseitigen Handelsbeziehungen angewandten erhöhen". Die *Tariefcommissie* legte als letztinstanzliches Gericht dem Gerichtshof gemäß Art. 177 Abs. 1 Buchstabe a, Abs. 3 EWGV unter anderem die

---

Van Gend en Loos, 3 February 1963 – A View from Within, in: Maduro/Azoulai (Hg.), The Past and Future of EU Law, 2010, S. 3 (5, Fn. 2).

256 Siehe nur Lecourt, L'Europe des juges, 1976, S. 260 ff.; M. Rasmussen, From Costa v ENEL to the Treaties of Rome: A brief History of Legal Revolution, in: Maduro/Azoulai (Hg.), The Past and Future of EU Law, 2010, S. 69 (73 ff.); Vauchez, The transnational politics of judicialization, ELJ 16 (2010), S. 1 ff., insbesondere S. 9. Grundlegend hierzu Colin, Le gouvernement des juges dans les Communautés Européennes, 1966.

257 Siehe M. Rasmussen, Revolutionizing European law, I.CON 12 (2014), S. 136 (147 f.).

258 Siehe Association Néerlandaise pour le Droit Européen, Rapport néerlandais, Deuxième colloque international de droit Européen, 1966, S. 49.

259 Vgl. EuGH, 5.2.1963, Rs. 26/62, Van Gend & Loos, Slg. 1963, S. 1 (7); Vauchez, The transnational politics of judicialization, ELJ 16 (2010), S. 1 (10 f.).

Frage vor, „[...] ob Artikel 12 EWG-Vertrag interne Wirkung hat [...]."[260]

In ihren Erklärungen zum Verfahren lehnten die niederländische, die belgische und die deutsche Regierung die „interne" Wirkung des Art. 12 EWGV ab. Die niederländische und die belgische Regierung bestritten sogar die Zuständigkeit des Gerichthofs, über die interne Wirkung des Gemeinschaftsrechts zu urteilen.[261] Generalanwalt *Roemer* vertrat in seinen Schlussanträgen die Auffassung, welche Wirkungen das Gemeinschaftsrecht in den nationalen Rechtsordnungen habe, könne nur unter Beachtung sowohl des Gemeinschaftsrechts als auch des nationalen Verfassungsrechts beantwortet werden. Im Hinblick auf die gemeinschaftsrechtliche Dimension lehnte er die unmittelbare Wirkung des Art. 12 EWGV ab.[262] Der juristische Dienst der Kommission unter Leitung von *Michel Gaudet*, der noch im Juni 1962 und damit zwei Monat vor Anhängigkeit des Vorabentscheidungsverfahrens die FIDE gebeten hatte, auf ihrer nächster Konferenz das Problem der unmittelbaren Anwendbarkeit des Gemeinschaftsrecht zu behandeln,[263] erkannte die sich bei diesem Verfahren ergebende Gelegenheit, die Zukunft des Europarechts zu gestalten. Ausweislich der Darstellung in der amtlichen Sammlung des EuGH nahm die Kommission in grundsätzlicher Weise zur unmittelbaren Wirkung Stellung und sprach sich im Interesse der Wirksamkeit und der Einheitlichkeit der Anwendung des Gemeinschaftsrechts für eine weitreichende unmittelbare Wirkung und bereits für den Vorrang vor nationalem Recht aus.[264]

---

[260] Vgl. EuGH, 5.2.1963, Rs. 26/62, Van Gend & Loos, Slg. 1963, S. 1 (7).

[261] Vgl. EuGH, a.a.O., S. 1 (12 ff.).

[262] Siehe GA Roemer zu EuGH, a.a.O., S. 1 (38 ff.).

[263] Hierauf hinweisend Vauchez, The transnational politics of judicialization, ELJ 16 (2010), S. 1 (10 f.); M. Rasmussen, Revolutionizing European law, I.CON 12 (2014), S. 136 (150). Anhängig gemacht wurde das Vorabentscheidungsverfahren am 16.8.1962, vgl. EuGH, 5.2.1963, Rs. 26/62, Van Gend & Loos, Slg. 1963, S. 1 (11). Zur Person Michel Gaudet siehe M. Rasmussen, a.a.O., S. 136 (146 ff.).

[264] Vgl. EuGH, 5.2.1963, Rs. 26/62, Van Gend & Loos, Slg. 1963, S. 1 (15 f.: „Nun müsse aber das Gemeinschaftsrecht in der ganzen Gemeinschaft wirklich und einheitlich angewendet werden. [Absatz] Daraus ergebe sich zunächst, daß die Wirkung des Gemeinschaftsrechts auf das interne Recht der Mitgliedstaaten nicht durch dieses interne Recht, sondern nur durch das Recht der Gemeinschaft bestimmt werden könne, ferner, daß die nationalen Gerichte aus diesem Grund gehalten seien, die Rechtsvorschriften der Gemeinschaft unmittelbar an-

2. *Inhalt*

Der Gerichtshof folgte wohl mit einer knappen 4:3 Mehrheit[265] im Ergebnis weitgehend der Argumentation der Kommission. Dabei ist – wie vom damaligen Referenten *Gori* im Kabinett von *Trabucchi* bestätigt – das Urteil in seiner endgültigen Fassung vor allem auf den Einsatz des Richters und späteren Präsidenten des Gerichtshofs *Lecourt* zurückzuführen, der zuvor aufgrund der europaskeptischen Haltung *de Gaulles* von seinem Amt als französischer Justizminister zurückgetreten war, sowie auf den damaligen Richter und Zivilrechtsprofessor *Trabucchi*.[266] Der Gerichtshof erkannte für Recht:

> „Ob die Vorschriften eines völkerrechtlichen Vertrages eine solche Tragweite haben, ist vom Geist dieser Vorschriften, von ihrer Systematik und von ihrem Wortlaut her zu entscheiden."[267]

Zum Geist bemerkte der Gerichtshof, dass

> „die Gemeinschaft eine neue Rechtsordnung des Völkerrechts darstellt, zu deren Gunsten die Staaten […] ihre Souveränitätsrechte eingeschränkt haben, eine Rechtsordnung, deren Rechtssubjekte nicht nur die Mitgliedstaaten, sondern auch die Einzelnen sind. Das von der Gesetzgebung der Mitgliedstaaten unabhängige Gemein-

---

zuwenden, schließlich, daß der nationale Richter die Verpflichtung habe, den Rechtsvorschriften der Gemeinschaft Vorrang vor den entgegenstehenden nationalen Gesetzen zu geben, auch wenn diese später ergangen seien."). Nach M. Rasmussen, Revolutionizing European law, I.CON 12 (2014), S. 136 (151 f.), waren Kommissionspräsident Hallstein und das Kommissionskollegium mit der von Michel Gaudet vorgeschlagenen Erklärung einverstanden.

265 Siehe M. Rasmussen, From Costa v ENEL to the Treaties of Rome: A brief History of Legal Revolution, in: Maduro/Azoulai (Hg.), The Past and Future of EU Law, 2010, S. 69 (76); Vauchez, The transnational politics of judicialization, ELJ 16 (2010), S. 1 (12); Gori, Souvenirs d'un survivant, in: Tizzano/Kokott/Prechal (Hg.), 50ème anniversaire de l'arrêt Van Gend en Loos, 2013, S. 29 (30).

266 Siehe Gori, Souvenirs d'un survivant, in: Tizzano/Kokott/Prechal (Hg.), 50ème anniversaire de l'arrêt Van Gend en Loos, 2013, S. 29. Siehe auch M. Rasmussen, The Origins of a Legal Revolution: The Early History of the European Court of Justice, Journal of European Integration History 14 (2008), S. 77 (91 ff.).

267 EuGH, 5.2.1963, Rs. 26/62, Van Gend & Loos, Slg. 1963, S. 1 (24). Franz. „attendu que pour savoir si les dispositions d'un traité international ont une telle portée il faut en envisager l'esprit, l'économie et les termes" (S. 22 der franz. Fassung).

schaftsrecht soll daher den Einzelnen, ebenso wie es ihnen Pflichten auferlegt, auch Rechte verleihen. Solche Rechte entstehen nicht nur, wenn der Vertrag dies ausdrücklich bestimmt, sondern auch auf Grund von eindeutigen Verpflichtungen, die der Vertrag den Einzelnen wie auch den Mitgliedstaaten und den Organen der Gemeinschaft auferlegt."[268]

Des Weiteren stimmte nach Ansicht des Gerichtshofes auch die Systematik des Vertrags mit der unmittelbaren Wirkung des Art. 12 EWGV überein. Hierzu nahm er auf Art. 9 EWGV Bezug,

> „wonach die Grundlage der Gemeinschaft eine Zollunion ist". Art. 9 EWGV enthalte „als wesentlichste Norm das Verbot der Zölle und Abgaben gleicher Wirkung [...]. Diese Vorschrift steht am Anfang des Vertragsteils, der die „Grundlagen der Gemeinschaft" umschreibt; sie wird in Artikel 12 angewandt und erläutert."[269]

Zum Wortlaut des Art. 12 EWGV führte der Gerichtshof aus:

> „Der Wortlaut von Artikel 12 enthält ein klares und uneingeschränktes Verbot, eine Verpflichtung, nicht zu einem Tun, sondern zu einem Unterlassen. Diese Verpflichtung ist im Übrigen auch durch keinen Vorbehalt der Staaten eingeschränkt, der ihre Erfüllung von einem internen Rechtsetzungsakt abhängig machen würde. Das Verbot des Artikels 12 eignet sich seinem Wesen nach vorzüglich dazu, unmittelbare Wirkungen in den Rechtsbeziehungen zwischen den Mitgliedstaaten und den ihrem Recht unterworfenen Einzelnen zu erzeugen. [Absatz] Der Vollzug von Artikel 12 bedarf keines Eingriffs der staatlichen Gesetzgeber. Der Umstand, daß dieser Artikel die Mitgliedstaaten als Adressaten der Unterlassungspflicht bezeichnet, schließt nicht aus, daß dieser Verpflichtung Rechte der Einzelnen gegenüberstehen können."[270]

3. Bedeutung

Der Entscheidung kommt in mehrfacher Weise Bedeutung für das Unionsrecht zu. Insbesondere legt der Gerichtshof mit seinen Ausführungen zum Geist des EWG-Vertrags die Grundlage für ein verfassungsrechtliches Verständnis des Unionsrechts und die Autonomie der Uni-

---

[268] EuGH, a.a.O., S. 1 (24 f.).

[269] EuGH, a.a.O., S. 1 (25).

[270] EuGH, a.a.O., S. 1 (25 f.).

onsrechtsordnung mit allen weiteren Implikationen. Wenn auch bereits nach der vorherigen Rechtsprechung feststand, dass Vorschriften des Gemeinschaftsrechts unmittelbare Wirkung entfalten können, ist die *Van Gend & Loos*-Entscheidung die erste, in der einer bestimmten Vorschrift des Gemeinschaftsrechts unmittelbare Wirkung zuerkannt wird. Zudem taucht in diesem Urteil zum ersten Mal ausdrücklich der Begriff der unmittelbaren Wirkung auf. Eine wesentliche Innovation besteht auch darin, dass der Gerichtshof in programmatischer Weise Kriterien vorgibt, anhand derer sich die unmittelbare Wirkung des Gemeinschaftsrechts prüfen lässt (Geist, Systematik und Wortlaut). Darüber hinaus kommt der Entscheidung Signifikanz zu, weil der EuGH die unmittelbare Wirkung bejaht, obwohl es für Art. 12 EWGV – im Gegensatz zu anderen Vorschriften – keinerlei Hinweise für eine unmittelbare Wirkung gab (a), obwohl Art. 12 an die Mitgliedstaaten gerichtet war (b) und obwohl dieser einen unbestimmten Rechtsbegriff enthielt („Abgaben zollgleicher Wirkung"; c). In besonderer Weise herauszuheben ist das Urteil aber, weil sich der EuGH dafür entscheidet, die unmittelbare Wirkung in den Dienst der Konstitutionalisierung der Gemeinschaft zu stellen (d). Um die Entscheidungshoheit über die unmittelbare Wirkung des Gemeinschaftsrechts zu erlangen, erklärt er die unmittelbare Wirkung zu einer Frage, die sich ausschließlich nach dem Gemeinschaftsrecht bemisst (e). Trotz der großen dogmatischen Bedeutsamkeit des Urteils konnte mit Sicherheit aber nur auf die unmittelbare Wirkung einer sehr begrenzten Zahl von Vorschriften geschlossen werden (f).

a) Unmittelbare Wirkung auch ohne ausdrückliche Anordnung

Dass Art. 12 EWGV unmittelbar wirkt, war keineswegs selbstverständlich.[271] Im EWG-Vertrag fanden sich deutliche Hinweise auf die unmittelbare Wirkung bestimmter Vorschriften, wie mit Blick auf das Kartellverbot (vgl. Art. 85 Abs. 2 EWGV beziehungsweise Art. 101 Abs. 2 AEUV: „[…] verbotene Vereinbarungen oder Beschlüsse sind nichtig") und Verordnungen (vgl. Art. 189 Abs. 2 EWGV beziehungsweise 288 Abs. 2 AEUV: „[…] gilt unmittelbar"). Hieraus konnte der Umkehr-

---

[271] Anders wohl Pernice, The Autonomy of the EU Legal Order, in: Tizzano/Kokott/Prechal (Hg.), 50ème anniversaire de l'arrêt Van Gend en Loos, 2013, S. 55: „While […] governments hesitated to give effect to what was agreed upon, the ECJ took seriously the spirit and the intentions of this unprecedented constituent text".

schluss gezogen werden, dass andere Vorschriften, wie zum Beispiel Art. 12 EWGV, gerade nicht unmittelbar wirken. Der EuGH widerlegt im *Van Gend & Loos*-Urteil diesen Schluss im Hinblick auf das Primärrecht mit dem konstitutionellen „Geist“ („*l'esprit*“) der neuen Rechtsordnung, die sich nicht nur an die Mitgliedstaaten, sondern auch an die Einzelnen richtet.[272] Damit erteilte er diesem Umkehrschluss, der einige Jahre später gegen die unmittelbare Wirkung von staatengerichteten Entscheidungen und Richtlinien angeführt werden sollte, bereits eine Absage.

b) Unmittelbare Wirkung trotz Adressierung der Mitgliedstaaten

Gegen die unmittelbare Wirkung des Art. 12 EWGV konnte weiterhin eingewandt werden, dass sich dieser an die Mitgliedstaaten richtet („Die Mitgliedstaaten werden untereinander [...]“). Hieraus konnte geschlossen werden, dass diese Vorschrift gerade nicht unmittelbar dem Einzelnen zugutekommen soll, sondern sich in einer Verweisung auf die Zuständigkeiten der nationalen Gesetzgeber erschöpft.[273] Aus diesem Grund lehnte die niederländische Regierung die unmittelbare Wirkung ab.[274] Anders aber der EuGH, der für Recht erkannte, dass die Adressierung der Mitgliedstaaten der unmittelbaren Wirkung nicht entgegensteht, ohne allerdings eine Begründung zu liefern.[275] In späteren Entscheidungen führte er schlicht die Wirksamkeit des Gemeinschaftsrechts als Begründung an.[276] Hätte der EuGH in der Adressierung ein

---

[272] Siehe EuGH, 5.2.1963, Rs. 26/62, Van Gend & Loos, Slg. 1963, S. 1 (24 ff.). Bestätigt durch EuGH, 3.4.1968, Rs. 28/67, Molkerei-Zentrale Westfalen/Lippe, Slg. 1968, S. 215 (230).

[273] In Anlehnung an EuGH, 8.4.1976, Rs. 43/75, Defrenne II, Slg. 1976, S. 455, Rn. 36.

[274] Vgl. EuGH, 5.2.1963, Rs. 26/62, Van Gend & Loos, Slg. 1963, S. 1 (17).

[275] Siehe EuGH, a.a.O., S. 1 (26). Bestätigt durch EuGH, 3.4.1968, Rs. 28/67, Molkerei-Zentrale Westfalen/Lippe, Slg. 1968, S. 215 (231); EuGH, 6.10.1970, Rs. 9/70, Grad („Leberpfennig“), Slg. 1970, S. 825, Rn. 5; EuGH, 21.10.1970, Rs. 20/70, Transports Lesage & Clie, Slg. 1970, S. 861, Rn. 5; EuGH, 21.10.1970, Rs. 23/70, Haselhorst, Slg. 1970, S. 881, Rn. 5; EuGH, 8.4.1976, Rs. 43/75, Defrenne II, Slg. 1976, S. 455, Rn. 30-37; EuGH (Zweite Kammer), 10.11.1992, Rs. C-156/91, Hansa Fleisch Ernst Mundt, Slg. 1992, I-5567, Rn. 13.

[276] Siehe EuGH, 6.10.1970, Rs. 9/70, Grad („Leberpfennig“), Slg. 1970, S. 825, Rn. 5; EuGH, 21.10.1970, Rs. 20/70, Transports Lesage & Clie,

Hindernis für die unmittelbare Wirkung gesehen, hätte er die unmittelbare Wirkung eines Großteils des Gemeinschaftsrechts, vor allem des Primärrechts und von Richtlinien, von vornherein ausgeschlossen. Obwohl bereits in *Van Gend & Loos* entschieden und in der Folge mehrfach bestätigt, wurde die Adressierung der Mitgliedstaaten jedoch immer aufs Neue als Argument gegen eine unmittelbare Wirkung gebraucht – allerdings ohne Erfolg.[277] Erstaunlicherweise argumentierte noch Mitte der 80er Jahre eine Partei des Ausgangsverfahrens mit der Adressierung der Mitgliedstaaten gegen die unmittelbare Wirkung.[278] Dieses Vorbringen wurde vom Gerichtshof mit keinem Wort gewürdigt.

c) Unmittelbare Wirkung trotz Unbestimmtheit der Vorschriften

Der unmittelbaren Wirkung des Art. 12 EWGV hätte ferner dessen Unbestimmtheit im Wege stehen können („Abgaben gleicher Wirkung" [wie Einfuhr- oder Ausfuhrzölle]). Der Gerichtshof sah hierin jedoch wiederum keinen Grund, der Vorschrift die unmittelbare Wirkung abzusprechen.[279] Es konnte daher erwartet werden, dass eine vergleichbare Unbestimmtheit anderer Vorschriften deren unmittelbarer Wirkung ebenfalls nicht entgegenstehen würde. Auf die in die Zukunft gerichtete Formulierung des Art. 12 EWGV („werden [nicht] erhöhen"), die ge-

Slg. 1970, S. 861, Rn. 5; EuGH, 21.10.1970, Rs. 23/70, Haselhorst, Slg. 1970, S. 881, Rn. 5; EuGH, 8.4.1976, Rs. 43/75, Defrenne II, Slg. 1976, S. 455, Rn. 30-37. In der Entscheidung Defrenne II schließt der EuGH aus der Adressierung, die Bestimmung spreche die Mitgliedstaaten in der Ausübung der Funktionen an, „die einen nützlichen Beitrag zur Verwirklichung des Grundsatzes [...] leisten können" (EuGH, a.a.O., Rn. 35).

277 Vgl. EuGH, 6.10.1970, Rs. 9/70, Grad („Leberpfennig"), Slg. 1970, S. 825 (834 – Erklärung der Bundesregierung); EuGH, 17.12.1970, Rs. 33/70, S.A.C.E., Slg. 1970, S. 1213 (1217 f. – Erklärung der Bundesregierung); EuGH, 8.4.1976, Rs. 43/75, Defrenne II, Slg. 1976, S. 455 (461 – Erklärung der irischen Regierung).

278 Vgl. EuGH (Vierte Kammer), 12.5.1987, verb. Rs. 372 bis 374/85, Traen, Slg. 1987, S. 2141 (2147 – Erklärung des Angeklagten des Ausgangsverfahrens).

279 Siehe EuGH, 5.2.1963, Rs. 26/62, Van Gend & Loos, Slg. 1963, S. 1 (24 ff.). Entgegengesetzter Auffassung GA Roemer, S. 45 f. Hierzu Pescatore, Van Gend en Loos, 3 February 1963 – A View from Within, in: Maduro/Azoulai (Hg.), The Past and Future of EU Law, 2010, S. 3 (7).

eignet war, den Eindruck eines Ermessens hervorzurufen,[280] ging der Gerichtshof noch nicht einmal ein. Soweit ersichtlich haben grammatikalische Formen den EuGH auch sonst nicht davon abgehalten, die unmittelbare Wirkung zu bejahen. In aller Regel verliert er darüber bis in die jüngste Zeit kein Wort.[281] Generalanwältin *Kokott* sah zum Beispiel in ihren Schlussanträgen zur Rechtssache *SGS Belgium* aus dem Jahr 2010 in der Formulierung „werden eingeführt“ einen Hinweis gegen die unmittelbare Wirkung einer Verordnungsvorschrift.[282] Der EuGH lehnte in seinem Urteil die unmittelbare Wirkung gleichfalls ab, aber nicht aus Gründen der sprachlichen Form.[283]

d) Unmittelbare Wirkung im Dienst der Konstitutionalisierung

Das *Van Gend & Loos*-Urteil ist insofern besonders beachtlich, als der Gerichtshof sich dafür entschied, die unmittelbare Wirkung in den Dienst der Konstitutionalisierung der Gemeinschaft zu stellen,[284] indem er zur Bestätigung der unmittelbaren Wirkung von Art. 12 EWGV

---

[280] Hierauf hinweisend Pescatore, a.a.O., S. 3 (7).

[281] Ausnahme: EuGH (Fünfte Kammer), 10.4.2003, Rs. C-276/01, Steffensen, Slg. 2003, I-3735, Rn. 46.

[282] Siehe GA Kokott zu EuGH, Rs. C-367/09, SGS Belgium, Slg. 2010, I-10761, Rn. 43.

[283] Vgl. EuGH (Vierte Kammer), 28.10.2010, Rs. C-367/09, SGS Belgium, Slg. 2010, I-10761, Rn. 29 ff.

[284] Die Bedeutung der unmittelbaren Wirkung für die Konstitutionalisierung betonend EuGH, Gutachten 1/91 vom 14.12.1991, EWR-Abkommen I, Slg. 1991, I-6079, Rn. 21 („Die wesentlichen Merkmale der so verfaßten Rechtsordnung der Gemeinschaft sind ihr Vorrang vor dem Recht der Mitgliedstaaten und die unmittelbare Wirkung zahlreicher für ihre Staatsangehörigen und für sie selbst geltender Bestimmungen“). Grundlegend zur Bedeutung der unmittelbaren Wirkung für die Konstitutionalisierung der EU E. Stein, Lawyers, Judges and the Making of a Transnational Constitution, AJIL75 (1981), S. 1 (3), und Weiler, The Transformation of Europe, Yale L.J. 100 (1991), S. 2403 (2413). Instruktiv auch Lecourt, L’Europe des juges, 1976, S. 248 ff.; Mancini, The Making of a Constitution for Europe, CML Rev 26 (1989), S. 595 (600 ff.); Lenaerts, Constitutionalism and the Many Faces of Federalism, Am. J. Comp. L. 38 (1990), S. 205 (209 ff.); Maduro, Der Kontrapunkt im Dienste eines europäischen Verfassungspluralismus, EuR 2007, S. 3 (5); D’Aspremont/Dopagne, Two Constitutionalisms in Europe, ZaöRV 68 (2008), S. 939 (947 ff.).

ausführt: „Die Wachsamkeit der an der Wahrung ihrer Rechte interessierten Einzelnen stellt eine wirksame Kontrolle dar, welche die durch die Kommission und die Mitgliedstaaten gemäß den Artikeln 169 und 170 [nun Art. 258 und 259 AEUV] ausgeübte Kontrolle ergänzt. [...] Würden die Garantien gegen Verletzungen von Artikel 12 durch die Mitgliedstaaten auf die in den Artikeln 169 und 170 vorgesehenen [Vertragsverletzungs-]Verfahren allein beschränkt, so wäre jeder unmittelbare gerichtliche Schutz individueller Rechte der Einzelnen ausgeschlossen."[285] Die unmittelbare Wirkung befördert – wie es in der Urteilspassage anklingt – in zweifacher Hinsicht die Konstitutionalisierung der Union:[286]

Zum einen liegt in der unmittelbaren Wirkung ein gewaltiges Potenzial für die Wirksamkeit des Unionsrechts, indem eine dezentrale Vollzugskontrolle geschaffen wird. Insofern dient die unmittelbare Wirkung der Herstellung einer europäischen Verfasstheit, verstanden in ihrer Funktion der Herrschafts*begründung*.[287] Die Wirksamkeit des Gemeinschaftsrechts galt es gerade deshalb herzustellen, weil die Wirksamkeit von Recht erste Voraussetzung für eine Gemeinschaft ist, die auf einen immer engeren Zusammenschluss der europäischen Völker gerichtet

---

[285] EuGH, 5.2.1963, Rs. 26/62, Van Gend & Loos, Slg. 1963, S. 1 (26).

[286] Nach von Bogdandy, Grundprinzipien, in: ders./Bast (Hg.), Europäisches Verfassungsrecht, 2. Aufl. 2009, S. 13 (39), steht das Interesse des Einzelnen gleichursprünglich neben dem Interesse der Union an der unmittelbaren Wirkung. Ähnlich Everling, Zur direkten innerstaatlichen Wirkung der EG-Richtlinien, in: Börner/Jahrreiß/Stern (Hg.), Einigkeit und Recht und Freiheit: Festschrift für Karl Carstens, Bd. 1, 1984, S. 95 (108); Kadelbach, Allgemeines Verwaltungsrecht unter europäischem Einfluß, 1996, S. 58 („untrennbar und gleichwertig"). Nach Masing, Die Mobilisierung des Bürgers für die Durchsetzung des Rechts, 1997, S. 46 ff., und von Danwitz, Verwaltungsrechtliches System und Europäische Integration, 1996, S. 107 ff., 175 ff., 236; ders., Europäisches Verwaltungsrecht, 2008, S. 149 f., dominiert dagegen das Ziel der Wirksamkeit das Ziel des Rechtsschutzes des Einzelnen. Nach Nettesheim, in: Grabitz/Hilf/ders. (Hg.), Das Recht der Europäischen Union, Bd. III, Art. 288 AEUV, Rn. 44 (August 2012), ist die effektive Durchsetzung des Unionsrechts hingegen nur eine „Sekundärfunktion".

[287] Hierzu etwa E. Stein, Lawyers, Judges and the Making of a Transnational Constitution, AJIL 75 (1981), S. 1; von Bogdandy, Grundprinzipien, und Möllers, Verfassungsgebende Gewalt – Verfassung – Konstitutionalisierung, beide in: von Bogdandy/Bast (Hg.), Europäisches Verfassungsrecht, 2. Aufl. 2009, S. 13 (39) bzw. S. 227 (230 ff., 262).

ist[288] und deren Integration sich maßgeblich auf das Recht stützt.[289] Die Wirksamkeit staatlichen Rechts mag selbstverständlich sein. Für die durch völkerrechtlichen Vertrag gegründete Europäische Wirtschaftsgemeinschaft war sie hingegen nicht selbstverständlich. Für das Gemeinschaftsrecht fehlten im Unterschied zum nationalen Recht ähnlich effektive Mittel der Rechtsdurchsetzung.[290] Einen umfassenden Verwaltungsunterbau der Gemeinschaft zum Vollzug des Gemeinschaftsrechts, heute Unionsrechts, gab und gibt es nach wie vor nicht. Außerdem ist der vom Vertrag als zentral vorgesehene Durchsetzungsmechanismus des Vertragsverletzungsverfahrens (Art. 258 f. AEUV) mit einer ganzen Reihe von Schwächen behaftet.[291] Mit Hilfe der unmittelbaren Wirkung konnte der EuGH die Wirksamkeit des Gemeinschaftsrechts erheblich

---

[288] Erster Erwägungsgrund der Präambel des EWG-Vertrags. Heute mit kleinen Unterschieden der 13. Erwägungsgrund der Präambel des EU-Vertrags.

[289] Deutlich Lecourt, L'Europe des juges, 1976, S. 221 ff; Zuleeg, Die Europäische Gemeinschaft als Rechtsgemeinschaft, NJW 1994, S. 545 (549); von Bogdandy, Grundprinzipien, in: ders./Bast (Hg.), Europäisches Verfassungsrecht, 2. Aufl. 2009, S. 13 (38, 40). Zur Union als Rechtsgemeinschaft siehe EuGH, 23.4.1986, Rs. 294/83, Les Verts/Parlament, Slg. 1986, S. 1339, Rn. 23; EuGH (Vierte Kammer), 17.7.2008, Rs. C-521/06 P, Athinaïki Techniki/Kommission, Slg. 2008, I-5829, Rn. 45; Hallstein, Der unvollendete Bundesstaat, 1969, S. 33 ff.

[290] Siehe von Bogdandy, Grundprinzipien, in: ders./Bast (Hg.), Europäisches Verfassungsrecht, 2. Aufl. 2009, S. 13 (39).

[291] Hierzu GA Roemer zu EuGH, Rs. 9/70, Grad („Leberpfennig"), Slg. 1970, S. 825 (848); GA Léger zu EuGH, Rs. C-287/98, Linster, Slg. 2000, I-6917, Rn. 85; Lecourt, L'Europe des juges, 1976, S. 227 ff., 262; ders., Quel eut été le droit des Communautés sans les arrêts de 1963 et 1964 (1)?, in: L'Europe et le droit, Mélanges en hommage à Jean Boulouis, 1991, S. 349 (351 ff.); Weiler, The Community System: the Dual Character of Supranationalism, YEL 1 (1981), S. 267 (299); Mancini/Keeling, From CILFIT to ERT, YEL 11 (1991), S. 1 (10); Craig, Once upon a Time in the West: Direct Effect and the Federalization of EEC Law, OJLS 12 (1992), S. 453 (454 ff.); Haltern, Europarecht, 2. Aufl. 2007, Rn. 324 ff. Völkerrechtliche Sanktionen als Durchsetzungsmöglichkeit, insbesondere die Möglichkeit eines Staates gegen Vertragsverletzungen eines anderen Staates Repressalien ergreifen zu dürfen, sind im Unionsrecht ausgeschlossen. Siehe nur EuGH, 13.11.1964, verb. Rs. 90 und 91/63, Kommission/Luxemburg und Belgien, Slg. 1964, S. 1329 (1344); EuGH, 9.7.1991, Rs. C-146/89, Kommission/Vereinigtes Königreich, Slg. 1991, I-3533, Rn. 47. Insofern verdrängt das spezielle Unionsrecht das allgemeine Völkerrecht und den Grundsatz der Reziprozität. Siehe Kokott, in: Streinz (Hg.), EUV/AEUV, 2. Aufl. 2012, Art. 47 EUV, Rn. 22.

stärken. Die unmittelbare Wirkung führte dazu, dass die Einzelnen zu „Hilfsagenten der Gemeinschaft“,[292] zu „privaten Staatsanwälten“[293] und damit zur Durchsetzung des Gemeinschaftsrechts mobilisiert wurden.[294] Der Kreis der an der Durchsetzung des Gemeinschaftsrechts Interessierten erweiterte sich entscheidend. Der Einzelne ist zudem in der optimalen Position, die Umstände der Vertragsverletzung zu kennen und wird, je nachdem wie schwer die Verletzung ist, ein entsprechend großes Interesse haben, diese zu beseitigen.[295] Indem nationale Gerichte und Verwaltungsbehörden Unionsrecht unmittelbar anwenden, wachen nicht allein Kommission und EuGH über die Wahrung der Unionsrechtsordnung (Art. 17 Abs. 1 Satz 2, 3 und Art. 19 Abs. 1 UAbs. 1 Satz 2 EUV, vormals Art. 155 Spiegelstrich 1 und Art. 164 EWGV), sondern auch nationale Gerichte und Verwaltungsbehörden. Diese werden zu Unionsgerichten beziehungsweise Unionsverwaltungsbehörden[296] im Sinne eines *dédoublement fonctionnel*.[297] Entscheiden na-

---

[292] Siehe Lecourt, L'Europe des juges, 1976, S. 249 f. („agents de l'unité de marché“), 260 („une sorte d'agent auxiliaire de la Communauté“).

[293] Siehe Craig, Once upon a Time in the West: Direct Effect and the Federalization of EEC Law, OJLS 12 (1992), S. 453 (455).

[294] Siehe Masing, Die Mobilisierung des Bürgers für die Durchsetzung des Rechts, 1997, S. 42 ff.

[295] Siehe GA Léger zu EuGH, Rs. C-287/98, Linster, Slg. 2000, I-6917, Rn. 86; Weiler, The Community System: the Dual Character of Supranationalism, YEL 1 (1981), S. 267 (299); Craig, Once upon a Time in the West: Direct Effect and the Federalization of EEC Law, OJLS 12 (1992), S. 453 (455 f.); Haltern, Europarecht, 2. Aufl. 2007, Rn. 327, 330, 341 f.

[296] Siehe EuGH, Gutachten (Plenum) 1/09 vom 8.3.2011, Übereinkommen über das Gericht für europäische Patente und Gemeinschaftspatente, Slg. 2011, I-1137, Rn. 66, 69, 80 (mitgliedstaatliche Gerichte als „ordentliche Unionsgerichte“); EuG, 10.7.1990, Rs. T-51/89, Tetra Pak I, Slg. 1990, II-309, Rn. 42 („Das nationale Gericht handelt [...] als Gericht, das normalerweise für die Anwendung des Gemeinschaftsrechts zuständig ist.“). Hierzu aus der Literatur Pernice, Die Dritte Gewalt im europäischen Verfassungsverbund, EuR 1996, S. 27 (28, 33); Temple Lang, The Duties of National Courts under Community Constitutional Law, EL Rev 22 (1997), S. 3; Claes, The National Courts' Mandate in the European Constitution, 2006, S. 39 ff.; von Bogdandy/Schill, in: Grabitz/Hilf/Nettesheim (Hg.), Das Recht der Europäischen Union, Bd. I, Art. 4 EUV, Rn. 53 (September 2013); Bobek, The effects of EU law in the national legal systems, in: Barnard/Peers (Hg.), European Union Law, 2014, S. 140 (142); Gebrandy, The Dual Identity of National Judges in the EU and the Implausibility of Uniform and Effective Application of European Law throughout the European Union, REALaw 7 (2014), S. 33.

tionale Gerichte und Verwaltungsbehörden in Anwendung des Unionsrechts, erhöht sich die Wahrscheinlichkeit, dass sich andere nationale Organe – soweit sie nach nationalem Recht an diese Entscheidungen gebunden sind – daran halten.[298] Außerdem können Entscheidungen nationaler Gerichte und Verwaltungsbehörden gegebenenfalls nach nationalem Recht vollstreckt werden.[299] Die unmittelbare Wirkung ermöglicht daher die Durchsetzung des Unionsrechts, ohne dass es zu einer Konfrontation zwischen der Kommission und den Mitgliedstaaten kommt.[300] Die im Folgenden vorgestellten und für die Ausweitung der unmittelbaren Wirkung zentralen Entscheidungen fallen hauptsächlich in die Zeit zwischen Gründung der Gemeinschaft und Mitte der 70er Jahre, die als erste Phase des Konstitutionalisierungsprozesses angesehen wird.[301] In dieser Zeit gelang es dem EuGH, die Wirksamkeit des

---

[297] Grundlegend zum „dédoublement fonctionnel" Scelle, Règles générales du droit de la paix, RdC 46 (1933-IV), S. 327, insbesondere S. 358. Siehe auch Cassese, Remarks on Scelle's Theory of "Role Splitting" (dédoublement fonctionnel) in International Law, EJIL 1 (1990), S. 210 (231); Kakouris, Do the Member States Possess Judicial Procedural "Autonomy"?, CML Rev 34 II (1997), S. 1389 (1393); Tzanakopoulos, Domestic Courts in International Law, Loy. L.A. Int'l & Comp. L. Rev. 34 (2011-2012), S. 133. Gegen eine Qualifizierung als dédoublement fonctionnel im Hinblick auf mitgliedstaatliche Behörden, da diese der Gemeinschaft nicht hierarchisch untergeordnet sind, H. P. Ipsen, Europäisches Gemeinschaftsrecht, 1972, S. 215; von Danwitz, Europäisches Verwaltungsrecht, 2008, S. 307.

[298] Siehe Craig, Once upon a Time in the West: Direct Effect and the Federalization of EEC Law, OJLS 12 (1992), S. 453 (456 f.).

[299] Siehe Weiler, A Quiet Revolution: The European Court of Justice and Its Interlocutors, CPS 26 1994, S. 510 (519: „When EC law is spoken through the mouths of the national judiciary, it will also have the teeth that can be found in such a mouth and will usually enjoy whatever enforcement value that national will have on that occasion."); Haltern, Europarecht, 2. Aufl. 2007, Rn. 345.

[300] Siehe Craig, Once upon a Time in the West: Direct Effect and the Federalization of EEC Law, OJLS 12 (1992), S. 453 (457).

[301] Siehe Weiler, The Transformation of Europe, Yale L.J. 100 (1991), S. 2403 (2407 ff.), der diese Zeit als Gründungsperiode („foundational period") bezeichnet. Aufgrund der Zentralität der Beiträge von E. Stein, Lawyers, Judges and the Making of a Transnational Constitution, American Journal International Law 75 (1981), S. 1, und Weiler, a.a.O., für die anfängliche Konstitutionalisierungsdebatte bezeichnet Ley, Kant versus Locke: Europarechtlicher und völkerrechtlicher Konstitutionalismus im Vergleich, ZaöRV 69 (2009), S. 317 (320 f.), die erste Phase der Verfassungsdebatte als angelsächsische Beschreibung der europäischen Integration. Ähnlich Azoulai, Le rôle constitutionnel de la

Gemeinschaftsrechts mit Hilfe der unmittelbaren Wirkung, aber auch weiterer Rechtsinstitute wie dem Vorrang des Gemeinschaftsrechts oder der Doktrin der *Implied Powers*, wesentlich zu festigen.[302]

Zum anderen dient die unmittelbare Wirkung dem Rechtsschutz des Einzelnen. Sie ist Voraussetzung für einen gerichtlichen Schutz der aus dem Unionsrecht fließenden Rechte und verbessert in der Folge die Stellung der Einzelnen.[303] Die unmittelbare Wirkung weitet deren Möglichkeit erheblich aus, Rechte aus dem Unionsrecht gerichtlich geltend zu machen, ohne auf die beschränkte Zahl der Verfahren vor dem EuGH angewiesen zu sein. Sie führt mithin zu einer „Vergerichtlichung des Unionsrechts" und dient damit der Schaffung einer europäischen Verfassung, verstanden in ihrer Funktion der Herrschafts*formung* beziehungsweise *-begrenzung*.[304] Der Einzelne wird zum Akteur in der neuen Rechtsordnung und steigt vom bloßen Objekt zum Subjekt des Rechts auf.[305] Dieses Subjekt entwickelte sich später zum „Marktbürger".[306] Aus dem Marktbürger sollte danach ein Unionsbürger werden

---

Cour de justice des Communautés européennes tel qu'il se dégage de sa jurisprudence, RTDEur. 44 (2008), S. 29 (34: „La doctrine anglo-saxonne").

302 Siehe Weiler, The Transformation of Europe, Yale L.J. 100 (1991), S. 2403 (2414 ff.).

303 Deutlich Lecourt, L'Europe des juges, 1976, S. 258 ff.; Nicolaysen, Europäisches Gemeinschaftsrecht, 1979, S. 10; Pescatore, The Doctrine of "Direct Effect": An Infant Disease of Community Law, EL Rev 8 (1983), S. 155 (158); Douglas-Scott, Constitutional Law of the European Union, 2002, S. 284, 292 f., 310; von Bogdandy, Grundprinzipien, und Möllers, Verfassungsgebende Gewalt – Verfassung – Konstitutionalisierung, beide in: von Bogdandy/Bast (Hg.), Europäisches Verfassungsrecht, 2. Aufl. 2009, S. 13 (39 f., 57) bzw. S. 227 (266); Tomuschat, Introduction, und Halberstam, Internal Legitimacy and Europe's Piecemeal Constitution, beide in: Tizzano/Kokott/Prechal (Hg.), 50ème anniversaire de l'arrêt Van Gend en Loos, 2013, S. 49 (51 f.) bzw. S. 111.

304 Siehe Möllers, Verfassungsgebende Gewalt – Verfassung – Konstitutionalisierung, in: von Bogdandy/Bast (Hg.), Europäisches Verfassungsrecht, 2. Aufl. 2009, S. 227 (234 ff., 265 ff.).

305 Siehe von Bogdandy, Grundprinzipien, in: ders./Bast (Hg.), Europäisches Verfassungsrecht, 2. Aufl. 2009, S. 13 (39 f., 57); Nettesheim, in: Grabitz/Hilf/ders. (Hg.), Das Recht der Europäischen Union, Bd. III, Art. 288 AEUV, Rn. 44 (August 2012).

306 Siehe H. P. Ipsen/Nicolaysen, Haager Kongreß für Europarecht und Bericht über die aktuelle Entwicklung des Gemeinschaftsrechts, NJW 1964, S. 339 (340); H. P. Ipsen, Europäisches Gemeinschaftsrecht, 1972, S. 187.

mit einer Vielzahl von Rechten (siehe Art. 20 ff. AEUV).[307] Das integrative Potenzial der Unionsbürgerschaft verdeutlicht nicht zuletzt die Rechtsprechung des EuGH, wonach die Unionsbürgerschaft dazu bestimmt ist, der grundlegende Status der Angehörigen der Mitgliedstaaten zu sein,[308] und sie einen Kernbestand an Rechten garantiert, selbst wenn der Sachverhalt mit keinem rechtlichen Element über die Grenzen eines Mitgliedstaats hinausweist.[309] Zutreffend formuliert *Sionaidh Douglas-Scott*: „*At one and the same time, citizens are given a role in the new legal order and the treaty becomes more than just a treaty.*“[310]

e) Unmittelbare Wirkung als Frage des Gemeinschaftsrechts

Es ist strittig, ob sich die unmittelbare Anwendbarkeit von Völkerrecht nach nationalem Recht,[311] nach Völkerrecht[312] oder nach beidem[313] be-

---

[307] Instruktiv zur Unionsbürgerschaft GA Jacobs zu EuGH, Rs. C-168/91, Konstantinidis, Slg. 1993, I-1191, Rn. 46 ff. („civis europaeus sum“); Kadelbach, Unionsbürgerschaft, in: von Bogdandy/Bast, Europäisches Verfassungsrecht, 2. Auflage 2009, S. 611. Auf den Zusammenhang von unmittelbarer Wirkung und Unionsbürgerschaft weisen etwa Isaac/Blanquet, Droit général de l'Union européenne, 9. Aufl. 2006, S. 268, und Epiney, L'arrêt Van Gend en Loos et la citoyenneté de l'Union, in: Tizzano/Kokott/Prechal (Hg.), 50ème anniversaire de l'arrêt Van Gend en Loos, 2013, S. 135, hin.

[308] Siehe EuGH, 20.9.2001, Rs. C-184/99, Grzelczyk, Slg. 2001, I-6229, Rn. 31; EuGH (Große Kammer), 2.3.2010, Rs. C-135/08, Rottmann, Slg. 2010, I-1449, Rn. 43 ff.

[309] Siehe EuGH (Große Kammer), 8.3.2011, Rs. C-34/09, Ruiz Zambrano, Slg. 2011, I-1177, Rn. 42; EuGH (Große Kammer), 15.11.2011, Rs. C-256/11, Dereci, Slg. 2011, I-11315, Rn. 64 ff.; EuGH (Dritte Kammer), 8.11.2012, Rs. C-40/11, Iida, Rn. 71; EuGH (Zweite Kammer), 8.5.2013, Rs. C-87/12, Ymeraga, Rn. 36.

[310] Douglas-Scott, Constitutional Law of the European Union, 2002, S. 310 f.

[311] Siehe Bleckmann, Begriff und Kriterien der innerstaatlichen Anwendbarkeit völkerrechtlicher Verträge, 1970, S. 123 ff.; Tomuschat, Zur Rechtswirkung der von der Europäischen Gemeinschaft abgeschlossenen Verträge in der Gemeinschaftsrechtsordnung, in: Lüke/Ress/Will (Hg.), Rechtsvergleichung, Europarecht und Staatenintegration: Gedächtnisschrift für Léontin Constantinesco, 1983, S. 801 (807 ff.); Iwasawa, The Doctrine of Self-Executing Treaties in the United States, Va. J. Int'l L. 26 (1985-1986), S. 627 (650 ff.); Rogers, International Law and United States Law, 1999, S. 77 f.; von Bogdandy, Pluralism, direct effect, and the ultimate say, I.CON 6 (2008), S. 397 (402 f.); Kaiser, Treaties, Direct Applicability, Max Planck Encyclopedia of Public In-

stimmt.[314] Für das Unionsrecht gilt seit der *Van Gend & Loos*-Entscheidung, dass die Frage der unmittelbaren Wirkung des primären oder sekundären Unionsrechts ausschließlich nach Unionsrecht zu beantworten ist. Daher können nationale Gerichte und Verwaltungsbehörden die unmittelbare Wirkung des Unionsrechts nicht aus Gründen des mitgliedstaatlichen Rechts ablehnen. Auf diese Weise nahm der Gerichtshof den mitgliedstaatlichen Stellen sozusagen „im Handstreich" die mit der Doktrin der unmittelbaren Anwendbarkeit typischerweise verbundene Möglichkeit, die nationale Hoheitssphäre gegenüber dem internationalen Recht „abzuschirmen".[315] Gleichzeitig erlangte der Gerichtshof die vollständige Kontrolle über die Bestimmung der unmittelbaren Wirkung.[316] Er alleine hatte es in der Hand, die Wirksamkeit und einheitliche Anwendung des Gemeinschaftsrechts sicherzustellen und die Konstitutionalisierung mittels der unmittelbaren Wirkung des Gemeinschaftsrechts voranzutreiben.[317] Mit nur einer Entscheidung mach-

---

ternational Law, www.mpepil.com, Februar 2013, Rn. 6 ff. (abgerufen am 11.1.2015).

312 Siehe Koller, Die unmittelbare Anwendbarkeit völkerrechtlicher Verträge und des EWG-Vertrages im innerstaatlichen Bereich, 1971, S. 28, 121, 146; Zuleeg, Die innerstaatliche Anwendbarkeit völkerrechtlicher Verträge am Beispiel des GATT und der Europäischen Sozialcharta, ZaöRV 35 (1975), S. 341 (350).

313 Siehe Hummer, Reichweite und Grenzen unmittelbarer Anwendbarkeit der Freihandelsabkommen, in: Koppensteiner (Hg.), Rechtsfragen der Freihandelsabkommen der Europäischen Wirtschaftsgemeinschaft mit den EFTA-Staaten, 1987, S. 43 (54 f.); Wüger, Anwendbarkeit und Justitziabilität völkerrechtlicher Normen im schweizerischen Recht, 2005, S. 48 ff.; André Nollkaemper, National Courts and the International Rule of Law, 2011, S. 124 ff.

314 Weiterführend Verdross/Simma, Universelles Völkerrecht, 3. Aufl. 1984, § 847; Schweisfurth, Völkerrecht, 2006, S. 204.

315 Hierzu im Einzelnen in diesem Teil, C.I.3. und C.I.5.

316 Siehe Winter, Direct Applicability and Direct Effect, CML Rev 9 (1972), S. 425 (431).

317 Siehe de Witte, The Continuous Significance of Van Gend en Loos, in: Maduro/Azoulai (Hg.), The Past and Future of EU Law, 2010, S. 9 (10); Cremona, The Judgment – Framing the Argument, in: Tizzano/Kokott/Prechal (Hg.), 50ème anniversaire de l'arrêt Van Gend en Loos, 2013, S. 23 (26); Nollkaemper, The Duality of Direct Effect of International Law, EJIL 25 (2014), S. 105 (106).

te der EuGH daher aus einem „Schild“ ein „Schwert“.[318] *André Nollkaemper* beschreibt die mit dieser Rechtsprechung des EuGH verbundene Praxis als *„unrivalled elsewhere in the world“*.[319] Auch wenn sich die Doktrin der unmittelbaren Wirkung in der Ausformung durch den EuGH bei oberflächlicher Betrachtung als Fortschreibung der Doktrin der unmittelbaren Anwendbarkeit des Völkerrechts darstellt, unterscheiden sich beide Doktrinen in ihrer Finalität fundamental. Bestätigt hat der Gerichtshof seine Rechtsprechung, dass sich die unmittelbare Wirkung ausschließlich nach Gemeinschaft- beziehungsweise Unionsrecht bemisst, in der Entscheidung *Salgoil* aus dem Jahr 1968.[320] Seitdem wurde diese Rechtsprechung nicht mehr ernsthaft in Frage gestellt.[321]

Bemerkenswert ist, wie wenig klar sich der Gerichtshof im *Van Gend & Loos*-Urteil ausdrückt, möglicherweise um keinen unnötigen Widerstand in den Mitgliedstaaten zu provozieren beziehungsweise um sich – wäre die Rechtsprechung auf ernsthaften Widerstand gestoßen – die Möglichkeit der Korrektur offen zu halten. Die belgische und die niederländische Regierung hatten nämlich in ihren Erklärungen zum Verfahren vorgetragen, bei der Frage nach der unmittelbaren Wirkung handele es sich um eine Frage des niederländischen Rechts, die daher ausschließlich der Entscheidungsgewalt des niederländischen Richters unterliege.[322] Diese Rechtsauffassung entsprach dem damals vorherr-

---

[318] Siehe Prechal, Does Direct Effect Still Matter?, CML Rev 37 (2000), S. 1047 (1048); Nollkaemper, The Duality of Direct Effect of International Law, EJIL 25 (2014), S. 105 (105 ff.). Kritisch Chalmers/Barroso, What Van Gend en Loos stands for, I.CON 12 (2014), S. 105.

[319] Nollkaemper, The Duality of Direct Effect of International Law, EJIL 25 (2014), S. 105 (106).

[320] Siehe EuGH, 19.12.1968, Rs. 13/68, Salgoil, Slg. 1968, S. 679 (693: „An der Rechtsnatur einer unmittelbar anwendbaren Vorschrift des Gemeinschaftsrechts können Schwierigkeiten nichts ändern, die sich in einem Mitgliedstaat ergeben; dies um so weniger, als das Gemeinschaftsrecht in allen Mitgliedstaaten gleiche Geltungskraft beansprucht“).

[321] Für vereinzelte Kritik siehe EuGH, 8.3.1979, Rs. 130/78, Salumificio di Cornuda, Slg. 1979, S. 867 (872); EuGH (Fünfte Kammer), 20.9.1988, Rs. 190/87, Moormann, Slg. 1988, S. 4689 (4697, 4704, Rn. 21 ff.) und GA Damon hierzu auf S. 4708 f.; EuGH, 22.6.1989, Rs. 103/88, Fratelli Costanzo, Slg. 1989, S. 1839 (1850).

[322] Vgl. EuGH, 5.2.1963, Rs. 26/62, Van Gend & Loos, Slg. 1963, S. 1 (13, 17, 23). Die Kommission vertrat dagegen die Auffassung, dass die Wirkung des

schenden Verständnis.[323] Der Gerichtshof entschied dagegen, dass er „im vorliegenden Fall nicht angerufen [ist], um über die Anwendbarkeit des Vertrages nach den Grundsätzen des niederländischen Rechts zu urteilen – diese Entscheidung ist Sache der nationalen Gerichte –, er ist vielmehr ausschließlich darum ersucht, gemäß Artikel 177 Buchstabe a des Vertrages die Tragweite von Artikel 12 des Vertrages im Rahmen des Gemeinschaftsrechtes unter dem Gesichtspunkt seiner Geltung für den Einzelnen festzustellen. Der Einwand [der Unzuständigkeit des Gerichtshofs] ist daher nicht begründet."[324] Der EuGH erweckte den Anschein, die unmittelbare Wirkung könne aus nationalrechtlichen Gründen abgelehnt werden, selbst wenn er eine unmittelbare Wirkung annimmt.[325] Tatsächlich aber ließ der Gerichtshof solchen Erwägungen nur wenig Raum.[326] Denn nur einige Zeilen danach stellt er im Urteil fest, dass Art. 12 EWGV sich seinem Geist, seiner Systematik und seinem Wortlaut nach „vorzüglich" dazu eignet, unmittelbare Wirkungen zu erzeugen. Art. 12 EWGV begründe individuelle Rechte, welche die

---

Gemeinschaftsrechts auf das interne Recht der Mitgliedstaaten nicht durch dieses interne Recht, sondern nur durch das Recht der Gemeinschaft bestimmt werden könne. Sie begründete diese Auffassung mit der Erwägung, Gemeinschaftsrecht müsse in der ganzen Gemeinschaft wirklich und einheitlich angewendet werden. Vgl. EuGH, a.a.O., S. 1 (15 f.).

[323] Hierauf hinweisend de Witte, Direct Effect, Primacy, and the Nature of the Legal Order, in: Craig/de Búrca (Hg.), The Evolution of EU Law, 2. Aufl. 2011, S. 323 (324). Für einen Überblick über die damalige Rechtslage in den Gründungsstaaten siehe den Sammelband Association Néerlandaise pour le Droit Européen, Deuxième colloque international de droit Européen, 1966.

[324] EuGH, 5.2.1963, Rs. 26/62, Van Gend & Loos, Slg. 1963, S. 1 (23).

[325] Für eine solche Interpretation der Entscheidung Marsh, Some Reflections on Legal Integration in Europe, ICLQ 12 (1963), S. 1411 (1412 ff.).

[326] Ebenso Amphoux, A propos de l'arrêt 26/62 (Société N.V. Algemene Transport en Expeditie Onderneming van Gend et Loos contre Administration fiscale néerlandaise) rendu le 5 février par la Cour de justice des Communautés européennes, RGDIP 68 (1964), S. 110 (142); Bleckmann, Verfassungsrechtliches Kompetenzbild des nationalen Richters und innerstaatliche Anwendbarkeit des Art. 95 EWG-Vertrag, EuR 1969, S. 109 (119); de Witte, Direct Effect, Primacy, and the Nature of the Legal Order, in: Craig/de Búrca (Hg.), The Evolution of EU Law, 2. Aufl. 2011, S. 323 (327); Mayer, Van Gend en Loos: The Foundation of a Community of Law, in: Maduro/Azoulai (Hg.), The Past and Future of EU Law, 2010, S. 16 (18); Cremona, The Judgment – Framing the Argument, in: Tizzano/Kokott/Prechal (Hg.), 50ème anniversaire de l'arrêt Van Gend en Loos, 2013, S. 23 (26 f.).

staatlichen Gerichte zu beachten „haben."[327] Letztlich konnten die Mitgliedstaaten die unmittelbare Wirkung nicht ablehnen, ohne sich in Widerspruch zur Rechtsprechung des EuGH zu setzen.[328]

f) Unmittelbare Wirkung als summa divisio des Gemeinschaftsrechts

Trotz der dogmatischen Bedeutung des *Van Gend & Loos*-Urteils konnte aus der Entscheidung mit Sicherheit nur auf die unmittelbare Wirkung einer sehr begrenzten Anzahl von Vorschriften des Gemeinschaftsrechts geschlossen werden. Die unmittelbare Wirkung eines Großteils des Gemeinschaftsrechts blieb weiterhin unklar.[329] Inwieweit der EuGH das mit der unmittelbaren Wirkung verbundene Potenzial für die Konstitutionalisierung der Gemeinschaft nutzen und damit auch die unmittelbare Wirkung weiterer Vorschriften anderer Rechtsqualität anerkennen würde, war offen. Dass der Gerichtshof die Gemeinschaft als „neue Rechtsordnung" qualifizierte, „deren Rechtssubjekte nicht nur die Mitgliedstaaten, sondern auch die Einzelnen" seien,[330] ließ eine gewisse Bereitschaft erkennen, dem Gemeinschaftsrecht unmittelbare Wirkung zuzusprechen. Dies veranlasste *François Rigaux* bereits im Jahr 1963 aus dem *Van Gend & Loos*-Urteil auf eine Vermutung der unmittelbaren Wirkung zu schließen.[331] Doch hatten derartige Äußerungen spekulativen Charakter. Aufgrund der einschränkenden Kriterien für die unmittelbare Wirkung (Stellung der Vorschrift im Vertragsgefüge; Verpflichtung zu einem Unterlassen) herrschte im Gegenteil eher der Eindruck, das Gemeinschaftsrecht teile sich in zwei Gruppen

---

[327] EuGH, 5.2.1963, Rs. 26/62, Van Gend & Loos, Slg. 1963, S. 1 (25 f.). Franz. „parfaitement" (S. 24 der franz. Fassung).

[328] Haltern, Europarecht, 2. Aufl. 2007, Rn. 622 bis 627, meint, der EuGH habe im Grunde den nationalen Regierungen Recht gegeben und eingeräumt, dass die unmittelbare Anwendbarkeit auch eine nationale Dimension besitze. Der eigentliche Held in der Geschichte sei das vorlegende niederländische Gericht gewesen, da im monistischen niederländischen System die nationalen Voraussetzungen für die unmittelbare Wirkung ohne weiteres gegeben gewesen seien, so dass der Gerichtshof von der Notwendigkeit befreit, zur nationalen Dimension Ausführungen zu machen, sich habe bemühen können, seine Zuständigkeit anzunehmen.

[329] Vauchez, The transnational politics of judicialization, ELJ 16 (2010), S. 1 (11), bezeichnet das Urteil als „Polysemous Decision".

[330] EuGH, 5.2.1963, Rs. 26/62, Van Gend & Loos, Slg. 1963, S. 1 (25).

[331] Siehe Rigaux, Observations, Journal des Tribunaux 78 (1963), S. 190.

von Vorschriften: In eine Gruppe, der unmittelbare Wirkung zukommt, und in eine andere Gruppe, der keine zukommt. Noch im Jahre 1969 beschrieb *Léontin-Jean Constantinesco* diese Einteilung als *summa divisio.*[332]

4. Rezeption

Dass die unmittelbare Wirkung bei einem Großteil des Gemeinschaftsrechts unklar blieb, mag mit eine Erklärung dafür sein, warum das *Van Gend & Loos*-Urteil auf wenig negative Kritik stieß. In den Kommentaren zu der Entscheidung aus den 1960er Jahren wird zwar überwiegend erkannt, dass die *Van Gend & Loos*-Entscheidung in dogmatischer Hinsicht von großer Tragweite ist, als falsch kritisiert wird die Entscheidung hingegen kaum.[333] Bemerkenswerter Weise gibt es in Anbetracht der Bedeutung der Entscheidung nur wenige Stellungnahmen aus

---

[332] Siehe L.-J. Constantinesco, Die unmittelbare Anwendbarkeit von Gemeinschaftsnormen und der Rechtsschutz von Einzelpersonen im Recht der EWG, 1969, S. 16. Sich diesem anschließend H. P. Ipsen, Europäisches Gemeinschaftsrecht, 1972, S. 121. Ähnlich Amphoux, A propos de l'arrêt 26/62 (Société N.V. Algemene Transport en Expeditie Onderneming van Gend et Loos contre Administration fiscale néerlandaise) rendu le 5 février par la Cour de justice des Communautés européennes, RGDIP 68 (1964), S. 110 (123 ff.).

[333] Siehe Bachmayr, Kein Monopolausgleich für Dessertweine und Wermutweine, BB 1963, S. 968; Ehle, Anmerkung, NJW 1963, S. 974; Hay, Decisions, Am. J. Comp. L. 12 (1963), S. 404; Jeantet, Observations, La Semaine Juridique 37 (1963), S. 13177; Marsh, Some Reflections on Legal Integration in Europe, ICLQ 12 (1963), S. 1411; Ophüls, Anmerkung, NJW 1963, S. 1751; R., Note, Cour de Justice des Communautés Européennes, Arrêt du 5 février 1963, RGDIP 67 (1963), S. 421; Rigaux, Observations, Journal des Tribunaux 78 (1963), S. 190; Sk., Annotation, CML Rev 1 (1963/1964), S. 88; Amphoux, A propos de l'arrêt 26/62 (Société N.V. Algemene Transport en Expeditie Onderneming van Gend et Loos contre Administration fiscale néerlandaise) rendu le 5 février par la Cour de justice des Communautés européennes, RGDIP 68 (1964), S. 110 (111 ff., vor allem 128: „ Il faut souligner que […] la Cour n'est pas infidèle à l'intention des auteurs du Traité. […] Simplement la Cour adopte une conception large de cette intention."); Riesenfeld/Buxbaum, N.V. Algemene Transport- en Expedetie Onderneming Van Gend & Loos c. Administration fiscale néerlandaise, AJIL 58 (1964), S. 152. Kritisch dagegen Wengler, Anmerkung, NJW 1963, S. 1752. Wie hier Ziller, Les réactions des milieux institutionnels, nationaux et scientifiques de l'époque, in: Tizzano/Kokott/Prechal (Hg.), 50ème anniversaire de l'arrêt Van Gend en Loos, 2013, S. 37 (42 ff.).

der Wissenschaft.[334] Die Regierungen der Mitgliedstaaten äußerten sich – soweit ersichtlich – nicht zu der Entscheidung. Die Erklärung Deutschlands zum *Van Gend & Loos*-Verfahren, die weitgehend aus der Feder von *Ulrich Everling* stammte und in der die unmittelbare Wirkung abgelehnt wurde, erregte bei dem Staatssekretär im Auswärtigen Amt und späteren Bundespräsidenten, *Karl Carstens*, gar solche Empörung, dass Erklärungen zu EuGH-Verfahren zukünftig nur noch mit seiner Beteiligung abgegeben werden durften.[335]

Dass das *Van Gend & Loos*-Urteil heute den Ruf genießt, Meilenstein für die Konstitutionalisierung der Union zu sein, obwohl auf die unmittelbare Wirkung längst nicht generell geschlossen werden konnte, verdankt die Entscheidung dem Prozess in der Rechtsprechung, der damit in Gang gesetzt wurde. Außerdem beförderte die dogmatische Aufbereitung, die im Anschluss an das Urteil stattgefunden hat, entscheidend die Entwicklung der Doktrin der unmittelbaren Wirkung. Durch die Mitwirkung am *Van Gend & Loos*-Verfahren mit besonderer Deutungshoheit ausgestattet, hoben die Richter *Lecourt* und *Trabucchi*, verschiedene Referenten, *Gaudet* vom juristischen Dienst der Kommission oder auch *Ter Kuile* in Vorträgen, wissenschaftlichen Beiträgen und Zeitungsartikeln die außergewöhnliche Bedeutung der Entscheidung für die europäische Integration hervor und sprachen einer extensiven Auslegung das Wort.[336]

---

[334] In der Sammlung der Urteilsanmerkungen des EuGH (abrufbar unter http://curia.europa.eu/jcms/upload/docs/application/pdf/2009-05/notes_54-88.pdf [abgerufen am 21.1.2014]) nehmen die Kommentare zum Van Gend & Loos-Urteil nur anderthalb Seiten ein. Von 52 gelisteten Anmerkungen stammen 20 aus der Zeit zwischen 1986 und 2012. Nur 32 stammen aus der Zeit bis 1967. Diese Zahl ist zwar dem Augenschein nach im Vergleich zu den meisten anderen Entscheidungen aus den 1960er Jahren immer noch recht hoch, allerdings finden sich zum weit weniger bedeutsamen de Geus-Urteil aus dem Jahr 1962 in einem kurzen Zeitraum von drei Jahren 28 Anmerkungen. Zur wettbewerbsrechtlich wichtigen Entscheidung Consten und Grundig / Kommission in den verb. Rs. 56 und 58/64 aus dem Jahr 1966 gibt es in einem Zeitraum von zwei Jahren sogar 48 Anmerkungen.

[335] Siehe Davies, Meek acceptance? The West German Ministries' Reaction to the Van Gend en Loos and Costa decisions, Journal of European Integration History 14 (2008), S. 57 (68). Hierzu ebenfalls M. Rasmussen, Revolutionizing European law, I.CON 12 (2014), S. 136 (159).

[336] Siehe Vauchez, The transnational politics of judicialization, ELJ 16 (2010), S. 1 (6, 13 ff.). Dieser spricht von „legal entrepreneurs", „ECJ paladins" oder „ECJ promoters". Siehe auch Ziller, Les réactions des milieux institutionnels,

III. Die Zeit nach Van Gend & Loos: Schrittweise Ausweitung der unmittelbaren Wirkung

Nicht zuletzt ist es der Signalwirkung zu verdanken, die von der *Van Gend & Loos*-Entscheidung ausging, dass sich in der Folgezeit Bürger und Unternehmen zunehmend auf Gemeinschaftsrecht vor nationalen Gerichten beriefen. Andererseits war dessen unmittelbare Wirkung jedoch weiterhin so unklar, dass nationale Gerichte den EuGH anriefen, zumal es diesen untersagt war, die unmittelbare Wirkung von vornherein unter Berufung auf nationales Recht zu verneinen. Damit erhielt der Gerichtshof die Gelegenheit, seine Rechtsprechung zur unmittelbaren Wirkung fortzuentwickeln. Schritt für Schritt wurde die unmittelbare Wirkung auf weitere Vorschriften verschiedenster Eigenschaften ausgedehnt.

Statt von Anfang an die unmittelbare Wirkung eines Großteils des Gemeinschaftsrechts festzustellen, verzichtete der Gerichtshof einerseits darauf, das konstitutionalisierende Potenzial der unmittelbaren Wirkung auszuschöpfen. Er vermied andererseits bei mitgliedstaatlichen Gerichten, Regierungen, Parlamenten, Verwaltungsbehörden und in der Öffentlichkeit Befremdung und Widerstand aufkommen zu lassen.[337] Schließlich war und ist der europäische Integrationsprozess in hohem Maße auf die Kooperationsbereitschaft der Mitgliedstaaten angewiesen, sei es bei der Rechtssetzung, zum Beispiel durch die Mitwirkung im Rat oder bei Vertragsveränderungen, sei es bei der Rechtsdurchsetzung durch mitgliedstaatliche Organe oder bei der Rechtsprechung, zum Beispiel durch Vorabentscheidungsersuchen nationaler Gerichte. Diese Mitwirkung kann nicht erzwungen werden. Die Kooperationsbereitschaft der Mitgliedstaaten war weitgehend unklar.[338]

---

nationaux et scientifiques de l'époque, in: Tizzano/Kokott/Prechal (Hg.), 50ème anniversaire de l'arrêt Van Gend en Loos, 2013, S. 37 (39 ff.).

337 Weiler, The Community System: the Dual Character of Supranationalism, YEL 1 (1981), S. 267 (277), spricht von einer „progressive evolution of normative supranationalism so as to ensure as far as possible a smooth reception in the national legal and political orders". Siehe auch Craig, Once upon a Time in the West: Direct Effect and the Federalization of EEC Law, OJLS 12 (1992), S. 453 (460).

338 Die Erklärungen der deutschen und niederländischen Regierung zum Van Gend & Loos-Verfahren waren Ausdruck einer eingeschränkten Bereitschaft, die Verpflichtungen aus dem EWG-Vertrag einzuhalten und ließen an der Kooperationsbereitschaft zweifeln. Vgl. EuGH, 5.2.1963, Rs. 26/62, Van Gend &

Darüber hinaus konnte der EuGH durch das schrittweise Vorgehen Gefahren für die Rechtssicherheit und die Einheitlichkeit der Anwendung des Gemeinschaftsrechts begegnen, die auftreten, wenn plötzlich eine Vielzahl von Gerichten und Verwaltungsbehörden Gemeinschaftsrecht anwendet[339] beziehungsweise – sollten die Gerichte vorlegen – den Gerichtshof eine Flut von Vorabentscheidungsersuchen trifft.[340] Gerade das Primärrecht bot mit seinen häufig unbestimmten Formulierungen viel Raum für eine uneinheitliche Anwendung, zumal anfangs wenig konkretisierende Praxis seitens der Gemeinschaftsorgane vorhanden war. Selbst der Vorrang des Gemeinschaftsrechts war nicht allgemein anerkannt. Infolgedessen wurde befürchtet, dass ein Teil der Mitgliedstaaten dem Gemeinschaftsrecht Vorrang vor bestehendem oder später ergangenem nationalen Recht zuerkennt, während ein anderer Teil dies ablehnen würde.[341] Das Rechtsinstitut der unmittelbaren Wirkung erwies sich zudem als ideales Instrument, die Wirkungen einer Vorschrift zu begrenzen, ohne deren sachliche Tragweite zu reduzieren, um nachträglich diese Einschränkung womöglich wieder aufgeben zu müssen.[342]

Loos, Slg. 1963, S. 1 (16 ff.). Auch die Bedeutung des Vorabentscheidungsverfahrens war weitgehend unklar. Hierzu M. Rasmussen, Revolutionizing European law, I.CON 12 (2014), S. 136 (146).

339 Siehe Steiner, Direct Applicability in EEC Law – A Chameleon Concept, The Law Quarterly Review 98 (1982), S. 229 (239 f.); Craig, Once upon a Time in the West: Direct Effect and the Federalization of EEC Law, OJLS 12 (1992), S. 453 (460); Haltern, Europarecht, 2. Aufl. 2007, Rn. 638 ff. Hierzu auch in diesem Teil, A.III.2.b) und C.I.4.

340 Auf diese Gefahr weist bspw. GA Trabucchi zu EuGH, Rs. 43/75, Defrenne II, 1976, S. 455 (490), hin.

341 Siehe GA Roemer zu EuGH, Rs. 26/62, Van Gend & Loos, Slg. 1963, S. 1 (47 ff.).

342 Bspw. stellte der EuGH die unmittelbare Wirkung der Dienstleistungsfreiheit zunächst nur insoweit ausdrücklich fest, als sie zum Gegenstand hat, alle Diskriminierungen aus Gründen der Staatsangehörigkeit oder aus Gründen des Aufenthalts in einem Mitgliedstaat zu beseitigen. Siehe EuGH, 3.12.1974, Rs. 33/74, van Binsbergen, Slg. 1974, S. 1299, Rn. 27 und Tenor 2; EuGH, 12.12.1974, Rs. 36/74, Walrave und Koch, Slg. 1974, S. 1405, Rn. 34 und Tenor 5; EuGH, 14.7.1976, Rs. 13/76, Donà, Slg. 1976, S. 1333, Rn. 20. In späteren Entscheidungen findet sich diese Einschränkung nicht mehr. Etwa EuGH, 18.1.1979, verb. Rs. 110 und 111/78, van Wesemael, Slg. 1979, S. 35, Rn. 26; EuGH, 31.3.1993, Rs. C-19/92, Kraus, Slg. 1993, I-1663, Rn. 32; EuGH, 30.11.1995, Rs. C-55/94, Gebhard, Slg. 1995, I-4165, Rn. 37.

Nur gelegentlich traf die unmittelbare Wirkung des Gemeinschaftsrechts auf Widerstand, vor allem bei nationalen Gerichten. Für diesen Widerstand, auf den im Folgenden näher einzugehen ist, wurde die Bezeichnung *„pockets of resistance"* gefunden.[343] Kommission und Generalanwälte machten sich vor dem EuGH zumeist für eine unmittelbare Wirkung stark. Zwischen 1960 und 1980 sprach sich die Kommission in 84% der Fälle für eine unmittelbare Wirkung aus.[344] Die Generalanwälte nahmen zu 76% eine unmittelbare Wirkung an.[345] Zum Vergleich: Der EuGH bejahte die unmittelbare Wirkung zu 79%.[346] Dagegen sprachen sich die Regierungen der Mitgliedstaaten, so sie überhaupt Stellung nahmen, zumeist gegen eine unmittelbare Wirkung aus. In der Zeit zwischen 1960 und 1980 haben sich die mitgliedstaatlichen Regierungen nur 7-mal für, aber 32-mal gegen eine unmittelbare Wirkung eingesetzt.[347] Naheliegender Weise wollten sie ihren nationalstaatlichen

---

[343] Siehe Weiler, Journey to an Unknown Destination: A Retrospective and Prospective of the European Court of Justice in the Arena of Political Integration, JCMS 31 (1993), S. 417 (420); de Witte, Direct Effect, Primacy, and the Nature of the Legal Order, in: Craig/de Búrca (Hg.), The Evolution of EU Law, 2. Aufl. 2011, S. 323 (348); Douglas-Scott, Constitutional Law of the European Union, 2002, S. 298. Ausführlich zum Widerstand der Sammelband: Slaughter/Stone Sweet/Weiler (Hg), The European Court and National Courts – Doctrine and Jurisprudence, 1997.

[344] 31-mal bejaht / 6-mal verneint. Siehe die Übersicht in Anhang II.

[345] 37-mal bejaht / 12-mal verneint. Wie kaum anders zu erwarten, lehnten die „frühen" GAe Lagrange und Roemer die unmittelbare Wirkung noch verhältnismäßig oft ab (GA Lagrange [1952-1964]: 2-mal bejaht / 3-mal verneint; GA Roemer [1953-1973]: 6-mal bejaht / 4-mal verneint), wohingegen die „späteren" Generalanwälte die unmittelbare Wirkung zumeist bejahten (GA Gand [1964-1970]: 5-mal bejaht / 1-mal verneint; GA Dutheillet de Lamothe [1970-1972]: 1-mal bejaht / 1-mal verneint; GA Mayras [1972-1981]: 7-mal bejaht / keinmal verneint; GA Reischl [1973-1981]: 5-mal bejaht; 1-mal verneint; GA Warner [1973-1981]: 9-mal bejaht / keinmal verneint; GA Trabucchi [1973-1976]: 1-mal bejaht / keinmal verneint; GA Capotorti [1976-1982]: keinmal bejaht / 1-mal verneint). Siehe die Übersicht in Anhang II.

[346] 44-mal bejaht / 12 mal verneint. Siehe die Übersicht in Anhang II.

[347] Belgien: 1-mal bejaht / 4-mal verneint; Deutschland: 2-mal bejaht / 8-mal verneint; Frankreich: keinmal bejaht / 2-mal verneint; Italien: 2-mal bejaht / 6-mal verneint; Luxemburg: keinmal bejaht / 2-mal verneint; Niederlande: 1-mal bejaht / 2-mal verneint; Vereinigtes Königreich [Mitglied seit 1973]: 1-mal bejaht / 5-mal verneint; Irland [Mitglied seit 1973]: keinmal bejaht / 3-mal verneint. Siehe die Übersicht im Anhang II.

Einflussbereich erhalten. Allerdings haben von der Möglichkeit, Erklärungen abzugeben, zumeist nur diejenigen Mitgliedstaaten Gebrauch gemacht, deren nationales Recht oder andere Interessen unmittelbar betroffen waren.[348]

Abgesehen von den *„pockets of resistance"* wurde die Rechtsprechung des EuGH von mitgliedstaatlichen Gerichten, politisch-administrativen Einrichtungen und von der Wissenschaft kaum ernstlich in Frage gestellt.[349] Insgesamt kann die Entwicklung zu Recht als „leise Revolution" beschrieben werden.[350] Eine Erklärung für die Bereitschaft nationaler Gerichte, die Rechtsprechung des EuGH zu befolgen, bietet vor allem der Mechanismus des Vorabentscheidungsverfahrens, über den der Gerichtshof und nationale Gerichte kooperativ verbunden werden und der von letzteren mit großer Bereitschaft angenommen wurde.[351]

---

[348] Siehe E. Stein, Lawyers, Judges and the Making of a Transnational Constitution, AJIL 75 (1981), S. 1 (24 ff.); Mayer, Van Gend en Loos: The Foundation of a Community of Law, in: Maduro/Azoulai (Hg.), The Past and Future of EU Law, 2010, S. 16 (21 f., 24).

[349] Siehe Weiler, Journey to an Unknown Destination: A Retrospective and Prospective of the European Court of Justice in the Arena of Political Integration, JCMS 31 (1993), S. 417; de Witte, Direct Effect, Primacy, and the Nature of the Legal Order, in: Craig/de Búrca (Hg.), The Evolution of EU Law, 2. Aufl. 2011, S. 323 (347 f.); M. Rasmussen, Revolutionizing European law, I.CON 12 (2014), S. 136 (161 ff.). Zur wissenschaftlichen Rezeption im Speziellen Weiler, a.a.O., S. 417 (430 ff.); Douglas-Scott, Constitutional Law of the European Union, 2002, S. 294 f.; Vauchez, The transnational politics of judicialization, ELJ 16 (2010), S. 1 ff.; de Witte, The Continuous Significance of Van Gend en Loos, in: Maduro/Azoulai (Hg.), The Past and Future of EU Law, 2010, S. 9 ff. Für einen seltenen, die Rechtsprechung des EuGH in Frage stellenden Beitrag siehe Sebba, The Doctrine of 'Direct Effect': A Malignant Disease of Community Law, LIEI 22 (1995), S. 35.

[350] Siehe Weiler, Journey to an Unknown Destination: A Retrospective and Prospective of the European Court of Justice in the Arena of Political Integration, JCMS 31 (1993), S. 417 (421); ders., A Quiet Revolution, CPS 26 (1994), S. 510 (517). Ähnlich de Witte, The Continuous Significance of Van Gend en Loos, in: Maduro/Azoulai (Hg.), The Past and Future of EU Law, 2010, S. 9 (13: „[...] direct effect, for a long time, appeared to the governments as 'lawyer's business'").

[351] Hierzu Weiler, Journey to an Unknown Destination: A Retrospective and Prospective of the European Court of Justice in the Arena of Political Integration, JCMS 31 (1993), S. 417 (421 ff.); Alter, The European Court's Political Power, West Eur. Polit. 19 (1996), S. 458; Scharpf, Regieren in Europa, Effektiv und demokratisch?, 1999, S. 65 ff.; Haltern, Europarecht, 2. Aufl. 2007,

Im Folgenden ist zu zeigen, auf welche Weise der EuGH die unmittelbare Wirkung des Gemeinschaftsrechts schrittweise ausgeweitet und denkbare Hindernisse für eine unmittelbare Wirkung aus dem Weg geräumt hat. Aus der Vielzahl der relevanten Entscheidungen sollen sechs herausgehoben werden. Hierbei handelt es sich um das *Costa / E.N.E.L.*-, das *Alfons Lütticke*-, das *Grad*-, das *van Duyn*-, das *Reyners*- und das *Fratelli Costanzo*-Urteil. Mit diesen sechs Entscheidungen, von denen fünf aus der Zeit zwischen 1960 und 1980 stammen, hat der EuGH die dogmatischen Voraussetzungen dafür geschaffen, dass das Unionsrecht mittlerweile ganz überwiegend als unmittelbar wirksam angesehen werden kann.

1. Costa / E.N.E.L. (1964): Unmittelbare Wirkung von Vorschriften nicht grundlegenden Charakters

Bekannt ist das *Costa / E.N.E.L.*-Urteil aus dem Jahr 1964 vor allem für seine Aussagen zum Vorrang des Gemeinschaftsrechts, doch es befasste sich auch mit der unmittelbaren Wirkung mehrerer Vorschriften des EWG-Vertrags. Vorlegendes Gericht in dieser Sache war ausnahmsweise kein niederländisches Gericht, sondern ein italienisches Friedensgericht (*guidici conciliatore*). Im Ausgangsrechtsstreit ging es um eine Zahlungsforderung gegen den Mailänder Rechtsanwalt *Flaminio Costa* für Stromlieferungen des 1962 verstaatlichten Stromerzeugungsunternehmens *Ente nazionale per l'energia elettrica* (*E.N.E.L.*) in Höhe von nur wenigen Lire. Dieser machte geltend, die Verstaatlichung der *E.N.E.L.* verstoße gegen verschiedene Vorschriften des EWG-Vertrags, insbesondere Art. 37 Abs. 2 und Art. 53 EWGV.[352]

Rn. 354 ff., 866 ff. Zur Bereitschaft der nationalen Gerichte, dem EuGH zu folgen, umfassend Alter, Explaining National Court Acceptance of European Court Jurisprudence, in: Slaughter/Stone Sweet/Weiler (Hg.), The European Court and National Courts – Doctrine and Jurisprudence, 1997, S. 227.

[352] Nach der (mittlerweile ersatzlos gestrichenen) „Standstill"-Verpflichtung des Art. 53 EWGV führen die Mitgliedstaaten in ihrem Hoheitsgebiet für die Angehörigen der anderen Mitgliedstaaten keine neuen Niederlassungsbeschränkungen ein, soweit in diesem Vertrag nicht etwas anderes bestimmt ist. Nach Art. 37 Abs. 2 EWGV (Art. 37 Abs. 2 AEUV) unterlassen die Mitgliedstaaten jede neue Maßnahme, die den in Absatz 1 genannten Grundsätzen über die Umformung der staatlichen Handelsmonopole widerspricht oder die Tragweite der Artikel über die Abschaffung der Zölle und mengenmäßigen Beschränkungen zwischen den Mitgliedstaaten einengt.

In der amtlichen Sammlung finden sich keine Hinweise darauf, dass sich die Kommission, die Parteien des Ausgangsrechtsstreits oder mitgliedstaatliche Regierungen zur unmittelbaren Wirkung geäußert haben. Womöglich weil die Frage der unmittelbaren Wirkung vom vorlegenden Gericht nicht ausdrücklich gestellt wurde, sondern schlicht nach der Vereinbarkeit des nationalen Rechts mit dem Gemeinschaftsrecht gefragt wurde.[353] Der Gerichtshof und auch Generalanwalt *Lagrange* sahen hingegen in der Frage des italienischen Friedensgerichts implizit eine Frage nach der unmittelbaren Wirkung[354] und bejahten diese im Hinblick auf Art. 37 Abs. 2 und Art. 53 EWGV.[355] Das war insofern erstaunlich, als es nach der *Van Gend & Loos*-Entscheidung den Anschein hatte, dass der Gerichtshof die unmittelbare Wirkung vom grundlegenden Charakter der Vorschriften, indiziert durch deren systematische Stellung im EWG-Vertrag, abhängig machen würde.[356] Den Art. 37 Abs. 2 und 53 EWGV kam aber systematisch keine vergleichbar prominente Stellung im EWG-Vertrag zu wie der im *Van Gend & Loos*-Verfahren maßgeblichen Vorschrift des Art. 12 EWGV. Ob den relevanten Vorschriften ein grundlegender Charakter zukommt, sprach der Gerichtshof in der Entscheidung *Costa / E.N.E.L.* überhaupt nicht an. Bereits mit der ersten Entscheidung des EuGH zur unmittelbaren Wirkung nach *Van Gend & Loos* begann somit die Ausweitung des Konzepts der unmittelbaren Wirkung.

---

[353] Vgl. EuGH, 15.7.1964, Rs. 6/64, Costa/E.N.E.L., Slg. 1964, S. 1253 (1260).

[354] Siehe EuGH, a.a.O., S. 1253 (1271 ff.) und GA Lagrange hierzu auf S. 1298 f., 1303 ff.

[355] Siehe EuGH, a.a.O., S. 1253 (1277 f.) und GA Lagrange hierzu auf S. 1305 f.

[356] Siehe EuGH, 5.2.1963, Rs. 26/62, Van Gend & Loos, Slg. 1963, S. 1 (25: „Zur Systematik des Vertrages auf dem Gebiet der Zölle und Abgaben gleicher Wirkung ist zu bemerken, daß Artikel 9 [nun mit leichter Veränderung Art. 28 AEUV], wonach Grundlage der Gemeinschaft eine Zollunion ist, als wesentlichste Norm das Verbot der Zölle und Abgaben gleicher Wirkung enthält. Diese Vorschrift steht am Anfang des Vertragsteiles, der die „Grundlagen der Gemeinschaft" umschreibt; sie wird in Artikel 12 angewandt und erläutert."). Nach Pescatore, Van Gend en Loos, 3 February 1963 – A View from Within, in: Maduro/Azoulai (Hg.), The Past and Future of EU Law, 2010, S. 3 (4 f.), orientierte sich der EuGH hierbei an EuGH, 14.12.1962, verb. Rs. 2 und 3/62, Kommission/Luxemburg und Belgien, Slg. 1962, S. 867 (881).

Zwar hat der EuGH in der Folge vereinzelt auf den grundlegenden Charakter von Vorschriften zur Bestimmung deren unmittelbarer Wirkung Bezug genommen.[357] Dabei stellte er zumeist auf den grundlegenden Charakter von Vorschriften des Primärrechts[358] im Hinblick auf Teile des Vertrags,[359] auf den gemeinsamen Markt,[360] auf die Anwendung des Vertrags,[361] auf die Gemeinschaft als solche[362] beziehungswei-

---

[357] Siehe EuGH, 16.6.1966, Rs. 57/65, Lütticke, Slg. 1966, S. 257 (265: „unerläßliche Grundlage des gemeinsamen Marktes"; franz. „le fondement indispensable du marché commun", siehe S. 302 der franz. Fassung); EuGH, 21.6.1974, Rs. 2/74, Reyners, Slg. 1974, S. 631, Rn. 24/28 („einer der grundlegenden Rechtssätze der Gemeinschaft"; franz. „constitue l'une des dispositions juridiques fondamentales de la Communauté"); EuGH, 17.2.1976, Rs. 45/75, Rewe-Zentrale des Lebensmittel-Großhandels, Slg. 1976, S. 181, Rn. 24 („Grundprinzip der Anwendung des Vertrages"; franz. „un principe fondamental"); EuGH, 8.4.1976, Rs. 43/75, Defrenne II, Slg. 1976, S. 455 Rn. 12 („Grundlagen der Gemeinschaft"; franz. „fondements de la Communauté"); EuGH, 7.7.1976, Rs. 118/75, Watson und Belmann, Slg. 1976, S. 1185, Rn. 16 und Tenor 1 („fundamentalen Grundsatz"; franz. „un principe fondamental"); EuGH (Zweite Kammer), 11.5.1983, Rs. 87/82, Rogers, Slg. 1983, S. 1579, Rn. 10 („eine für die Erreichung des verfolgten Ziels wesentliche Bestimmung"; franz. „une disposition essentielle en vue de la réalisation de l'objectif poursuivi"). Zur Bestätigung der unmittelbaren Wirkung der Niederlassungsfreiheit hat der Gerichtshof vielfach auf den grundlegenden Charakter derselben Bezug genommen. Siehe EuGH, 28.6.1977, Rs. 11/77, Patrick, Slg. 1977, S. 1199, Rn. 9; EuGH, 28.2.1986, Rs. 270/83, Kommission/Frankreich, Slg. 1986, S. 273, Rn. 13; EuGH (Zweite Kammer), 10.7.1986, Rs. 79/85, Segers, Slg. 1986, S. 2375, Rn. 12; EuGH, 27.9.1988, Rs. 81/87, Daily Mail, Slg. 1988, S. 5483, Rn. 15; EuGH (Fünfte Kammer), 29.4.1999, Rs. C-311/97, Royal Bank of Scotland, Slg. 1999, I-2651, Rn. 22; EuGH, 21.9.1999, Rs. C-307/97, Compagnie de Saint-Gobain, Slg. 1999, I-6161, Rn. 34; EuGH (Dritte Kammer), 23.2.2006, Rs. C-253/03, CLT-UFA, Slg. 2006, I-1831, Rn. 12. Ebenso zur Bestätigung der unmittelbaren Wirkung der Arbeitnehmerfreizügigkeit, siehe EuGH, 15.12.1995, Rs. C-415/93, Bosman, Slg. 1995, I-4921, Rn. 93.

[358] Ausnahme: EuGH (Zweite Kammer), 11.5.1983, Rs. 87/82, Rogers, Slg. 1983, S. 1579, Rn. 10.

[359] Siehe EuGH, 5.2.1963, Rs. 26/62, Van Gend & Loos, Slg. 1963, S. 1 (25).

[360] Siehe EuGH, 16.6.1966, Rs. 57/65, Lütticke, Slg. 1966, S. 257 (265).

[361] Siehe EuGH, 17.2.1976, Rs. 45/75, Rewe-Zentrale des Lebensmittel-Großhandels, Slg. 1976, S. 181, Rn. 24.

[362] Siehe EuGH, 5.2.1963, Rs. 26/62, Van Gend & Loos, Slg. 1963, S. 1 (25); EuGH, 21.6.1974, Rs. 2/74, Reyners, Slg. 1974, S. 631, Rn. 24/28; EuGH, 8.4.1976, Rs. 43/75, Defrenne II, Slg. 1976, S. 455, Rn. 7-12; EuGH, 28.6.1977,

se, soweit es um die unmittelbare Wirkung von Sekundärrecht ging, auch auf den grundlegenden Charakter im Hinblick auf die Erreichung des Zwecks des Rechtsakts ab, dem die relevante Vorschrift entspringt.[363] Generalanwälte haben, wenn auch nur selten, gleichfalls mit dem grundlegenden Charakter von Vorschriften zur Bestimmung der unmittelbaren Wirkung argumentiert.[364] Allerdings hat der Gerichtshof die unmittelbare Wirkung, soweit ersichtlich, nie abgelehnt, weil eine Vorschrift keinen grundlegenden Charakter besessen hätte. Vielmehr hat er den grundlegenden Charakter regelmäßig in Entscheidungen mit weitreichenden Konsequenzen lediglich als zusätzliches Argument zur Begründung der unmittelbaren Wirkung bemüht.[365] Die unmittelbare Wirkung hängt nach der Rechtsprechung des EuGH also nicht von dem grundlegenden Charakter in dem Sinne ab, dass Vorschriften, die keinen solchen besitzen, nicht unmittelbar wirken. Vielmehr stellt sich die Argumentationsfigur des grundlegenden Charakters einer Vorschrift (die im Übrigen nicht speziell mit der Begründung der unmittelbaren Wirkung verbunden ist[366]) lediglich als eine Form der *effet utile*-Auslegung

---

Rs. 11/77, Patrick, Slg. 1977, S. 1199, Rn. 9; EuGH, 28.2.1986, Rs. 270/83, Kommission/Frankreich, Slg. 1986, S. 273, Rn. 13; EuGH (Zweite Kammer), 10.7.1986, Rs. 79/85, Segers, Slg. 1986, S. 2375, Rn. 12; EuGH, 27.9.1988, Rs. 81/87, Daily Mail, Slg. 1988, S. 5483, Rn. 15; EuGH, 15.12.1995, Rs. C-415/93, Bosman, Slg. 1995, I-4921, Rn. 93; EuGH (Fünfte Kammer), 29.4.1999, Rs. C-311/97, Royal Bank of Scotland, Slg. 1999, I-2651, Rn. 22; EuGH, 21.9.1999, Rs. C-307/97, Compagnie de Saint-Gobain, Slg. 1999, I-6161, Rn. 34; EuGH (Dritte Kammer), 23.2.2006, Rs. C-253/03, CLT-UFA, Slg. 2006, I-1831, Rn. 12.

[363] Siehe EuGH (Zweite Kammer), 11.5.1983, Rs. 87/82, Rogers, Slg. 1983, S. 1579, Rn. 10.

[364] Siehe GA Trabucchi zu EuGH, Rs. 2/73, Geddo, Slg. 1973, S. 865 (888: „Fundamentalgrundsatz der gemeinsamen Marktorganisation"); GA Cosmas zu EuGH, Rs. C-378/97, Wijsenbeek, Slg. 1999, I-6207, Rn. 89 f. („Das Recht des Bürgers, sich frei zu bewegen, hängt in der Rechtsordnung mit dem Grundrecht persönlicher Freiheit zusammen, das den Gipfel der Individualrechte darstellt.").

[365] Zu nennen sind EuGH, 5.2.1963, Rs. 26/62, Van Gend & Loos, Slg. 1963, S. 1 (25); EuGH, 16.6.1966, Rs. 57/65, Lütticke, Slg. 1966, S. 257 (265); EuGH, 21.6.1974, Rs. 2/74, Reyners, Slg. 1974, S. 631, Rn. 24/28; EuGH, 8.4.1976, Rs. 43/75, Defrenne II, 1976, S. 455, Rn. 7 ff.

[366] Vgl. die Rechtsprechung zur Unionsbürgerschaft, bspw. EuGH, 20.9.2001, Rs. C-184/99, Grzelczyk, Slg. 2001, I-6229, Rn. 31 („Der Unionsbürgerstatus ist nämlich dazu bestimmt, der grundlegende Status der Angehöri-

dar, um in Entscheidungen mit weitreichenden Auswirkungen argumentativen Nachdruck zu erzeugen.[367] Soweit ersichtlich, hat der EuGH das Argument des grundlegenden Charakters zum letzten Mal im Jahr 1983 verwendet, um die unmittelbare Wirkung zu begründen und nicht nur, um sie zu bestätigen.[368]

2. *Alfons Lütticke (1966)*

Die nächste, für die Doktrin der unmittelbaren Wirkung relevante Entscheidung erging nur zwei Jahre später in der Rechtssache *Alfons Lütticke*. Deutschland erhob seit 1951 eine Umsatzausgleichsteuer auf eingeführte Waren, unter anderem auf Milchpulver.[369] Hiermit sollte die Umsatzsteuer ausgeglichen werden, die auf einheimische Waren erhoben wurde.[370] Doch seit 1956 wurde inländisches Milchpulver von der Umsatzsteuer befreit, wohingegen nach wie vor eine Umsatzausgleichsteuer auf importiertes Milchpulver erhoben wurde.[371] Diese Rechtslage war schwerlich mit Art. 95 Abs. 1 EWGV (nun Art. 110 Abs. 1 AEUV) in Einklang zu bringen, wonach die Mitgliedstaaten auf Waren aus anderen Mitgliedstaaten weder unmittelbar noch mittelbar höhere inländische Abgaben gleich welcher Art erheben, als gleichartige inländische Waren unmittelbar oder mittelbar zu tragen haben. Die Kommission, die von diesem Sachverhalt Kenntnis erlangt hatte, trat deshalb mit der Bundesregierung in Verhandlungen ein, woraufhin die Ausgleichssteuer auf eingeführtes Milchpulver aber nicht entfiel, sondern lediglich mit Wirkung vom 1. April 1965 von vier auf drei Prozent des Zollwertes

---

gen der Mitgliedstaaten zu sein."). Vielfach bestätigt, etwa durch EuGH (Vierte Kammer), 25.10.2012, Rs. C-367/11, Prete, Rn. 24.

[367] Die effet utile-Auslegung ist ständige Rechtsprechung seit EuGH, 6.10.1970, Rs. 9/70, Grad („Leberpfennig"), Slg. 1970, S. 825, Rn. 5.

[368] Siehe EuGH (Zweite Kammer), 11.5.1983, Rs. 87/82, Rogers, Slg. 1983, S. 1579, Rn. 10.

[369] Siehe § 1 Ziff. 3, § 7 Abs. 4, § 19 Abs. 1 UStG vom 1. September 1951 (BGBl. I S. 791).

[370] Siehe BVerfGE 31, 145 (146).

[371] Siehe § 4 Nr. 20 Buchstabe f UStG, eingeführt durch Art. 1 Nr. 1 des Sechsten Gesetzes zur Änderung des Umsatzsteuergesetzes vom 8. März 1956 (BGBl. I S. 103).

der eingeführten Ware herabgesetzt wurde.[372] Die in Deutschland ansässige *Alfons Lütticke GmbH*, die Milchpulver importierte, sah hierin trotz Herabsenkung der Steuer einen Verstoß gegen Art. 95 EWGV.[373] Das Finanzgericht Saarlouis, das über einen Rechtsstreit zwischen der *Alfons Lütticke GmbH* und dem zuständigen Zollamt über die angefallene Umsatzausgleichssteuer anlässlich der Einfuhr von Milchpulver aus Luxemburg zu entscheiden hatte, richtete an den Gerichtshof die Frage, ob Art. 95 EWGV unmittelbare Wirkungen und individuelle Rechte des Einzelnen begründet, welche die staatlichen Gerichte zu beachten haben.[374] Während die Kommission und Generalanwalt *Gand* Art. 95 Abs. 1 EWGV für unmittelbar wirksam hielten, lehnten dies die belgische, deutsche und niederländische Regierung in ihren Stellungnahmen ab.[375] Dass der Gerichtshof die unmittelbare Wirkung des Art. 95 Abs. 1 EWGV bejahte,[376] war unter zweierlei Gesichtspunkten

---

[372] Siehe § 7 Abs. 5 Nr. 1 UStG i.d.F. des Sechzenten Gesetzes zur Änderung des Umsatzsteuergesetzes vom 26. März 1965 (BGBl. I S. 156) und § 4 Abs. 1 Nr. 1 AusglStO, eingeführt durch die 4. ÄndVO vom 14. April 1965 (BGBl. I S. 318). Hierzu EuGH, 1.3.1966, Rs. 48/65, Alfons Lütticke/Kommission, Slg. 1966, S. 27 (31); BVerfGE 31, 145 (147 f.); Ulmer, Das Verbot der steuerlichen Diskriminierung von Einfuhren in Artikel 95 des EWG-Vertrages und seine Auswirkungen auf das nationale Abgabenrecht, AWD 1966, S. 277 (278). Die den Mitgliedstaaten nach Art. 95 Abs. 3 EWGV eingeräumte Vierjahresfrist bis zum 1. Januar 1962 (vgl. Art. 8 Abs. 1, 3 EWGV und Beschluss des Rates vom 14. Januar 1962 betreffend den Übergang zur zweiten Stufe der Übergangszeit, ABl. [EG] P 10 vom 10.2.1962, S. 164), um erforderlichenfalls ihre Rechtsvorschriften dem in Abs. 1 aufgestellten Gleichbehandlungsgrundsatz anzupassen, war zu diesem Zeitpunkt bereits abgelaufen.

[373] Vgl. EuGH, 16.6.1966, Rs. 57/65, Lütticke, Slg. 1966, S. 257 (260).

[374] Vgl. EuGH, a.a.O., S. 257 (260). Zuvor hatte Alfons Lütticke vor dem Gerichtshof mit dem Ziel geklagt, dass die Kommission ein Vertragsverletzungsverfahren gegen Deutschland einleite. Der Gerichtshof wies die Klage jedoch als unzulässig ab. Siehe EuGH, 1.3.1966, Rs. 48/65, Alfons Lütticke/Kommission, Slg. 1966, S. 27 (40).

[375] Vgl. EuGH, 16.6.1966, Rs. 57/65, Lütticke, Slg. 1966, S. 257 (262, 264 f.) und die Schlussanträge hierzu auf S. 278.

[376] Siehe EuGH, a.a.O., S. 257 (266, 268). Für die Alfons Lütticke GmbH zahlten sich die Mühen nicht aus. Zwar hob infolge der Vorabentscheidung das Finanzgericht des Saarlandes den umstrittenen Steuerbescheid auf, soweit er die Umsatzausgleichsteuer betraf. Doch hob der BFH infolge einer vom Hauptzollamt Saarlouis eingelegten Revision das Urteil des saarländischen Finanzgerichts aus anderen Gründen wiederum auf. Die hiergegen von der Alfons Lütticke GmbH eingelegte Verfassungsbeschwerde wurde vom Bundesverfassungs-

bemerkenswert: Zum ersten Mal nahm der Gerichtshof die unmittelbare Wirkung einer Handlungsverpflichtung an (a) und bejahte erstmalig die unmittelbare Wirkung eines Diskriminierungsverbots (b).

a) Unmittelbare Wirkung von Handlungsverpflichtungen

Der mittlerweile ersatzlos gestrichene Art. 95 Abs. 3 EWGV räumte den Mitgliedstaaten eine (zum Zeitpunkt des Vorabentscheidungsersuchens bereits abgelaufene) Frist bis zum Beginn der zweiten Stufe der Übergangszeit, also eine Vierjahresfrist bis zum 1. Januar 1962[377] ein, um erforderlichenfalls ihre Rechtsvorschriften dem in Art. 95 Abs. 1 EWGV aufgestellten Gleichbehandlungsgrundsatz anzupassen. Der Wortlaut sah vor, dass die Mitgliedstaaten spätestens mit Beginn der zweiten Stufe die bei Inkrafttreten dieses Vertrags geltenden Bestimmungen „aufheben oder berichtigen", die den oben genannten Vorschriften entgegenstehen. Art. 95 Abs. 3 EWGV enthielt also eine Handlungsverpflichtung. Nach der bisherigen Rechtsprechung schien aber nur solchen Vorschriften unmittelbare Wirkung zuzukommen, die eine Verpflichtung zu einem Unterlassen enthalten. Schließlich hatte der Gerichtshof in der *Van Gend & Loos*- und der *Costa / E.N.E.L.*-Entscheidung die unmittelbare Wirkung noch damit begründet, dass die maßgeblichen Vorschriften lediglich zu einem Unterlassen verpflichten.[378] Dementsprechend war Generalanwalt *Gand* in seinen Schlussan-

---

gericht zurückgewiesen (siehe BVerfGE 31, 145). Eine von der Alfons Lütticke GmbH erhobene Klage gegen die Kommission nach Art. 178, 215 Abs. 2 EWGV auf Ersatz des Schadens, der ihr daraus entstanden sei, dass die Kommission keine Richtlinie oder Entscheidung an Deutschland gerichtet habe, um zu erreichen, dass die Umsatzausgleichsteuer auf Milchpulver mit Wirkung vom 1. Januar 1962 aufgehoben oder zumindest auf einen mit dem EWG-Vertrag vereinbarten Satz gesenkt worden sei, wies der Gerichtshof ab, da es die Kommission nicht versäumt habe, ihre Aufsichtspflicht zu erfüllen (siehe EuGH, 28.4.1971, Rs. 4/69, Alfons Lütticke/Kommission, Slg. 1971, S. 325, vor allem Rn. 17).

377 Vgl. Art. 8 Abs. 1, 3 EWGV und Beschluss des Rates vom 14. Januar 1962 betreffend den Übergang zur zweiten Stufe der Übergangszeit, ABl. (EG) P 10 vom 10.2.1962, S. 164.

378 Siehe EuGH, 5.2.1963, Rs. 26/62, Van Gend & Loos, Slg. 1963, S. 1 (25); EuGH, 15.7.1964, Rs. 6/64, Costa/E.N.E.L., Slg. 1964, S. 1253 (1273, 1275). Alle Vorschriften, denen der Gerichtshof bis dato unmittelbare Wirkung zuerkannt hatte, enthielten lediglich eine Unterlassungspflicht, weil sie sich aus-

trägen zur Rechtssache *Deutschmann* (bevor er knapp ein Jahr später seine Meinung in den Schlussanträgen zur Rechtssache *Alfons Lütticke* ändern sollte) noch der Auffassung, dass Art. 95 Abs. 3 EWGV nicht unmittelbar wirken könne.[379] In der *Alfons Lütticke*-Entscheidung schloss sich der Gerichtshof der geänderten Meinung von Generalanwalt *Gand* an und sah darin, dass Art. 95 Abs. 3 EWGV eine Verpflichtung zu einem Tun und nicht zu einem Unterlassen enthält, keinen Grund, eine unmittelbare Wirkung von vornherein auszuschließen. Stattdessen machte er die unmittelbare Wirkung davon abhängig, ob die relevante Vorschrift den Mitgliedstaaten einen Ermessensspielraum für die Erfüllung der Verpflichtung einräumt, der der unmittelbaren Wirkung entgegensteht.[380] Damit war klar, dass auch Vorschriften, die eine Verpflichtung zu einem Tun enthalten, unmittelbar wirken können, so dass auf die unmittelbare Wirkung einer Vielzahl weiterer Vorschriften geschlossen werden konnte.[381]

Die *Alfons Lütticke*-Entscheidung und die folgende Rechtsprechung legten den Schluss nahe, bei Verpflichtungen zu einem Unterlassen werde – anders als bei Handlungsverpflichtungen – vermutet, dass kein der unmittelbaren Wirkung entgegenstehendes Erfüllungsermessen der Mitgliedstaaten existiert.[382] Begründet hat der EuGH die Differenzierung nach Handlungs- und Unterlassungsverpflichtungen bis heute nicht. Eine denkbare Erklärung für die Unterscheidung könnte darin liegen, dass eine Unterlassungsverpflichtung in der Regel weniger Er-

---

schließlich gegen „neue" Maßnahmen richteten. Vgl. den Wortlaut der Art. 12, 37 Abs. 2, Art. 53 EWGV.

[379] Siehe GA Gand zu EuGH, Rs. 10/65, Deutschmann, Slg. 1965, S. 635 (649) vom 3. Juni 1965. Die Schlussanträge zu EuGH, Rs. 57/65, Lütticke, Slg. 1966, S. 257, stammen vom 4. Mai 1966.

[380] Siehe EuGH, 16.6.1966, Rs. 57/65, Lütticke, Slg. 1966, S. 257 (266).

[381] Wie etwa Art. 16, 34 Abs. 1 i.V.m. Abs. 2 und Art. 67 Abs. 2 EWGV. Nach dem Ende der Übergangszeit konnte auch von der unmittelbaren Wirkung der Art. 13, 30 i.V.m. 32 Abs. 2, Art. 37 Abs. 1, Art. 52 und 59 EWGV ausgegangen werden. Hierzu Ulmer, Das Verbot der steuerlichen Diskriminierung von Einfuhren in Artikel 95 des EWG-Vertrages und seine Auswirkungen auf das nationale Abgabenrecht, AWD 1966, S. 277 (278).

[382] Vgl. EuGH, 16.6.1966, Rs. 57/65, Lütticke, Slg. 1966, S. 257 (266); EuGH, 19.12.1968, Rs. 13/68, Salgoil, Slg. 1968, S. 679 (692: „Es handelt sich jedoch um Verpflichtungen zu einem Tun, so daß zu prüfen ist, ob die Mitgliedstaaten bei ihrer Erfüllung über einen Entscheidungsspielraum verfügen, der die unmittelbare Geltung ganz oder teilweise ausschließen würde.").

messen eröffnet.[383] Das reduzierte Ermessen könnte wiederum damit erklärt werden, dass eine Verpflichtung zu einem Tun grundsätzlich auf mannigfaltigere Art und Weise erfüllt werden kann als eine Unterlassungsverpflichtung.[384]

Soweit ersichtlich hat die Unterscheidung nach Verpflichtungen zu einem Tun und Unterlassen nach 1968 lange Zeit keine Rolle mehr gespielt.[385] Eine gewisse „Renaissance“ erlebte sie aber viele Jahre später in den Entscheidungen *Sevince* (1990) und *Savas* (2000). In diesen Entscheidungen begründete der Gerichtshof die rechtliche Vollkommenheit des Art. 7 des Beschlusses Nr. 2/76 und Art. 13 des Beschlusses Nr. 1/80 des Assoziationsrats EWG / Türkei, respektive Art. 41 Abs. 1 des Zusatzprotokolls zum Assoziierungsabkommen zwischen der EWG und der Türkei damit, dass es sich bei diesen Vorschriften um eindeutige Stillhalteklauseln handele.[386] Damit scheint er an die Logik aus dem *Lütticke*-Urteil anzuknüpfen. Eine Prüfungssystematik, wie sie die Entscheidungen aus den 60er Jahren erkennen lassen, fehlt aller-

---

383 In diese Richtung GA Gand zu EuGH, Rs. 57/65, Lütticke, Slg. 1966, S. 257 (277); Bebr, Directly Applicable Provisions of Community Law, ICLQ 19 (1970), S. 257 (278). Nach GA Cosmas zu EuGH, Rs. C-378/97, Wijsenbeek, Slg. 1999, I-6207, Rn. 58, Fn. 59, ist eine Pflicht zum Erlass positiver Maßnahmen „eindeutig schwerer und ganz anderer Natur“ als eine Pflicht zum Unterlassen.

384 Ähnlich das Bundesverfassungsgericht im Hinblick auf Schutzpflichten aus Grundrechten: Bei der Erfüllung von grundrechtlichen Schutzpflichten komme den Verfassungsorganen ein weiter Einschätzungs-, Wertungs- und Gestaltungsspielraum zu. Ein Anspruch auf Tätigwerden komme daher grundsätzlich erst dann in Betracht, wenn die Verpflichteten gänzlich untätig geblieben seien oder offensichtlich sei, dass die getroffenen Maßnahmen völlig ungeeignet oder unzulänglich seien. Siehe BVerfGE 56, 54 (71, 80 ff.); 77, 170 (214 f.); 77, 381 (405); 79, 174 (202); 92, 26, (46); 125, 39 (78 f.); stRspr.

385 In dem Verfahren Wijsenbeek hat sich die irische Regierung wohl darauf berufen, dass die Norm eine Pflicht zum Handeln begründe, um die unmittelbare Wirkung zu widerlegen. Vgl. GA Cosmas zu EuGH, Rs. C-378/97, Wijsenbeek, Slg. 1999, I-6207, Rn. 57. Der Gerichtshof ging hierauf nicht ein.

386 Siehe EuGH, 20.9.1990, Rs. C-192/89, Sevince, Slg. 1990, I-3461, Rn. 18; EuGH (Sechste Kammer), 11.5.2000, Rs. C-37/98, Savas, Slg. 2000, I-2927, Rn. 46 f. mit Verweis auf EuGH, 15.7.1964, Rs. 6/64, Costa/E.N.E.L., Slg. 1964, S. 1253 (1274). Bestätigt in EuGH, 21.10.2003, verb. Rs. C-317/01 und C-369/01, Abatay, Slg. 2003, I-12301, Rn. 45; EuGH (Zweite Kammer), 20.9.2007, Rs. C-16/05, Tum und Dari, Slg. 2007, I-7415, Rn. 46; EuGH (Zweite Kammer), 21.7.2011, Rs. C-186/10, Oguz, Slg. 2011, I-6957, Rn. 23.

dings, weshalb diese Entscheidungen auch nicht als konsequente Fortsetzung der Rechtsprechung zur Unterscheidung von Handlungs- und Unterlassungsverpflichtungen zu verstehen sind.

b) Unmittelbare Wirkung von Diskriminierungsverboten

Dass der Gerichtshof die unmittelbare Wirkung des Art. 95 Abs. 1 EWGV bejahte, ist auch deshalb bemerkenswert, weil er erstmals einem Diskriminierungsverbot unmittelbare Wirkung zusprach. Die unmittelbare Wirkung von Diskriminierungsverboten war zweifelhaft, weil es theoretisch stets zwei Möglichkeiten gibt, einem solchen nachzukommen: Entweder diejenige Person, die diskriminiert wurde, erhält den Vorteil, der ihr bisher fehlte, oder der Person, der bisher ein Vorteil zugutekam, wird ihr Vorteil genommen. Es besteht also ein Ermessen, wie ein Diskriminierungsverbot eingehalten wird. Wenden nun nationale Gerichte und Verwaltungsbehörden ein Diskriminierungsverbot unmittelbar an, mit der Folge, dass entweder derjenige, der diskriminiert wurde, den ihm bisher nicht zugutegekommenen Vorteil erhält oder der Person, der bisher ein Vorteil zugutekam, ihr Vorteil genommen wird, nehmen sie dieses Durchführungsermessen vorweg.

Der Gerichtshof bejahte die unmittelbare Wirkung des Art. 95 Abs. 1 EWGV, ohne auf das Bestehen des beschriebenen Durchführungsermessens einzugehen. Die praktische Bedeutung der Entscheidung kann kaum überschätzt werden: Mit dem *Alfons Lütticke*-Urteil legte der Gerichtshof die Grundlage für die unmittelbare Wirkung einer Vielzahl weiterer Diskriminierungsverbote. Erstaunlicherweise finden sich, soweit der amtlichen Sammlung zu entnehmen ist, in den Erklärungen der Verfahrensbeteiligten und in den Schlussanträgen keine deutlichen Ausführungen zum Durchführungsermessen.[387] Womöglich war man sich dieses Problems nicht bewusst. In der Wissenschaft wurde die dogmatische Bedeutung einer unmittelbaren Wirkung von Diskriminierungsverboten hingegen erkannt.[388]

---

[387] GA Gand scheint wie selbstverständlich davon ausgegangen zu sein, dass das Durchführungsermessen der unmittelbaren Wirkung nicht entgegensteht. Siehe die Schlussanträge zu EuGH, Rs. 57/65, Lütticke, Slg. 1966, S. 257 (274 f., 277 ff.): Die Norm belasse keinen „wirklichen" Ermessensspielraum.

[388] Siehe H. P. Ipsen, Anmerkung zum Urt. v. 16.6.1966, betreffend ein Ersuchen um Vorabentscheidung auf Grund von Art. 177 EWG-Vertrag, vorgelegt vom FG Saarland in dem vor ihm anhängigen Rechtsstreit der Firma Alfons Lütticke GmbH, Köln-Deutz, gegen das Hauptzollamt Saarlouis, EuR 1966,

Doch hiermit sollte es nicht sein Bewenden haben. Die *Alfons Lütticke*-Entscheidung löste den sog. „Umsatzausgleichsteuerstreit" aus, der die deutsche Finanzverwaltung, Rechtsprechung und Wissenschaft nachhaltig beschäftigte.[389] Das Urteil führte nicht nur dazu, dass die auf Milchpulver erhobene Umsatzausgleichsteuer als rechtswidrig angesehen wurde, sondern auch, dass die Rechtmäßigkeit der Umsatzausgleichsteuer auf weitere Produkte in Frage gestellt wurde.[390] Es kam zu einer Klagewelle.[391] Als Reaktion hierauf wies der Bundesminister der Finanzen die Zollstellen an, entsprechende Einsprüche zurückzuweisen und Anträge auf Aussetzung der Vollziehung von Umsatzausgleichsteuerbescheiden abzulehnen.[392] Der VII. Senat des Bundesfinanzhofs nutzte die sich anlässlich eines Rechtsstreits zwischen der

---

S. 354 (358: Wo „der Mitgliedstaat vertragswidrig nicht normiert, rückt die einschlägige Gemeinschaftsrechtsnorm, die einen materiellen Rechtssatz liefert und den Staat zur Normsetzung verpflichtete, mit ihrem Geltungs- und Anwendungsanspruch für nationale Gerichte und Individuen in den staatlichen Rechtsordnungsbereich ein, und zwar mit gleicher allseitiger Wirkung, die die unterlassene nationale Rechtsetzung geäußert haben würde"); ders., Europäisches Gemeinschaftsrecht, 1972, S. 127; Bebr, Directly Applicable Provisions of Community Law, ICLQ 19 (1970), S. 257 (279 ff., vor allem 280: „They [the Member-States] have only a marginal discretion as to the means by which equal treatment should be achieved. It may be considered excessive if a mere discretion as to the mode of execution, not as to the objective itself, could prevent direct application.").

389 Siehe Kuch, Artikel 95 des EWG-Vertrages in der Rechtsprechung des Bundesfinanzhofs und des Gerichtshofes der Europäischen Gemeinschaften, 1974, S. 17.

390 Siehe Haltern, Europarecht, 2. Aufl. 2007, Rn. 967.

391 Nach dem BFH sind weit über 200.000 Einsprüche zu Ausgleichsteuersachen bei den Hauptzollämtern eingelegt worden, die zu etwa 15.000 Klagen bei Zollsenaten der Finanzgerichte geführt hätten, „die damit ihrer sonstigen rechtsprechenden Tätigkeit auf Jahre hinaus weitgehend entzogen" seien. Siehe Beschluss des BFH vom 18.7.1967 – VII 156/65 –, abgedruckt in Europarecht 1967, S. 360 (363). Mitursächlich hierfür war, dass die beglaubigte Abschrift des Alfons Lütticke-Urteils, die den Prozessbeteiligten zugesandt wurde und Grundlage für Veröffentlichungen in deutschen Zollzeitschriften war, an der entscheidenden Stelle missverständlich aus dem Französischen ins Deutsche übersetzt worden war. Hierzu Everling, Sprachliche Missverständnisse beim Urteil des Gerichtshofes der Europäischen Gemeinschaften zur Umsatzausgleichssteuer, AWD 1967, S. 182.

392 Siehe den Erlaß vom 7.7.1966 – III B/4 – V 8534 – 1/66. Hierzu kritisch Wendt, Umsatzausgleichsteuer und EWG-Vertrag, AWD 1966, S. 327.

Firma *Molkerei-Zentrale Westfalen / Lippe GmbH* und dem Hauptzollamt Paderborn ergebende Gelegenheit, dem EuGH erneut vorzulegen und fragte den Gerichtshof, ob dieser an seiner Rechtsprechung festhalten wolle, dass Art. 95 EWGV unmittelbare Wirkungen erzeuge. Dabei kritisierte er die Begründung des *self-executing*-Charakters des Art. 12 EWGV durch den Gerichtshof in der *Van Gend & Loos*-Entscheidung als „im wesentlichen politischer Natur".[393] Außerdem ignoriere der Gerichtshof das vorhandene Ermessen hinsichtlich der Erfüllung der Verpflichtung aus Art. 95 EWGV und gewähre damit dem Einzelnen mehr Rechte, als es dem Inhalt der Norm entspreche. Auf diese Weise werde der Einzelne nämlich so gestellt, als hätte der Mitgliedstaat seine Verpflichtung bereits erfüllt.[394] Infolge der durch die *Alfons Lütticke*-Entscheidung verursachten Verfahrensflut seien die zuständigen Zollsenate der Finanzgerichte ihrer sonstigen rechtsprechenden Tätigkeit auf Jahre hinaus weitgehend entzogen.[395] Wie zu erwarten, schloss sich die Bundesregierung in ihrer Stellungnahme der Ansicht des Bundesfinanzhofs an, während die Kommission diese ablehnte.[396] Doch der Gerichtshof hielt trotz des politischen Drucks in seinem Urteil aus dem Jahr 1968 an der unmittelbaren Wirkung des Art. 95 EWGV fest.[397] Zum Ermessen bei Diskriminierungsverboten äußerte sich der EuGH weiterhin nicht.

Auch wenn der Streit um die unmittelbare Wirkung des Art. 95 EWGV nicht fortgeführt wurde, sollte die Frage, inwieweit ein Durchführungsermessen der unmittelbaren Wirkung von Diskriminierungsverboten entgegensteht, den EuGH noch lange beschäftigen. In der Entscheidung *van Duyn* aus dem Jahr 1974 erklärte der Gerichtshof schlicht, das Diskriminierungsverbot der Arbeitnehmerfreizügigkeit überlasse bei der

---

[393] Beschluss des BFH vom 18.7.1967 – VII 156/65 –, abgedruckt in Europarecht 1967, S. 360 (364). Die Molkerei-Zentrale Westfalen / Lippe GmbH machte wie die Alfons Lütticke GmbH geltend, die Erhebung der Umsatzausgleichsteuer verstoße gegen Art. 95 EWGV, da nach den deutschen Bestimmungen die Lieferung sowohl inländischen Vollmilchpulvers als auch des Vorprodukts, inländischer Milch, von der Umsatzsteuer befreit seien. Siehe EuGH, 3.4.1968, Rs. 28/67, Molkerei-Zentrale Westfalen/Lippe, Slg. 1968, S. 215 (219).

[394] Siehe den Beschluss des BFH vom 18.7.1967 – VII 156/65 –, abgedruckt in Europarecht 1967, S. 360 (362 f.).

[395] Beschluss des BFH, a.a.O., S. 360 (362 ff.).

[396] Vgl. EuGH, 3.4.1968, Rs. 28/67, Molkerei-Zentrale Westfalen/Lippe, Slg. 1968, S. 215 (222).

[397] Siehe EuGH, a.a.O., S. 215 (230 ff., 236).

Durchführung kein Ermessen.[398] Zwei Jahre später, in der Entscheidung *Defrenne II*, wies der Gerichtshof den Einwand, das Diskriminierungsverbot aufgrund des Geschlechts beim Arbeitsentgelt könne anders als durch eine Anhebung der niedrigeren Löhne befolgt werden, mit dem Ziel der Verbesserung der Lebens- und Arbeitsbedingungen auf dem Wege des Fortschrittes zurück.[399] In ihrer Erklärung zu der Rechtssache *Hofmann* sprach sich sogar die Kommission dafür aus, die unmittelbare Wirkung eines Diskriminierungsverbots nach dem Geschlecht hinsichtlich der Arbeitsbedingungen abzulehnen, da für den Fall, dass der nationale Gesetzgeber das Diskriminierungsverbot verletzt habe, ihm in aller Regel mehrere Möglichkeiten offen stünden, die Gleichbehandlung sicherzustellen.[400] Der Gerichtshof äußerte sich hierzu nicht, da er die entsprechende Vorlagefrage nicht beantworten musste.[401] Zu einer klareren Linie fand der EuGH erst mit dem Urteil *Federatie Nederlandse Vakbeweging* aus dem Jahr 1986, in dem es um die unmittelbare Wirkung des Art. 4 der Richtlinie 79/7 zur schrittweisen Verwirklichung des Grundsatzes der Gleichbehandlung von Männern und Frauen im Bereich der sozialen Sicherheit ging, wonach der Grundsatz der Gleichbehandlung den Fortfall jeglicher Diskriminierung aufgrund des Geschlechts beinhaltet.[402] Er entschied, dass Frauen „Anspruch auf die gleiche Behandlung und auf Anwendung der gleichen Regeln [haben] wie Männer, die sich in der gleichen Lage befinden, wobei diese Regelung, solange die Richtlinie nicht durchgeführt ist, das einzige gültige Bezugssystem bleibt."[403] Diese Rechtsauffassung entspricht mittlerweile ständiger Rechtsprechung und erstreckt sich auf

---

[398] Siehe EuGH, 4.12.1974, Rs. 41/74, van Duyn, Slg. 1974, S. 1337, Rn. 5/7. Die Kommission plädierte für die Unbeachtlichkeit des Durchführungsermessens (vgl. S. 1342 des Urteils).

[399] Siehe EuGH, 8.4.1976, Rs. 43/75, Defrenne II, Slg. 1976, S. 455, Rn. 14/15, unter Verweis auf Art. 117 Abs. 1 EWGV (Art. 151 Abs. 1 AEUV).

[400] Vgl. EuGH, 12.7.1984, Rs. 184/83, Hofmann, Slg. 1984, S. 3047 (3063). GA Darmon hielt das Durchführungsermessen dagegen pauschal für unbeachtlich (siehe seine Schlussanträge hierzu auf S. 3087).

[401] Siehe EuGH, a.a.O., Rn. 6, 29.

[402] Richtlinie 79/7/EWG des Rates vom 19. Dezember 1978 zur schrittweisen Verwirklichung des Grundsatzes der Gleichbehandlung von Männern und Frauen im Bereich der sozialen Sicherheit, ABl. (EG) L 6 vom 10.1.1979, S. 24.

[403] EuGH, 4.12.1986, Rs. 71/85, Federatie Nederlandse Vakbeweging, Slg. 1986, S. 3855, Rn. 22, Tenor 1.

sämtliche Diskriminierungsverbote.[404] Dementsprechend wird die Relevanz des Durchführungsermessens für die unmittelbare Wirkung von Diskriminierungsverboten nicht mehr aufgeworfen.[405] Generalanwältin *Kokott* beschreibt die unmittelbare Wirkung von Diskriminierungsverboten zutreffend als „einen der klassischen Anwendungsfälle der unmittelbaren Wirkung des Gemeinschaftsrechts".[406]

3. Grad (1970) und van Duyn (1974): Unmittelbare Wirkung von staatengerichteten Entscheidungen und Richtlinien

Die frühen 70er Jahre werden zutreffend als *„crucial period for making direct effect a pervasive characteristic of Community law"* beschrieben.[407] In diese Zeit fallen einige bedeutende Entscheidungen für die unmittelbare Wirkung des Unionsrechts. 1970 stellte der Gerichtshof in der Vorabentscheidung *Grad* (sog. „Leberpfennig-Entscheidung") erstmalig die unmittelbare Wirkung einer an die Mitgliedstaaten gerichteten Entscheidung fest.[408] Im Ausgangsverfahren klagte der Güterfernver-

---

[404] Im Hinblick auf das Verbot, nach dem Geschlecht zu differenzieren: EuGH, 24.3.1987, Rs. 286/85, McDermott und Cotter, Slg. 1987, S. 1453, Rn. 18 f.; EuGH (Zweite Kammer), 24.6.1987, Rs. 384/85, Clarke, Slg. 1987, S. 2865, Rn. 12; EuGH (Sechste Kammer), 24.2.1994, Rs. C-343/92, Roks, Slg. 1994, I-571, Rn. 18. Im Hinblick auf Art. 157 AEUV: EuGH (Sechste Kammer), 7.2.1991, Rs. C-184/89, Nimz, Slg. 1991, I-297, Rn. 18-20; EuGH, 28.9.1994, Rs. C-408/92, Smith, Slg. 1994, I-4435, Rn. 16; EuGH, 28.9.1994, Rs. C-28/93, van den Akker, Slg. 1994, I-4527, Rn. 17. Im Hinblick auf Diskriminierungsverbote im Allgemeinen: EuGH (Sechste Kammer), 12.12.2002, Rs. C-442/00, Rodríguez Caballero, Slg. 2002, I-11915, Rn. 42; EuGH (Erste Kammer), 7.9.2006, Rs. C-81/05, Cordero Alonso, Slg. 2006, I-7569, Rn. 45 f.; EuGH (Erste Kammer), 21.6.2007, verb. Rs. C-231/06 bis C-233/06, Jonkman, Slg. 2007, I-5149, Rn. 39.

[405] Vgl. bspw. EuGH (Zweite Kammer), 18.11.2010, verb. Rs. C-250/09 und C-268/09, Georgiev, Slg. 2010, I-11869, Rn. 69 ff. Vgl. auch GA Alber zu EuGH, Rs. C-157/02, Rieser Internationale Transporte, Slg. 2004, I-1477, Rn. 71.

[406] GA Kokott zu EuGH, Rs. C-268/06, Impact, Slg. 2008, I-2483, Rn. 90.

[407] de Witte, The Continuous Significance of Van Gend en Loos, in: Maduro/Azoulai (Hg.), The Past and Future of EU Law, 2010, S. 9 (11).

[408] Siehe EuGH, 6.10.1970, Rs. 9/70, Grad („Leberpfennig"), Slg. 1970, S. 825, Rn. 3 ff. Nur wenig später ergingen die zu weiten Teilen inhaltsgleichen Urteile EuGH, 21.10.1970, Rs. 20/70, Transports Lesage & Clie, Slg. 1970, S. 861 und EuGH, 21.10.1970, Rs. 23/70, Haselhorst, Slg. 1970, S. 881. Wegwei-

kehrsunternehmer *Franz Grad* vor dem Finanzgericht München gegen die Veranlagung zu einer Steuer aus Anlass eines Warentransports mit einem Kraftfahrzeug. Diese Steuer wurde in Umsetzung des sog. „Leber-Plans" (benannt nach dem damaligen deutschen Verkehrsminister *Georg Leber*) erhoben und diente unter anderem dazu, den Güterverkehr von der Straße auf die Schiene zu verlagern.[409] Den entsprechenden Entwurf des Gesetzes über die Besteuerung des Straßengüterverkehrs hatte die Bundesregierung der Kommission bereits 1967 zur Stellungnahme übermittelt. Die Kommission hatte daraufhin geantwortet, sie halte die Steuer nicht mit der gemeinsamen Verkehrspolitik für vereinbar, und empfahl der Bundesrepublik, auf die Beförderungssteuer zu verzichten.[410] Das hinderte Letztere aber nicht daran, das Gesetz mit Wirkung zum 1. Januar 1969 dennoch in Kraft zu setzen.[411] Vor dem Finanzgericht München machte *Franz Grad* geltend, die Besteuerung verstoße gegen die an die Mitgliedstaaten gerichtete Entscheidung des Rates 65/271 über die Harmonisierung bestimmter Vorschriften, die den Wettbewerb im Eisenbahn-, Straßen- und Binnenschiffsverkehr beeinflussen.[412] Das Finanzgericht München setzte das Verfahren aus und fragte den Gerichtshof, ob die Entscheidung unmittelbare Wirkung begründet.[413] Während die Kommission die Entscheidung für unmittelbar

---

send zur unmittelbaren Wirkung von Entscheidungen und Richtlinien Grabitz, Entscheidungen und Richtlinien als unmittelbar wirksames Gemeinschaftsrecht, EuR 1971, S. 1.

409 Vgl. das Gesetz über die Besteuerung des Straßengüterverkehrs vom 28. Dezember 1968, BGBl. I S. 1461; Programm zur Gesundung des deutschen Verkehrswesens, Bulletin des Presse- und Informationsamtes der Bundesregierung Nr. 103 vom 26. September 1967, S. 881.

410 Siehe die Empfehlung der Kommission vom 31. Januar 1968 an die Bundesrepublik Deutschland zu den Entwürfen von Gesetzen – über die Besteuerung des Straßengüterverkehrs, – zur Änderung des Güterkraftverkehrsgesetzes, – zur Änderung des Gesetzes über den gewerblichen Binnenschiffsverkehr, – zur Änderung des Personenbeförderungsgesetzes (68/96/EWG), ABl. (EG) L 35 vom 8.2.1968, S. 14.

411 Siehe § 14 Gesetz über die Besteuerung des Straßengüterverkehrs vom 28. Dezember 1968, BGBl. I S. 1461.

412 Entscheidung des Rates vom 13. Mai 1965 über die Harmonisierung bestimmter Vorschriften, die den Wettbewerb im Eisenbahn-, Straßen- und Binnenschiffsverkehr beeinflussen (65/271/EWG), ABl. (EG) P 88 vom 24.5.1965, S. 1500. Siehe EuGH, 6.10.1970, Rs. 9/70, Grad („Leberpfennig"), Slg. 1970, S. 825 (828 f.).

413 Vgl. EuGH, a.a.O., S. 825 (829 f.).

wirksam hielt, lehnte die Bundesregierung, die als einzige Regierung eine Erklärung abgegeben hatte, eine unmittelbare Wirkung ab.[414] Dabei stützte letztere sich im Wesentlichen auf Art. 189 EWGV (nun Art. 288 AEUV), wonach der Vertrag zwischen unmittelbar wirksamen Verordnungen und nicht unmittelbar wirksamen Entscheidungen und Richtlinien unterscheide.[415] Generalanwalt *Roemer* dagegen, der sich im Hinblick auf die Rechtssache *Van Gend & Loos* noch engagiert gegen eine unmittelbare Wirkung des Art. 12 EWGV ausgesprochen hatte, kam – durch die Rechtsprechung des EuGH mittlerweile überzeugt – in seinen Schlussanträgen zu dem Ergebnis, dass „keine prinzipiellen, zwingenden Argumente gegen die unmittelbare Anwendbarkeit" sprächen.[416] Die Richter des Gerichtshofs waren überwiegend gleicher Auffassung: Im Urteil entschied der EuGH, der denkbare Umkehrschluss aus der in Art. 189 Abs. 2 EWGV vorgesehenen unmittelbaren Geltung von Verordnungen auf die fehlende unmittelbare Wirkung der anderen in diesem Artikel genannten Kategorien von Rechtsakten sei nicht zulässig. Vielmehr sei in jedem einzelnen Fall zu prüfen, ob eine Vorschrift unmittelbare Wirkungen begründe.[417] Die Unzulässigkeit des Umkehrschlusses begründete der Gerichtshof lediglich mit der Wirksamkeit des Gemeinschaftsrechts (*effet utile*) und der Existenz des Vorabentscheidungsverfahrens, wonach mitgliedstaatliche Gerichte den Gerichtshof wegen der Auslegung oder Gültigkeit einer Handlung der Organe anrufen könnten, unabhängig von deren Rechtsnatur.[418]

Indem der Gerichtshof den Umkehrschluss aus der unmittelbaren Geltung von Verordnungen auf die fehlende unmittelbare Wirkung der anderen in Art. 189 EWGV „genannten Kategorien von Rechtsakten"

---

[414] Vgl. EuGH, a.a.O., S. 825 (831 ff.).

[415] Vgl. EuGH, a.a.O., S. 825 (832, 834 und Rn. 4).

[416] GA Roemer zu EuGH, a.a.O., S. 825 (847 ff., vor allem 850).

[417] Siehe EuGH, a.a.O., Rn. 5.

[418] Siehe EuGH, a.a.O., Rn. 5 f. Mehrfach bestätigt, siehe nur EuGH, 21.10.1970, Rs. 20/70, Transports Lesage & Clie, Slg. 1970, S. 861, Rn. 5 f.; EuGH, 21.10.1970, Rs. 23/70, Haselhorst, Slg. 1970, S. 881, Rn. 5 f.; EuGH (Zweite Kammer), 10.11.1992, Rs. C-156/91, Hansa Fleisch Ernst Mundt, Slg. 1992, I-5567, Rn. 12; EuGH (Zweite Kammer), 10.11.1992, Rs. C-156/91, Hansa Fleisch Ernst Mundt, Slg. 1992, I-5567, Rn. 12; EuGH (Zweite Kammer), 20.11.2008, Rs. C-18/08, Foselev Sud-Ouest, Slg. 2008, I-8745, Rn. 11.

entkräftet hatte,[419] stieß er die Tür zur unmittelbaren Wirkung von Richtlinien auf. Allerdings sollten beinahe vier Jahre vergehen, bis sich die Gelegenheit bot, auch die unmittelbare Wirkung von Richtlinien festzustellen.[420] Diese eröffnete sich, als im Jahr 1974 zum ersten Mal ein Gericht des Vereinigten Königreichs, der *High Court of Justice* (*Chancery Division*), dem Gerichtshof eine Frage zur Vorabentscheidung vorlegte.[421] Im Ausgangsrechtsstreit klagte die Niederländerin *Yvonne van Duyn* gegen die Versagung einer Einreiseerlaubnis in das Vereinigte Königreich, weil sie dort eine Stelle bei der *Church of Scientology* antreten wollte. Die britische Regierung hatte aber beschlossen, Arbeitserlaubnisse an Ausländer für die Tätigkeit bei einer *Scientology*-Einrichtung nicht mehr auszugeben.[422] *Yvonne van Duyn* sah in der Einreiseverweigerung einen Verstoß gegen die Richtlinie 64/221 zur Koordinierung der Sondervorschriften für die Einreise und den Aufenthalt von Ausländern,[423] deren Umsetzungsfrist bereits seit zehn Jahren abgelaufen war.[424] Der *High Court* fragte den Gerichtshof, ob die Richtlinie 64/221 unmittelbar wirkt.[425] Kommission und Generalanwalt *Mayras* waren sich unter Verweis auf die Rechtsprechung des EuGH darin einig, dass diese Frage positiv zu beantworten sei.[426] Lediglich das

---

[419] Siehe EuGH, 6.10.1970, Rs. 9/70, Grad („Leberpfennig"), Slg. 1970, S. 825, Rn. 5.

[420] Aus der Entscheidung EuGH, 17.12.1970, Rs. 33/70, S.A.C.E., Slg. 1970, S. 1213, Rn. 8 ff., konnte nicht ohne weiteres auf die unmittelbare Wirkung von Richtlinien geschlossen werden. Zwar stellte der EuGH fest, dass eine Richtlinie Rechtswirkungen erzeugt, auf die sich die einzelnen Bürger berufen könnten (siehe Rn. 14/16). Allerdings ging es in dieser Entscheidung um die unmittelbare Wirkung des Art. 13 Abs. 2 EWGV, der für seine Geltung auf Richtlinien der Kommission verwies.

[421] Vgl. EuGH, 4.12.1974, Rs. 41/74, van Duyn, Slg. 1974, S. 1337.

[422] Vgl. EuGH, a.a.O., S. 1337 (1340).

[423] Richtlinie des Rats vom 25. Februar 1964 zur Koordinierung der Sondervorschriften für die Einreise und den Aufenthalt von Ausländern, soweit sie aus Gründen der öffentlichen Ordnung, Sicherheit oder Gesundheit gerechtfertigt sind (64/221/EWG), ABl. (EG) P 56 vom 4.4.1964, S. 850. Vgl. EuGH, a.a.O., S. 1337 (1340).

[424] Die Umsetzungsfrist war am 19. September 1964 ausgelaufen. Siehe Art. 10 Abs. 1 der genannten Richtlinie.

[425] Vgl. EuGH, a.a.O., S. 1337 (1341).

[426] Vgl. EuGH, a.a.O., S. 1337 (1342) und GA Mayras hierzu, S. 1355 f.

Vereinigte Königreich, das wiederum als einziger Mitgliedstaat eine Erklärung abgegeben hatte, sprach sich – wie die Bundesregierung zuvor – unter Hinweis auf die in Art. 189 EWGV getroffene Unterscheidung zwischen Verordnungen und Richtlinien gegen eine unmittelbare Wirkung aus.[427] Wie nach der „Leberpfennig"-Entscheidung kaum anders zu erwarten, erklärte der Gerichtshof den Umkehrschluss aus der unmittelbaren Geltung von Verordnungen in Art. 189 Abs. 2 EWGV auf die fehlende unmittelbare Wirkung von Richtlinien aber für unzulässig. Seine Begründung entsprach der Begründung in der „Leberpfennig"-Entscheidung.[428] Es sei, so der EuGH, in jedem einzelnen Fall zu prüfen, ob die Bestimmung, um die es gehe, nach Rechtsnatur, Systematik und Wortlaut geeignet sei, unmittelbare Wirkungen zu erzeugen.[429]

Heute steht weitgehend außer Zweifel, dass auch Richtlinien oder staatengerichtete Entscheidungen beziehungsweise Beschlüsse unmittelbar wirken können. Dies mag damit zusammenhängen, dass der Umkehrschluss aus Art. 288 Abs. 2 AEUV (Art. 189 Abs. 2 EWGV), wie der Gerichtshof betont, kein zwingender Umkehrschluss in dem Sinne ist, dass Vorschriften anderer Rechtshandlungsformen niemals unmittelbare Wirkung entfalten können.[430] So wurde, soweit ersichtlich, noch nie bestritten, dass etwa individualgerichtete Entscheidungen (nun Beschlüsse) unmittelbare wirken können. Vor diesem Hintergrund erstaunt es nicht, dass in den Verfahren *Grad* und *van Duyn* lediglich diejenigen Mitgliedstaaten, deren nationales Recht unmittelbar betroffen war, von der Möglichkeit Gebrauch machten, Erklärungen abzugeben. Umso mehr erstaunt, dass ganz besonders die unmittelbare Wirkung von

---

[427] Vgl. EuGH, a.a.O., Rn. 11 und S. 1343 f.

[428] Siehe EuGH, a.a.O., Rn. 12. Vielfach bestätigt, siehe nur EuGH, 1.2.1977, Rs. 51/76, Verbond van Nederlandse Ondernemingen, Slg. 1977, S. 113, Rn. 20/29; EuGH, 23.11.1977, Rs. 38/77, Enka, Slg. 1977, S. 2203, Rn. 9/10; EuGH, 29.11.1978, Rs. 21/78, Delkvist, Slg. 1978, S. 2327, Rn. 18/21; EuGH, 5.4.1979, Rs. 148/78, Ratti, Slg. 1979, S. 1629, Rn. 18-21. Die Rechtsprechung zu Richtlinien gilt ebenfalls für Empfehlungen nach Art. 14 Abs. 3 EGKSV. Siehe EuGH, 22.2.1990, Rs. 221/88, Busseni, Slg. 1990, I-495, Rn. 21; EuGH (Sechste Kammer), 2.5.1996, Rs. C-18/94, Hopkins, Slg. 1996, I-2281, Rn. 28 f. Eine Übersicht über die verschiedenen normativen Verständnisse der unmittelbaren Wirkung von Richtlinien findet sich bei Kadelbach, Allgemeines Verwaltungsrecht unter europäischem Einfluß, 1996, S. 71 ff.

[429] Siehe EuGH, 4.12.1974, Rs. 41/74, van Duyn, Slg. 1974, S. 1337, Rn. 12.

[430] Siehe EuGH, 6.10.1970, Rs. 9/70, Grad („Leberpfennig"), Slg. 1970, S. 825, Rn. 5.

Richtlinien auf Widerstand in der nationalen Rechtsprechung und Wissenschaft stieß.[431] In der sog. *Cohn-Bendit*-Entscheidung aus dem Jahre 1978, also vier Jahre nach der *van Duyn*-Entscheidung, lehnte der französische *Conseil d'État* die unmittelbare Wirkung von Richtlinien unter Berufung auf den Wortlaut des Art. 189 EWGV ab, wonach die Richtlinie den innerstaatlichen Stellen die Wahl der Form und der Mittel zur Erreichung des Ziels überlässt.[432] Der V. Senat des Bundesfinanzhofs

---

[431] Siehe aus der Wissenschaft Rambow, Anmerkung zu EuGH, Urteil vom 6. 10. 1970 – RS 9/70 –, DVBl 1971, S. 46; de Ripainsel-Landy, Observations, CDE 7 (1971), S. 455; Boukema, A Logical Scrutiny of the Van Duyn Case, LIEI 5 (1978), S. 83; H. Rasmussen, On Law and Policy in the European Court of Justice, 1986, S. 250; Schermers, No Direct Effect for Directives, European Public Law 3 (1997), S. 527. Zu erwähnen ist auch, dass die Stadt Mailand noch Ende der 80er Jahre in ihrer Erklärung zur Rs. Fratelli Costanzo argumentierte, Richtlinien könnten aufgrund der Unterscheidung zwischen Verordnungen und Richtlinien in Art. 189 EWGV nicht unmittelbar wirken. Vgl. EuGH, 22.6.1989, Rs. 103/88, Fratelli Costanzo, Slg. 1989, S. 1839 (1849). Ein erheblicher Teil der Wissenschaft sah in der unmittelbaren Wirkung von Richtlinien dagegen keinen Anlass für Kritik. Vgl. Meier, Anmerkung, Außenwirtschaftsdienst des Betriebs-Beraters 1970, S. 475; Wägenbaur, Zur Wirkung von Entscheidungen und Richtlinien des EWG-Rats, Außenwirtschaftsdienst des Betriebs-Beraters 1970, S. 481 (483: „Im übrigen fällt auf, daß der Gerichtshof [im Urteil Grad] darauf verzichtet hat, eine Reihe von Argumenten heranzuziehen, die geeignet sein können, die unmittelbare Anwendbarkeit zu begründen."); Werbke, Das Recht des Einzelnen zur Berufung auf staatengerichtete Entscheidungen (Art. 189 EWGV), NJW 1970, S. 2137; Brinkhorst, Annotation, CML Rev 8 (1971), S. 386; Goffin, Observations, Journal des Tribunaux 90 (1975), S. 154; Meier, Anmerkung, DVBl 1975, S. 780; Simmonds, Van Duyn v. The Home Office: The Direct Effectiveness of Directives, ICLQ 24 (1975), S. 419 (434 f.); Wyatt, Direct applicability of Community acts, EL Rev 1 (1975), S. 51; Blankenheimer, EUROPEAN COMMUNITIES – Migrant Workers – Exclusion of Aliens – A Member State may Limit Free Movement of Workers on Grounds of Public Policy, Public Security, or Health in the Exercise of Discretion Under Article 48 and Article 3(1) of Council Directive No. 64/221, Van. J. Transnat'l L. 9 (1976), S. 415; Lyon-Caen, Observations, RTDEur. 12 (1976), S. 141; Rittstieg, Anmerkung zu den Urteilen in den Rechtssachen 41/74 (van Duyn) und 67/74 (Bonsignore), EuR 1976, S. 54; Speller, In Defence of Logic Secundum Curiam and Logic Simpliciter, LIEI 7 (1980), S. 59; Everling, Zur direkten innerstaatlichen Wirkung der EG-Richtlinien, in: Börner/Jahrreiß/Stern (Hg.), Einigkeit und Recht und Freiheit: Festschrift für Karl Carstens, Bd. 1, 1984, S. 95 m.w.N.

[432] Siehe Conseil d'État (assemblée), Entscheidung vom 22. Dezember 1978, N° 11604, abrufbar unter http://www.conseil-etat.fr/fr/base-de-jurisprudence (abgerufen am 22.8.2013). Den EuGH gegen den Conseil d'État verteidigend

wendete sich mit einer Entscheidung aus dem Jahre 1981 ebenfalls gegen die unmittelbare Wirkung von Richtlinien unter ausdrücklicher Bezugnahme auf die Auffassung des *Conseil d'État*. Aus dem Wortlaut des Art. 189 EWGV folge „außerhalb jeden ersichtlichen Zweifels, daß eine Richtlinie [...] in den Vertragsstaaten kein unmittelbar geltendes Recht erzeugen" könne.[433] Trotz heftiger Kritik in der Wissenschaft[434] entschied der V. Senat des Bundesfinanzhofs im Jahre 1985 erneut, Richtlinien könnten nicht unmittelbar wirken. Deutschland habe der Europäischen Wirtschaftsgemeinschaft für den relevanten Sachbereich (konkret die Umsatzsteuer) „nicht das Hoheitsrecht zur Rechtsetzung mit unmittelbarer Geltung im Inland übertragen."[435] Auf eine Vorlage beim EuGH verzichtete der Bundesfinanzhof. Das Bundesverfassungsgericht sah hierin eine Verletzung des Rechts auf den gesetzlichen Richter nach Art. 101 Abs. 1 Satz 2 GG und hob die Entscheidung des Bundesfinanzhofs auf. Die Rechtsauffassung des Gerichtshofs zur Rechtsnatur von Richtlinien halte sich im Rahmen des durch das Zustimmungsgesetz zum EWG-Vertrag abgesteckten Integrationsprogramms. Es sei

---

Pescatore, L'effet des directives communautaires: une tentative de démythification, Recueil Dalloz Sirey, Chronique 1980, S. 171; ders., The Doctrine of "Direct Effect": An Infant Disease of Community Law, EL Rev 8 (1983), S. 155 (169 f.).

433 BFHE 133, 470 (471 f.) vom 16. Juli 1981.

434 Siehe nur Autexier, Note, RTDEur. 17 (1981), S. 780 (784); Meier, Unmittelbare Wirkung von EG-Richtlinien im deutschen Umsatzsteuerrecht?, BB 1981, S. 1883 (1884); Millarg, Anmerkung, EuR 1981, S. 444; Dänzer-Vanotti, Unmittelbare Wirkung der Sechsten Umsatzsteuer-Richtlinie, BB 1982, S. 1106; H. J. Herrmann, Einwirkung von EG-Richtlinien auf das nationale deutsche Umsatzsteuerrecht, RIW 1982, S. 566; Voss, Verfassungsrechtliche Probleme des Streits um die unmittelbare Wirkung von EG-Richtlinien, RIW 1982, S. 570; Pescatore, The Doctrine of "Direct Effect": An Infant Disease of Community Law, EL Rev 8 (1983), S. 155 (170); Scheuing, Rechtsprobleme bei der Durchsetzung des Gemeinschaftsrechts in der Bundesrepublik Deutschland, EuR 1985, S. 229 (264 ff.); Seidel, Die Direkt- oder Drittwirkung von Richtlinien des Gemeinschaftsrechts, NJW 1985, S. 517. Dem BFH zustimmend hingegen Sigloch, Zur angeblichen unmittelbaren Wirkung von EG-Richtlinien im deutschen Umsatzsteuerrecht, BB 1982, S. 791.

435 BFHE 143, 383 (387 f.) – Kloppenburg – vom 25. April 1985. Kritisch hierzu Duhnkrack, Die unmittelbare Wirkung von EG-Richtlinien, RIW 1985, S. 40; Magiera, Die Rechtswirkungen von EG-Richtlinien im Konflikt zwischen Bundesfinanzhof und Europäischem Gerichtshof, DÖV 1985, S. 937; Tomuschat, Nein, und abermals Nein! Zum Urteil des BFH vom 25. April 1985 (V R 123/84), EuR 1985, S. 346.

kein unvertretbarer Schluss, wenn der EuGH aus der Bestimmung des Art. 189 EWGV, dass die Verordnung unmittelbar gelte, folgere, dass damit eine unmittelbare Rechtswirkung der anderen Rechtsakte nicht ausgeschlossen sei. Zwar komme die Möglichkeit des Einzelnen, sich auf die Richtlinie zu berufen, einer normativen Wirkung praktisch gleich; der eigentliche Sinn dieser Möglichkeit liege aber nicht darin, die Rechtsetzungskompetenz zu erweitern, sondern die durch die Richtlinie begründete Verpflichtung des Mitgliedstaats wirkungsvoll und in rechtsstaatlicher Weise zu sanktionieren.[436] Eine weitere Entscheidung des Bundesfinanzhofs, in der dieser die unmittelbare Wirkung von Richtlinien ablehnt, sollte es nicht geben. Dagegen gab der *Conseil d'État* seine Position aus der *Cohn-Bendit*-Entscheidung nur sukzessive auf, indem er in bestimmten Fällen die unmittelbare Anwendbarkeit von Richtlinien als Maßstabsnorm für nationales Recht (sog. *invocabilité d'exclusion*) anerkannte.[437] Erst im Jahr 2009 schloss sich der *Conseil d'État* mit der *Mme Perreux*-Entscheidung vorbehaltslos dem EuGH an.[438]

Als Reaktion auf den richterlichen Widerstand in Frankreich und Deutschland gegen die unmittelbare Wirkung von Richtlinien wiederholte der EuGH seine Begründung für die unmittelbare Wirkung von Richtlinien bis in die 1980er Jahre hinein, wenn auch mit Abwandlun-

---

436 Siehe BVerfGE 75, 223 (224, 233 ff., 240 f., 246) vom 8. April 1987.

437 Siehe nur Conseil d'État (6 / 2 ssr), Entscheidung vom 28. September 1984, N° 28467; Conseil d'État (5 / 3 ssr), Entscheidung vom 7. Dezember 1984, N° 41971 41972; Conseil d'État (assemblée), Entscheidung vom 3. Februar 1989, N° 74052; Conseil d'État (2 / 6 ssr), Entscheidung vom 8. Juli 1991, N° 95461; Conseil d'État (assemblée), Entscheidung vom 28. Februar 1992, N° 56776 56777; abrufbar unter http://www.conseil-etat.fr/fr/base-de-jurisprudence (abgerufen am 22.8.2013). Hierzu Plötner, Report of France, in: Slaughter/Stone Sweet/Weiler (Hg.), The European Court and National Courts – Doctrine and Jurisprudence, 1997, S. 41 (48 ff.). Zur Unterscheidung nach Ausschluss- und Substitutionswirkung siehe im ersten Teil, D.III.

438 Siehe Conseil d'État (assemblée), Entscheidung vom 30. Oktober 2009, N° 298348, abrufbar unter http://www.conseil-etat.fr/fr/base-de-jurisprudence (abgerufen am 22.8.2013). Hierzu und zur Evolution der Rechtsprechung des Conseil d'État: Coutron, La lente conversion du Conseil d'État à l'effet direct des directives, AJDA 66 (2010), S. 1412; Kalflèche, Application du droit de l'Union européenne par le Conseil d'État, Europe 20 (2010), S. 9 (10 f.); Kovar, Le Conseil d'État et l'effet direct des directives: la fin d'une longue marche, Europe 20 (2010), S. 5.

gen,[439] und baute sie sogar aus. Er erweiterte seine Argumentation um das Verbot widersprüchlichen Verhaltens: Ein Mitgliedstaat, der die in der Richtlinie vorgeschriebenen Durchführungsmaßnahmen nicht fristgemäß erlassen habe, könne den Einzelnen nicht entgegenhalten, dass er (der Staat) die aus dieser Richtlinie erwachsenen Verpflichtungen nicht erfüllt habe.[440] Ferner müsse verhindert werden, dass der Staat aus seiner Nichtbeachtung des Gemeinschaftsrechts Nutzen ziehen könne.[441] Außerdem folge die unmittelbare Wirkung aus der durch Art. 189 Abs. 3 EWGV zuerkannten verbindlichen Wirkung von Richtlinien

---

[439] Siehe EuGH, 1.2.1977, Rs. 51/76, Verbond van Nederlandse Ondernemingen, Slg. 1977, S. 113, Rn. 20/29; EuGH, 23.11.1977, Rs. 38/77, Enka, Slg. 1977, S. 2203, Rn. 9/10; EuGH, 29.11.1978, Rs. 21/78, Delkvist, Slg. 1978, S. 2327, Rn. 18/21; EuGH, 5.4.1979, Rs. 148/78, Ratti, Slg. 1979, S. 1629, Rn. 18-21; EuGH, 7.7.1981, Rs. 158/80, Rewe-Handelsgesellschaft Nord und Rewe-Markt Steffen, Slg. 1981, S. 1805, Rn. 41 ff.; EuGH, 19.1.1982, Rs. 8/81, Becker, Slg. 1982, S. 53, Rn. 17 ff.; EuGH, 10.6.1982, Rs. 255/81, Grendel, Slg. 1982, S. 2301, Rn. 11 f. Eine Ausnahme stellt die Entscheidung EuGH, 22.5.1980, Rs. 131/79, Santillo, Slg. 1980, S. 1585, Rn. 13 ff. dar. Ab der Entscheidung EuGH (Erste Kammer), 22.9.1983, Rs. 271/82, Auer, Slg. 1983, S. 2727, Rn. 16, verzichtet er in der Regel auf die Wiederholung seiner Begründung. Siehe EuGH (Zweite Kammer), 15.12.1983, Rs. 5/83, Rienks, Slg. 1983, S. 4233, Rn. 8; EuGH (Dritte Kammer), 26.1.1984, Rs. 301/82, Clin-Midy, Slg. 1984, S. 251, Rn. 4; EuGH (Fünfte Kammer), 28.3.1985, Rs. 96/84, Vereniging Slachtpluimvee-Export, Slg. 1985, S. 1157, Rn. 17 ff.; EuGH, 26.2.1986, Rs. 152/84, Marshall I, Slg. 1986, S. 723, Rn. 39 ff.; EuGH, 15.5.1986, Rs. 222/84, Johnston, Slg. 1986, S. 1651, Rn. 47 ff.; EuGH, 4.12.1986, Rs. 71/85, Federatie Nederlandse Vakbeweging, Slg. 1986, S. 3855, Rn. 12 ff.; EuGH, 24.3.1987, Rs. 286/85, McDermott und Cotter, Slg. 1987, S. 1453, Rn. 10 ff.; EuGH, 17.10.1989, verb. Rs. 231/87 und 129/88, Ufficio distrettuale delle imposte dirette di Fiorenzuola d'Arda, Slg. 1989, S. 3233, Rn. 29 ff.; EuGH, 27.10.1993, Rs. C-69/91, Decoster, Slg. 1993, I-5335, Rn. 8 ff. etc. Für eine Ausnahme aus neuerer Zeit siehe EuGH (Erste Kammer), 26.5.2011, verb. Rs. C-165/09 bis C-167/09, Stichting Natuur en Milieu, Slg. 2011, I-4599, Rn. 94.

[440] Siehe EuGH, 5.4.1979, Rs. 148/78, Ratti, Slg. 1979, S. 1629, Rn. 22 f. Mehrfach bestätigt, siehe nur EuGH, 19.1.1982, Rs. 8/81, Becker, Slg. 1982, S. 53, Rn. 24; EuGH, 26.2.1986, Rs. 152/84, Marshall I, Slg. 1986, S. 723, Rn. 47; EuGH, 12.7.1990, Rs. C-188/89, Foster, Slg. 1990, I-3313, Rn. 16; EuGH, 14.7.1994, Rs. C-91/92, Faccini Dori, Slg. 1994, I-3325, Rn. 23.

[441] Siehe EuGH, 26.2.1986, Rs. 152/84, Marshall I, Slg. 1986, S. 723, Rn. 49; EuGH, 14.7.1994, Rs. C-91/92, Faccini Dori, Slg. 1994, I-3325, Rn. 22; EuGH (Vierte Kammer), 26.9.1996, Rs. C-168/95, Arcaro, Slg. 1996, I-4705, Rn. 36.

und der Pflicht zur Zusammenarbeit nach Art. 5 EWGV (Art. 4 Abs. 3 AEUV).[442]

Der Widerstand in der französischen und deutschen Justiz erklärt sich zum Teil vor dem Hintergrund, dass in der Entscheidung *van Duyn* eine klare Dogmatik betreffend die Voraussetzungen und die Reichweite der unmittelbaren Wirkung von Richtlinien noch fehlte. Es konnte befürchtet werden, der EuGH werde Richtlinien schon ab dem Zeitpunkt ihres Inkrafttretens ohne Einschränkungen unmittelbare Wirkung beimessen und hiermit den Unterschied zwischen Verordnungen und Richtlinien nivellieren. Ob aus dogmatischen Gründen und / oder als Zugeständnis auf den richterlichen Widerstand, schränkte der EuGH die unmittelbare Wirkung von Richtlinien in der Folge ein. 1979, also nur ein Jahr nach der *Cohn-Bendit*-Entscheidung des *Conseil D'État*, kam der Gerichtshof im Urteil *Ratti* zu der Erkenntnis, dass die Umsetzungsfrist abgelaufen sein muss, bevor eine Richtlinie unmittelbar wirken kann.[443] Solange die Umsetzungsfrist nicht abgelaufen sei, dürften die Mitgliedstaaten die Materie frei regeln.[444] Dabei hätte es schon in der *van Duyn*-Entscheidung und in den fünf Jahren nach dieser Entscheidung in drei Verfahren die Gelegenheit gegeben, diese Voraussetzung der unmittelbaren Wirkung von Richtlinien festzustellen.[445] Mittlerweile ist es ständige Rechtsprechung, dass Richtlinien nur dann unmittelbare Wirkung entfalten können, wenn die Frist zur Umsetzung

---

[442] Siehe EuGH (Fünfte Kammer), 20.9.1988, Rs. 190/87, Moormann, Slg. 1988, S. 4689, Rn. 22.

[443] Siehe EuGH, 5.4.1979, Rs. 148/78, Ratti, Slg. 1979, S. 1629, Rn. 18 ff., vor allem Rn. 22 ff. und 41 ff. Nicolaysen, Richtlinienwirkung und Gleichbehandlung von Männern und Frauen beim Zugang zum Beruf, EuR 1984, S. 380 (388), und Coutron, La lente conversion du Conseil d'État à l'effet direct des directives, AJDA 66 (2010), S. 1412 (1416), deuten diese Entscheidung als Antwort auf die „Cohn Bendit"-Entscheidung des Conseil D'État. Um zu betonen, dass eine unmittelbare Wirkung nur nach Ablauf der Umsetzungsfrist möglich ist, wird die unmittelbare Wirkung von Richtlinien auch als „Reflex" beschrieben. Siehe GA Reischl zu EuGH, Rs. 148/78, Ratti, Slg. 1979, S. 1629 (1653); GA Darmon zu EuGH, Rs. 190/87, Moormann, Slg. 1988, S. 4689 (4710 f.).

[444] Siehe EuGH, 5.4.1979, Rs. 148/78, Ratti, Slg. 1979, S. 1629, Rn. 44.

[445] Auf die van Duyn-Entscheidung folgten EuGH, 1.2.1977, Rs. 51/76, Verbond van Nederlandse Ondernemingen, Slg. 1977, S. 113; EuGH, 23.11.1977, Rs. 38/77, Enka, Slg. 1977, S. 2203 und EuGH, 29.11.1978, Rs. 21/78, Delkvist, Slg. 1978, S. 2327.

abgelaufen ist.[446] Im Jahr 1986 (kein Jahr war vergangen, nachdem sich der Bundesfinanzhof erstmals der Rechtsprechung des *Conseil d'État* angeschlossen hatte) schränkte der EuGH in der Entscheidung *Marshall I* die Reichweite der unmittelbaren Wirkung von Richtlinien außerdem dahingehend ein, dass diese nicht selbst Verpflichtungen für den Einzelnen begründen und daher nicht gegenüber dem Einzelnen in Anspruch genommen werden könnten.[447] Hiermit war eine unmittelbare Wirkung von Richtlinien zwischen Privaten (sog. horizontale Wirkung) ausgeschlossen.[448] Ebenfalls ausgeschlossen war, wie der Gerichtshof in der Entscheidung *Pretore di Salò* im Jahr 1987 ausdrücklich feststellen sollte, dass sich aus einer Richtlinie Verpflichtungen des Einzelnen gegenüber einem Mitgliedstaat ergeben (sog. umgekehrt-vertikale Wirkung beziehungsweise vertikale Wirkung nach unten).[449] Als Grund dafür, dass Richtlinien (im Unterschied zum sonstigen Gemeinschaftsrecht[450]) von vornherein nicht unmittelbar gegenüber dem Einzelnen in

---

[446] Siehe nur EuGH, 19.1.1982, Rs. 8/81, Becker, Slg. 1982, S. 53, Rn. 25; EuGH (Achte Kammer), 18.5.2013, Rs. C-142/12, Marinov, Rn. 37.

[447] Siehe EuGH, 26.2.1986, Rs. 152/84, Marshall I, Slg. 1986, S. 723, Rn. 48. Vielfach bestätigt, siehe nur EuGH (Große Kammer), 24.1.2012, Rs. C-282/10, Dominguez, Rn. 37; EuGH (Vierte Kammer), 27.2.2014, Rs. C-351/12, OSA, Rn. 47.

[448] Siehe EuGH, 26.2.1986, Rs. 152/84, Marshall I, Slg. 1986, S. 723, Rn. 48. Vielfach bestätigt, siehe nur EuGH (Dritte Kammer), 7.6.2007, Rs. C-80/06, Carp, Slg. 2007, I-4473, Rn. 20; EuGH (Große Kammer), 15.1.2014, Rs. C-176/12, Association de médiation sociale, Rn. 36.

[449] Siehe EuGH (Fünfte Kammer), 11.6.1987, Rs. 14/86, Pretore di Salò, Slg. 1987, S. 2545 Rn. 19. Vielfach bestätigt, siehe nur EuGH (Zweite Kammer), 21.10.2010, Rs. C-227/09, Accardo, Slg. 2010, I-10273, Rn. 46. Zu den Begriffen „umgekehrt-vertikale Wirkung" und „vertikale Wirkung nach unten" siehe GA Trstenjak zu EuGH, Rs. C-80/06, Carp, Slg. 2007, I-4473, Rn. 56 m.w.N. Irrelevant ist, ob der Staat als Arbeitgeber oder Hoheitsträger auftritt, siehe EuGH, 26.2.1986, Rs. 152/84, Marshall I, Slg. 1986, S. 723, Rn. 49; EuGH (Große Kammer), 24.1.2012, Rs. C-282/10, Dominguez, Rn. 38 m.w.N.

[450] Ebenso explizit GA Geelhoed zu EuGH, Rs. C-253/00, Muñoz, Slg. 2002, I-7289, Rn. 39, 45. Dementsprechend hat der EuGH die unmittelbare Wirkung von Primärrecht und von Verordnungen bejaht, ohne dass er in der Verbindung von unmittelbarer und horizontaler Wirkung ein Problem gesehen hätte. Zum Primärrecht siehe nur EuGH, 12.12.1974, Rs. 36/74, Walrave und Koch, Slg. 1974, S. 1405, Rn. 1 ff.; EuGH, 8.4.1976, Rs. 43/75, Defrenne II, Slg. 1976, S. 455, Rn. 38 f. Zu Verordnungen siehe nur EuGH, 30.11.1978, Rs. 31/78, Bussone, Slg. 1978, S. 2429, Rn. 28/33; EuGH, 14.12.1971, Rs. 43/71,

Anspruch genommen werden können, gab der Gerichtshof in der *Marshall I*-Entscheidung an, dass nach Art. 189 EWGV (Art. 288 Abs. 3 AEUV) der verbindliche Charakter einer Richtlinie, der die Möglichkeit eröffne, sich vor einem nationalen Gericht auf die Richtlinie zu berufen, nur für „jeden Mitgliedstaat, an den sie gerichtet wird", bestehe.[451] Mit der unmittelbaren Wirkung von Richtlinien solle (nur) verhindert werden, dass der Staat aus seiner Nichtbeachtung des Gemeinschaftsrechts Nutzen ziehen könne.[452] Im Urteil *Faccini Dori* aus dem Jahr 1994 deutet der EuGH außerdem an, dass es treuwidrig wäre, Bürgern die mitgliedstaatliche Umsetzungssäumnis entgegenzuhalten.[453] Ferner hieße eine Ausdehnung der Rechtsprechung auf den Bereich zwischen den Bürgern, der Gemeinschaft die Befugnis zuzuerkennen, mit unmittelbarer Wirkung zu Lasten der Bürger Verpflichtungen anzuordnen, obwohl sie dies nur dort dürfe, wo ihr die Befugnis zum Erlass von Verordnungen zugewiesen sei.[454] In der Entscheidung *Delena Wells* aus dem Jahr 2004 formulierte der EuGH, der Begründung von Verpflichtungen für den Einzelnen durch Richtlinien stünde der Grundsatz der Rechtssicherheit entgegen.[455] Seine Rechtsprechung zur Wirkung von Richtlinien gegenüber dem Einzelnen hat der EuGH mittlerweile auch auf Beschlüsse nach Art. 288 Abs. 4 AEUV übertragen.[456]

Politi, Slg. 1971, S. 1039, Rn. 9; EuGH, 20.5.2003, Rs. C-108/01, Consorzio del Prosciutto di Parma und Salumificio S. Rita, Slg. 2003, I-5121, Rn. 88.

[451] Siehe EuGH, 26.2.1986, Rs. 152/84, Marshall I, Slg. 1986, S. 723, Rn. 48. Bestätigt durch EuGH (Sechste Kammer), 8.10.1987, Rs. 80/86, Kolpinghuis Nijmegen, Slg. 1987, S. 3969 Rn. 9; EuGH, 14.7.1994, Rs. C-91/92, Faccini Dori, Slg. 1994, I-3325 Rn. 22.

[452] Siehe EuGH, 26.2.1986, Rs. 152/84, Marshall I, Slg. 1986, S. 723, Rn. 49. Bestätigt durch EuGH, 14.7.1994, Rs. C-91/92, Faccini Dori, Slg. 1994, I-3325, Rn. 22; EuGH (Vierte Kammer), 26.9.1996, Rs. C-168/95, Arcaro, Slg. 1996, I-4705, Rn. 36; EuGH (Große Kammer), 24.1.2012, Rs. C-282/10, Dominguez, Rn. 38.

[453] Siehe EuGH, 14.7.1994, Rs. C-91/92, Faccini Dori, Slg. 1994, I-3325, Rn. 23.

[454] Siehe EuGH, a.a.O., Rn. 24.

[455] Siehe EuGH (Fünfte Kammer), 7.1.2004, Rs. C-201/02, Delena Wells, Slg. 2004, I-723, Rn. 56.

[456] Vgl. EuGH (Dritte Kammer), 7.6.2007, Rs. C-80/06, Carp, Slg. 2007, I-4473, Rn. 20 f.

Die Ablehnung der horizontalen Wirkung wurde vielfach kritisiert.[457] Im Kern wird es in Bezug auf die Wirksamkeit des Unionsrechts und den Rechtsschutz des Einzelnen als unbefriedigend empfunden, dass der Einzelne die Vorschriften einer Richtlinie nicht gegenüber einem anderen Einzelnen geltend machen können soll, wenn die Umsetzungsfrist abgelaufen und der Mitgliedstaat die Richtlinie nicht oder nur unzureichend umgesetzt hat.[458] Zwar hat der EuGH bis heute Richtlinien nicht ausdrücklich eine horizontale unmittelbare Wirkung zugesprochen. Doch hat er der Kritik an seiner Rechtsprechung zur fehlenden Horizontalwirkung von Richtlinien Rechnung getragen und verschiedene Korrekturmechanismen[459] geschaffen; trotz der von ihm gegen eine Horizontalwirkung vorgebrachten dogmatischen Argumente. So verweist der EuGH auf die Möglichkeit der richtlinienkonformen Auslegung auch im Horizontalverhältnis und, falls das von der Richtlinie vorgegebene Ziel nicht im Wege der Auslegung erreicht werden kann, darauf, dass das Unionsrecht die Mitgliedstaaten zum Ersatz der den Bürgern durch die Nichtumsetzung einer Richtlinie verursachten Schä-

---

[457] Für eine Übersicht über die Diskussion siehe Ruffert, in: Calliess/ders. (Hg), EUV/AEUV, 4. Aufl. 2011, Art. 288 AEUV, Rn. 60. Mehrfach haben sich Generalanwälte für eine unmittelbare horizontale Wirkung ausgesprochen, etwa GA van Gerven zu EuGH, Rs. C-271/91, Marshall, Slg. 1993, I-4367, Rn. 12; GA Jacobs zu EuGH, Rs. C-316/93, Vaneetveld, Slg. 1994, I-763, Rn. 16 ff., und GA Lenz zu EuGH, Rs. C-91/92, Faccini Dori, Slg. 1994, I-3325, Rn. 47 ff.

[458] Deutlich GA Jacobs zu EuGH, Rs. C-316/93, Vaneetveld, Slg. 1994, I-763, Rn. 28 f.; GA Lenz zu EuGH, Rs. C-91/92, Faccini Dori, Slg. 1994, I-3325, Rn. 47 ff.; GA Saggio zu EuGH, verb. Rs. C-240/98 bis C-244/98, Océano Grupo Editorial, Slg. 2000, I-4941, Rn. 36; GA Bot zu EuGH, Rs. C-555/07, Kücükdeveci, Slg. 2010, I-365, Rn. 63 ff.; Buchberger, Die Entscheidung des EuGH in der Rs „Océano/Quintero", ÖJZ 2001, S. 441 (445); C. Herrmann, Richtlinienumsetzung durch die Rechtsprechung, 2003, S. 77 f.; von Danwitz, Rechtswirkungen von Richtlinien in der neueren Rechtsprechung des EuGH, JZ 2007, S. 697 (703).

[459] Siehe GA Bot zu EuGH, Rs. C-555/07, Kücükdeveci, Slg. 2010, I-365, Rn. 58 ff. Ähnlich GA Lenz zu EuGH, Rs. C-91/92, Faccini Dori, Slg. 1994, I-3325, Rn. 32 ff.; Niglia, Form and Substance in European Constitutional Law, ELJ 16 (2010), S. 439; Graf von Kielmansegg, Tücken im Dreieck, EuR 2014, S. 30 (49, 57, 60 f.: „Offenkundig betrachtet der Gerichtshof die Marshall-Doktrin als einen Fremdkörper im dogmatischen Gesamtgebäude, der auf seine zweifelsfrei etablierte Domäne beschränkt bleiben soll und deshalb umgangen wird, soweit das ohne offenen Bruch mit der etablierten Rechtsprechung möglich ist.").

den verpflichten kann.[460] In seiner Rechtsprechung geht der Gerichtshof darüber hinaus von einem weiten Staatsverständnis aus und reduziert auf diese Weise den Anwendungsbereich seiner Rechtsprechung, wonach Richtlinien nicht unmittelbar horizontal wirken. So handele es sich um kein horizontales Verhältnis, wenn der Staat als Arbeitgeber auftrete.[461] Ferner sollen „bloße negative Auswirkungen" auf die Rechte Dritter, selbst wenn sie gewiss sind, es nicht rechtfertigen, dem Einzelnen das Recht zur Berufung auf die Bestimmung einer Richtlinie gegenüber dem Mitgliedstaat zu versagen.[462] Außerdem hat sich dem EuGH über die horizontale unmittelbare Wirkung von Primärrecht ein neuer und – vor allem, wenn es sich um ungeschriebenes Primärrecht

---

[460] Siehe nur EuGH (Sechste Kammer), 13.11.1990, Rs. C-106/89, Marleasing, Slg. 1990, I-4135 Rn. 6 ff.; EuGH, 14.7.1994, Rs. C-91/92, Faccini Dori, Slg. 1994, I-3325 Rn. 26 f.; EuGH (Große Kammer), 5.10.2004, verb. Rs. C-397/01 bis C-403/01, Pfeiffer, Slg. 2004, I-8835 Rn. 110 m.w.N. Grundlegend zum Staatshaftungsanspruch EuGH, 19.11.1991, verb. Rs. C-6/90 und C-9/90, Francovich, Slg. 1991, I-5357, Rn. 28 ff.

[461] Auch in diesem Fall müsse nämlich verhindert werden, dass der Staat aus seiner Nichtbeachtung des Gemeinschaftsrechts Nutzen ziehen könne. Siehe nur EuGH, 26.2.1986, Rs. 152/84, Marshall I, Slg. 1986, S. 723, Rn. 49; EuGH (Fünfte Kammer), 4.10.2001, Rs. C-438/99, Jiménez Melgar, Slg. 2001, I-6915, Rn. 32; EuGH (Zweite Kammer), 18.11.2010, verb. Rs. C-250/09 und C-268/09, Georgiev, Slg. 2010, I-11869, Rn. 70; EuGH (Zweite Kammer), 22.12.2010, verb. Rs. C-444/09 und C-456/09, Gavieiro Gavieiro, Slg. 2010, I-14031, Rn. 76, 82. Zum Staat gehören nach Ansicht des EuGH auch solche Einrichtungen, die unabhängig von ihrer Rechtsform kraft staatlichen Rechtsakts unter staatlicher Aufsicht eine Dienstleistung im öffentlichen Interesse zu erbringen hätten und die hierzu mit besonderen Rechten ausgestattet seien, die über das hinausgingen, was für die Beziehung zwischen Privatpersonen gelte. Siehe nur EuGH, 12.7.1990, Rs. C-188/89, Foster, Slg. 1990, I-3313, Rn. 20; EuGH (Sechste Kammer), 14.9.2000, Rs. C-343/98, Collino und Chiappero, Slg. 2000, I-6659, Rn. 23; EuGH (Sechste Kammer), 5.2.2004, Rs. C-157/02, Rieser Internationale Transporte, Slg. 2004, I-1477, Rn. 24; EuGH (Fünfte Kammer), 12.12.2013, Rs. C-425/12, Portgás, Rn. 24.

[462] Siehe EuGH (Fünfte Kammer), 7.1.2004, Rs. C-201/02, Delena Wells, Slg. 2004, I-723, Rn. 56 f. Bestätigt in EuGH (Große Kammer), 17.7.2008, verb. Rs. C-152/07 bis C-154/07, Arcor, Slg. 2008, I-5959, Rn. 35 ff. Zur unmittelbaren Wirkung von Richtlinien in Dreiecksverhältnissen siehe Jarass/Beljin, Grenzen der Privatbelastung durch unmittelbar wirkende Richtlinien, EuR 2004, S. 714; Král, Questioning the Limits of Invocability of EU Directives in Triangular Situations, European Public Law 16 (2010), S. 239; Graf von Kielmansegg, Tücken im Dreieck, EuR 2014, S. 30.

handelt – „unkonventioneller" Weg eröffnet, die praktische Relevanz seiner Rechtsprechung zur fehlenden Horizontalwirkung von Richtlinien zu reduzieren.[463] In der Wissenschaft werden weitere Vorschläge gemacht, die Rechtsprechung zur fehlenden Horizontalwirkung gleichsam „über die Hintertür" zu korrigieren. Hierzu gehört der bereits behandelte Vorschlag, den Anwendungsbereich der Doktrin der unmittelbaren Wirkung auf die „positive" Anwendung von Unionsrecht zu reduzieren, um auf diese Weise den Anwendungsbereich der Rechtsprechung zur horizontalen unmittelbaren Wirkung von Richtlinien zu verkleinern.[464] Einen weiteren Weg zeigt Generalanwältin *Sharpston* auf, die vorschlägt, die unmittelbare Wirkung von Richtlinien auch im horizontalen Verhältnis zuzulassen, wenn das nationale Gericht von Amts wegen eine Frage der Vereinbarkeit innerstaatlichen Rechts mit den Vorschriften einer Richtlinie aufwirft.[465] Gefolgt ist der Gerichtshof diesen Vorschlägen bisher nicht. Die Einschränkung der unmittelbaren Wirkung von Richtlinien dahingehend, dass erst die Umsetzungsfrist abgelaufen sein muss, hat der EuGH ebenfalls relativiert. So entfalten Richtlinien eine (unmittelbare) Vorwirkung in der Weise, dass es den Mitgliedstaaten untersagt ist, Vorschriften zu erlassen, die geeignet sind, die Ziele der Richtlinien ernstlich in Frage zu stellen.[466] Weiter zur Relativierung beigetragen hat wiederum die Rechtsprechung des EuGH zur unmittelbaren Wirkung von (gegebenenfalls ungeschriebenem) Primärrecht. Wenn das mit einer Richtlinie inhaltsgleiche Primärrecht unmittelbar wirkt, kommt es nicht mehr auf die unmittelbare Wirkung

---

[463] Siehe EuGH (Große Kammer), 22.11.2005, Rs. C-144/04, Mangold, Slg. 2005, I-9981, Rn. 55 ff.; EuGH (Große Kammer), 19.1.2010, Rs. C-555/07, Kücükdeveci, Slg. 2010, I-365, Rn. 18 ff. Kritisch GA Kokott zu EuGH, Rs. C-321/05, Kofoed, Slg. 2007, I-5795, Rn. 67 und zu EuGH, Rs. C-73/07, Satakunnan Markkinapörssi und Satamedia, Slg. 2008, I-9831, Rn. 101 ff.; GA Mazák zu EuGH, Rs. C-411/05, Palacios de la Villa, Slg. 2007, I-8531, Rn. 133 ff.; GA Bot zu EuGH, Rs. C-555/07, Kücükdeveci, Slg. 2010, I-365, Rn. 90. Die Rechtsprechung des EuGH hält sich im Rahmen des Integrationsprogramms des Grundgesetzes, siehe BVerfGE 126, 286 (311 f.).

[464] Hierzu Dougan, The "Disguised" Vertical Direct Effect of Directives, CLJ 59 (2000), S. 586; Prechal, Directives in EC Law, 2. Aufl. 2005, S. 261 ff. Hierzu auch im ersten Teil, D.III.

[465] Siehe GA Sharpston zu EuGH, Rs. C-518/08, Gala-Salvador Dalí, 2010, I-3091, Rn. 35 ff.

[466] Siehe nur EuGH, 18.12.1997, Rs. C-129/96, Inter-Environnement Wallonie, Slg. 1997, I-7411, Rn. 44 f.; EuGH (Große Kammer), 4.7.2006, Rs. C-212/04, Adeneler, Slg. 2006, I-6057, Rn. 122.

der Richtlinie und damit auch nicht auf den Ablauf der Umsetzungsfrist an.[467]

4. Reyners (1974): Unmittelbare Wirkung trotz Ausführungsermächtigung

Im Jahr 1974 stellte der Gerichtshof die unmittelbare Wirkung einer Reihe von Grundfreiheiten fest: in der Entscheidung *Reyners* die unmittelbare Wirkung der Niederlassungsfreiheit, in dem Urteil *van Binsbergen* die unmittelbare Wirkung der Dienstleistungsfreiheit und in der bereits behandelten Entscheidung *van Duyn* die unmittelbare Wirkung der Arbeitnehmerfreizügigkeit.[468] Mit diesen Entscheidungen legte der Gerichtshof die Grundlage für seine spätere Rechtsprechung zu den Grundfreiheiten, die zu einer Vertiefung der Integration nach dem Prinzip der gegenseitigen Anerkennung statt Harmonisierung führen sollte.[469] Dogmatisch sind diese Entscheidungen auch deshalb bedeutend, weil die unmittelbare Wirkung bejaht wurde, obwohl der Vertrag Ermächtigungen zur Ausführung, das heißt zur rechtsetzenden Durchführung,[470] der Grundfreiheiten vorsah, von diesen Kompetenzen aber

---

[467] Vgl. EuGH (Große Kammer), 22.11.2005, Rs. C-144/04, Mangold, Slg. 2005, I-9981, Rn. 55 ff.; EuGH (Große Kammer), 19.1.2010, Rs. C-555/07, Kücükdeveci, Slg. 2010, I-365, Rn. 18 ff.

[468] Siehe EuGH, 21.6.1974, Rs. 2/74, Reyners, Slg. 1974, S. 631, Rn. 3 ff.; EuGH, 3.12.1974, Rs. 33/74, van Binsbergen, Slg. 1974, S. 1299, Rn. 18 ff.; EuGH, 4.12.1974, Rs. 41/74, van Duyn, Slg. 1974, S. 1337, Rn. 4 ff. Die unmittelbare Wirkung der Arbeitnehmerfreizügigkeit hatte der Gerichtshof allerdings schon vorher, wenn auch nur knapp, ausgesprochen. Siehe EuGH, 4.4.1974, Rs. 167/73, Kommission/Frankreich, Slg. 1974, S. 359, Rn. 35.

[469] Hierzu Scharpf, Regieren in Europa, Effektiv und demokratisch?, 1999, S. 58 ff.; Kingreen, in: Calliess/Ruffert (Hg.), EUV/AEUV, 4. Aufl. 2011, Art. 36 AEUV, Rn. 57 ff. m.w.N.

[470] Entsprechend der Terminologie bei Zuleeg, Das Recht der Europäischen Gemeinschaften im innerstaatlichen Bereich, 1969, S. 47 f.; H. P. Ipsen, Europäisches Gemeinschaftsrecht, 1972, S. 218, Fn. 26; Rengeling, § 27 Durchführung des Europäischen Gemeinschaftsrechts, in: ders. (Hg.), Handbuch zum europäischen und deutschen Umweltrecht, Bd. I, Allgemeines Umweltrecht, 2. Aufl. 2003, S. 939 (943 ff., Rn. 3 ff.); von Bogdandy, § 25 Die Informationsbeziehungen innerhalb des Europäischen Verwaltungsverbundes, in: Hoffmann-Riem/Schmidt-Aßmann/Voßkuhle (Hg.), Grundlagen des Verwaltungsrechts, Bd. II, 2. Aufl. 2012, S. 365 (366, Fn. 1); Gellermann, in: Streinz (Hg.), EUV/AEUV, 2. Aufl. 2012, Art. 291 AEUV, Rn. 6 ff.; Nettesheim, in:

infolge der Untätigkeit des Rates kein Gebrauch gemacht wurde. Leitentscheidung ist insofern das *Reyners*-Urteil.

Der EWG-Vertrag sah in vielen Bereichen eine Verwirklichung der Vertragsziele durch Rechtsetzung vor (sog. positive Integration).[471] Anlässlich der Ausarbeitung des EWG-Vertrags wurde davon ausgegangen, dass der Gemeinsame Markt in erster Linie durch die im Rat vereinten nationalen Regierungen herzustellen war, hatten diese doch die nötige Legitimität, in sozialer, ökonomischer und politischer Hinsicht sensible Fragen anzugehen, die mit dem Liberalisierungsprozess verbunden waren.[472] Doch der Rat kam seinem Regelungsauftrag nicht wie vorgesehen nach.[473] Die Entwicklung war dermaßen defizitär, dass auf dem VI. Europarechtskongress der FIDE im Mai 1973 am Sitz des Gerichtshofs in Luxemburg unter Leitung von *Pescatore* die „Empfehlung" für den „Bereich der Niederlassungs- und der Dienstleistungsfreiheit" ausgegeben wurde, „daß der Gerichtshof in einem geeigneten Fall der durch gesetzgeberisches Zaudern ins Stocken geratenen Rechtsentwicklung durch richterliche Rechtsfortbildung neue Anstöße" geben solle.[474] Dieser Empfehlung kam der Gerichtshof ein gutes Jahr später aus

---

Grabitz/Hilf/ders. (Hg.), Das Recht der Europäischen Union, Bd. III, Art. 291 AEUV, Rn. 12 f. (April 2012). Alternativ zum Begriff der Rechtssetzung bietet sich der Begriff der Legislation in seiner funktionalen Konzeption an. Zu den verschiedenen Konzeptionen einer Legislation siehe Schütze, The Morphology of Legislative Power in the European Community, in: Eeckhout/Tridimas (Hg.), YEL 25 (2006), S. 91 ff. m.w.N.

[471] Siehe Scheuing, Das Niederlassungsrecht im Prozess der Integration, JZ 1975, S. 151 (155). Zur Unterscheidung nach positiver und negativer Integration siehe Tinbergen, International Economic Integration, 2. Aufl. 1954, S. 122; Scharpf, Regieren in Europa, Effektiv und demokratisch?, 1999, S. 47 ff.

[472] Siehe M. Rasmussen, Revolutionizing European law, I.CON 12 (2014), S. 136 (142).

[473] Eindrücklich Weiler, The Community System: the Dual Character of Supranationalism, YEL 1 (1981), S. 267 (271 ff.); Scharpf, Regieren in Europa, Effektiv und demokratisch?, 1999, S. 54.

[474] Siehe Scheuing, Bericht über die Arbeiten der III. Kommission des VI. Europarechtskongresses der FIDE in Luxemburg zum Thema „Die Europäische Rechtsprechung nach zwanzig Jahren gemeinschaftlicher Erfahrung" vom 24. bis 26. Mai 1973 unter Leitung von Pierre Pescatore, EuR 1973, S. 248 (253, 258).

Anlass der Rechtssache *Reyners* nach. Berichterstatter in diesem Verfahren war *Pescatore*.[475]

Im Ausgangsrechtsstreit wandte sich *Jean Reyners*, der einen niederländischen Pass besaß, aber in Belgien ein Studium der Rechte absolviert hatte, dagegen, dass ihm trotz seines belgischen Abschlusses die Zulassung zur belgischen Anwaltschaft nur aus dem Grund versagt wurde, dass er die niederländische Staatsangehörigkeit besaß und auch die Niederlande nur eigene Staatsbürger zur Anwaltschaft zuließen.[476] Der mit der Sache befasste belgische *Conseil d'État* ersuchte den Gerichtshof, vorab über die Frage zu entscheiden, ob Art. 52 EWGV (Art. 49 AEUV) unmittelbar wirkt, auch ohne dass die in den Art. 54 Abs. 2 und Art. 57 Abs. 1 EWGV (mit Abweichungen Art. 50 Abs. 1 und Art. 53 Abs. 1 AEUV) vorgesehenen Richtlinien ergangen sind.[477] Art. 52 EWGV bestimmte, dass die Beschränkungen der freien Niederlassung von Staatsangehörigen eines Mitgliedstaates im Hoheitsgebiet eines anderen Mitgliedstaates „während der Übergangszeit nach Maßgabe der folgenden Bestimmungen" aufgehoben werden. Art. 54 Abs. 2 und Art. 57 EWGV sahen wiederum vor, dass der Rat Richtlinien zur Verwirklichung der Niederlassungsfreiheit erlässt. Entgegen seinem Auftrag hatte der Rat aber auch sechzehn Jahre nach Inkrafttreten des EWG-Vertrags beziehungsweise vier Jahre nach Ablauf der Übergangszeit für den relevanten Bereich keinerlei Richtlinien zur Durchführung der Niederlassungsfreiheit erlassen. Verständlicher wird dies vor dem Hintergrund, dass der Rechtsanwaltsberuf in den Mitgliedstaaten sehr unterschiedlich ausgestaltet war. Zudem war unter den Mitgliedstaaten umstritten, ob beziehungsweise inwieweit die Bereichsausnahme des damaligen Art. 55 Abs. 1 EWGV (Art. 51 Abs. 1 AEUV) für Tätigkeiten, die mit der Ausübung öffentlicher Gewalt verbunden sind, auf Rechtsanwälte Anwendung findet und damit ein Auftrag zur Liberalisierung bestand. Die Gegensätzlichkeit der Positionen wird durch die Erklärungen der Regierungen im *Reyners*-Verfahren deutlich: Während

---

[475] Siehe EuGH, 21.6.1974, Rs. 2/74, Reyners, Slg. 1974, S. 631 (632). Pescatore glaubte jedenfalls noch im Jahr 1958, der Gemeinsame Markt werde durch ein legislatives Handeln der Gemeinschaftsorgane hergestellt. Siehe ders., Les aspects fonctionnels de la Communauté Economique Européenne, notamment les sources du droit, in: Faculté de droit de Liège (Hg.), Les aspects juridiques du Marché Commun, 1958, S. 51 (54 ff.). Hierauf weist M. Rasmussen, Revolutionizing European law, I.CON 12 (2014), S. 136 (146) hin.

[476] Vgl. EuGH, 21.6.1974, Rs. 2/74, Reyners, Slg. 1974, S. 631 (633 f.).

[477] Vgl. EuGH, a.a.O., S. 631 (634).

die luxemburgische Regierung die Auffassung vertrat, alle Tätigkeiten eines luxemburgischen Rechtsanwalts unterfielen der Bereichsausnahme des Art. 55 Abs. 1 EWGV, vertrat die niederländische Regierung, dass in Wahrheit die Furcht vor ausländischer Konkurrenz der eigentliche Grund für das Staatsangehörigkeitserfordernis als Zulassungsvoraussetzung für den Anwaltsberuf sei.[478]

Das Verfahren *Reyners* erregte bei den Regierungen der Mitgliedstaaten besondere Aufmerksamkeit, was sich darin zeigt, dass sich die Regierungen aller damaligen Mitgliedstaaten mit Ausnahme der dänischen, französischen und italienischen Regierung am Verfahren beteiligten. Zu keinem anderen Verfahren über die unmittelbaren Wirkung, auch nicht zu jenem in der Rechtssache *Van Gend & Loos*, hatten sich bis dato mehr Regierungen zur unmittelbaren Wirkung erklärt.[479] Sowohl die belgische, irische, britische als auch die luxemburgische Regierung machten sich gegen eine unmittelbare Wirkung der Niederlassungsfreiheit mit der Begründung stark, Art. 52 EWGV bedürfe ergänzender Vorschriften, wie sie in Art. 54 und 57 EWGV vorgesehen seien.[480] Selbst die Kommission meldete Zweifel an der unmittelbaren Wirkung an, entschied sich aber schlussendlich im Hinblick auf den Inhalt der Niederlassungsfreiheit als Diskriminierungsverbot für eine unmittelbare Wirkung.[481] Deutlich für eine unmittelbare Wirkung sprachen sich hingegen die deutsche und die niederländische Regierung und auch Generalanwalt *Mayras* in seinen Schlussanträgen aus.[482]

Der Gerichtshof entschied ohne Einschränkung, dass Art. 52 EWGV unmittelbar wirkt.[483] Den Einwand, der Rat habe nicht die erforderlichen Richtlinien zur Verwirklichung der Niederlassungsfreiheit erlassen, wies er zurück. Die Niederlassungsfreiheit solle durch die festgelegten Maßnahmen „erleichtert, nicht aber bedingt werden".[484] Mit Ab-

---

[478] Vgl. EuGH, a.a.O., S. 631 (635 ff., vor allem 637, 639). Dies, obwohl die Niederlande Ausländern auch die Zulassung zur Anwaltschaft verwehrten.

[479] Siehe Anhang II.

[480] Vgl. EuGH, a.a.O., S. 631 (643 ff.) und Rn. 3 ff.

[481] Vgl. EuGH, a.a.O., S. 631 (645 ff.) und Rn. 14.

[482] Vgl. EuGH, a.a.O., S. 631 (644 f.), Rn. 11/13 und GA Mayras hierzu, S. 659 ff.

[483] Siehe EuGH, a.a.O., Rn. 15 ff. Vielfach bestätigt, siehe nur EuGH, 12.7.1984, Rs. 107/83, Klopp, Slg. 1984, S. 2971, Rn. 10.

[484] EuGH, 21.6.1974, Rs. 2/74, Reyners, Slg. 1974, S. 631, Rn. 24/28.

lauf der Übergangszeit seien die im Kapitel über das Niederlassungsrecht vorgesehenen Richtlinien zur Verwirklichung des Grundsatzes der Inländerbehandlung rechtlich überflüssig geworden, weil ab jenem Zeitpunkt der Vertrag selber diesem Grundsatz unmittelbare Wirkung verleihe. Indessen seien diese Richtlinien nicht gänzlich bedeutungslos geworden, denn ihnen bleibe ein beträchtlicher Anwendungsbereich bei allen Maßnahmen, die dazu dienten, die wirksame Ausübung des Rechts auf freie Niederlassung „zu fördern".[485]

Eine Überraschung war die Entscheidung des EuGH nicht. Auch wenn in der Wissenschaft die unmittelbare Wirkung des Art. 52 EWGV aufgrund der Ausführungsermächtigungen sehr umstritten war,[486] konnte bereits nach der bisherigen Rechtsprechung erahnt werden, dass der Gerichtshof aufgrund der bloßen Existenz von Ausführungsermächtigungen die unmittelbare Wirkung nicht ablehnen würde:[487] Wie gezeigt hatte der EuGH schon im *de Geus*-Urteil aus dem Jahr 1961, der ersten Vorabentscheidung auf Grundlage des Art. 177 EWGV, die unmittelbare Wirkung des Kartellverbots des Art. 85 EWGV dem Grunde nach bejaht, obwohl der EWG-Vertrag in Art. 87 eine Ausführungsermächtigung vorsah.[488] Entsprechendes gilt für zwei Urteile aus dem Jahr 1965. Der Gerichtshof begründete diese Entscheidungen damit, dass es nicht dem „Gutdünken der einzelnen Staaten" überlassen sein solle, die Durchsetzbarkeit früher oder später eintreten zu lassen.[489] Schon kurze Zeit vor der *Reyners*-Entscheidung ging der Gerichtshof im Urteil der Rechtssache 167/73, *Kommission / Frankreich*, wie selbstverständlich von der unmittelbaren Wirkung der Arbeitnehmerfreizügigkeit aus, ohne über die Relevanz der Ausführungsermächtigungen in den Art. 49

---

485 EuGH, a.a.O., Rn. 29/31.

486 Siehe Goose, Anmerkung, RIW 1975, S. 36 (37, Fn. 9); Scheuing, Das Niederlassungsrecht im Prozess der Integration, JZ 1975, S. 151 (152 f.); jeweils m.w.N.

487 Entgegen Scheuing, Das Niederlassungsrecht im Prozess der Integration, JZ 1975, S. 151 (152); Craig, Once upon a Time in the West: Direct Effect and the Federalization of EEC Law, OJLS 12 (1992), S. 453 (464).

488 Siehe EuGH, 6.4.1962, Rs. 13/61, de Geus, Slg. 1962, S. 97 (vor allem 111 ff.). Hierzu in diesem Teil, A.I.

489 Siehe EuGH, 11.3.1965, Rs. 31/64, Gemeenschappelijke Verzekeringskas „De Sociale Voorzorg", Slg. 1965, S. 111 (119); EuGH, 11.3.1965, Rs. 33/64, Betriebskrankenkasse der Heseper Torfwerke, Slg. 1965, S. 133 (142 f.).

EWGV (Art. 46 AEUV) und Art. 51 EWGV (Art. 48 AEUV) auch nur ein Wort zu verlieren.[490]

Da mit der unmittelbaren Wirkung der primärrechtlichen Niederlassungsfreiheit der Erlass von neuem, den Inhalt der Grundfreiheiten widerspiegelndem Sekundärrecht in der Sache unnötig wurde, konnten die Mitgliedstaaten die Wirkung der Grundfreiheiten nicht hinauszögern. Die Stagnation der positiven Integration stieß einen Prozess der negativen Integration in Form der Beseitigung von Markthindernissen mithilfe der unmittelbaren Wirkung der Grundfreiheiten an – mit all ihren Vor- und Nachteilen.[491] Der Gerichtshof glich den vom Vertrag vorgesehenen und ins Stocken geratenen Prozess der Integration durch dezisionalen Supranationalismus mittels Ausweitung der unmittelbaren Wirkung des Gemeinschaftsrechts, also mittels Vertiefung des normativen Supranationalismus, aus.[492] Doch mehr noch: Die Entscheidung konnte auch als Warnung an die Mitgliedstaaten verstanden werden. Sollten diese ihrem Regelungsauftrag nicht nachkommen, würde der EuGH nicht zögern, die Grundfreiheiten auch im Detail mit Inhalt anzureichern, so dass die Mitgliedstaaten letztlich weniger Einfluss auf die Entwicklung der Integration nehmen würden.[493] Eingängig ist insofern die Bezeichnung der unmittelbaren Wirkung als legislativem Katalysa-

---

[490] Siehe EuGH, 4.4.1974, Rs. 167/73, Kommission/Frankreich, Slg. 1974, S. 359, vor allem Rn. 35. Ohne Zweifel auch GA Reischl hierzu auf S. 376. Bestätigt durch EuGH, 4.12.1974, Rs. 41/74, van Duyn, Slg. 1974, S. 1337, vor allem Rn. 4 ff.

[491] Zu den Vor- und Nachteilen Scharpf, Regieren in Europa, Effektiv und demokratisch?, 1999, S. 52 ff.

[492] Siehe Weiler, The Community System: the Dual Character of Supranationalism, YEL 1 (1981), S. 267 (271 ff.). Das Spannungsverhältnis zwischen dezisionalem und normativem Suprationationalismus wird in Weiler's ‚exit and voice'-These reflektiert. Siehe ders., The Transformation of Europe, Yale L.J. 100 (1991), S. 2403 (2411 ff.). Siehe auch Nicolaysen, Anmerkung, EuR 1975, S. 135 (136: „Insoweit wird der Rückstand der Rechtsetzung im Ergebnis von der Rechtsprechung ausgeglichen; der traité cadre hat sich durch Zeitablauf zum traité loi verdichtet."); E. Stein, Lawyers, Judges and the Making of a Transnational Constitution, AJIL 75 (1981), S. 1 (17).

[493] Siehe Craig, Once upon a Time in the West: Direct Effect and the Federalization of EEC Law, OJLS 12 (1992), S. 453 (467). Ähnlich Louis, Observations, Journal des Tribunaux 89 (1974), S. 549 (554: „un stimulant pour cette activité législative"); Bayless, Tex. Int'l. L.J. 10 (1975), S. 419 (421).

tor.[494] Auf ernsthaften Widerstand in der Wissenschaft traf auch diese Entscheidung nicht.[495]

Dass Ausführungsermächtigungen der unmittelbaren Wirkung von Vorschriften, auf die sie sich beziehen,[496] nicht entgegenstehen, hat der Gerichtshof seit der *Reyners*-Entscheidung mehrfach handlungsformübergreifend bestätigt. Zum Teil ist der Gerichtshof über das Bestehen einer Ausführungsermächtigung stillschweigend hinweggegangen.[497] In den Fällen, in denen er sich geäußert hat, hat er die Relevanz zumeist entsprechend der Logik aus dem *Reyners*-Urteil abgelehnt: Durch die in der Ermächtigungsgrundlage vorgesehene Regelung zur Rechtsetzung solle die Verwirklichung der Vorschrift, deren unmittelbare Wirkung in Frage stehe, erleichtert, nicht aber bedingt werden.[498] Hierbei

---

494 Siehe Craig, Once upon a Time in the West: Direct Effect and the Federalization of EEC Law, OJLS 12 (1992), S. 453 (463 ff.; die Rechtsprechung als „surrogate legislature“, vgl. S. 465); Douglas-Scott, Constitutional Law of the European Union, 2002, S. 293 ff.

495 Vgl. de Dorlodot, L'avocat au regard du traité de Rome après l'arrêt de la Cour de justice de 21 juin 1974, Revue du Marché Commun 17 (1974), S. 473 (vor allem 476 f., 480); Louis, Observations, Journal des Tribunaux 89 (1974), S. 549 (vor allem 550-552, 554); Bayless, Tex. Int'l. L.J. 10 (1975), S. 419 (420 ff.); Emmerich, JuS 1975, S. 390; Goose, Anmerkung, RIW 1975, S. 36 (vor allem 37-40); A. Hirsch, Un arrêt fondamental de la Cour de justice des Communautés européennes: La liberté d'établissement dans le Marché commun, SJZ 1975, S. 37 (38-40); Loussouarn, Droit d'établissement, RTDEur. 11 (1975), S. 518 (520-526); Morse, Direct applicability of main Treaty provisions and scope of safeguard clauses, EL Rev 1 (1975), S. 67 (68 f.); Nicolaysen, Anmerkung, EuR 1975, S. 135 (135 f.); Scheuing, Das Niederlassungsrecht im Prozess der Integration, JZ 1975, S. 151 (152 f., 155 ff.). Kritisch V. Constantinesco, La libre circulation des personnes et des services, JDI 103 (1976), S. 221 (223 ff.).

496 Auf die Ausführung welcher Vorschriften sich eine Ermächtigungsgrundlage bezieht, kann zuweilen Schwierigkeiten bereiten. Vgl. EuGH, Urteil (Zweite Kammer) vom 11. Mai 1983, Rs. 87/82, Rogers, 1983, S. 1579, Rn. 12; GA Rozès hierzu, S. 1596 f.; EuGH, Urteil vom 22. Februar 1990, Rs. 221/88, Busseni, 1990, I-495, Rn. 29.

497 Siehe EuGH, 4.12.1974, Rs. 41/74, van Duyn, Slg. 1974, S. 1337, vor allem Rn. 4 ff.; EuGH, 26.2.1986, Rs. 152/84, Marshall I, Slg. 1986, S. 723, vor allem Rn. 45, 53, 55; EuGH, 4.12.1986, Rs. 71/85, Federatie Nederlandse Vakbeweging, Slg. 1986, S. 3855, vor allem Rn. 18, 20; EuGH, 24.3.1987, Rs. 286/85, McDermott und Cotter, Slg. 1987, S. 1453, vor allem Rn. 10 ff.

498 Siehe EuGH, 3.12.1974, Rs. 33/74, van Binsbergen, Slg. 1974, S. 1299, Rn. 20 ff., allerdings noch unter der Einschränkung des Anwendungsbereichs auf das Diskriminierungsverbot. Ohne Einschränkung bereits EuGH,

hat der EuGH keinen Unterschied gemacht, welche Handlungsform die Ermächtigungsgrundlage als Mittel der Ausführung vorsieht, etwa die Verordnung oder die Richtlinie. Nicht verschwiegen werden soll jedoch, dass der EuGH das Bestehen einer Ausführungsermächtigung dennoch vereinzelt benutzt hat, um die unmittelbare Wirkung abzulehnen.[499] Allerdings lag in diesen Fällen der Grund für die Ablehnung nicht allein in der Existenz von Ausführungsermächtigungen.[500] Eine Regel, dass Ausführungsermächtigungen der unmittelbaren Wirkung entgegenstehen, kann aus dieser Rechtsprechung daher nicht hergeleitet werden.

Schließlich ist das *Reyners*-Urteil noch aus einem anderen Grund bemerkenswert: Während der Gerichtshof in den Entscheidungen der 60er Jahren noch bemüht war, durch eine restriktive Formel den Eindruck zu vermitteln, die unmittelbare Wirkung sei die Ausnahme,[501] verkehrte sich seine Vorgehensweise in der Entscheidung *Reyners* ins Gegenteil. Er stellte nicht nur die unmittelbare Wirkung des in Art. 52 EWGV enthaltenen speziellen Diskriminierungsverbots fest, auf die es für die Beantwortung des Vorabentscheidungsersuchens ankam, sondern zugleich die unmittelbare Wirkung des Diskriminierungsverbots

---

18.1.1979, verb. Rs. C-110 und 111/78, van Wesemeal, Slg. 1979, S. 35, Rn. 24-26. Aus der reichhaltigen Rechtsprechung zu Richtlinien etwa EuGH (Große Kammer), 15.4.2008, Rs. C-268/06, Impact, Slg. 2008, I-2483, Rn. 66 f.; EuGH (Dritte Kammer), 17.7.2008, Rs. C-226/07, Flughafen Köln/Bonn, Slg. 2008, I-5999, Rn. 31; EuGH (Dritte Kammer), 1.7.2010, Rs. C-194/08, Gassmayr, Slg. 2010, I-6281, Rn. 47 f. Für eine abweichende Begründung siehe EuGH (Zweite Kammer), 11.5.1983, Rs. 87/82, Rogers, Slg. 1983, S. 1579, Rn. 16 ff.

[499] Siehe EuGH, 19.6.1973, Rs. 77/72, Capolongo, Slg. 1973, S. 611, Rn. 6, und EuGH, 22.3.1977, Rs. 78/76, Steinike & Weinlig, Slg. 1977, S. 595, Rn. 9 f., im Hinblick auf Art. 94 EWGV (Art. 109 AEUV). Ferner EuGH, 11.11.1981, Rs. 203/80, Casati, Slg. 1981, S. 2595, Rn. 11, im Hinblick auf Art. 69 EWGV und EuGH, 22.5.1985, Rs. 13/83, Parlament/Rat, Slg. 1985, S. 1513, Rn. 54 ff. und S. 1580 ff., im Hinblick auf Art. 75 Abs. 1 Buchstaben a und b EWGV (Art. 91 AEUV).

[500] Zu EuGH, 19.6.1973, Rs. 77/72, Capolongo, Slg. 1973, S. 611, und zu EuGH, 11.11.1981, Rs. 203/80, Casati, Slg. 1981, S. 2595, siehe die Ausführungen im dritten Teil, C.

[501] Siehe Craig, Once upon a Time in the West: Direct Effect and the Federalization of EEC Law, OJLS 12 (1992), S. 453 (460); Hartley, European Union Law in a Global Context, 2004, S. 151; Haltern, Europarecht, 2. Aufl. 2007, Rn. 638 ff.

im Gemeinschaftsrecht als solchem.[502] Hierin lag die Aufforderung, von der unmittelbaren Wirkung anderer Diskriminierungsverbote auszugehen, auch wenn diese noch nicht ausdrücklich durch den EuGH festgestellt wurde. Es schimmerte bereits die Vermutung für eine unmittelbare Wirkung des Gemeinschaftsrechts durch.

5. *Fratelli Costanzo (1989): Administrative unmittelbare Wirkung*

Dass die unmittelbare Wirkung die Anwendbarkeit des Unionsrechts nicht nur durch mitgliedstaatliche Gerichte, sondern auch durch Verwaltungsbehörden umfasst, ist ständige Rechtsprechung des EuGH. Zwar bezog sich der Gerichtshof in seiner Rechtsprechung zunächst nur auf Gerichte,[503] doch seit der Entscheidung *Salgoil* aus dem Jahr 1968 hat der EuGH immer wieder festgestellt, dass die unmittelbare Wirkung auch die nationalen Verwaltungsbehörden betrifft.[504] Vor diesem Hintergrund erstaunt es, dass noch im Jahr 1987 der *Tribunale amministrativo regionale per la Lombardia* dem Gerichtshof die Frage zur Vorabentscheidung vorlegte, ob die nationale Verwaltung das Recht

---

502 Siehe EuGH, 21.6.1974, Rs. 2/74, Reyners, Slg. 1974, S. 631, Rn. 24/28. GA Mayras schlug keine derart weitreichende Feststellung vor (siehe die Schlussanträge, S. 669 f.). Ähnlich aber bereits EuGH, 4.4.1974, Rs. 167/73, Kommission/Frankreich, Slg. 1974, S. 359, Rn. 35 („gelangen mussten“).

503 Siehe EuGH, 5.2.1963, Rs. 26/62, Van Gend & Loos, Slg. 1963, S. 1 (29 f.); EuGH, 15.7.1964, Rs. 6/64, Costa/E.N.E.L., Slg. 1964, S. 1253 (1277 f.); EuGH, 16.6.1966, Rs. 57/65, Lütticke, Slg. 1966, S. 257 (268); EuGH, 3.4.1968, Rs. 28/67, Molkerei-Zentrale Westfalen/Lippe, Slg. 1968, S. 215 (236); EuGH, 4.4.1968, Rs. 27/67, Fink-Frucht, Slg. 1968, S. 327 (349).

504 Aus einer Vielzahl EuGH, 19.12.1968, Rs. 13/68, Salgoil, Slg. 1968, S. 679 (693); EuGH, 4.4.1974, Rs. 167/73, Kommission/Frankreich, Slg. 1974, S. 359 Rn. 35; EuGH, 27.3.1980, Rs. 61/79, Denkavit Italiana, Slg. 1980, S. 1205, Rn. 28; EuGH, 7.7.1981, Rs. 158/80, Rewe-Handelsgesellschaft Nord und Rewe-Markt Steffen, Slg. 1981, S. 1805, Rn. 41, 43 f.; EuGH, 13.2.1985, Rs. 5/84, Direct Cosmetics, Slg. 1985, S. 617, Rn. 37; EuGH, 15.10.1986, Rs. 168/85, Kommission/Italien, Slg. 1986, S. 2945, Rn. 11; EuGH, 21.5.1987, Rs. 249/85, Albako, Slg. 1987, S. 2345, Rn. 17; EuGH, 22.6.1989, Rs. 103/88, Fratelli Costanzo, Slg. 1989, S. 1839, Rn. 28 ff.; EuGH, 11.8.1995, Rs. C-431/92, Kommission/Deutschland (Großkrotzenburg), Slg. 1995, I-2189, Rn. 39 f.; EuGH, 24.10.1995, Rs. C-72/95, Kraaijeveld, Slg. 1996, I-5403, Rn. 55; EuGH, 5.3.1996, verb. Rs. C-46/93 und C-48/93, Brasserie du pêcheur und Factortame, Slg. 1996, I-1029, Rn. 34; EuGH (Erste Kammer), 26.5.2011, verb. Rs. C-165/09 bis C-167/09, Stichting Natuur en Milieu, Slg. 2011, I-4599, Rn. 100.

und die Pflicht hat, die zu einer gemeinschaftsrechtlichen Norm im Widerspruch stehenden innerstaatlichen Bestimmungen nicht anzuwenden, oder ob dieses Recht und diese Pflicht zur Nichtanwendung nur für innerstaatliche Gerichte besteht.[505]

Im Ausgangsverfahren klagte die Firma *Fratelli Costanzo SpA* gegen die Stadt Mailand, weil diese im Rahmen eines Verfahrens zur Auftragsvergabe für den Ausbau des *Giuseppe Meazza*-Stadions anlässlich der Fußballweltmeisterschaft 1990 das Angebot der Firma *Costanzo* ohne weitere Prüfung als zu billig ausgeschlossen hatte.[506] Dieses Vorgehen entsprach zwar einem *Decreto-legge*, stand aber – ohne dass hieran ernstlich zu zweifeln gewesen wäre – im Widerspruch zur Richtlinie 71/305 über die Koordinierung der Verfahren zur Vergabe öffentlicher Bauaufträge. Hiernach konnte ein offensichtlich ungewöhnlich niedriges Angebot nur nach Durchführung eines kontradiktorischen Verfahrens ausgeschlossen werden.[507] Auf diesen klaren Verstoß gegen die Richtlinie, deren Umsetzungsfrist längst abgelaufen war, berief sich die Firma *Costanzo*.[508] Dennoch hatte die Stadt Mailand kein Einsehen und verteidigte sich mit Argumenten, die kaum Erfolg versprachen: Sie argumentierte, Richtlinien wirkten im Gegensatz zu Verordnungen nicht unmittelbar. Außerdem schreibe die italienische Verfassung vor, dass nationale Gesetze anzuwenden seien, es sei denn, sie seien von der *Corte Costituzionale* für verfassungswidrig erklärt worden. Und schließlich widerspreche es dem Grundsatz der Unterordnung der Exekutive unter die Legislative, wenn die Verwaltung ein Gesetz nicht anwende.[509] Dass Richtlinien sehr wohl unmittelbar wirken können, entsprach ständiger Rechtsprechung seit der *van Duyn*-Entscheidung, die

---

[505] Vgl. EuGH, 22.6.1989, Rs. 103/88, Fratelli Costanzo, Slg. 1989, S. 1839, Rn. 13 a.E. Der Vorlagebeschluss stammt vom 16. Dezember 1987, vgl. EuGH, a.a.O., Rn. 1.

[506] Vgl. EuGH, a.a.O., S. 1839 (1841 ff).

[507] Siehe Art. 29 Abs. 5 der Richtlinie des Rates vom 26. Juli 1971 über die Koordinierung der Verfahren zur Vergabe öffentlicher Bauaufträge (71/305/EWG), ABl. (EG) L 185 vom 16.8.1971, S. 5. Zur italienischen Rechtslage vgl. EuGH, a.a.O., S. 1839 (1842 f.).

[508] Vgl. EuGH, 22.6.1989, Rs. 103/88, Fratelli Costanzo, Slg. 1989, S. 1839 (1843). Zum Ablauf der Umsetzungsfrist vgl. Art. 32 der Richtlinie 71/305.

[509] Vgl. EuGH, a.a.O., S. 1839 (1849 f.).

bereits über zehn Jahre zurück lag.[510] Dass nationale Gesetze, soweit sie im Widerspruch zum Gemeinschaftsrecht stehen, nicht anzuwenden sind, auch ohne dass sie von der *Corte Costituzionale* für verfassungswidrig erklärt worden sind, stand spätestens seit dem *Simmenthal*-Urteil aus dem Jahr 1978 fest.[511] Dass das Gemeinschaftsrecht auch gegenüber nationalen Verwaltungsbehörden unmittelbar wirkt, entsprach ständiger Rechtsprechung des EuGH seit 1968. Der EuGH hatte bis dato sogar mehrfach ausdrücklich festgestellt, dass auch die mitgliedstaatliche Verwaltung verpflichtet ist, gemeinschaftsrechtswidriges nationales Recht von sich aus unangewendet zu lassen.[512] Dementsprechend verwundert es nicht, dass sich keine mitgliedstaatliche Regierung, auch nicht Italien, gegen eine solche Pflicht der nationalen Verwaltung erklärte.[513]

Umso mehr erstaunt es, dass die Stadt Mailand mit ihrer Argumentation Unterstützung gerade bei der Kommission und Generalanwalt *Lenz* fand. Die Kommission vertrat die Auffassung, es sei Sache jeder einzelnen innerstaatlichen Rechtsordnung, zu entscheiden, ob Richtlinien auch gegenüber Verwaltungsorganen unmittelbar wirkten. Es sei nicht einfach festzustellen, ob Vorschriften einer Richtlinie unmittelbar wirkten, doch könne nur ein Gericht den Gerichtshof dazu befragen.[514] Zu einer ähnlichen Auffassung gelangte auch Generalanwalt *Lenz*. Im Falle der Unvereinbarkeit innerstaatlicher Durchführungsvorschriften mit einer Richtlinie sei die Verwaltung zwar berechtigt und nach bereits anderweitig erfolgter gerichtlicher Klärung von Inhalt und Tragweite der Vorschriften auch verpflichtet, das innerstaatliche Recht außer Acht zu lassen. Eine einschränkungslose Pflicht der Verwaltung sei aber zu verneinen, da diese, anders als Gerichte, nicht die Möglichkeit habe, den

---

510 Siehe EuGH, 4.12.1974, Rs. 41/74, van Duyn, Slg. 1974, S. 1337, Rn. 12. Hierzu ausführlich in diesem Teil, A.III.3.

511 Siehe EuGH, 9.3.1978, Rs. 106/77, Simmenthal, Slg. 1978, S. 629.

512 Siehe EuGH, 4.4.1974, Rs. 167/73, Kommission/Frankreich, Slg. 1974, S. 359, Rn. 35; EuGH, 27.3.1980, Rs. 61/79, Denkavit Italiana, Slg. 1980, S. 1205, Rn. 28; EuGH, 7.7.1981, Rs. 158/80, Rewe-Handelsgesellschaft Nord und Rewe-Markt Steffen, Slg. 1981, S. 1805, Rn. 41, 43 f.; EuGH, 13.1.1985, Rs. 5/84, Direct Cosmetics, Slg. 1985, S. 617, Rn. 37. Dies verkennend Moreno Molina, Direct Effect and State Liability, in: Jans/Macrory/dies. (Hg.), National Courts and EU Environmental Law, 2013, S. 73 (96, Fn. 81).

513 Vgl. EuGH, 22.6.1989, Rs. 103/88, Fratelli Costanzo, Slg. 1989, S. 1839 (1848 f.).

514 Vgl. EuGH, a.a.O., S. 1839 (1850).

Gerichtshof anzurufen und die direkte Anwendbarkeit der fraglichen Richtlinienbestimmung feststellen zu lassen.[515]

Den Einwänden von Kommission und Generalanwalt zum Trotz hielten die Richter des Gerichtshofs an der bisherigen Rechtsprechung fest, dass nicht nur die nationalen Gerichte, sondern auch die mitgliedstaatlichen Verwaltungsbehörden verpflichtet sind, unmittelbar wirkendes Gemeinschaftsrecht anzuwenden und gemeinschaftsrechtswidriges nationales Recht (gemäß dem Anwendungsvorrang) unangewendet zu lassen. Wenn sich die Einzelnen nach der Rechtsprechung des Gerichtshofs auf die Bestimmungen einer Richtlinie berufen könnten, „so deshalb, weil die Verpflichtungen, die sich aus diesen Bestimmungen ergeben, für alle Behörden der Mitgliedstaaten gelten. Es wäre im übrigen widersprüchlich, zwar zu entscheiden, daß die einzelnen sich vor nationalen Gerichten auf die Bestimmungen einer Richtlinie [...] berufen können, um das Verhalten der Verwaltung beanstanden zu lassen, trotzdem aber die Auffassung zu vertreten, daß die Verwaltung nicht verpflichtet ist, die Bestimmungen der Richtlinie dadurch einzuhalten, daß sie die Vorschriften des nationalen Rechts, die damit nicht in Einklang stehen, unangewendet läßt."[516] Die Knappheit, mit der der Gerichtshof seine Auffassung begründete, verdeutlicht, wie wenig beeindruckt die Richter des Gerichtshofs von den Argumenten der Stadt Mailand, der Kommission und von Generalanwalt *Lenz* waren.

Die *Fratelli Costanzo*-Entscheidung darauf zu reduzieren, dass der Gerichtshof lediglich seine bestehende Rechtsprechung bestätigt hätte, wäre aber zu kurz gegriffen. Auch wenn der EuGH bereits mehrfach festgestellt hatte, dass die mitgliedstaatliche Verwaltung nationales Recht, das unmittelbar wirkendem Gemeinschaftsrecht entgegensteht, unangewendet lassen muss, so waren diese Aussagen doch eher beiläufiger Natur. Das *Fratelli Costanzo*-Urteil rückte die administrative unmittelbare Wirkung[517] ins Bewusstsein von Wissenschaft und Praxis, was sich

---

[515] GA Lenz zu EuGH, a.a.O., Rn. 28 ff. GA Lenz sollte sich einige Jahre später sogar im Interesse der Wirksamkeit des Gemeinschaftsrechts einschränkungslos für eine horizontale unmittelbare Wirkung von Richtlinien aussprechen. Siehe ders. zu EuGH, Rs. C-91/92, Faccini Dori, Slg. 1994, I-3325, Rn. 47 ff.

[516] Siehe EuGH, 22.6.1989, Rs. 103/88, Fratelli Costanzo, Slg. 1989, S. 1839, Rn. 30 ff.

[517] de Witte, Direct Effect, Supremacy and the Nature of the Legal Order, in: Craig/de Búrca (Hg.), The Evolution of EU Law, 1. Aufl. 1999, S. 177 (188: „administrative direct effect").

nicht zuletzt daran festmachen lässt, dass die Rechtsauffassung des Gerichtshofs von Teilen der Wissenschaft als problematisch angesehen wird[518] und vereinzelt auf Ablehnung gestoßen ist.[519] Der Gerichtshof hat aber, unterstützt durch die Wissenschaft,[520] bis heute keinen Grund

---

[518] Siehe Pieper, Die Direktwirkung von Richtlinien der Europäischen Gemeinschaft, DVBl 1990, S. 684 (687 f.); Winter, Rechtsschutz gegen Behörden, die Umweltrichtlinien der EG nicht beachten, NuR 1991, S. 453 (454); Jamrath, Normenkontrolle der Verwaltung und Europäisches Gemeinschaftsrecht, 1993, S. 77 ff.; Mögele, Neuere Entwicklungen im Recht der Europäischen Gemeinschaften, BayVBl 1993, S. 129 (131 f.); ders., Deutsches und europäisches Verwaltungsrecht – wechselseitige Einwirkungen, BayVBl 1993, S. 552 (555); Papier, Direkte Wirkung von Richtlinien der EG im Umwelt- und Technikrecht, DVBl 1993, S. 809 (813 f.); Schmidt-Aßmann, Zur Europäisierung des allgemeinen Verwaltungsrechts, in: Badura/Scholz (Hg.), Wege und Verfahren des Verfassungslebens – Festschrift für Peter Lerche zum 65. Geburtstag, 1993, S. 513 (527); Curtin/Mortelmans, Application and Enforcement of Community Law by the Member States, in: Curtin/Heukels (Hg.), Institutional Dynamics of European Integration – Essays in Honour of Henry G. Schermers, Bd. II, 1994, S. 423 (442 ff., 456); Hutka, Gemeinschaftsrechtsbezogene Prüfungs- und Verwerfungskompetenz der deutschen Verwaltung gegenüber Rechtsnormen nach europäischem Gemeinschaftsrecht und nach deutschem Recht, 1997, S. 81 ff.; Prechal, Does Direct Effect Still Matter?, CML Rev 37 (2000), S. 1047 (1049); Burger, Die administrative Nichtanwendung unionsrechtswidriger Normen, Deutsches Verwalltungsblatt 2011, S. 985 (986); M. Verhoeven, The Constanzo Obligation, 2011, S. 292 ff.; Streinz, § 218 Vollzug des europäischen Rechts durch deutsche Staatsorgane, in: Isensee/Kirchhof (Hg.), HStR, Bd. X, Deutschland in der Staatengemeinschaft, 3. Aufl. 2012, S. 507 (543, Rn. 74).

[519] Siehe Pagenkopf, Zum Einfluß des Gemeinschaftsrechts auf nationales Wirtschaftsverwaltungsrecht, NVwZ 1993, S. 216 (222). Nach der Evidenz eines Unionsrechtsverstoßes differenzierend Jarass, Grundfragen der innerstaatlichen Bedeutung des EG-Rechts, 1994, S. 102 f.; Pietzcker, Zur Nichtanwendung europarechtswidriger Gesetze seitens der Verwaltung, in: Due/Lutter/Schwarze (Hg.), Festschrift für Ulrich Everling, Bd. II, 1995, S. 1095 (1109); Ruffert, in: Calliess/ders. (Hg.), EUV/AEUV, 4. Aufl. 2011, Art. 288 AEUV, Rn. 73. Bereits vorher nach der Evidenz differenzierend Zuleeg, Das Recht der Europäischen Gemeinschaften im innerstaatlichen Bereich, 1969, S. 217; Everling, Zum Vorrang des EG-Rechts vor nationalem Recht, DVBl 1985, S. 1201 (1202); A. Weber, Verwaltungskollisionsrecht der Europäischen Gemeinschaften im Lichte neuerer Rechtsentwicklungen, EuR 1986, S. 1 (25 ff.).

[520] Aus einer Vielzahl Pernice, Auswirkungen des europäischen Binnenmarktes auf das Umweltrecht, NVwZ 1990, S. 201 (202); Simon, Chronique de jurisprudence de la Cour de justice des Communautés européennes, JDI 117 (1990), S. 456 (457); Kahl, Umweltprinzip und Gemeinschaftsrecht, 1993, S. 152; Scheuing, Europarechtliche Impulse für innovative Ansätze im deutschen Ver-

gesehen, von seiner ständigen Rechtsprechung abzurücken.[521] In der Retrospektive schreibt *Carl Otto Lenz* mit Blick auf die Entscheidung des Gerichtshofs in der Rechtssache *Fratelli Costanzo*: „Ich glaube, er hatte Recht.“[522]

IV. Zwischenergebnis

Der EuGH hat die unmittelbare Wirkung des Gemeinschaftsrechts schrittweise ausgeweitet und denkbare Hindernisse, die gegen eine unmittelbare Wirkung sprechen könnten, entkräftet. Mit der weitreichenden Bejahung der unmittelbaren Wirkung durch den Gerichtshof gewann der Prozess der Integration an Geschwindigkeit. Die Zahl derer, die an der Wirkung des Gemeinschaftsrechts interessiert waren, vergrößerte sich erheblich.[523] Gleichfalls wurde die Bedeutung der rechtsetzenden Gemeinschaftsorgane und des Gerichtshofs stärker in den Vor-

---

waltungsrecht, in: Hoffmann-Riem/Schmidt-Aßmann (Hg.), Innovation und Flexibilität des Verwaltungshandelns, 1994, S. 289 (316 ff.); Kadelbach, Allgemeines Verwaltungsrecht unter europäischem Einfluß, 1996, S. 158; Classen, in: Grabitz/Hilf/Nettesheim (Hg.), Das Recht der Europäischen Union, Bd. II, Art. 197 AEUV, Rn. 18 ff. (März 2011); Nettesheim, in: Grabitz/Hilf/ders. (Hg.), Das Recht der Europäischen Union, Bd. III, Art. 288 AEUV, Rn. 167 (August 2012); W. Schroeder, in: Streinz (Hg.), EUV/AEUV, 2. Aufl. 2012, Art. 288 AEUV, Rn. 120.

521 Siehe EuGH, 11.8.1995, Rs. C-431/92, Kommission/Deutschland (Großkrotzenburg), Slg. 1995, I-2189, Rn. 39 f.; EuGH, 24.10.1995, Rs. C-72/95, Kraaijeveld, Slg. 1996, I-5403, Rn. 55; EuGH, 5.3.1996, verb. Rs. C-46/93 und C-48/93, Brasserie du pêcheur und Factortame, Slg. 1996, I-1029, Rn. 34; EuGH (Zweite Kammer), 29.4.1999, Rs. C-224/97, Ciola, Slg. 1999, I-2517, Rn. 30; EuGH (Sechste Kammer), 16.9.1999, Rs. C-435/97, WWF, Slg. 1999, I-5613, Rn. 70; EuGH (Zweite Kammer), 14.10.2010, Rs. C-243/09, Fuß, Slg. 2010, I-9849, Rn. 61; EuGH (Erste Kammer), 26.5.2011, verb. Rs. C-165/09 bis C-167/09, Stichting Natuur en Milieu, Slg. 2011, I-4599, Rn. 100.

522 C. O. Lenz, Alleine verantwortlich – Erfahrungen eines Generalanwalts, in: Heid/Stotz/Verny (Hg.), Festschrift für Manfred A. Dauses zum 70. Geburtstag, 2014, S. 217 (221).

523 Siehe Weiler, Journey to an Unknown Destination: A Retrospective and Prospective of the European Court of Justice in the Arena of Political Integration, JCMS 31 (1993), S. 417 (423); Haltern, Europarecht, 2. Aufl. 2007, Rn. 351; Vauchez, The transnational politics of judicialization, ELJ 16 (2010), S. 1 (2).

dergrund gerückt. Als Folge gewann das Projekt der europäischen Gemeinschaft auch für die Mitgliedstaaten an Bedeutung.[524] Dadurch, dass große Teile des Gemeinschafts-, heute Unionsrechts, unmittelbar wirken, wird dieses immer mehr wie nationales Recht wahrgenommen. Die Gewohnheit des Rechtsgehorsams,[525] die dem nationalen Recht entgegengebracht wird, verbindet sich zunehmend mit Unionsrecht.[526]

B. Evidenzen für die Vermutung in der Rechtsprechung des EuGH

Mit der im vorigen Abschnitt dargestellten Dogmatik hat der EuGH die Grundlage für eine Vermutung der unmittelbaren Wirkung gelegt. Damit ist allerdings noch nicht gesagt, dass nach der Rechtsprechung des Gerichtshofs tatsächlich eine solche Vermutung besteht. Im Folgenden sollen mehrere Indizien vorgestellt werden, die die Vermutung der unmittelbaren Wirkung in der Rechtsprechung stützen. Wurde der Gerichtshof nach der hinreichenden Genauigkeit und Unbedingtheit des Unionsrechts befragt, hat er diese Frage zumeist bejaht (I). Der Begründungsaufwand hat zudem kontinuierlich abgenommen; mittlerweile wird die unmittelbare Wirkung grundsätzlich unterstellt (II). Zwar hat der EuGH mit wenigen Ausnahmen noch nicht erklärt, dass die unmittelbare Wirkung zu vermuten ist, doch lässt die gegebene Begründung – soweit sie überhaupt erfolgt – auch in der Sache erkennen, dass er die unmittelbare Wirkung vermutet (III.). Schließlich spricht die Rechtsprechung des Gerichtshofs zur unionsrechtskonformen Auslegung des nationalen Rechts für eine solche Vermutung (IV.).

---

[524] Siehe de Witte, The Continuous Significance of Van Gend en Loos, in: Maduro/Azoulai (Hg.), The Past and Future of EU Law, 2010, S. 9 (13 f.).

[525] Hierzu grundlegend Hart, The Concept of Law, 1961, S. 49 ff. („habit of obedience").

[526] Siehe Weiler, Journey to an Unknown Destination: A Retrospective and Prospective of the European Court of Justice in the Arena of Political Integration, JCMS 31 (1993), S. 417 (422 f.); Haltern, Europarecht, 2. Aufl. 2007, Rn. 347. Nach letzterem ist das Unionsrecht zu fast staatlicher Normativität erstarkt (siehe Rn. 333).

I. Die Rechtsprechung zur unmittelbaren Wirkung in Zahlen

In seinem Gutachten zum Beitritt der Europäischen Union zur EMRK stellt der Gerichtshof fest, das Unionrecht sei durch die unmittelbare Wirkung „einer ganzen Reihe" von Bestimmungen gekennzeichnet.[527] Diese Behauptung ist zwar richtig, gibt jedoch – wie die folgenden Ausführungen zeigen werden – das wahre Ausmaß unmittelbar wirkender Unionrechtsvorschriften nur unvollkommen wieder.

Wurde der EuGH von nationalen Gerichten nach der unmittelbaren Wirkung des Unionsrechts im Sinne hinreichender Genauigkeit und Unbedingtheit der relevanten Vorschriften gefragt, hat er das Vorliegen dieser Eigenschaften zumeist bejaht. Unter den Vorabentscheidungen zwischen 1960 und 2009 finden sich 127 Entscheidungen, in denen er die hinreichende Genauigkeit und Unbedingtheit erstmalig bejaht und nicht nur bestätigt hat. Dagegen gibt es nur 37 Entscheidungen, in denen er diese erstmalig abgelehnt hat (siehe die Tabelle im Anhang III[528]). Betrachtet man die einzelnen Dekaden, zeigt sich, dass der Gerichtshof in den 60er Jahren die hinreichende Genauigkeit und Unbedingtheit noch verhältnismäßig oft abgelehnt hat (4-mal abgelehnt / 7-mal bejaht). Seit den 70er Jahren überwiegt dagegen deutlich die Anzahl der Vorabentscheidungen, in denen er die hinreichende Genauigkeit und Unbedingtheit bejaht hat (in den 70er Jahren: 37-mal bejaht / 6-mal abgelehnt; in den 80er Jahren: 19-mal bejaht / 10-mal abgelehnt; in den 90er Jahren: 32-mal bejaht / 8-mal abgelehnt; in den Jahren ab 2000: 32-mal bejaht / 9-mal abgelehnt). Diese Zahlen würden noch deutlicher ausfallen, ließe man entsprechend der hier verwendeten Definition der unmittelbaren Wirkung all jene Entscheidungen des EuGH außer Acht, in denen er die Kriterien der hinreichenden Genauigkeit und Unbedingtheit lediglich dazu benutzt hat, die sachliche Tragweite

---

[527] EuGH, Gutachten (Plenum) 2/13 vom 18.12.2014, EMRK, 2014, Rn. 166 („l'effet direct de toute une série de dispositions applicables"). Ähnlich EuGH, Gutachten 1/91 vom 14.12.1991, EWR-Abkommen I, Slg. 1991, I-6079, Rn. 21 („unmittelbare Wirkung zahlreicher […] Bestimmungen"; franz. „l'effet direct de toute une série de dispositions applicables"); EuGH, Gutachten (Plenum) 1/09 vom 8.3.2011, Übereinkommen über das Gericht für europäische Patente und Gemeinschaftspatente, Slg. 2011, I-1137, Rn. 65 („die unmittelbare Wirkung zahlreicher […] Bestimmungen"; franz. „l'effet direct de toute une série de dispositions applicables").

[528] In der untersten Zeile der Tabelle werden die Entscheidungen addiert. Zu den Details der Zählung siehe die Ausführungen im Anschluss an die Tabelle.

von Vorschriften im Hinblick auf einen konkreten Anwendungsfall zu bestimmen, ohne auszuschließen, dass diese Vorschriften in anderen Anwendungsfällen durchaus unmittelbar wirken.[529] Außerdem ist bei der Bewertung der Statistik zu berücksichtigen, dass mitgliedstaatliche Gerichte einerseits grundsätzlich keine Vorlagepflicht trifft (Art. 267 Abs. 2 AEUV) und andererseits davon auszugehen ist, dass nationale Gerichte lediglich vorlegen, wenn sie Zweifel an der unmittelbaren Wirkung des Unionsrechts haben. Die Zahlen beziehen sich daher von vornherein nur auf solche Fälle, die aus Sicht der nationalen Gerichte zweifelhaft waren. Dies erklärt auch, warum die Anzahl der Vorabentscheidungen zur unmittelbaren Wirkung im Vergleich zum Umfang des *acquis communautaire* relativ gering ist.

Differenziert man nach der Handlungsform, zeigt sich, dass der EuGH zwischen 1960 und 2009 die hinreichende Genauigkeit und Unbedingtheit von primärrechtlichen Vorschriften beziehungsweise von Entscheidungen und Beschlüssen verhältnismäßig oft abgelehnt hat (Primärrecht: 16-mal abgelehnt / 24-mal bejaht; Entscheidungen und Beschlüsse: 4-mal abgelehnt / 7-mal bejaht).[530] Relativ häufig bejaht hat der EuGH dagegen die hinreichende Genauigkeit und Unbedingtheit von Verordnungen beziehungsweise einzelner Vorschriften bestimmter Verordnungen (25-mal bejaht / 2-mal abgelehnt). Ebenfalls oft hat er die hinreichende Genauigkeit und Unbedingtheit von Richtlinienvorschriften bejaht (71-mal bejaht / 14-mal abgelehnt). Das erstaunt, sind Richtlinien doch nach Art. 288 Abs. 3 AEUV an die Mitgliedstaaten gerichtet und lediglich hinsichtlich des zu erreichenden Ziels verbindlich, lassen den innerstaatlichen Stellen dagegen die Wahl der Form und Mittel. Diese Zahlen lassen vermuten, dass Richtlinien von Anfang an so formuliert werden, dass sie nach Ablauf der Umsetzungsfrist unmittelbar wirken können, und sich in ihrer Regelungsdichte mittlerweile nur noch wenig von Verordnungen und Beschlüssen unterscheiden.[531] Betrachtet man nur den Zeitraum zwischen 2000 und 2009, ist die Rate, mit der die hinreichende Genauigkeit und Unbedingtheit von Richtlini-

---

529 Hierzu im Ersten Teil, A.III.2.

530 Für Entscheidungsnachweise siehe wiederum die Tabelle im Anhang III.

531 Siehe von Danwitz, Europäisches Verwaltungsrecht, 2008, S. 181. Für eine identische Regelungsdichte Bast, Handlungsformen und Rechtsschutz, in: von Bogdandy/ders. (Hg.), Europäisches Verfassungsrecht, 2009, S. 489 (505). Gegen eine Klassifizierung von Richtlinien als eine Form der Rahmengesetzgebung Schütze, The Morphology of Legislative Power in the European Community, in: Eeckhout/Tridimas (Hg.), YEL 25 (2006), S. 91 (149, 151).

envorschriften bejaht wurde, sogar um einiges größer gewesen, als die entsprechende Quote bei Verordnungsvorschriften. Die hinreichende Genauigkeit und Unbedingtheit von Richtlinienvorschriften hat der EuGH 29-mal bejaht, dagegen nur 5-mal abgelehnt. In Bezug auf Verordnungsvorschriften hat er diese dagegen nur 2-mal bejaht und sogar 2-mal abgelehnt. Allerdings legen letztere Zahlen den Schluss nahe, dass die vorlegenden Gerichte bei Verordnungsvorschriften weniger Bedenken gegenüber der unmittelbaren Wirkung gehabt und daher nur in besonders zweifelhaften Fällen vorgelegt haben.

Beeindruckender als die vorgenannten Zahlen ist der relativ geringe Anstieg von Vorabentscheidungen zur unmittelbaren Wirkung im Verhältnis zur Anzahl der Vorabentscheidungen insgesamt. Vergleicht man etwa die Anzahl aller Vorabentscheidungen zwischen 2000 und 2009 mit der Anzahl aller Vorabentscheidungen zwischen 1960 und 1969, so haben sich die Vorabentscheidungen beinahe verdreißigfacht (67 Vorabentscheidungen zwischen 1960 und 1969; 1.942 Vorabentscheidungen zwischen 2000 und 2009).[532] Die Anzahl der Vorabentscheidungen, in denen die hinreichende Genauigkeit und Unbedingtheit des Unionsrechts behandelt wurden, hat sich allerdings nicht entsprechend vervielfacht. Zwischen 1960 und 1969 finden sich acht Entscheidungen, in denen der EuGH die hinreichende Genauigkeit und Unbedingtheit des Unionsrechts erstmals bejaht oder abgelehnt hat.[533] Zwischen 2000 und 2009 gibt es dagegen nur 39 entsprechende Entscheidungen.[534] Die An-

---

[532] Siehe Fn. 549.

[533] Siehe EuGH, 6.4.1962, Rs. 13/61, de Geus, Slg. 1962, S. 97; EuGH, 5.2.1963, Rs. 26/62, Van Gend & Loos, Slg. 1963, S. 1; EuGH, 15.7.1964, Rs. 6/64, Costa/E.N.E.L., Slg. 1964, S. 1253; EuGH, 11.3.1965, Rs. 31/64, Gemeenschappelijke Verzekeringskas „De Sociale Voorzorg“, Slg. 1965, S. 111; EuGH, 16.6.1966, Rs. 57/65, Lütticke, Slg. 1966, S. 257; EuGH, 3.4.1968, Rs. 28/67, Molkerei-Zentrale Westfalen/Lippe, Slg. 1968, S. 215; EuGH, 4.4.1968, Rs. 27/67, Fink-Frucht, Slg. 1968, S. 327; EuGH, 19.12.1968, Rs. 13/68, Salgoil, Slg. 1968, S. 679.

[534] Siehe EuGH (Sechste Kammer), 15.6.2000, Rs. C-365/98, Brinkmann, Slg. 2000, I-4619; EuGH, 19.9.2000, Rs. C-287/98, Linster, Slg. 2000, I-6917; EuGH (Sechste Kammer), 21.9.2000, Rs. C-109/99, ABBOI, Slg. 2000, I-7247; EuGH, 3.10.2000, Rs. C-303/98, Simap, Slg. 2000, I-7963; EuGH (Sechste Kammer), 11.1.2001, Rs. C-403/98, Monte Arcosu, Slg. 2001, I-103; EuGH (Fünfte Kammer), 18.1.2001, Rs. C-150/99, Stockholm Lindöpark, Slg. 2001, I-493; EuGH (Sechste Kammer), 26.6.2001, Rs. C-173/99, BECTU, Slg. 2001, I-4881; EuGH (Fünfte Kammer), 4.10.2001, Rs. C-438/99, Jiménez Melgar, Slg. 2001, I-6915; EuGH (Fünfte Kammer), 18.10.2001, Rs. C-441/99, Ghareh-

zahl der Entscheidungen hat sich also lediglich um den (gerundeten) Faktor 5 erhöht. Diese Zahlen reflektieren, dass die unmittelbare Wirkung von nationalen Gerichten mittlerweile wesentlich weniger in Frage gestellt wird, als noch in den 60er Jahren. Dementsprechend ist zu vermuten, dass mitgliedstaatliche Gerichte das Unionsrecht ganz überwiegend für unmittelbar wirksam erachten. Die „Dunkelziffer" unmit-

---

veran, Slg. 2001, I-7687; EuGH (Sechste Kammer), 20.6.2002, verb. Rs. C-388/00 und C-429/00, Radiosistemi, Slg. 2002, I-5845; EuGH (Sechste Kammer), 10.9.2002, Rs. C-141/00, Ambulanter Pflegedienst Kügler, Slg. 2002, I-6833; EuGH, 17.9.2002, Rs. C-413/99, Baumbast, Slg. 2002, I-7091; EuGH (Fünfte Kammer), 10.4.2003, Rs. C-276/01, Steffensen, Slg. 2003, I-3735; EuGH, 20.5.2003, verb. Rs. C-465/00, C-138/01 und C-139/01, Österreichischer Rundfunk, Slg. 2003, I-4989; EuGH (Fünfte Kammer), 22.5.2003, Rs. C-462/99, Connect Austria, Slg. 2003, I-5197; EuGH (Fünfte Kammer), 6.11.2003, Rs. C-45/01, Dornier, Slg. 2003, I-12911; EuGH (Fünfte Kammer), 6.11.2003, Rs. C-45/01, Dornier, Slg. 2003, I-12911; EuGH (Sechste Kammer), 5.2.2004, Rs. C-157/02, Rieser Internationale Transporte, Slg. 2004, I-1477; EuGH (Fünfte Kammer), 29.4.2004, Rs. C-102/02, Beuttenmüller, Slg. 2004, I-5405; EuGH (Zweite Kammer), 24.6.2004, Rs. C-278/02, Handlbauer, Slg. 2004, I-6171; EuGH (Große Kammer), 7.9.2004, Rs. C-127/02, Waddenvereniging und Vogelsbeschermingvereniging, Slg. 2004, I-7405; EuGH (Erste Kammer), 9.9.2004, Rs. C-292/02, Meiland Azewijn, Slg. 2004, I-7905; EuGH (Große Kammer), 5.10.2004, verb. Rs. C-397/01 bis C-403/01, Pfeiffer, Slg. 2004, I-8835; EuGH (Zweite Kammer), 13.1.2005, Rs. C-117/03, Dragaggi, Slg. 2005, I-167; EuGH (Zweite Kammer), 17.2.2005, verb. Rs. C-453/02 und C-462/02, Linneweber und Akritidis, Slg. 2005, I-1131; EuGH (Vierte Kammer), 26.5.2005, Rs. C-297/03, Sozialhilfeverband Rohrbach, Slg. 2005, I-4305; EuGH (Zweite Kammer), 2.6.2005, Rs. C-15/04, Koppensteiner, Slg. 2005, I-4855; EuGH (Fünfte Kammer), 26.10.2006, Rs. C-317/05, G. Pohl-Boskamp, Slg. 2006, I-10611; EuGH (Erste Kammer), 19.4.2007, Rs. C-356/05, Farrell, Slg. 2007, I-3067; EuGH (Dritte Kammer), 7.6.2007, Rs. C-80/06, Carp, Slg. 2007, I-4473; EuGH (Dritte Kammer), 28.6.2007, Rs. C-363/05, JP Morgan Fleming Claverhouse Investment Trust, Slg. 2007, I-5517; EuGH (Dritte Kammer), 13.3.2008, verb. Rs. C-383/06 bis C-385/06, Vereniging Nationaal Overlegorgaan Sociale Werkvoorziening, Slg. 2008, I-1561; EuGH (Große Kammer), 15.4.2008, Rs. C-268/06, Impact, Slg. 2008, I-2483; EuGH (Vierte Kammer), 15.5.2008, verb. Rs. C-147/06 und C-148/06, SECAP und Santorso, Slg. 2008, I-3565; EuGH (Große Kammer), 17.7.2008, verb. Rs. C-152/07 bis C-154/07, Arcor, Slg. 2008, I-5959; EuGH (Dritte Kammer), 17.7.2008, Rs. C-226/07, Flughafen Köln/Bonn, Slg. 2008, I-5999; EuGH (Zweite Kammer), 25.7.2008, Rs. C-237/07, Janecek, Slg. 2008, I-6221; EuGH (Zweite Kammer), 20.11.2008, Rs. C-18/08, Foselev Sud-Ouest, Slg. 2008, I-8745; EuGH (Erste Kammer), 12.2.2009, Rs. C-138/07, Cobelfret, Slg. 2009, I-731; EuGH (Dritte Kammer), 23.4.2009, verb. Rs. C-378/07 bis C-380/97, Angelidaki, Slg. 2009, I-3071.

telbar wirkender Vorschriften, also solcher Vorschriften, die von Gerichten unmittelbar angewendet werden, obwohl ihre unmittelbare Wirkung vom EuGH bisher nicht festgestellt wurde, dürfte beachtlich sein.

II. Begründungsaufwand

Starkes Indiz dafür, dass die unmittelbare Wirkung des Unionsrechts vom EuGH vermutet wird, ist auch der abnehmende Begründungsaufwand, der betrieben wird, um die unmittelbare Wirkung zu belegen. Beginnend mit der *Van Gend & Loos*-Entscheidung ging der Gerichtshof zunächst regelmäßig auf die zentralen Kriterien für die unmittelbare Wirkung, also die hinreichende Genauigkeit und Unbedingtheit von Vorschriften, ein.[535] Wie bereits im ersten Teil dargelegt, liefert der EuGH mit seinen Ausführungen zur hinreichenden Genauigkeit und Unbedingtheit keine überzeugende Begründung und es bleibt bis heute unklar, zu welchem Zweck er diese Kriterien überhaupt anführt.[536] Zwischenzeitlich stellt der Gerichtshof zunehmend die Eignung von Vorschriften zu unmittelbarer Wirkung einfach nur fest[537] beziehungsweise erkennt die unmittelbare Wirkung für rechtens, ohne überhaupt auf die Eignung der Vorschriften hierzu einzugehen.[538]

---

[535] Vgl. beispielhaft die im zweiten Teil, im Abschnitt A., vorgestellten Entscheidungen.

[536] Siehe im ersten Teil, B.

[537] Siehe nur EuGH (Zweite Kammer), 26.8.2012, Rs. C-621/10, Balkan and Sea Properties und Provadinvest, Rn. 58; EuGH (Vierte Kammer), 24.5.2012, Rs. C-97/11, Amia, Rn. 37; EuGH (Achte Kammer), 19.12.2012, Rs. C-549/11, Orfey Balgaria, Rn. 53; EuGH (Achte Kammer), 18.5.2013, Rs. C-142/12, Marinov, Rn. 38. Hierauf weist auch Bobek, Van Gend en Loos +50: the Changing Social Context of Direct Effect, in: Tizzano/Kokott/Prechal (Hg.), 50ème anniversaire de l'arrêt Van Gend en Loos, 2013, S. 181 (182), hin.

[538] Siehe nur EuGH, 29.11.1978, Rs. 21/78, Delkvist, Slg. 1978, S. 2327, Rn. 12 ff., vor allem Rn. 22; EuGH, 5.4.1979, Rs. 148/78, Ratti, Slg. 1979, S. 1629, Rn. 23 f. und Tenor 1; EuGH (Fünfte Kammer), 28.3.1985, Rs. 96/84, Vereniging Slachtpluimvee-Export, Slg. 1985, S. 1157, Rn. 7 ff.; EuGH, 4.2.1988, Rs. 157/86, Murphy, Slg. 1988, S. 673, Rn. 11; EuGH, 24.10.1995, Rs. C-72/95, Kraaijeveld, Slg. 1996, I-5403, Rn. 43 ff.; EuGH, 26.9.2000, Rs. C-262/97, Engelbrecht, Slg. 2000, I-7321, Rn. 40; EuGH (Fünfte Kammer), 22.5.2003, Rs. C-462/99, Connect Austria, Slg. 2003, I-5197, Rn. 40; EuGH

Außerdem finden sich eine Reihe von Entscheidungen, in denen er (wenn auch eher beiläufig) die unmittelbare Wirkung ganzer Normgruppen oder sogar der Verträge feststellt, ohne die unmittelbare Wirkung von der hinreichenden Genauigkeit und Unbedingtheit der einzelnen Vorschriften abhängig zu machen. Dies legt den Schluss nahe, dass der EuGH die unmittelbare Wirkung dieser Vorschriften von vornherein unterstellt, wie im Urteil *Costa / E.N.E.L.* aus dem Jahr 1964: „Zum Unterschied von gewöhnlichen internationalen Verträgen hat der EWG-Vertrag eine eigene Rechtsordnung geschaffen, die bei seinem Inkrafttreten in die Rechtsordnungen der Mitgliedstaaten aufgenommen worden und von ihren Gerichten anzuwenden ist." Die Mitgliedstaaten hätten „einen Rechtskörper geschaffen, der für ihre Angehörigen [...] verbindlich ist."[539] Die Einschränkung, dass nur hinreichend genaue und unbedingte Vorschriften von den Gerichten der Mitgliedstaaten anzuwenden sind, scheint dem EuGH keiner Erwähnung wert. Gewiss kann bezweifelt werden, ob der Gerichtshof schon im Jahr 1964 mit diesen knappen Ausführungen einer Vermutung der unmittelbaren Wirkung das Wort reden wollte. Gleichwohl lässt der EuGH bereits in dieser Entscheidung eine bemerkenswerte Bereitschaft

---

(Große Kammer), 7.9.2004, Rs. C-127/02, Waddenvereniging und Vogelsbeschermingvereniging, Slg. 2004, I-7405, Rn. 62 ff.; EuGH (Zweite Kammer), 17.2.2005, verb. Rs. C-453/02 und C-462/02, Linneweber und Akritidis, Slg. 2005, I-1131, Rn. 32 ff.; EuGH (Dritte Kammer), 11.1.2007, Rs. C-208/05, ITC, Slg. 2007, I-181, Rn. 68 f.; EuGH (Vierte Kammer), 18.12.2007, Rs. C-357/06, Frigerio Luigi & C, Slg. 2007, I-12311, Rn. 28; EuGH (Dritte Kammer), 3.3.2011, Rs. C-203/10, Auto Nikolovi, Slg. 2011, I-1083, Rn. 62 ff.; EuGH (Große Kammer), 5.9.2012, Rs. C-83/11, Rahman, Rn. 25; EuGH (Fünfte Kammer), 21.3.2013, Rs. C-244/12, Salzburger Flughafen, Rn. 39 ff.

539 EuGH, 15.7.1964, Rs. 6/64, Costa/E.N.E.L., Slg. 1964, S. 1253 (1269). Franz. „qu'en effet, en instituant une Communauté de durée illimitée, dotée d'institutions propres, de la personnalité, de la capacité juridique, d'une capacité de représentation internationale et plus particulièrement de pouvoir réels issus d'une limitation de compétence ou d'un transfert d'attributions des États à la Communauté, ceux-ci ont limité, bien que dans des domaines restreints, leurs droits souverains et créé ainsi un corps de droit applicable à leurs ressortissants et à eux-mêmes; attendu que cette intégration au droit de chaque pays membre de dispositions qui proviennent de source communautaire, et plus généralement les termes et l'esprit du traité, ont pour corollaire l'impossibilité pour les États de faire prévaloir, contre un ordre juridique accepté par eux sur une base de réciprocité, une mesure unilatérale ultérieure qui ne saurait ainsi lui être opposable" (vgl. S. 1158 f. der franz. Fassung). Nicht ganz so deutlich EuGH, 5.2.1963, Rs. 26/62, Van Gend & Loos, Slg. 1963, S. 1 (24 f.).

erkennen, dem Gemeinschaftsrecht unmittelbare Wirkung zuzusprechen.

Vergleichbare Zitate durchziehen die Rechtsprechung: So stellt der Gerichtshof nur zwei Jahre später, in der Entscheidung *Consten und Grundig / Kommission* ohne weitere Präzisierung fest, dass die „Normen“ der „Wettbewerbsordnung der Gemeinschaft [...] unmittelbar wirksam und für den Einzelnen ohne weiteres verbindlich“ seien.[540] Beginnend mit dem *Simmenthal*-Urteil aus dem Jahr 1977 hat der Gerichtshof außerdem vielfach ohne Einschränkung festgestellt, dass der staatliche Richter verpflichtet ist, „das Gemeinschaftsrecht uneingeschränkt anzuwenden [...], indem er jede möglicherweise entgegenstehende Bestimmung des nationalen Rechts [...] unangewendet lässt.“[541] Im Urteil *Albako* des Jahres 1987 formuliert der Gerichtshof lapidar, dass an „die Mitgliedstaaten gerichtete Entscheidungen [...] für alle Organe des jeweils bezeichneten Staates, einschließlich seiner Gerichte, verbindlich“ sind.[542] Dass die Gerichte der Mitgliedstaaten „für die Anwendung und Wahrung des Gemeinschaftsrechts im Rahmen der nationalen Rechtsordnung zu sorgen haben“, hat der EuGH mehrfach festgestellt, erstmals im *Zwartveld*-Beschluss aus dem Jahr 1990.[543] In

---

[540] Siehe EuGH, 13.7.1966, verb. Rs. 56 und 58/64, Consten GmbH und Grundig-Verkaufs-GmbH/Kommission, Slg. 1966, S. 321 (394). Franz. „que le pouvoir de la Commission d'édicter une telle injonction, prévu à l'article 3 du règlement du Conseil n°17-62, est compatible avec le caractère du système communautaire de la concurrence, constitué par des règles d'efficacité immédiate et qui s'imposent directement aux individus“ (vgl. S. 500 der franz. Fassung).

[541] EuGH, 9.3.1978, Rs. 106/77, Simmenthal, Slg. 1978, S. 629, Rn. 21/23 („tout juge national, saisi dans le cadre de sa compétence, a l'obligation d'appliquer intégralement le droit communautaire et de protéger les droits que celui-ci confère aux particuliers, en laissant inappliquée toute disposition éventuellement contraire de la loi nationale“). Vielfach bestätigt, etwa durch EuGH, 4.2.1988, Rs. 157/86, Murphy, Slg. 1988, S. 673, Rn. 11; EuGH, 26.9.2000, Rs. C-262/97, Engelbrecht, Slg. 2000, I-7321, Rn. 40; EuGH (Achte Kammer), 18.5.2013, Rs. C-142/12, Marinov, Rn. 39 m.w.N.

[542] EuGH, 21.5.1987, Rs. 249/85, Albako, Slg. 1987, S. 2345, Rn. 17 („Il importe de souligner, en second lieu, que, aux termes de l'article 189, alinéa 4, du traité, les décisions sont obligatoires pour les destinataires qu'elles désignent. Dans le cas des décisions adressées aux États membres, ce caractère obligatoire s'impose à tous les organes de l'État destinataire, y compris à ses juridictions.“).

[543] Siehe EuGH, 13.7.1990, Rs. C-2/88, Zwartveld, Slg. 1990, I-3365, Rn. 18 („les autorités judiciaires des États membres chargées de veiller à l'application et

der Entscheidung *Ciola* aus dem Jahr 1999 heißt es: „Sodann ist darauf hinzuweisen, daß die Bestimmungen des EG-Vertrags, da sie in der Rechtsordnung jedes Mitgliedstaats unmittelbar gelten und da das Gemeinschaftsrecht dem nationalen Recht vorgeht, Rechte zugunsten der Betroffenen erzeugen, die die nationalen Behörden zu achten und zu wahren haben“.[544] Im Gutachten 1/09 von 2011 über das europäische Patentgericht formuliert der Gerichtshof, „es [sei] Sache der nationalen Gerichte [...], die volle Anwendung des Unionsrechts in allen Mitgliedstaaten [...] zu gewährleisten“.[545] In diesem Zusammenhang ist auch

au respect du droit communautaire dans l'ordre juridique national“). Mehrfach bestätigt, siehe etwa EuGH, 28.2.1991, Rs. C-234/89, Delmitis, Slg. 1991, I-935 Rn. 53; EuGH, 22.10.2002, Rs. C-94/00, Roquette Frères, Slg. 2002, I-9011, Rn. 93; EuGH (Große Kammer), 21.10.2008, verb. Rs. C-200/07 und C-201/07, Marra, Slg. 2008, I-7929, Rn. 41.

[544] EuGH (Zweite Kammer), 29.4.1999, Rs. C-224/97, Ciola, Slg. 1999, I-2517 Rn. 26. Franz. „Il convient de rappeler, ensuite, que les dispositions du traité CE étant directement applicables dans l'ordre juridique de tout État membre et le droit communautaire ayant la primauté sur le droit national, ces dispositions engendrent, dans le chef des intéressés, des droits que les autorités nationales doivent respecter et sauvegarder“. Ähnlich, wenn auch weniger deutlich EuGH, 9.3.1978, Rs. 106/77, Simmenthal, Slg. 1978, S. 629, Rn. 14 ff. („Unmittelbare Geltung unter diesem Blickwinkel bedeutet, daß die Bestimmungen des Gemeinschaftsrechts ihre volle Wirksamkeit einheitlich in sämtlichen Mitgliedstaaten vom Zeitpunkt ihres Inkrafttretens an und während der gesamten Dauer ihrer Gültigkeit entfalten müssen. Diese Bestimmungen sind somit unmittelbare Quelle von Rechten und Pflichten für alle diejenigen, die sie betreffen, einerlei, ob es sich um die Mitgliedstaaten oder um solche Einzelpersonen handelt, die an den Rechtsverhältnissen beteiligt sind, welche dem Gemeinschaftsrecht unterliegen. Diese Wirkung erstreckt sich auf jedes Gericht, das, angerufen im Rahmen seiner Zuständigkeit, als Organ eines Mitgliedstaats die Aufgabe hat, die Rechte zu schützen, die das Gemeinschaftsrecht den einzelnen verleiht“). Bestätigt in EuGH, 19.6.1990, Rs. C-213/89, Factortame, Slg. 1990, I-2433, Rn. 18; EuGH (Große Kammer), 8.9.2010, Rs. C-409/06, Winner Wetten, Slg. 2010, I-8015, Rn. 53; EuGH (Große Kammer), 18.7.2007, Rs. C-119/05, Lucchini, Slg. 2007, I-6199, Rn. 61.

[545] EuGH, Gutachten (Plenum) 1/09 vom 8.3.2011, Übereinkommen über das Gericht für europäische Patente und Gemeinschaftspatente, Slg. 2011, I-1137, Rn. 68 („De plus, en vertu du deuxième alinéa de cette même disposition, les États membres prennent toute mesure générale ou particulière propre à assurer l'exécution des obligations découlant des traités ou résultant des actes des institutions de l'Union. Dans ce cadre, il incombe aux juridictions nationales et à la Cour de garantir la pleine application du droit de l'Union dans l'ensemble des États membres ainsi que la protection juridictionnelle des droits que les jus-

daran zu erinnern, dass der EuGH seit der Entscheidung in der Rechtssache 72/85, *Kommission / Niederlande*, aus dem Jahr 1986 die unmittelbare Wirkung gelegentlich als „Mindestgarantie" beschreibt, die nicht ausreiche, um für sich allein die uneingeschränkte Anwendung des Gemeinschaftsrechts zu gewährleisten.[546]

Noch deutlicher für eine Vermutung der unmittelbaren Wirkung spricht, dass der Gerichtshof in einer kaum bezifferbaren Anzahl von Vorabentscheidungen mit keinem Wort auf die unmittelbare Wirkung eingeht, obwohl die Anwendung der relevanten Vorschriften des Unionsrechts deren unmittelbare Wirkung voraussetzt, diese aber vorher noch nicht durch den EuGH festgestellt war.[547] In all diesen Fällen wäre es dem Gerichtshof möglich gewesen, vorab zur unmittelbaren Wirkung Stellung zu nehmen, um die Vorlagefragen der mitgliedstaatlichen Gerichte sachdienlich zu beantworten. Umgekehrt hat er sich mit Blick auf eine erhebliche Anzahl von Vorabentscheidungsersuchen zur Auslegung von Völkerrecht mit dessen unmittelbarer Wirkung auseinandergesetzt, ohne dass danach gefragt wurde.[548] In der Rechtsprechung,

---

ticiables tirent dudit droit"). Bestätigt durch EuGH, Gutachten (Plenum) 2/13 vom 18.12.2014, EMRK, Rn. 175.

[546] Siehe EuGH, 20.3.1986, Rs. 72/85, Kommission/Niederlande, Slg. 1986, S. 1219, Rn. 20 („étant donné que la faculté des justiciables de l'invoquer devant les juridictions nationales ne constitue qu'une garantie minimale et ne suffit pas à assurer à elle seule l'application pleine et complète"). Vielfach bestätigt, etwa durch EuGH, 15.10.1986, Rs. 168/85, Kommission/Italien, Slg. 1986, S. 2945, Rn. 11; EuGH, 19.1.1982, Rs. 8/81, Becker, Slg. 1982, S. 53, Rn. 29; EuGH, 5.3.1996, verb. Rs. C-46/93 und C-48/93, Brasserie du pêcheur und Factortame, Slg. 1996, I-1029, Rn. 20.

[547] Siehe bspw. EuGH (Sechste Kammer), 31.3.1993, verb. Rs. C-184/91 und C-221/91, Oorburg, Slg. 1993, I-1633, Rn. 8 ff.; EuGH (Plenum), 12.10.2004, Rs. C-222/02, Paul, Slg. 2004, I-9425, Rn. 25 ff. (zumal GA Stix-Hackl die unmittelbare Wirkung prüfte, vgl. Rn. 59 ff. der Schlussanträge); EuGH (Erste Kammer), 11.11.2004, Rs. C-216/02, Zuchtverband für Ponys, Slg. 2004, I-10683, Rn. 30 ff.; EuGH (Große Kammer), 16.10.2007, Rs. C-411/05, Palacios de la Villa, Slg. 2007, I-8531, Rn. 41 ff.; EuGH (Zweite Kammer), 19.12.2012, Rs. C-310/11, Grattan, Rn. 18 ff. Hierauf ebenfalls hinweisend de Witte, The Impact of Van Gend en Loos on Judicial Protection at European andNational Level, in: Tizzano/Kokott/Prechal (Hg.), 50ème anniversaire de l'arrêt Van Gend en Loos, 2013, S. 93 (99).

[548] Siehe bspw. EuGH, 31.1.1991, Rs. C-18/90, Kziber, Slg. 1991, I-199, Rn. 6, 14 ff.; EuGH, 5.7.1994, Rs. C-432/92, Anastasiou, Slg. 1994, I-3087, Rn. 14, 21 ff.; EuGH (Zweite Kammer), 15.1.1998, Rs. C-113/97, Babahenini, Slg. 1998, I-183, Rn. 10, 15 f.; EuGH, 2.3.1999, Rs. C-416/96, Eddline El-

die alleine zwischen 1960 und 2009 mehr als 5000 Vorabentscheidungen umfasst,[549] lassen sich hingegen kaum Entscheidungen finden, in denen der Gerichtshof, ohne hiernach ausdrücklich gefragt worden zu sein, vorab zur unmittelbaren Wirkung des primären und sekundären Unionsrechts Stellung genommen hätte.[550] Das erhärtet den Eindruck, dass die unmittelbare Wirkung des primären und sekundären Unionsrechts für den EuGH so selbstverständlich ist, dass sie grundsätzlich keiner Begründung bedarf. Noch einen Schritt weiter geht der Gerichtshof in einem Urteil aus jüngster Zeit, wenn er – obwohl er vom vorlegenden Gericht ausdrücklich auch nach der unmittelbaren Wirkung einer Vorschrift gefragt wurde – auf diese nicht eingeht, sondern sich direkt der sachlichen Tragweite der Vorschrift zuwendet.[551]

III. Begründungsinhalt

Sofern der EuGH überhaupt eine Begründung dafür liefert, warum er Vorschriften für unmittelbar wirksam hält, lassen seine Ausführungen auch inhaltlich erkennen, dass die unmittelbare Wirkung vermutet wird.

Yassini, Slg. 1999, I-1209, Rn. 24 ff.; EuGH, 4.5.1999, Rs. C-262/96, Sürül, Slg. 1999, I-2685, Rn. 45 ff., vor allem Rn. 47; EuGH, 29.1.2002, Rs. C-162/00, Pokrzeptowicz-Meyer, Slg. 2002, I-1049, Rn. 16 ff.; EuGH (Fünfte Kammer), 8.5.2003, Rs. C-438/00, Deutscher Handballbund, Slg. 2003, I-4135, Rn. 21 ff.; EuGH, 21.10.2003, verb. Rs. C-317/01 und C-369/01, Abatay, Slg. 2003, I-12301, Rn. 57 ff.; EuGH (Große Kammer), 12.4.2005, Rs. C-265/03, Simutenkov, Slg. 2005, I-2579, Rn. 14, 19 ff.; EuGH (Erste Kammer), 14.12.2006, Rs. C-97/05, Gattoussi, Slg. 2006, I-11917, Rn. 21, 24 ff. EuGH (Große Kammer), 21.12.2011, Rs. C-366/10, Air Transport Association of America, Slg. 2011, I-13755, Rn. 45 ff.

[549] Die Zahl ergibt sich aus einer Suche über das Suchsystem von Eur-Lex (abrufbar unter: http://eur-lex.europa.eu/RECH_menu.do?ihmlang=de; abgerufen am 3.10.2012) nach folgenden Kriterien: EU-Rechtsprechung/Urteile des Gerichtshofs/Verfahrensart: Vorabentscheidung.

[550] Ausnahme: EuGH, 15.7.1964, Rs. 6/64, Costa/E.N.E.L., Slg. 1964, S. 1253 (1260, 1271 ff.).

[551] Siehe EuGH (Zehnte Kammer), 6.2.2014, Rs. C-323/14, E. ON Global Commodities, Rn. 40 ff.

1. Grundsätzliche Unerheblichkeit von Bedeutungsunklarheiten

Auch wenn der Gerichtshof die unmittelbare Wirkung in einzelnen Fällen wegen unzulänglicher Genauigkeit abgelehnt hat,[552] lässt die Rechtsprechung dennoch erkennen, dass Vorschriften grundsätzlich selbst dann unmittelbar wirken, wenn sie einen großen Auslegungsspielraum eröffnen und deshalb ihre sachliche Tragweite unklar ist. Von Anfang an wurde die unmittelbare Wirkung verschiedener Vorschriften anerkannt, ohne dass deren Tragweite klar gewesen wäre. In der Regel fehlte, wenn der Gerichtshof eine Vorschrift für unmittelbar wirksam erklärte, eine Erläuterung. Es kann beispielsweise schwerlich behauptet werden, dass bereits zum Zeitpunkt der *Van Gend & Loos*-Entscheidung klar war, was „Abgaben gleicher Wirkung [wie Einfuhr- oder Ausfuhrzölle]“ im Sinne von Art. 12 EWGV sind.[553] Entsprechendes gilt für den Großteil der nachfolgenden Entscheidungen zur unmittelbaren Wirkung.

Der EuGH hat immer wieder ausdrücklich für Recht erkannt, dass auch Vorschriften, die einen weiten Auslegungsspielraum eröffnen, einer gerichtlichen Nachprüfung zugänglich sind.[554] Letztere zeichneten

---

552 Siehe hierzu die Fallgruppen im dritten Teil.

553 Wie hier GA Roemer zu EuGH, Rs. 33/70, S.A.C.E., Slg. 1970, S. 1213 (1228).

554 Siehe nur EuGH, 3.4.1968, Rs. 28/67, Molkerei-Zentrale Westfalen/Lippe, Slg. 1968, S. 215 (232); EuGH, 4.12.1974, Rs. 41/74, van Duyn, Slg. 1974, S. 1337, Rn. 5/7; EuGH, 13.3.1979, Rs. 91/78, Hansen, Slg. 1979, S. 935, Rn. 16; EuGH, 17.10.1989, verb. Rs. 231/87 und 129/88, Ufficio distrettuale delle imposte dirette di Fiorenzuola d'Arda, Slg. 1989, S. 3233, Rn. 32; EuGH (Zweite Kammer), 10.11.1992, Rs. C-156/91, Hansa Fleisch Ernst Mundt, Slg. 1992, I-5567, Rn. 14 ff.; EuGH, 23.2.1995, verb. Rs. C-358/93 und C-416/93, Bordessa, Slg. 1995, I-361, Rn. 34; EuGH, 17.10.1995, Rs. C-83/94, Leifer, Slg. 1995, I-3231, Rn. 45; EuGH, 14.12.1995, verb. Rs. C-163/94, C-165/94 und C-250/94, Sanz de Lera, Slg. 1995, I-4821 Rn. 43; EuGH (Sechste Kammer), 17.9.1996, verb. Rs. C-246/94, C-247/94, C-248/94 und C-249/94, Cooperativa Agricola Zootecnica S. Antonio, Slg. 1996, I-4373, Rn. 23 f.; EuGH (Zweite Kammer), 9.9.1999, Rs. C-374/97, Feyrer, Slg. 1999, I-5153, Rn. 24, 27; EuGH, 17.9.2002, Rs. C-413/99, Baumbast, Slg. 2002, I-7091, Rn. 85 f.; EuGH (Große Kammer), 15.4.2008, Rs. C-268/06, Impact, Slg. 2008, I-2483, Rn. 64; EuGH (Dritte Kammer), 1.7.2010, Rs. C-194/08, Gassmayr, Slg. 2010, I-6281, Rn. 51; EuGH (Zweite Kammer), 22.12.2010, verb. Rs. C-444/09 und C-456/09, Gavieiro Gavieiro, Slg. 2010, I-14031, Rn. 80 f. Siehe auch GA Gand zu EuGH, Rs. 57/65, Lütticke, Slg. 1966, S. 257 (278); GA Ko-

sich durch unbestimmte Rechtsbegriffe aus, wie man sie beispielsweise im Vorbehalt aus Gründen der öffentlichen Sicherheit und Ordnung findet.[555] In der Entscheidung *Impact* aus dem Jahr 2008 hat der Gerichtshof sogar ausdrücklich klargestellt, dass die unmittelbare Wirkung nicht abgelehnt werden kann, weil der Begriff der „Beschäftigungsbedingungen" nicht näher definiert wird.[556] Ferner wurde bereits sehr früh festgestellt, dass die Beurteilung wirtschaftlicher Sachverhalte den nationalen Richter nicht hindert, die Beachtung des Vertrags zu gewährleisten.[557] Besonders deutlich wird dies in der Rechtssache *Ufficio distrettuale delle imposte dirette di Fiorenzuola d'Arda* aus dem Jahr 1989 hinsichtlich der Einschränkung nach Art. 4 Abs. 5 UAbs. 2 der Sechsten Richtlinie 77/388,[558] wonach Staaten, Länder, Gemeinden oder sonstige Einrichtungen des öffentlichen Rechts als Steuerpflichtige gelten, sofern eine Behandlung als Nichtsteuerpflichtige zu „größeren" Wettbewerbsverzerrungen führen würde. Auch wenn die Anwendung dieser Vorschrift eine Beurteilung wirtschaftlicher Faktoren verlange, so der EuGH, sei diese Beurteilung nicht der gerichtlichen Kontrolle entzogen.[559]

Dafür, dass Bedeutungsunklarheiten grundsätzlich unerheblich sind, spricht auch, dass der Gerichtshof im Zusammenhang mit der unmittelbaren Wirkung immer wieder auf die Möglichkeit nationaler Gerichte

---

kott zu EuGH, verb. Rs. C-165/09 bis C-167/09, Stichting Natuur en Milieu, Slg. 2011, I-4599, Rn. 135 ff.

[555] Vgl. hierzu EuGH, 4.12.1974, Rs. 41/74, van Duyn, Slg. 1974, S. 1337, Rn. 5/7 (im Hinblick auf Art. 45 Abs. 3 AEUV). Siehe auch EuGH, 17.10.1995, Rs. C-83/94, Leifer, Slg. 1995, I-3231, Rn. 45; EuGH, 17.9.2002, Rs. C-413/99, Baumbast, Slg. 2002, I-7091, Rn. 85 f. (im Hinblick auf den Vorbehalt des Art. 21 Abs. 1 AEUV).

[556] Siehe EuGH (Große Kammer), 15.4.2008, Rs. C-268/06, Impact, Slg. 2008, I-2483, Rn. 61.

[557] Siehe EuGH, 3.4.1968, Rs. 28/67, Molkerei-Zentrale Westfalen/Lippe, Slg. 1968, S. 215 (232). Siehe auch EuGH, 4.4.1968, Rs. 27/67, Fink-Frucht, Slg. 1968, S. 327 (346).

[558] Sechste Richtlinie 77/388/EWG des Rates vom 17. Mai 1977 zur Harmonisierung der Rechtsvorschriften der Mitgliedstaaten über die Umsatzsteuern – Gemeinsames Mehrwertsteuersystem: einheitliche steuerpflichtige Bemessungsgrundlage, ABl. (EG) L 145 vom 13.6.1977, S. 1.

[559] Siehe EuGH, 17.10.1989, verb. Rs. 231/87 und 129/88, Ufficio distrettuale delle imposte dirette di Fiorenzuola d'Arda, Slg. 1989, S. 3233, Rn. 32. Ebenso GA Mischo hierzu auf S. 3253 ff.

hingewiesen hat, Auslegungsfragen im Wege eines Vorabentscheidungsersuchens vorzulegen und somit für eine korrekte und einheitliche Auslegung zu sorgen.[560] Das Risiko einer uneinheitlichen Anwendung des Unionsrechts, das trotz Bestehen des Vorabentscheidungsverfahrens verbleibt, nimmt der EuGH zugunsten der Wirksamkeit des Unionsrechts in Kauf. Auch die Kommission und eine Reihe von Generalanwälten haben sich deutlich für die Unbeachtlichkeit von Bedeutungsunklarheiten für die unmittelbare Wirkung ausgesprochen.[561]

---

[560] Siehe EuGH, 3.4.1968, Rs. 28/67, Molkerei-Zentrale Westfalen/Lippe, Slg. 1968, S. 215 (232); EuGH, 4.4.1968, Rs. 27/67, Fink-Frucht, Slg. 1968, S. 327 (346); EuGH, 4.12.1974, Rs. 41/74, van Duyn, Slg. 1974, S. 1337, Rn. 13/14 („Zwar können sich Auslegungsfragen zu Sinn und genauer Tragweite einer einzelnen Bestimmung stellen, doch lassen sich diese auf dem Rechtswege, gegebenenfalls auch unter Inanspruchnahme des in Art. 177 EWG-Vertrag vorgesehenen Verfahrens, klären."); EuGH, 31.1.1978, Rs. 94/77, Fratelli Zerbone, Slg. 1978, S. 99, Rn. 28/30.

[561] Vgl. EuGH, 16.6.1966, Rs. 57/65, Lütticke, Slg. 1966, S. 257 (262, 276 - Erklärung der Kommission); GA Gand zu EuGH, a.a.O., S. 257 (278: Die „Richter aller Staaten [sind] es gewohnt [...], mit den schwierigsten Fragen befaßt zu werden und sie auch – erforderlichenfalls mit Hilfe von Sachverständigen – zu entscheiden."); EuGH, 4.4.1968, Rs. 27/67, Fink-Frucht, Slg. 1968, S. 327 (343 - Erklärung der Kommission); GA Trabucchi zu EuGH, Rs. 43/75, Defrenne II, Slg. 1976, S. 455 (486); GA Warner zu EuGH, Rs. 131/79, Santillo, Slg. 1980, S. 1585 (1611: „Schließlich ist die erste von der Regierung des Vereinigten Königreichs genannte Voraussetzung zu erörtern, nämlich daß die Bestimmung „klar" sein müsse. Natürlich muß sie klar in dem Sinne sein, daß sie hinreichend genau ist, um einen oder mehrere Rechtsanspüche entstehen zu lassen [...]. Die Regierung des Vereinigten Königreichs faßte aber das Wort „klar" in diesem Zusammenhang nicht in der Bedeutung von „genau", sondern in der Bedeutung von „nicht mehrdeutig" auf. Sie führte aus, der Mangel an Klarheit in Artikel [...] werde am deutlichsten durch die von den Parteien in dieser Rechtssache vorgetragenen strittigen Auffassungen über seine zutreffende Auslegung gezeigt. Mehrdeutigkeit von gesetzlichen Bestimmungen ist eines der Probleme, zu deren Lösung Gerichte bestehen. Es ist nicht das gleiche wie Mangel an Genauigkeit. Wir sind an diesem Gerichtshof mit Mehrdeutigkeiten in Verordnungen nur zu gut vertraut. Völlig zu recht hat jedoch niemals jemand behauptet, die Mehrdeutigkeit einer Verordnung habe zur Folge, daß diese keine unmittelbare Wirkung haben könnte. Das gleiche gilt für Richtlinien, wie der Gerichtshof in der Rechtssache Van Duyn entschieden hat [...]."); GA Jacobs zu EuGH, Rs. C-150/99, Stockholm Lindöpark, Slg. 2001, I-493, Rn. 44 („Die Verwendung der Begriffe „klar" und „genau" könnte an dieser Stelle falsch verstanden werden. Es wird nicht verlangt, dass die Bedeutung der Vorschrift unstreitig sein muss. [...] In der Tat entspräche es einer sonderbaren Vorstellung

2. Grundsätzliche Unerheblichkeit eines Ermessens

Der EuGH weist in seiner Rechtsprechung wiederholt darauf hin, dass ein eingeräumtes Ermessen der unmittelbaren Wirkung entgegenstehen kann.[562] Dabei wird nicht zwischen Ermessen auf der Rechtsfolgenseite und Beurteilungsspielraum auf der Tatbestandsseite unterschieden.[563] Nach Auffassung des Gerichtshofs lässt sich ein Ermessen vielmehr

---

von der Rechtspflege im Allgemeinen, wollte man eine Rechtsvorschrift bloß deshalb für unanwendbar halten, weil sie der gerichtlichen Auslegung bedarf. Gemeint ist vielmehr, dass der Inhalt der Vorschrift klar und genau auslegbar und sie unmittelbar anwendbar sein muss."); GA Stix-Hackl zu EuGH, verb. Rs. C-453/02 und C-462/02, Linneweber und Akritidis, Slg. 2005, I-1131, Rn. 66 („Dazu ist zunächst festzuhalten, dass die Tatsache, dass eine Bestimmung des Gemeinschaftsrechts [...] auslegungsbedürftig ist, nicht schon ausschließt, dass diese Bestimmung hinreichend genau und bestimmt ist, sodass sich ein Einzelner vor einem nationalen Gericht auf sie berufen kann [...]. Vielmehr dient das Vorabentscheidungsverfahren über die Auslegung von Gemeinschaftsrecht gerade der einheitlichen Durchsetzung [...] von unmittelbar wirksamen Rechten"); GA Kokott zu EuGH, Rs. C-268/06, Impact, Slg. 2008, I-2483, Rn. 98 („Der bloße Umstand, dass eine Bestimmung des Gemeinschaftsrechts wie das hier in Frage stehende Diskriminierungsverbot als „Grundsatz" bezeichnet wird und darin unbestimmte Rechtsbegriffe wie der der „Arbeitsbedingungen" oder „Beschäftigungsbedingungen" verwendet werden, spricht nicht gegen ihre inhaltliche Bestimmtheit und damit gegen ihre unmittelbare Wirkung [...]. Vielmehr können etwaige Zweifelsfragen bei der Auslegung solcher Begriffe im Wege des Vorabentscheidungsverfahrens geklärt werden [...].")

[562] Siehe aus einer Vielzahl EuGH, 16.6.1966, Rs. 57/65, Lütticke, Slg. 1966, S. 257 (266); EuGH, 4.12.1974, Rs. 41/74, van Duyn, Slg. 1974, S. 1337, Rn. 5/7; EuGH, 11.11.1981, Rs. 203/80, Casati, Slg. 1981, S. 2595, Rn. 12; EuGH, 12.12.1990, verb. Rs. C-100/89 und C-101/89, Kaefer und Procacci, Slg. 1990, I-4647, Rn. 26; EuGH (Sechste Kammer), 5.2.2004, Rs. C-157/02, Rieser Internationale Transporte, Slg. 2004, I-1477, Rn. 40. Siehe hierzu die Fallgruppen im dritten Teil.

[563] Vgl. Schwarze, Europäisches Verwaltungsrecht, 2. Aufl. 2005, S. 280 ff.; von Danwitz, Europäisches Verwaltungsrecht, 2008, S. 299 f., 361 f.; Jestaedt, § 11 Maßstäbe des Verwaltungshandelns, in: Erichsen/Ehlers (Hg.), Allgemeines Verwaltungsrecht, 14. Aufl. 2010, S. 329 (352, Rn. 28); jeweils m.w.N. Zur Unterscheidung zwischen Beurteilungsspielraum und Ermessen nach der deutschen Verwaltungsrechtslehre siehe Kadelbach, Allgemeines Verwaltungsrecht unter europäischem Einfluß, 1996, S. 443 ff.; Schoch, § 50 Gerichtliche Verwaltungskontrollen, in: Hoffmann-Riem/Schmidt-Aßmann/Voßkuhle (Hg.), Grundlagen des Verwaltungsrechts, Bd. III, 2. Aufl. 2013, S. 687 (926 ff., Rn. 267 ff.); jeweils m.w.N.

pauschal als Entscheidungs- beziehungsweise Gestaltungsfreiheit beschreiben.[564] Ein derartiges Ermessen kann sich ergeben, wenn eine Vorschrift unbestimmt formuliert ist beziehungsweise sie Inhalte lediglich alternativ vorgibt.[565]

Auch wenn der EuGH die unmittelbare Wirkung wiederholt aufgrund eines Ermessens abgelehnt hat, verdeutlicht seine Rechtsprechung, dass ein Ermessen der unmittelbaren Wirkung grundsätzlich nicht entgegensteht.[566] Schließlich sind dem Ermessen – mag dieses zum Beispiel aufgrund der großen Unbestimmtheit einer Vorschrift auch weit sein – Grenzen gesetzt, etwa in Form eines Mindestschutzes, Mindestrechts, einer Mindestgarantie oder – um noch eine Formulierung des Gerichtshofs zu benutzen – in Form eines unantastbaren Kernbereichs.[567] Dass die Einhaltung von Ermessensgrenzen überprüfbar ist, hat der EuGH vielfach bestätigt.[568] Die Grenzen des Ermessens lassen sich durch Aus-

---

[564] Siehe Schwarze, Europäisches Verwaltungsrecht, 2. Aufl. 2005, S. 281.

[565] Zu letzterem bspw. EuGH (Große Kammer), 15.4.2008, Rs. C-268/06, Impact, Slg. 2008, I-2483, Rn. 70 f. und GA Kokott hierzu bei Rn. 111 ff. Siehe auch EuGH (Große Kammer), 4.7.2006, Rs. C-212/04, Adeneler, Slg. 2006, I-6057, Rn. 101; von Danwitz, Europäisches Verwaltungsrecht, 2008, S. 363.

[566] Entgegen GA Kokott zu EuGH, Rs. C-319/12, MDDP, Rn. 56.

[567] Vgl. EuGH, 14.7.1994, Rs. C-91/92, Faccini Dori, Slg. 1994, I-3325, Rn. 17 („Mindestrechte", „Mindestschutz"; franz. „droits minimaux", „protection minimale"); EuGH, 3.10.2000, Rs. C-303/98, Simap, Slg. 2000, I-7963, Rn. 68 („Mindestrechte"; franz. „droits minimaux"); EuGH (Große Kammer), 5.10.2004, verb. Rs. C-397/01 bis C-403/01, Pfeiffer, Slg. 2004, I-8835, Rn. 105 („Mindestschutz"; franz. „protection minimale"); EuGH (Große Kammer), 15.4.2008, Rs. C-268/06, Impact, Slg. 2008, I-2483, Rn. 74 („Mindestschutz"; franz. „garantie minimale", „protection minimale"); EuGH (Dritte Kammer), 1.7.2010, Rs. C-194/08, Gassmayr, Slg. 2010, I-6281, Rn. 51 („Mindestschutz"; franz. „protection minimale"); EuGH (Zweite Kammer), 14.10.2010, Rs. C-243/09, Fuß, Slg. 2010, I-9849, Rn. 58 („Mindestschutz"; franz. „protection minimale"); EuGH (Große Kammer), 24.1.2012, Rs. C-282/10, Dominguez, Rn. 35 („Mindestschutz"; franz. „protection minimale"). Ferner GA Fennelly zu EuGH, Rs. C-76/97, Tögel, Slg. 1998, I-5357, Rn. 55 („Mindestgarantien"; englisch „minimum guarantees"); GA Cosmas zu EuGH, Rs. C-318/98, Fornasar, Slg. 2000, I-4785, Rn. 55 („unantastbaren Kernbereich").

[568] Deutlich EuGH, 1.2.1977, Rs. 51/76, Verbond van Nederlandse Ondernemingen, Slg. 1977, S. 113, Rn. 20/29 a.E.: Der Einzelne kann sich auf Richtlinienvorschriften berufen, um überprüfen zu lassen, ob die Mitgliedstaaten bei der Umsetzung der Richtlinie „innerhalb der von der Richtlinie gezogenen Ermessensgrenzen geblieben sind." Ähnlich Rn. 25/29 a.E., Rn. 30 a.E. Aus

legung ermitteln. Wo diese Grenzen liegen, hängt von der in Frage stehenden Vorschrift ab. Insofern lässt sich die Bestimmung, ob eine Vorschrift unmittelbar wirkt, zutreffend als *l'art du possible* beschreiben.[569] Praktikable, übergreifende Regeln zur Bestimmung der Ermessensgrenzen sind angesichts der Unterschiedlichkeit von Vorschriften schwer auszumachen. Das Interesse des EuGH an der einheitlichen Anwendung des Unionsrechts könnte ein Grund dafür sein, dass er eher von

---

der reichhaltigen Rechtsprechung siehe ferner EuGH, 23.11.1977, Rs. 38/77, Enka, Slg. 1977, S. 2203, Rn. 9/10; EuGH, 19.11.1991, verb. Rs. C-6/90 und C-9/90, Francovich, Slg. 1991, I-5357, Rn. 17 ff.; EuGH, 20.10.1993, Rs. C-10/92, Balocchi, Slg. 1993, I-5105, Rn. 34; EuGH, 14.7.1994, Rs. C-91/92, Faccini Dori, Slg. 1994, I-3325, Rn. 17; EuGH, 24.10.1995, Rs. C-72/95, Kraaijeveld, Slg. 1996, I-5403, Rn. 56; EuGH (Fünfte Kammer), 4.12.1997, verb. Rs. C-253/96, C-254/96, C-255/96, C-256/96, C-257/96 und C-258/96, Kampelmann, Slg. 1997, I-6907, Rn. 39; EuGH (Sechste Kammer), 16.9.1999, Rs. C-435/97, WWF, Slg. 1999, I-5613, Rn. 69; EuGH (Sechste Kammer), 15.6.2000, Rs. C-365/98, Brinkmann, Slg. 2000, I-4619, Rn. 32; EuGH, 19.9.2000, Rs. C-287/98, Linster, Slg. 2000, I-6917, Rn. 32 ff.; EuGH (Sechste Kammer), 10.9.2002, Rs. C-141/00, Ambulanter Pflegedienst Kügler, Slg. 2002, I-6833, Rn. 55 f.; EuGH, 20.5.2003, verb. Rs. C-465/00, C-138/01 und C-139/01, Österreichischer Rundfunk, Slg. 2003, I-4989, Rn. 100; EuGH (Große Kammer), 7.9.2004, Rs. C-127/02, Waddenvereniging und Vogelsbeschermingvereniging, Slg. 2004, I-7405, Rn. 66; EuGH (Große Kammer), 5.10.2004, verb. Rs. C-397/01 bis C-403/01, Pfeiffer, Slg. 2004, I-8835, Rn. 105; EuGH (Zweite Kammer), 17.2.2005, verb. Rs. C-453/02 und C-462/02, Linneweber und Akritidis, Slg. 2005, I-1131, Rn. 34 f.; EuGH (Dritte Kammer), 28.6.2007, Rs. C-363/05, JP Morgan Fleming Claverhouse Investment Trust, Slg. 2007, I-5517, Rn. 60 f.; EuGH (Erste Kammer), 12.2.2009, Rs. C-138/07, Cobelfret, Slg. 2009, I-731, Rn. 60 f.; EuGH (Erste Kammer), 26.5.2011, verb. Rs. C-165/09 bis C-167/09, Stichting Natuur en Milieu, Slg. 2011, I-4599, Rn. 101-103; EuGH (Große Kammer), 15.1.2014, Rs. C-176/12, Association de médiation sociale, Rn. 33; EuGH (Dritte Kammer), 28.11.2013, Rs. C-319/12, MDDP, Rn. 51; EuGH (Siebte Kammer), 15.5.2014, Rs. C-337/13, Almos Agrárkülkereskedelmi, Rn. 34; EuGH (Fünfte Kammer), 9.10.2014, Rs. C-492/13, Traum, Rn. 47. Zu Ausnahmen gerichtlicher Nachprüfbarkeit siehe im dritten Teil, C.

[569] Siehe Pescatore, The Doctrine of "Direct Effect": An Infant Disease of Community Law, EL Rev 8 (1983), S. 155 (177). Pescatore benutzt ebenfalls den Ausdruck „possumus or non possumus" (a.a.O., S. 177). Ähnlich Bengoetxea, Direct Applicability or Effect, in: Hoskins/Robinson (Hg.), A True European: Essays for Judge David Edward, 2003, S. 353 (364: „a pragmatic question"); Isaac/Blanquet, Droit général de l'Union européenne, 9. Aufl. 2006, S. 273.

einem eingeschränkten Ermessen ausgeht.[570] Indikatoren bei unbestimmt formulierten Vorschriften können die Evidenz oder die Schwere des Verstoßes sein.[571] Bei Vorschriften, die aufgrund ihres alternativen Inhalts ein Ermessen eröffnen, kann dagegen für den Mindestschutz nicht auf die Evidenz oder die Schwere des Verstoßes abgestellt werden. Hier erweist sich der Mindestschutz als kleinster gemeinsamer Nenner unter den verschiedenen Handlungsmöglichkeiten,[572] der sich im Besonderen daraus ergeben kann, dass unter den Alternativen eine Rangfolge besteht.[573]

Gemäß den vorstehenden Ausführungen wirken auch Vorschriften mit programmatischem Charakter grundsätzlich unmittelbar.[574] Diese zeichnet aus, dass sie (lediglich) leitende Funktion haben.[575] Der EuGH charakterisiert sie als allgemein.[576] Als Vorschriften mit programmatischem Charakter kommen insbesondere Zielbestimmungen wie Art. 3 EUV in Betracht. Auch wenn der Gerichtshof in einer Reihe von Entscheidungen die unmittelbare Wirkung von programmatischen Vorschriften sowohl des Primärrechts als auch vereinzelt des Sekundär-

---

[570] Hierfür spricht sich etwa Kadelbach, Allgemeines Verwaltungsrecht unter europäischem Einfluß, 1996, S. 447, 453, aus.

[571] Siehe Ress, VVDStRL 48 (1990), S. 56 (110); Ukrow, Richterliche Rechtsfortbildung durch den EuGH, 1995, S. 148; Terhechte, in Grabitz/Hilf/Nettesheim (Hg.), Das Recht der Europäischen Union, Bd. I, Art. 3 EUV, Rn. 28 (Mai 2014).

[572] In Anlehnung an GA Kokott zu EuGH, Rs. C-268/06, Impact, Slg. 2008, I-2483, Rn. 114.

[573] Siehe EuGH (Große Kammer), 15.4.2008, Rs. C-268/06, Impact, 2008, I-2483, Rn. 72 ff., vor allem 76, und GA Kokott hierzu, Rn. 113.

[574] Die Begriffe „programmatisch" und „Programmcharakter" werden auch vom EuGH verwendet. Siehe nur EuGH, 15.6.1978, Rs. 149/77, Defrenne III, Slg. 1978, S. 1365, Rn. 19/23, 30/32; EuGH (Sechste Kammer), 29.9.1987, Rs. 126/86, Giménez Zaera, Slg. 1986, S. 3697, Rn. 13; EuGH, 23.2.1994, Rs. C-236/92, Comitato di coordinamento per la difesa della Cava, Slg. 1994, I-483, Rn. 12. Siehe auch GA Trabucchi zu EuGH, Rs. 2/73, Geddo, Slg. 1973, S. 865 (888); GA Tesauro zu EuGH, verb. Rs. C-78/90, C-79/90, C-80/90, C-81/90, C-82/90 und C-83/90, Sociétés Compagnie commerciale de l'Ouest, Slg. 1992, I-1847 (1864).

[575] Vgl. Rödl, Arbeitsverfassung, in: von Bogdandy/Bast (Hg.), Europäisches Verfassungsrecht, 2009, S. 855 (860, 872).

[576] Siehe EuGH (Sechste Kammer), 29.9.1987, Rs. 126/86, Giménez Zaera, Slg. 1986, S. 3697, Rn. 11.

rechts abgelehnt hat,[577] spricht dies nicht gegen eine Vermutung der unmittelbaren Wirkung auch programmatischer Vorschriften. In besagten Fällen ging es bei der Feststellung der unmittelbaren Wirkung lediglich darum, ob sich aus den relevanten Vorschriften ein konkreter rechtlicher Inhalt – wie etwa ein bestimmter Anspruch oder die Unionsrechtswidrigkeit bestimmten mitgliedstaatlichen Rechts – ableiten lässt.[578] Beispielhaft sei das Urteil *Giménez Zaera* aus dem Jahr 1986 genannt. In dieser Vorabentscheidungssache verneinte der Gerichtshof die unmittelbare Wirkung der programmatischen Vorschriften der Art. 2, 117 und 118 EWGV mit der Begründung, sie stünden einem nationalen Kumulierungsverbot von Altersrenten mit Beamtenbezügen nicht entgegen.[579] Wie bereits im ersten Teil ausgeführt, weicht aber

[577] Zu programmatischen Vorschriften des Primärrechts siehe EuGH, 24.10.1973, Rs. 9/73, Schlüter, Slg. 1973, S. 1135, Rn. 39, und EuGH, 24.10.1973, Rs. 10/73, Rewe-Zentral, Slg. 1973, S. 1175, Rn. 26, hinsichtlich Art. 5 EWGV und Art. 107 Abs. 1 EWGV; EuGH, 11.11.1981, Rs. 203/80, Casati, Slg. 1981, S. 2595, Rn. 19, hinsichtlich Art. 71 Abs. 1 EWGV; EuGH, 11.7.1985, Rs. 137/84, Mutsch, Slg. 1985, S. 2681, Rn. 11, und EuGH, 12.5.1998, Rs. C-336/96, Gilly, Slg. 1998, I-2793, Rn. 14 ff., hinsichtlich Art. 220 EWGV; EuGH (Sechste Kammer), 29.9.1987, Rs. 126/86, Giménez Zaera, Slg. 1986, S. 3697, Rn. 11, 13, 16, hinsichtlich Art. 2 und 117 f. EWGV; EuGH (Sechste Kammer), 7.3.1996, Rs. C-192/94, El Corte Inglés, Slg. 1996, I-1281, Rn. 18 ff., hinsichtlich Art. 129a EGV. Zu programmatischen Vorschriften des Sekundärrechts siehe EuGH, 23.2.1994, Rs. C-236/92, Comitato di coordinamento per la difesa della Cava, Slg. 1994, I-483, Rn. 12 und 14 f., im Hinblick auf Art. 4 der Richtlinie 75/442/EWG des Rates vom 15. Juli 1975 über Abfälle, ABl. (EG) L 194 vom 15.7.1975, S. 39; EuGH (Erste Kammer), 26.5.2011, verb. Rs. C-165/09 bis C-167/09, Stichting Natuur en Milieu, Slg. 2011, I-4599, Rn. 97 f., im Hinblick auf Art. 4 der Richtlinie 2001/81/EG des Europäischen Parlaments und des Rates vom 23. Oktober 2001 über nationale Emissionshöchstmengen für bestimmte Luftschadstoffe, ABl. (EG) L 309 vom 27.11.2001, S. 22.

[578] Deutlich bspw. EuGH, 24.10.1973, Rs. 9/73, Schlüter, Slg. 1973, S. 1135, Rn. 39; EuGH, 24.10.1973, Rs. 10/73, Rewe-Zentral, Slg. 1973, S. 1175, Rn. 26; EuGH, 11.11.1981, Rs. 203/80, Casati, Slg. 1981, S. 2595, Rn. 19; EuGH, 11.7.1985, Rs. 137/84, Mutsch, Slg. 1985, S. 2681, Rn. 11; EuGH (Sechste Kammer), 29.9.1987, Rs. 126/86, Giménez Zaera, Slg. 1986, S. 3697, Rn. 9 ff.; EuGH, 23.2.1994, Rs. C-236/92, Comitato di coordinamento per la difesa della Cava, Slg. 1994, I-483, Rn. 12 und 14 f.; EuGH (Erste Kammer), 26.5.2011, verb. Rs. C-165/09 bis C-167/09, Stichting Natuur en Milieu, Slg. 2011, I-4599, Rn. 97.

[579] Siehe EuGH (Sechste Kammer), 29.9.1987, Rs. 126/86, Giménez Zaera, Slg. 1986, S. 3697, Rn. 9 ff. Nach Art. 2 EWGV, der am ehesten dem heutigen Art. 3 EUV entspricht, ist es „Aufgabe der Gemeinschaft […] durch die Errich-

dieses Verständnis der unmittelbaren Wirkung von demjenigen ab, das der EuGH üblicherweise anlegt und das hier zugrunde gelegt wird.[580] Danach kommt es für die unmittelbare Wirkung nicht darauf an, ob sich die Vorschriften des Unionsrechts dazu eignen, angewendet zu werden, um ein bestimmtes rechtliches Resultat zu begründen. Entscheidend ist, ob sich die Vorschriften überhaupt eignen, von nationalen Gerichten und Verwaltungsbehörden beachtet zu werden. Demzufolge wirken auch programmatische Vorschriften grundsätzlich unmittelbar, weil auch sie einen Kern an Verbindlichkeit besitzen, dessen Beachtung von nationalen Gerichten und Verwaltungsbehörden grundsätzlich überprüft werden kann.

Auch wenn eine eindeutige Äußerung des EuGH noch aussteht, dass programmatische Vorschriften unmittelbar wirken,[581] gibt es hierfür dennoch Hinweise in der Rechtsprechung. Gelegentlich lässt sich der Begründung der Entscheidungen, in denen die unmittelbare Wirkung programmatischer Vorschriften abgelehnt wird, entnehmen, dass die Ablehnung nicht einschränkungslos ist, sondern vielmehr ein Kern an Verbindlichkeit besteht, der einer Nachprüfung durch nationale Gerichte und Verwaltungsbehörden unmittelbar zugänglich ist.[582] In einer

---

tung eines Gemeinsamen Marktes und die schrittweise Annäherung der Wirtschaftspolitik der Mitgliedstaaten eine harmonische Entwicklung des Wirtschaftslebens innerhalb der Gemeinschaft, eine beständige und ausgewogene Wirtschaftsausweitung, eine größere Stabilität, eine beschleunigte Hebung der Lebenshaltung und engere Beziehungen zwischen den Staaten zu fördern, die in der Gemeinschaft zusammengeschlossen sind." Nach Art. 117 EWGV sind sich die Mitgliedstaaten „über die Notwendigkeit einig", auf eine Verbesserung der Lebens- und Arbeitsbedingungen der Arbeitskräfte „hinzuwirken". Außerdem sind die Mitgliedstaaten der „Auffassung", dass sich eine solche Entwicklung sowohl aus dem eine Abstimmung der Sozialordnungen begünstigenden Wirken des Gemeinsamen Marktes als auch aus den in diesem Vertrag vorgesehenen Verfahren sowie aus der Angleichung ihrer Rechts- und Verwaltungsvorschriften ergeben wird (siehe Art. 151 Abs. 3 AEUV). Nach Art. 118 EWGV (Art. 156 AEUV) hat die Kommission „die Aufgabe", eine enge Zusammenarbeit zwischen den Mitgliedstaaten in sozialen Fragen „zu fördern".

[580] Siehe im ersten Teil, A.III.2.

[581] Entgegen von Danwitz, Europäisches Verwaltungsrecht, 2008, S. 475, und Streinz, in: ders. (Hrg.), EUV/AEUV, 2. Aufl. 2012, Art. 4 EUV, Rn. 27 im Hinblick auf den Grundsatz der loyalen Zusammenarbeit.

[582] Siehe EuGH (Sechste Kammer), 29.9.1987, Rs. 126/86, Giménez Zaera, Slg. 1986, S. 3697, Rn. 13 („im wesentlichen" programmatischer Charakter); EuGH, 11.7.1985, Rs. 137/84, Mutsch, Slg. 1985, S. 2681, Rn. 11 (Art. 220

Entscheidung hat der EuGH die unmittelbare Wirkung einer Vorschrift mit programmatischem Charakter sogar ausdrücklich bejaht.[583] Auch die Wissenschaft erkennt mittlerweile an, dass programmatische Vorschriften unmittelbar wirken.[584]

IV. Die Rechtsprechung zur unionsrechtskonformen Auslegung

Der EuGH unterscheidet die unionsrechtskonforme Auslegung des mitgliedstaatlichen Rechts von der unmittelbaren Wirkung des Unionsrechts. Anders als die unmittelbare Wirkung hängt die unionsrechtskonforme Auslegung nicht von Voraussetzungen ab, die positiv belegt werden müssen. Diese Unterschiedlichkeit in den Voraussetzungen vermag nicht zu überzeugen. Konsequenterweise sollte der Gerichtshof auch bei der unmittelbaren Wirkung darauf verzichten, diese von positiven Voraussetzungen abhängig zu machen.

EWGV stecke „den Rahmen" ab); EuGH, 23.2.1994, Rs. C-236/92, Comitato di coordinamento per la difesa della Cava, Slg. 1994, I-483, Rn. 14 (die fragliche Bestimmung stecke „den Rahmen" ab); EuGH, 24.10.1973, Rs. 9/73, Schlüter, Slg. 1973, S. 1135, Rn. 39 („Entscheidungsspielraum"); EuGH, 24.10.1973, Rs. 10/73, Rewe-Zentral, Slg. 1973, S. 1175, Rn. 26 („Entscheidungsspielraum"); EuGH (Erste Kammer), 26.5.2011, verb. Rs. C-165/09 bis C-167/09, Stichting Natuur en Milieu, Slg. 2011, I-4599, Rn. 97 („Handlungsspielraum").

583 Siehe EuGH, 14.12.1995, verb. Rs. C-430/93 und C-431/93, van Schijndel, Slg. 1995, I-4705, Rn. 13 ff., im Hinblick auf Art. 3 Buchstabe f EWGV. Dass der programmatische Charakter der Verbindlichkeit einer Vorschrift nicht entgegensteht, ergibt sich bereits aus den allerersten Entscheidungen des EuGH. Siehe EuGH, 21.12.1954, Rs. 1/54, Regierung der Französischen Republik/Hohe Behörde, Slg. 1954, S. 7 (25) und EuGH, 21.12.1954, Rs. 2/54, Regierung der Italienischen Republik/Hohe Behörde, Slg. 1954, S. 79 (99: „die Hohe Behörde […] darf jedoch das Verbot nicht in seinem Wesensgehalt antasten"), im Hinblick auf Art. 2, 3 und 4 EGKSV.

584 Im Hinblick auf den Grundsatz der loyalen Zusammenarbeit bspw. von Danwitz, Europäisches Verwaltungsrecht, 2008, S. 475; Hatje, in: Schwarze (Hg.), EU-Kommentar, 3. Aufl. 2012, Art. 4 EUV, Rn. 26; Streinz, in: ders. (Hg.), EUV/AEUV, 2. Aufl. 2012, Art. 4 EUV, Rn. 27; von Bogdandy/Schill, in: Grabitz/Hilf/Nettesheim (Hg.), Das Recht der Europäischen Union, Bd. I, Art. 4 EUV, Rn. 64 (September 2013). Im Hinblick auf die allgemeine Zielbestimmung der Union (mittlerweile Art. 3 EUV) bspw. Terhechte, in: Grabitz/Hilf/Nettesheim (Hg.), Das Recht der Europäischen Union, Bd. I, Art. 3 EUV, Rn. 28 (Mai 2014).

Im Falle der unionsrechtskonformen Auslegung wird mitgliedstaatliches Recht in einer Weise ausgelegt, dass kein Widerspruch zum Unionsrecht auftritt. Mit Blick auf den Spezialfall der richtlinienkonformen Auslegung, der einen Großteil der Rechtsprechung zur unionsrechtskonformen Auslegung ausmacht, hat sich der EuGH ausführlich über Grundlage und Reichweite des Rechtsinstituts geäußert. So folge die Pflicht zur richtlinienkonformen Auslegung (genau wie im Hinblick auf die unmittelbaren Wirkung[585]) aus dem Prinzip der loyalen Zusammenarbeit (Art. 4 Abs. 3 EUV) und aus der Verpflichtung der Mitgliedstaaten, das Richtlinienziel zu erreichen,[586] um Art. 288 Abs. 3 AEUV zu entsprechen.[587] Insofern soll der staatengerichteten, aber nicht umgesetzten Richtlinie Wirksamkeit verschafft werden. Die Pflicht zur richtlinienkonformen Auslegung gelte für alle „Träger öffentlicher Gewalt in den Mitgliedstaaten".[588] Das mitgliedstaatliche Recht sei „im Lichte des Wortlauts und des Zwecks" einer Richtlinie[589] und „unter voller Ausschöpfung des Beurteilungsspielraums" auszulegen.[590]

Im Gegensatz zur unmittelbaren Wirkung darf die unionsrechtskonforme Auslegung nicht zu einem Ergebnis *contra legem* des nationalen

---

[585] Vgl. EuGH (Fünfte Kammer), 20.9.1988, Rs. 190/87, Moormann, Slg. 1988, S. 4689, Rn. 22.

[586] Siehe nur EuGH, 10.4.1984, Rs. 14/83, von Colson und Kamann, Slg. 1984, S. 1891, Rn. 26; EuGH (Große Kammer), 5.10.2004, verb. Rs. C-397/01 bis C-403/01, Pfeiffer, Slg. 2004, I-8835, Rn. 110.

[587] Siehe nur EuGH (Große Kammer), 5.10.2004, verb. Rs. C-397/01 bis C-403/01, Pfeiffer, Slg. 2004, I-8835, Rn. 113; EuGH (Große Kammer), 15.4.2008, Rs. C-268/06, Impact, Slg. 2008, I-2483, Rn. 98.

[588] Siehe nur EuGH, 10.4.1984, Rs. 14/83, von Colson und Kamann, Slg. 1984, S. 1891, Rn. 26; EuGH, 14.7.1994, Rs. C-91/92, Faccini Dori, Slg. 1994, I-3325, Rn. 26.

[589] Siehe nur EuGH, 10.4.1984, Rs. 14/83, von Colson und Kamann, Slg. 1984, S. 1891, Rn. 26; EuGH, 14.7.1994, Rs. C-91/92, Faccini Dori, Slg. 1994, I-3325, Rn. 26. Unter Verwendung einer ähnlichen Formulierung: EuGH (Große Kammer), 5.10.2004, verb. Rs. C-397/01 bis C-403/01, Pfeiffer, Slg. 2004, I-8835, Rn. 113; EuGH (Große Kammer), 4.7.2006, Rs. C-212/04, Adeneler, Slg. 2006, I-6057, Rn. 108; EuGH (Große Kammer), 15.4.2008, Rs. C-268/06, Impact, Slg. 2008, I-2483, Rn. 98.

[590] Siehe EuGH, 10.4.1984, Rs. 14/83, von Colson und Kamann, Slg. 1984, S. 1891, Rn. 28.

Rechts führen.[591] Die Unterscheidung zwischen unmittelbarer Wirkung und unionsrechtskonformer Auslegung hängt also damit zusammen, ob sich Unionsrecht und nationales Recht miteinander vereinbaren lassen. Lassen sie sich vereinbaren, kommt eine unionsrechtskonforme Auslegung des nationalen Rechts in Betracht. Lassen sie sich nicht vereinbaren, kommt eine unmittelbare Wirkung des Unionsrechts in Betracht, mit der Folge, dass entgegenstehendes nationales Recht außen vor bleiben muss. Die Grenze zwischen unionsrechtskonformer Auslegung und unmittelbarer Wirkung wird aber nicht nur durch den Wortlaut des nationalen Rechts gezogen. Vielmehr, so der EuGH, verlange der Grundsatz der unionsrechtskonformen Auslegung, „dass das nationale Gericht das gesamte nationale Recht berücksichtigt, um zu beurteilen, inwieweit es so angewendet werden kann, dass es nicht zu einem der Richtlinie widersprechenden Ergebnis führt […]. Ermöglicht es das nationale Recht durch die Anwendung seiner Auslegungsmethoden, eine innerstaatliche Bestimmung unter bestimmten Umständen so auszulegen, dass eine Kollision mit einer anderen Norm innerstaatlichen Rechts vermieden wird, oder die Reichweite dieser Bestimmung zu diesem Zweck einzuschränken und sie nur insoweit anzuwenden, als sie mit dieser Norm vereinbar ist, so ist das nationale Gericht verpflichtet, die gleichen Methoden anzuwenden, um das von der Richtlinie verfolgte Ziel zu erreichen."[592] Nach herrschender Ansicht umfasst die unionsrechtskonforme Auslegung daher auch die unionsrechtskonforme Rechtsfortbildung nach deutschem Methodenverständnis.[593]

---

[591] Siehe nur EuGH (Große Kammer), 16.6.2005, Rs. C-105/03, Pupino, Slg. 2005, I-5285, Rn. 44, 47; EuGH (Große Kammer), 4.7.2006, Rs. C-212/04, Adeneler, Slg. 2006, I-6057, Rn. 110; EuGH (Große Kammer), 15.1.2014, Rs. C-176/12, Association de médiation sociale, Rn. 38 f. Noch weitergehender: Betlem, The Doctrine of Consistent Interpretation – Managing Legal Uncertainty, OJLS 22 (2002), S. 397 (401: „as long as no legal vacuum is created by the impact of the Directive, courts will stay within the bounds of interpretation").

[592] Siehe nur EuGH (Große Kammer), 5.10.2004, verb. Rs. C-397/01 bis C-403/01, Pfeiffer, Slg. 2004, I-8835, Rn. 115 f.; EuGH (Vierte Kammer), 16.7.2009, Rs. C-12/08, Mono Car Styling, Slg. 2009, I-6653, Rn. 62 f.

[593] Siehe BGHZ 179, 27 (34, Rn. 20 f.); 192, 148 (160 f., Rn. 30); BAGE 130, 119 (137 f., Rn. 64 f.); BFHE 243, 8 (13 f., Rn. 26); Nettesheim, Auslegung und Fortbildung nationalen Rechts im Lichte des Gemeinschaftsrechts, AöR 119 (1994), S. 261 (265 f.); C. Herrmann, Richtlinienumsetzung durch die Rechtsprechung, 2003, S. 143 ff.; Möllers/Möhring, Recht und Pflicht zur richtlinienkonformen Rechtsfortbildung bei generellem Umsetzungswillen des Gesetzgebers, JZ 2008, S. 919; Leible/Domröse, § 9 Die primärrechtskonforme Ausle-

Die unionsrechtskonforme Auslegung des nationalen Rechts unterwirft der EuGH in der Regel keinen positiven Voraussetzungen. Insbesondere nimmt er nicht wie bei der unmittelbaren Wirkung auf die hinreichende Genauigkeit und Unbedingtheit der Unionsrechtsvorschrift Bezug, anhand derer das nationale Recht ausgelegt werden soll.[594] Er stellt die unionsrechtskonforme Auslegung sogar als Rechtsinstitut vor, welches gerade dann zum Tragen kommt, wenn eine Unionsrechtsvorschrift „keine unmittelbare Wirkung entfaltet, weil sie dafür nicht klar, genau und unbedingt genug" ist.[595] Der Gerichtshof hat die unionsrechtskonforme Auslegung sogar zu einem „Grundsatz" des Unionsrechts erklärt.[596] Jedes nationale Gericht habe bei der Auslegung und Anwendung des nationalen Rechts davon auszugehen, „daß der Staat die Absicht hatte, den sich aus der Richtlinie ergebenden Verpflichtun-

---

gung, in: Riesenhuber (Hg.), Europäische Methodenlehre, 2. Aufl. 2010, S. 250 (276 ff., Rn. 55 ff.); Ohler, Objektive Wirkung von Richtlinien, in: Hummer (Hg.), Neueste Entwicklungen im Zusammenspiel von Europarecht und nationalem Recht der Mitgliedstaaten, 2010, S. 147 (164 f.); Pötters/Christensen, Richtlinienkonforme Rechtsfortbildung und Wortlautgrenze, JZ 2011, S. 387; Schenke, Von der unmittelbaren Geltung von Richtlinien zur richtlinienkonformen Rechtsfortbildung: Die steuerrechtliche Perspektive, in: Müller-Graff/Schmahl/Skouris (Hg.), Europäisches Recht zwischen Bewährung und Wandel: Festschrift für Dieter H. Scheuing, 2011, S. 149 (158 ff.). Kritisch Höpfner, Über Sinn und Unsinn der sogenannten „richtlinienkonformen Rechtsfortbildung", JZ 2009, S. 403.

594 Hierauf hinweisend Kadelbach, Allgemeines Verwaltungsrecht unter europäischem Einfluß, 1996, S. 95 f.; C. Herrmann, Richtlinienumsetzung durch die Rechtsprechung, 2003, S. 113; Prechal, Directives in EC Law, 2. Aufl. 2005, S. 184. Zu den Ausnahmen siehe die Nachweise in Fn. 600.

595 EuGH (Große Kammer), 4.7.2006, Rs. C-212/04, Adeneler, Slg. 2006, I-6057, Rn. 113. Siehe auch GA Darmon zu EuGH, Rs. 177/88, Dekker, Slg. 1990, I-3941, Rn. 10; GA van Gerven zu EuGH, Rs. C-106/89, Marleasing, Slg. 1990, I-4135 (4146). Aus der Literatur etwa Curtin, Directives: The Effectiveness of Judicial Protection of Individual Rights, CML Rev 27 (1990), S. 709 (723 ff.); Nettesheim, Auslegung und Fortbildung nationalen Rechts im Lichte des Gemeinschaftsrechts, AöR 119 (1994), S. 261 (276); Klein, Objektive Wirkungen von Richtlinien, in: Due/Lutter/Schwarze (Hg.), Festschrift für Ulrich Everling, Bd. I, 1995, S. 641 (647); Ruffert, in: Calliess/ders. (Hg.), EUV/AEUV, 4. Aufl. 2011, Art. 288 AEUV, Rn. 81; W. Schroeder, in: Streinz (Hg.), EUV/AEUV, 2. Aufl. 2012, Art. 288 AEUV, Rn. 127.

596 Siehe EuGH (Große Kammer), 5.10.2004, verb. Rs. C-397/01 bis C-403/01, Pfeiffer, Slg. 2004, I-8835, Rn. 115 („principe"). Mehrfach bestätigt, etwa durch EuGH (Vierte Kammer), 24.5.2012, Rs. C-97/11, Amia, Rn. 29.

gen in vollem Umfang nachzukommen".[597] Die Rechtsprechung des EuGH lässt sich dahingehend deuten, dass eine Vermutung dafür besteht, dass Unionsrecht zur Auslegung nationalen Rechts herangezogen werden kann.

Wenn der Gerichtshof aber eine derartige Vermutung annimmt, ist es nur konsequent, dass auch die unmittelbare Wirkung des Unionsrechts vermutet wird und nicht erst dessen Eignung zu unmittelbarer Wirkung (mittels der hinreichenden Genauigkeit und Unbedingtheit der jeweiligen Vorschrift oder anderweitig) positiv belegt werden muss. Es ist kein Unterschied zwischen unmittelbarer Wirkung und unionsrechtskonformer Auslegung ersichtlich, der es rechtfertigen würde, die Zulässigkeit der unionsrechtskonformen Auslegung zu vermuten, nicht hingegen die unmittelbare Wirkung des Unionsrechts. Im einen wie im anderen Fall wird Unionsrecht von mitgliedstaatlichen Stellen unmittelbar angewendet.[598] Warum die hinreichende Genauigkeit und Unbedingt-

---

[597] EuGH (Fünfte Kammer), 16.12.1993, Rs. C-334/92, Wagner Miret, Slg. 1993, I-6911, Rn. 20. Bestätigt durch EuGH (Große Kammer), 5.10.2004, verb. Rs. C-397/01 bis C-403/01, Pfeiffer, Slg. 2004, I-8835, Rn. 112.

[598] Deutlich Dougan, When Worlds Collide! Competing Visions of the Relationship Between Direct Effect and Supremacy, CML Rev 44 (2007), S. 931 (946 f.). Siehe auch Nicolaysen, Richtlinienwirkung und Gleichbehandlung von Männern und Frauen beim Zugang zum Beruf, EuR 1984, S. 380 (391); Manin, L'invocabilité des directives, RTDEur. 26 (1990), S. 669 (676 ff.); de Búrca, Giving Effect to European Community Directives, MLR 55 (1992), S. 215 (227 ff., 229: „principle of interpretation which, in truth, requires national courts to apply provisions of Directives directly"); Craig, Once upon a Time in the West: Direct Effect and the Federalization of EEC Law, OJLS 12 (1992), S. 453 (478); Götz, Europäische Gesetzgebung durch Richtlinien – Zusammenwirken von Gemeinschaft und Staat, NJW 1992, S. 1849 (1854); Hilf, Die Richtlinie der EG – ohne Richtung, ohne Linie? Hans Peter Ipsen zum 85. Geburtstag, EuR 1993, S. 1 (11); Manin, De l'utilisation des directives communautaires par les personnes physiques ou morales, AJDA 50 (1994), S. 259 (266 f.: „Les résultats pratiques sont alors identiques à ceux de l'effet direct de substitution, tout en n'étant pas soumis aux conditions imposées par celui-ci."); Ress, Die richtlinienkonforme „Interpretation" innerstaatlichen Rechts, DÖV 1994, S. 489 (493: „indirekte unmittelbare Wirkung"); Betlem, The Doctrine of Consistent Interpretation – Managing Legal Uncertainty, OJLS 22 (2002), S. 397 (400: „the result is the same as for direct effect"); Prechal, Direct Effect, Indirect Effect, Supremacy and the Evolving Constitution of the European Union, in: Barnard (Hg.), The Fundamentals of EU Law Revisited, 2007, S. 35 (44: „direct effect in a broad sense"); Daniele, Vingt-cinq ans d'interprétation conforme : un principe encore en quête de définition?, Rev. Aff. Eur. 16 (2007-2008), S. 705

heit nur zu prüfen ist, wenn sich Unionsrecht und nationales Recht nicht miteinander vereinbaren lassen, also eine unmittelbare Wirkung in Frage steht, erschließt sich nicht.[599] Die Fälle, in denen der EuGH die unmittelbare Wirkung abgelehnt hat, die im dritten Teil vorgestellt werden, ergeben keinen Aufschluss. Ein stringenter Zusammenhang zwischen den Gründen, aus denen der Gerichtshof die unmittelbare Wirkung abgelehnt hat, und der Grenze methodisch vertretbarer Auslegung des nationalen Rechts besteht nicht. Mit der hier vertretenen Ansicht korrespondiert, dass sich – auch wenn der EuGH seit vielen Jahren die Unterschiedlichkeit zwischen unmittelbarer Wirkung und unionsrechtskonformer Auslegung betont – durchaus Entscheidungen finden lassen, in denen er die hinreichende Genauigkeit und Unbedingtheit auch im Hinblick auf die unionsrechtskonforme Auslegung zu prüfen scheint.[600]

Zu keinem anderen Schluss kommt man, wenn man einem Teil der Wissenschaft folgend die Unterschiedlichkeit von unmittelbarer Wirkung und unionsrechtskonformer Auslegung damit begründet, dass im Falle der unionsrechtskonformen Auslegung das Unionsrecht nur durch das nationale Recht vermittelt wird und damit gerade nicht unmittelbar zur Anwendung kommt.[601] Dieser Ansatz erklärt nicht, warum nur im Fal-

---

(714); Krämer, Direct Effect and Consistent Interpretation: Strengths and Weaknesses of The Concepts, in: Jans/Macrory/Moreno Molina (Hg.), National Courts and EU Environmental Law, 2013, S. 51 (61: „the direct effect doctrine is an accentuation of the consistent interpretation doctrine“); Hartley, The Foundations of European Unions Law, 8. Aufl. 2014, S. 237 („direct effect under another name“). Entgegen einem großen Teil der Wissenschaft, siehe nur C. Herrmann, Richtlinienumsetzung durch die Rechtsprechung, 2003, S. 92 ff. m.w.N.

[599] Deutlich Craig, Once upon a Time in the West: Direct Effect and the Federalization of EEC Law, OJLS 12 (1992), S. 453 (478); Rüffler, Richtlinienkonforme Auslegung nationalen Rechts, ÖJZ 1997, S. 121 (124 f.).

[600] Siehe EuGH (Große Kammer), 5.10.2004, verb. Rs. C-397/01 bis C-403/01, Pfeiffer, Slg. 2004, I-8835, Rn. 102 ff. Erst ab Rn. 107 ff. wird nach den konkreten Rechtsfolgen unterschieden. Siehe ferner EuGH (Zweite Kammer), 25.7.2008, Rs. C-237/07, Janecek, Slg. 2008, I-6221, Rn. 36.

[601] Die Unterschiedlichkeit von unmittelbarer Wirkung und unionsrechtskonformer Auslegung auf diese Weise begründend Timmermans, Directives: Their Effect within the National Legal Systems, CML Rev 16 (1979), S. 533 (537); Langenfeld, Die dezentrale Kontrolle der Anwendung des Europäischen Gemeinschaftsrechts im innerstaatlichen Rechtsraum, in: Siedentopf (Hg.), Europäische Integration und nationalstaatliche Verwaltung, 1991, S. 173 (183);

le der unmittelbaren Wirkung die hinreichende Genauigkeit und Unbedingtheit von Vorschriften zu prüfen wäre, bei der unionsrechtskonformen Auslegung hingegen nicht. Genauso wenig überzeugt das Argument, die Prüfung der hinreichenden Genauigkeit und Unbedingtheit lediglich in Bezug auf die unmittelbare Wirkung sei deshalb gerechtfertigt, weil der Rechtsanwender im Fall der unmittelbaren Wirkung – anders als bei der unionsrechtskonformen Auslegung – rechtsschöpferisch tätig werde.[602] In beiden Fällen wird der Rechtsanwender in gleicher Weise nicht rechtsschöpferisch tätig. Das Recht ergibt sich von vornherein vorrangig aus dem Unionsrecht und nachrangig aus dem nationalen Recht. Im Übrigen steht die Auffassung, die unionsrechtskonforme Auslegung unterscheide sich dadurch von der unmittelbaren Wirkung, dass Unionsrecht durch mitgliedstaatliches Recht vermittelt zur Anwendung komme, nicht in Einklang mit der Rechtsprechung des EuGH. Schließlich hat dieser immer wieder und ohne weitere Einschränkungen festgestellt, dass Vorschriften des Unionsrechts unmittelbar wirken, wenn sie zu ihrer Anwendung keiner weiteren Maßnahmen der Union oder der Mitgliedstaaten bedürfen.[603] Folglich ist es für die

---

dies., Zur Direktwirkung von EG-Richtlinien, DÖV 1992, S. 955 (965); Gellermann, Beeinflussung des bundesdeutschen Rechts durch Richtlinien der EG, 1994, S. 111; Jarass, Grundfragen der innerstaatlichen Bedeutung des EG-Rechts, 1994, S. 91; Plaza Martín, Furthering the Effectiveness of EC Directives and the Judicial Protection of Individual Rights Thereunder, ICLQ 43 (1994), S. 26 (31); Simon, La directive européenne, 1997, S. 92 f.; Hilson/Downes, Making Sense of Rights: Community Rights in E.C. Law, EL Rev 24 (1999), S. 121 (129); Betlem, The Doctrine of Consistent Interpretation – Managing Legal Uncertainty, OJLS 22 (2002), S. 397 (398); ders./Nollkaemper, Giving Effect to Public International Law and European Community Law before Domestic Courts, EJIL 14 (2003), S. 569 (571 f.); Gänswein, Der Grundsatz unionsrechtskonformer Auslegung nationalen Rechts, 2009, S. 40, 290 f.; Ruffert, in: Calliess/ders. (Hg.), EUV/AEUV, 4. Aufl. 2011, Art. 288 AEUV, Rn. 81; Schütze, European Constitutional Law, 2012, S. 332; Robin-Olivier, The evolution of direct effect in the EU: Stocktaking, problems, projections, I.CON 12 (2014), S. 165 (171, 179).

[602] So aber Jarass, Richtlinienkonforme bzw. EG-rechtskonforme Auslegung nationalen Rechts, EuR 1991, S. 211 (221).

[603] Siehe aus einer Vielzahl EuGH, 5.2.1963, Rs. 26/62, Van Gend & Loos, Slg. 1963, S. 1 (25); EuGH, 4.12.1974, Rs. 41/74, van Duyn, Slg. 1974, S. 1337, Rn. 13/14; EuGH (Sechste Kammer), 21.9.2000, Rs. C-109/99, ABBOI, Slg. 2000, I-7247, Rn. 68; EuGH (Dritte Kammer), 10.3.2011, Rs. C-379/09, Casteels, Slg. 2011, I-1379, Rn. 15.

unmittelbare Wirkung irrelevant, ob das Unionsrecht durch das nationale Recht vermittelt oder unvermittelt zur Anwendung kommt.[604]

Wenn der Gerichtshof dennoch zwischen unionsrechtskonformer Auslegung und unmittelbarer Wirkung unterscheidet, hängt dies nicht damit zusammen, ob Unionsrecht durch das nationale Recht vermittelt oder unvermittelt zur Anwendung kommt, sondern hat einen anderen Grund: Die Unterscheidung erlaubt es dem EuGH, jedenfalls teilweise von seiner als unbefriedigend empfundenen Rechtsprechung zur fehlenden horizontalen unmittelbaren Wirkung von Richtlinien abzurücken, ohne seine gefestigte Rechtsprechung offen aufzugeben.[605] Wie bereits ausgeführt, können nach der Rechtsprechung des Gerichtshofs Richtlinien nicht selbst Verpflichtungen für den Einzelnen begründen und daher nicht gegenüber dem Einzelnen in Anspruch genommen werden.[606] Insbesondere solle, so der Gerichtshof, durch die unmittelbare Wirkung von Richtlinien lediglich verhindert werden, dass der Staat aus der Nichtbeachtung des Unionsrechts Nutzen zieht. Außerdem sei es treuwidrig, Bürgern die mitgliedstaatliche Umsetzungssäum-

---

[604] Ebenso Bach, Direkte Wirkungen von EG-Richtlinien, JZ 1990, S. 1108 (1111).

[605] Siehe Docksey/Fitzpatrick, The Duty of National Courts to Interpret Provisions of National Law in Accordance with Community Law, Industrial Law Journal 20 (1991), S. 113 (116 f.); de Búrca, Giving Effect to European Community Directives, MLR 55 (1992), S. 215 (227 ff.); Everling, Zur Auslegung des durch EG-Richtlinien angeglichenen nationalen Rechts, Zeitschrift für Unternehmens- und Gesellschaftsrecht 1992, S. 376 (383); Brechmann, Die richtlinienkonforme Auslegung, 1994, S. 72 f.; van Gerven, The Horizontal Effect of Directive Provisions Revisited: the Reality of Catchwords, in: Curtin/Heukels (Hg.), Institutional Dynamics of European Integration: Essays in Honour of Henry G. Schermers, Bd. II, 1994, S. 335 (346); Plaza Martín, Furthering the Effectiveness of EC Directives and the Judicial Protection of Individual Rights Thereunder, ICLQ 43 (1994), S. 26 (30 ff.); Ress, Die richtlinienkonforme „Interpretation“ innerstaatlichen Rechts, DÖV 1994, S. 489 (490); Betlem, The principle of indirect effect of Community law, European Review of Private Law 3 (1995), S. 1 (8 f.); Rüffler, Richtlinienkonforme Auslegung nationalen Rechts, ÖJZ 1997, S. 121 (122); Daniele, Vingt-cinq ans d'interprétation conforme: un principe encore en quête de définition?, Rev. Aff. Eur. 16 (2007-2008), S. 705 (714); Craig, Administrative Law, 7. Aufl. 2012, Rn. 10-018. Anderer Ansicht C. Herrmann, Richtlinienumsetzung durch die Rechtsprechung, 2003, S. 155 ff.

[606] Grundlegend EuGH, 26.2.1986, Rs. 152/84, Marshall I, Slg. 1986, S. 723, Rn. 48. Aus neuerer Zeit siehe etwa EuGH (Große Kammer), 24.1.2012, Rs. C-282/10, Dominguez, Rn. 37 m.w.N.

nis entgegenzuhalten.[607] Wie gleichfalls erwähnt, gibt es Stimmen, die diese Rechtsprechung bezüglich der Wirksamkeit des Unionsrechts und des Rechtsschutzes des Einzelnen als unzulänglich empfinden.[608] Diese Auffassung teilt wohl auch der EuGH, weshalb er – den gegen eine horizontale unmittelbare Wirkung von Richtlinien vorgebrachten dogmatischen Einwänden zum Trotz – seine Rechtsprechung mehrfach „korrigiert" hat.[609] Ein solcher Korrekturmechanismus ist die unionsrechtskonforme Auslegung des nationalen Rechts, bei der es sich nicht um eine unmittelbare Wirkung handeln soll und die demgemäß auch in horizontalen Verhältnissen vorzunehmen sei.[610] Dabei dürfte vor allem der Widerstand in der französischen und deutschen Rechtsprechung gegen die unmittelbare Wirkung von Richtlinien der Grund sein, warum der EuGH nicht so weit geht, seine ständige Rechtsprechung zur fehlenden horizontalen unmittelbaren Wirkung von Richtlinien offen einzuschränken oder gar aufzugeben.[611]

Dass sich die Unterscheidung von unmittelbarer Wirkung und unionsrechtskonformer Auslegung im Wesentlichen auf die Rechtsprechung zur fehlenden horizontalen unmittelbaren Wirkung von Richtlinien zurückführen lässt, wird dadurch bestätigt, dass der EuGH bis 1976 nur die unmittelbare Wirkung kannte[612] und erst seit 1990 deutlich zwischen unmittelbarer Wirkung und gemeinschaftsrechtskonformer Aus-

---

[607] Siehe oben in diesem Teil, A.III.3.

[608] Siehe die Nachweise in Fn. 458.

[609] Siehe die Nachweise in Fn. 459.

[610] Siehe EuGH (Sechste Kammer), 13.11.1990, Rs. C-106/89, Marleasing, Slg. 1990, I-4135 Rn. 6 ff.; EuGH, 14.7.1994, Rs. C-91/92, Faccini Dori, Slg. 1994, I-3325 Rn. 26 f.; EuGH (Große Kammer), 5.10.2004, verb. Rs. C-397/01 bis C-403/01, Pfeiffer, Slg. 2004, I-8835 Rn. 110 m.w.N.

[611] Hierzu in diesem Teil, A.III.3. Hierauf hinweisend etwa de Búrca, Giving Effect to European Community Directives, MLR 55 (1992), S. 215 (232), und Plaza Martín, Furthering the Effectiveness of EC Directives and the Judicial Protection of Individual Rights Thereunder, ICLQ 43 (1994), S. 26 (27 f.).

[612] Die erste Erwähnung der gemeinschaftsrechtskonformen Auslegung findet sich bei EuGH, 20.5.1976, Rs. 111/75, Impresa Costruzioni comm. Quirino Mazzalai, Slg. 1976, S. 657, Rn. 7/11. Dies verkennend Krämer, Direct Effect and Consistent Interpretation: Strengths and Weaknesses of The Concepts, in: Jans/Macrory/Moreno Molina (Hg.), National Courts and EU Environmental Law, 2013, S. 51 (53).

legung als zwei sich gegenüberstehenden Rechtsinstituten trennt.[613] Diese Unterscheidung gibt es also erst, nachdem der *Conseil d'État* und der V. Senat des Bundesfinanzhofs sich gegen die unmittelbare Wirkung von Richtlinien gewandt hatten und der EuGH demzufolge seine Rechtsprechung im Hinblick auf horizontale Verhältnisse in der *Marshall I*-Entscheidung aus dem Jahr 1986 einschränkte, wofür er sich in der Wissenschaft wiederum Kritik einhandelte. Bis 1990 gab es offensichtlich nicht das Bedürfnis einer klaren Differenzierung. Vor diesem Hintergrund erstaunt es nicht, dass ein Großteil der Rechtsprechung zur unionsrechtskonformen Auslegung den Spezialfall der richtlinienkonformen Auslegung betrifft.[614]

Dass es nicht richtig sein kann, unionsrechtskonforme Auslegung und unmittelbare Wirkung den Voraussetzungen nach strikt zu unterscheiden, wird im Übrigen auch dadurch verdeutlicht, dass eine sichere Unterscheidung beider Rechtsinstitute anhand der Auslegungsgrenzen des nationalen Rechts sehr schwierig sein kann.[615] Besondere Abgren-

---

[613] Beginnend mit EuGH (Sechste Kammer), 13.11.1990, Rs. C-106/89, Marleasing, Slg. 1990, I-4135 Rn. 6 ff. Deutlich auch EuGH, 14.7.1994, Rs. C-91/92, Faccini Dori, Slg. 1994, I-3325 Rn. 26 f.; EuGH (Große Kammer), 4.7.2006, Rs. C-212/04, Adeneler, Slg. 2006, I-6057, Rn. 113. Den Entscheidungen EuGH, 10.4.1984, Rs. 14/83, von Colson und Kamann, Slg. 1984, S. 1891, Rn. 28, und EuGH, 10.4.1984, Rs. 79/83, Harz, Slg. 1984, S. 1921, Rn. 28, lässt sich hingegen noch keine deutliche Unterscheidung von gemeinschaftsrechtskonformer Auslegung und unmittelbarer Wirkung im hier verstandenen Sinn (siehe im ersten Teil, A.III.2.) entnehmen, da er in diesen Urteilen eine unmittelbare Wirkung lediglich dahingehend ablehnte, dass sich aus den einschlägigen Vorschriften eine bestimmte Rechtsfolge (konkret eine bestimmte Sanktion) nicht entnehmen lässt (vgl. jeweils Rn. 8 ff., 23, 27 f.). In ihrer Erklärung zu den genannten Verfahren lehnte es die Kommission sogar ausdrücklich ab, in der Frage, ob einer Richtlinie eine bestimmte Sanktion zu entnehmen sei, eine Frage nach der unmittelbare Anwendbarkeit zu sehen. Vgl. EuGH, 10.4.1984, Rs. 14/83, von Colson und Kamann, Slg. 1984, S. 1891 (1900), und EuGH, 10.4.1984, Rs. 79/83, Harz, Slg. 1984, S. 1921, (1934).

[614] Siehe oben bei Fn. 586 bis 590.

[615] Auf die Abgrenzungsschwierigkeiten hinweisend de Búrca, Giving Effect to European Community Directives, MLR 55 (1992), S. 215 (228); Classen, Zur Bedeutung von EWG-Richtlinien für Privatpersonen, EuZW 1993, S. 83 (86 f.); Klamert, Die richtlinienkonforme Auslegung nationalen Rechts, 2001, S. 44; Betlem/Nollkaemper, Giving Effect to Public International Law and European Community Law before Domestic Courts, EJIL 14 (2003), S. 569 (572); C. Herrmann, Richtlinienumsetzung durch die Rechtsprechung, 2003, S. 93, 145 f.; Christensen/Böhme, Europas Auslegungsgrenzen, Rechtstheorie 2009,

zungsprobleme entstehen, wenn das mitgliedstaatliche Recht nur sehr unbestimmte Vorschriften enthält.[616] Die Schwierigkeiten potenzieren sich, wenn das mitgliedstaatliche Recht durch einander widersprechende Regelungen gekennzeichnet ist.[617] Fließend wird die Abgrenzung, wenn – wie bereits von Bundesgerichtshof, Bundesarbeitsgericht und Bundesfinanzhof praktiziert – das Rechtsinstitut der unionsrechtskonformen Auslegung auf die unionsrechtskonforme Rechtsfortbildung erstreckt wird.[618] Wie sehr die Ansichten über die Grenzen einer Auslegung auseinandergehen können, verdeutlicht beispielsweise das Verfahren in der Rechtssache *Océano Grupo Editorial*. Generalanwalt *Saggio* war in seinen Schlussanträgen der Auffassung, dass zwischen dem nationalem Recht und einer Richtlinie ein „klarer und offener Widerspruch" besteht. „Ganz offensichtlich gibt es keine nationale Rechtsvorschrift, die so „ausgelegt" werden könne, daß das von der Richtlinie

S. 285; Öhlinger/Potacs, EU-Recht und staatliches Recht, 5. Aufl. 2013, S. 89; Manthey/Unseld, Der Mythos vom contra-legem-Verbot, DÖV 2011, S. 921 (928 f.: „Außerhalb des Strafrechts zeigt sich, dass ein contra-legem-Verbot bisher ein Mythos ist."); Bobek, The effects of EU law in the national legal systems, in: Barnard/Peers (Hg.), European Union Law, 2014, S. 140 (155). Aufgrund der Abgrenzungsschwierigkeiten die Sinnhaftigkeit der Unterscheidung nach unmittelbarer Wirkung und unionsrechtskonformer Auslegung bezweifelnd Manin, L'invocabilité des directives, RTDEur. 26 (1990), S. 669 (677). Angesichts der Abgrenzungsschwierigkeiten für mehr Parallelität plädierend Betlem, The Doctrine of Consistent Interpretation – Managing Legal Uncertainty, OJLS 22 (2002), S. 397 (403 ff.).

616 Eindrücklich hierzu EuGH (Sechste Kammer), 13.11.1990, Rs. C-106/89, Marleasing, Slg. 1990, I-4135, Rn. 1 ff. Das vorlegende Gericht fragte nach der unmittelbaren Wirkung. Der Gerichtshof war dagegen der Auffassung, das vorlegende Gericht habe eigentlich nach der richtlinienkonformen Auslegung des nationalen Rechts gefragt (vgl. Rn. 4, 7 des Urteils).

617 Eindrücklich hierzu EuGH (Vierte Kammer), 16.7.2009, Rs. C-12/08, Mono Car Styling, Slg. 2009, I-6653, Rn. 24, 58 ff. und GA Mengozzi hierzu, Rn. 102 ff. Weiter: EuGH (Große Kammer), 5.10.2004, verb. Rs. C-397/01 bis C-403/01, Pfeiffer, Slg. 2004, I-8835, Rn. 42 f., 110 ff., vor allem 116 ff.

618 Siehe BGHZ 179, 27 (34, Rn. 20 f.); 192, 148 (160 f., Rn. 30); BAGE 130, 119 (137 f., Rn. 64 f.); BFHE 243, 8 (13 f., Rn. 26). Siehe im Übrigen die Nachweise in Fn. 593. Nach Ansicht des Bundesverwaltungsgerichts setzt die Pflicht zur richtlinienkonformen Rechtsfortbildung im Wege teleologischer Reduktion oder Extension einer Vorschrift des nationalen Rechts „jedenfalls eine hinreichend bestimmte, nämlich klare, genaue und unbedingte, im Grundsatz unmittelbar anwendbare unionsrechtliche Vorschrift voraus". Siehe BVerwGE 147, 312 (322, Rn. 36).

angestrebte Ziel erreicht würde".[619] Dementsprechend ging er davon aus, dass die unmittelbare Wirkung des Unionsrechts zu prüfen sei.[620] Der Gerichtshof war aber anderer Ansicht und hielt, ohne nähere Begründung, eine Lösung über die richtlinienkonforme Auslegung (in einem horizontalen Verhältnis) für möglich.[621]

C. Dogmatische Begründung der Vermutung

Für die Vermutung der unmittelbaren Wirkung finden sich nicht nur Evidenzen in der Rechtsprechung, sondern sie lässt sich auch aus dem Primärrecht herleiten. Die Vermutung ist eine Konsequenz aus der Herrschaft des Rechts in der Europäischen Union (I.). Auch eine Begründung über den Grundsatz der loyalen Zusammenarbeit zwischen Europäischer Union und den Mitgliedstaaten ist im Einklang mit der Rechtsprechung des Gerichtshofs denkbar (II). Die folgenden Ausführungen werden zeigen, dass die Gründe, die eine Zurückhaltung bei der unmittelbaren Anwendung von Völkerrecht rechtfertigen, im Hinblick auf das Unionsrecht nicht überzeugen oder doch zumindest nicht gegen die Vermutung der unmittelbaren Wirkung sprechen.

I. Herrschaft des Rechts

Die Vermutung der unmittelbaren Wirkung folgt aus dem Grundprinzip der Rechtsstaatlichkeit, das sowohl die Europäische Union als auch ihre Mitgliedstaaten kennzeichnet. Die Rechtsstaatlichkeit beziehungs-

---

[619] GA Saggio zu EuGH, verb. Rs. C-240/98 bis C-244/98, Océano Grupo Editorial, Slg. 2000, I-4941, Rn. 28.

[620] GA Saggio zu EuGH, a.a.O., Rn. 29 ff.

[621] Siehe EuGH, 27.6.2000, verb. Rs. C-240/98 bis C-244/98, Océano Grupo Editorial, Slg. 2000, I-4941, Rn. 30 f. Dies, obwohl es dem Gerichtshof jedenfalls im Rahmen des Vorabentscheidungsverfahrens nicht zusteht, die Grenzen der Auslegung des nationalen Rechts zu bestimmen. Diese Aufgabe kommt vielmehr den nationalen (vorlegenden) Gerichten zu. Hierauf hinweisend Götz, Europäische Gesetzgebung durch Richtlinien – Zusammenwirken von Gemeinschaft und Staat, NJW 1992, S. 1849 (1854); Prechal, Direct Effect Reconsidered, Redefined and Rejected, in: Prinssen/Schrauwen (Hg.), Direct Effect: Rethinking a Classic of EC Legal Doctrine, 2002, S. 15 (18).

weise – da die Union kein Staat ist – die Herrschaft des Rechts stellt sich als Alternative zur willkürlichen Herrschaft der Macht dar.[622] In einer Union, die auf einen immer engeren Zusammenschluss der europäischen Völker gerichtet ist[623] und nicht in gleicher Weise wie Nationalstaaten auf einigende Momente, wie insbesondere eine gemeinsame Geschichte und eine gemeinsame Sprache, zurückgreifen kann, kommt der Herrschaft des Rechts besondere Bedeutung zu.[624] Folgerichtig gründet sich nach Art. 2 EUV die Union auf die Achtung der „Rechtsstaatlichkeit" (englisch *rule of law*; französisch *État de droit*; italienisch *Stato di diritto*; spanisch *Estado de Derecho*), die allen Mitgliedstaaten gemeinsam ist. Die Herrschaft des Rechts in der Union kommt ebenfalls in Art. 17 Abs. 1 Satz 2 beziehungsweise 3 und Art. 19 Abs. 1 Satz 2 EUV deutlich zum Ausdruck. Nach Art. 17 Abs. 1 Satz 2 und 3 EUV sorgt die Kommission für die „Anwendung der Verträge sowie der von den Organen kraft der Verträge erlassenen Maßnahmen" und „überwacht die Anwendung des Unionsrechts unter der Kontrolle des Gerichtshofs der Europäischen Union". Nach Art. 19 Abs. 1 Satz 2 EUV sichert der Gerichtshof der Europäischen Union die „Wahrung

---

622 Siehe aus einer Vielzahl Hofmann, Die Bindung staatlicher Macht, in: ders./Marko/Merli/Wiederin (Hg.), Rechtsstaatlichkeit in Europa, 1996, S. 3 (3 ff.); Heuschling, État de droit, Rechtsstaat, Rule of Law, 2002, S. 661, Rn. 687 („Sur le fond, on voit toutefois se cristalliser un noyau dur de significations. Il s'agit de l'idée ancienne du gouvernement des lois dont l'antithèse est le gouvernement des hommes, le bon plaisir du roi, que Montesquieu qualifie de « despotisme » et Rousseau de « dépendance personelle »."); Costa, The Rule of Law: A Historical Introduction, und Zolo, The Rule of Law: A Critical Reappraisal, beide in: Costa/Zolo (Hg.), The Rule of Law, 2007, S. 73 (75 ff.) bzw. S. 3 (19 ff.); Raz, The Authority of Law, 2. Aufl. 2009, S. 219; Sellers, An Introduction to the Rule of Law in Comparative Perpective, in: ders./Tomaszewski (Hg.), The Rule of Law in Comparative Perspective, 2010, S. 1 (2 ff.); Krygier, Rule of Law, in: Rosenfeld/Sajó (Hg.), The Oxford Handbook of Comparative Constitutional Law, 2012, S. 233 (233 f.).

623 Vgl. den ersten Erwägungsgrund der Präambel des EWG-Vertrags. Heute mit kleinen Unterschieden der 13. Erwägungsgrund der Präambel des EU-Vertrags.

624 Deutlich Lecourt, L'Europe des juges, 1976, S. 221 ff; Zuleeg, Die Europäische Gemeinschaft als Rechtsgemeinschaft, NJW 1994, S. 545 (549); Hanschmann, Der Begriff der Homogenität in der Verfassungslehre und Europarechtswissenschaft, 2008, S. 149 ff.; von Bogdandy, Grundprinzipien, in: ders./Bast (Hg.), Europäisches Verfassungsrecht, 2. Aufl. 2009, S. 13 (38, 40).

des Rechts“ bei der Auslegung und Anwendung der Verträge.[625] Die Herrschaft des Rechts in der Union wird hervorgehoben, wenn die Union als „Rechtsgemeinschaft“ bezeichnet wird.[626] Sie ist geschaffen und geprägt durch Recht. Dass auch die Mitgliedstaaten an die Herrschaft des Rechts gebunden sind, verdeutlicht etwa das in Art. 7 EUV vorgesehene Sanktionsverfahren, das auf die Wahrung der in Art. 2 EUV genannten Werte durch die Mitgliedstaaten zielt. Außerdem kann nach Art. 49 Abs. 1 Satz 1 EUV nur ein Staat, der die in Art. 2 EUV genannten Werte achtet und sich für ihre Förderung einsetzt, beantragen, Mitglied der Union zu werden.

Die Vermutung der unmittelbaren Wirkung folgt aus der Herrschaft des Rechts (1.). Für die Vermutung finden sich konkrete Anhaltspunkte in den Verträgen (2.). Gerade weil die Europäische Union eine Gemeinschaft des Rechts ist, können der unmittelbaren Wirkung des Unionsrechts Erwägungen der Reziprozität, wie sie im Hinblick auf die unmittelbare Anwendbarkeit von Völkerrecht bekannt sind, nicht entgegengehalten werden (3.). Hinsichtlich der Herrschaft des Rechts kann ebenfalls nicht eingewandt werden, die Vermutung der unmittelbaren Wirkung führe zu einer inakzeptablen Gefahr für Rechtssicherheit und Rechtsgleichheit (4.). Schließlich kann die Vermutung der unmittelbaren Wirkung des Unionsrechts nicht mit einer unterentwickelten rechtsstaatlichen Legitimation in Frage gestellt werden (5.).

---

[625] Nach Auffassung des Gerichtshofs wachen nach Art. 19 Abs. 1 EUV auch „die Gerichte der Mitgliedstaaten über die Wahrung dieser Rechtsordnung und des Gerichtssystems der Union“. Siehe EuGH (Plenum), Gutachten 1/09 vom 8.3.2011, Übereinkommen über das Gericht für europäische Patente und Gemeinschaftspatente, Slg. 2011, I-1137, Rn. 66.

[626] Siehe nur EuGH, 23.4.1986, Rs. 294/83, Les Verts/Parlament, Slg. 1986, S. 1339, Rn. 23 („une communauté de droit“); EuGH (Vierte Kammer), 17.7.2008, Rs. C-521/06 P, Athinaïki Techniki/Kommission, Slg. 2008, I-5829, Rn. 45; Hallstein, Der unvollendete Bundesstaat, 1969, S. 33 ff.; Lecourt, L'Europe des juges, 1976, S. 221 ff.; Zuleeg, Die Europäische Gemeinschaft als Rechtsgemeinschaft, NJW 1994, S. 545. Aus historischer Perspektive Stolleis, Europa als Rechtsgemeinschaft, in: Kadelbach (Hg.), Europa als kulturelle Idee, 2010, S. 71.

1. Wirksamkeit als Grundvoraussetzung der Herrschaft des Rechts

Grundvoraussetzung für die Herrschaft des Rechts ist, dass Recht wirkt.[627] Dies gilt unabhängig davon, ob man ein lediglich formales oder ein auch materiell aufgeladenes Verständnis der Herrschaft des Rechts anlegt.[628] Die Wirksamkeit des Rechts lässt sich als Autorität oder Effektivität des Rechts beschreiben.[629] Anders ausgedrückt, Recht muss durchgesetzt beziehungsweise befolgt werden,[630] es muss sich faktisch beweisen.[631] Indem Rechtsnormen wirken, entfalten sie erst ihre ordnende Kraft. Die Wirksamkeit des Rechts lässt sich weiterhin mit dem rechtsstaatlichen Prinzip der Rechtssicherheit begründen. Dieses für die Funktion des Rechts, normative Erwartungen zu stabilisieren,[632] zentrale Prinzip verlangt, dass der Einzelne die Folgen seines Handelns

---

[627] Siehe nur Raz, The Authority of Law, 2. Aufl. 2009, S. 210 ff.; Jowell, The Rule of Law and its Underlying Values, in: ders./Oliver (Hg.), The Changing Constitution, 7. Aufl. 2011, S. 11 (17 f.); von Bogdandy, Grundprinzipien, in: ders./Bast (Hg.), Europäisches Verfassungsrecht, 2. Aufl. 2009, S. 13 (38); Krygier, Rule of Law, in: Rosenfeld/Sajó (Hg.), The Oxford Handbook of Comparative Constitutional Law, 2012, S. 233 (234).

[628] Zur Unterscheidung nach einem formellen und materiellen Verständnis Hofmann, Die Bindung staatlicher Macht, in: ders./Marko/Merli/Wiederin (Hg.), Rechtsstaatlichkeit in Europa, 1996, S. 3 (3 ff.); Craig, Formal and Substantive Conceptions of the Rule of Law, Public Law 1997, S. 467; Krygier, Rule of Law, in: Rosenfeld/Sajó (Hg.), The Oxford Handbook of Comparative Constitutional Law, 2012, S. 233 (242 ff.).

[629] Siehe Kadelbach, Allgemeines Verwaltungsrecht unter europäischem Einfluß, 1996, S. 115; Tridimas, The General Principles of EU Law, 2. Aufl. 2006, S. 418 ff.

[630] Siehe Snyder, The Effectiveness of European Community Law, MLR 56 (1993), S. 19; Zürn/Neyer, Conclusions – the conditions of compliance, in: Zürn/Joerges (Hg.), Law and Governance in Postnational Europe: Compliance beyond the Nation-State, 2005, S. 183; Raz, The Authority of Law, 2. Aufl. 2009, S. 212 f.

[631] Siehe Accetto/Zleptnig, The Principle of Effectiveness: Rethinking Its Role in Community Law, European Public Law 11 (2005), S. 375 (378 f.).

[632] Siehe vor allem Luhmann, Positivität des Rechts als Voraussetzung einer modernen Gesellschaft, in: Laumann/Maihofer/Schelsky (Hg.), Jahrbuch für Rechtssoziologie und Rechtstheorie, Bd. 1, Die Funktion des Rechts in der modernen Gesellschaft, 1970, S. 175 (177 ff.); ders., Das Recht der Gesellschaft, 1993, S. 129 ff., 131; Habermas, Faktizität und Geltung, 2. Aufl. 1992, S. 146 ff.; Raz, The Authority of Law, 2. Aufl. 2009, S. 210, 220 ff.; von Bogdandy/Ioannidis, Das systemische Defizit, ZaöRV 74 (2014), S. 283 (299 f.).

verlässlich abschätzen kann.[633] Verlässlich abschätzen kann er die Folgen seines Handelns nur, wenn das bestehende, ihm gegenüber bekannt gemachte Recht auch tatsächlich wirkt.[634] Mithin muss Realisierungssicherheit bestehen.[635] Darüber hinaus lässt sich die Wirksamkeit des Rechts mit dem rechtsstaatlichen Prinzip der Rechtsgleichheit beziehungsweise Rechtseinheitlichkeit begründen, das in Art. 267, 291 Abs. 2 AEUV und Art. 20 EU-GRCharta zum Ausdruck kommt. Nach diesem Prinzip, das wiederum bedeutsam für die Akzeptanz und Wirksamkeit des Unionsrechts ist[636] und der Rechtssicherheit dient,[637] ist das Unionsrecht einheitlich anzuwenden.[638] Die volle Wirksamkeit des

---

[633] Siehe nur EuGH (Dritte Kammer), 9.7.1981, Rs. 169/80, Gondrand und Garancini, Slg. 1981, S. 1931, Rn. 17; EuGH (Sechste Kammer), 15.2.1996, Rs. C-63/93, Duff, Slg. 1996, I-569, Rn. 20; Temple Lang, Legal Certainty and Legitimate Expectations as General Principles of Law, in: Bernitz/Nergelius (Hg.), General Principles of European Community Law, 2000, S. 163 (164 ff.); von Bogdandy, Rechtsgleichheit, Rechtssicherheit und Subsidiarität im transnationalen Wirtschaftsrecht, EuZW 2001, S. 357 (359); von Arnauld, Rechtssicherheit, 2006, S. 495 ff.; Groussot, General Principles of Community Law, 2006, S. 189 ff.; Raitio, The Principle of Legal Certainty as a General Principle of EU Law, in: Bernitz/Nergelius/Cardner (Hg.), General Principles of EC Law in an Process of Development, 2008, S. 47 (51 ff.).

[634] Grundlegend hierzu Radbruch, Grundzüge der Rechtsphilosophie, 1914, S. 173 ff.; von Arnauld, Rechtssicherheit, 2006, S. 352 ff., 367 f., 387. Deutlich mit Blick auf das Unionsrecht von Bogdandy/Ioannidis, Das systemische Defizit, ZaöRV 74 (2014), S. 283 (299 f.).

[635] T. Geiger, Vorstudien zu einer Soziologie des Rechts, 1947, S. 64 f.

[636] Vgl. nur EuGH, 16.1.1974, Rs. 166/73, Rheinmühlen Düsseldorf, Slg. 1974, S. 33, Rn. 2; Lecourt, L'Europe des juges, 1976, S. 221 ff., 264; Accetto/Zleptnig, The Principle of Effectiveness: Rethinking Its Role in Community Law, European Public Law 11 (2005), S. 375 (379 f.).

[637] Vgl. nur GA Roemer zu EuGH, Rs. 77/72, Capolongo, Slg. 1973, S. 611 (630); Kadelbach, Allgemeines Verwaltungsrecht unter europäischem Einfluß, 1996, S. 116.

[638] Hierzu aus einer Vielzahl Lecourt, L'Europe des juges, 1976, S. 264 ff.; Nettesheim, Der Grundsatz der einheitlichen Wirksamkeit des Gemeinschaftsrechts, in: Randelzhofer/Scholz/Wilke (Hg.), Gedächtnisschrift für Eberhard Grabitz, 1995, S. 447; Kadelbach, Einheit der Rechtsordnung als Verfassungsprinzip der Europäischen Union?, in: von Bogdandy/Ehlermann (Hg.), Konsolidierung und Kohärenz des Primärrechts nach Amsterdam, EuR, Beiheft 2/1998, S. 51; Molinier, Les principes fondateurs de l'Union européenne, 2005, S. 233 ff.; Groussot, General Principles of Community Law, 2006, S. 160 ff.

Rechts in allen Mitgliedstaaten ist die Prämisse für seine einheitliche Anwendung.[639] Schließlich lässt sich die Wirksamkeit des Unionsrechts auch mit dem rechtsstaatlichen Prinzip des effektiven Rechtsschutzes begründen, das in Art. 19 Abs. 1 Satz 2, UAbs. 2, Abs. 3 EUV, den Art. 258 ff. AEUV und Art. 47 Abs. 1 EU-GRCharta zum Ausdruck kommt.[640] Die Wirksamkeit des Rechts ist Voraussetzung für eine effektive Kontrolle durch Gerichte[641] und dient damit auch einer Sicherung der Freiheit des Einzelnen.[642] Nicht zuletzt ist die Wirksamkeit des Unionsrechts grundlegend für die Output-Legitimität der Union,[643] bei der es auf eine wirksame Förderung des allgemeinen Wohls ankommt.[644]

Als Prinzip verlangt die Wirksamkeit des Unionsrechts, dass diese in möglichst hohem Maße verwirklicht wird.[645] Das ist nur dann der Fall, wenn das Unionsrechts unmittelbar wirkt, die mitgliedstaatlichen Ge-

---

639 Deutlich Kadelbach, Allgemeines Verwaltungsrecht unter europäischem Einfluß, 1996, S. 116; von Bogdandy/Schill, in: Grabitz/Hilf/Nettesheim (Hg.), Das Recht der Europäischen Union, Bd. I, Art. 4 EUV, Rn. 54 (September 2013); Terhechte, § 7 Prinzipienordnung der Europäischen Union, in: Hatje/Müller-Graff (Hg.), Europäisches Organisations- und Verfassungsrecht, 2014, S. 329 (339 f., Rn. 19).

640 Zum Prinzip des effektiven Rechtsschutzes siehe nur EuGH, 15.5.1986, Rs. 222/84, Johnston, Slg. 1986, S. 1651, Rn. 17 ff.; Kadelbach, Allgemeines Verwaltungsrecht unter europäischem Einfluß, 1996, S. 125 f.; von Bogdandy, Grundprinzipien, in: ders./Bast (Hg.), Europäisches Verfassungsrecht, 2. Aufl. 2009, S. 13 (42 f.); F. C. Mayer, in: Grabitz/Hilf/Nettesheim (Hg.), Das Recht der Europäischen Union, Bd. I, nach Art. 6 EUV, Rn. 359 ff. (Juli 2010); Groussot, General Principles of Community Law, 2006, S. 235 ff.

641 Siehe nur Kadelbach, Allgemeines Verwaltungsrecht unter europäischem Einfluß, 1996, S. 125; Heuschling, État de droit, Rechtsstaat, Rule of Law, 2002, S. 662 ff., Rn. 688 ff.; von Bogdandy, Grundprinzipien, in: ders./Bast (Hg.), Europäisches Verfassungsrecht, 2. Aufl. 2009, S. 13 (42).

642 Siehe nur von Bogdandy, a.a.O., S. 13 (57).

643 Siehe von Bogdandy/Ioannidis, Das systemische Defizit, ZaöRV 74 (2014), S. 283 (290).

644 Zur Unterscheidung „input"- und „output"-Legitimität Scharpf, Demokratietheorie zwischen Utopie und Anpassung, 1970, S. 21 ff.; ders., Regieren in Europa, Effektiv und demokratisch?, 1999, S. 16 ff.

645 Siehe Alexy, Theorie der Grundrechte, 1994, S. 75 ff. – das Prinzip als Optimierungsgebot. Speziell im Hinblick auf das Unionsrecht siehe Kadelbach, Allgemeines Verwaltungsrecht unter europäischem Einfluß, 1996, S. 117.

richte also zu funktionalen Unionsgerichten beziehungsweise die nationalen Verwaltungsbehörden zu funktionalen Unionsverwaltungsbehörden werden und die Wirkung des Unionsrechts nicht erst von einem Handeln der Mitgliedstaaten oder der Union abhängt.[646] Dann entfaltet Unionsrecht seine ordnende Kraft optimal. Der Einzelne kann die Folgen seines Handelns am bestehenden Unionsrecht verlässlich abschätzen, weil er sich darauf verlassen kann, dass das geltende Unionsrecht auch angewendet werden wird. Zugleich wird die Einheitlichkeit der Anwendung des Unionrechts in höchstem Maß sichergestellt, weil die Rechtslage in allen Mitgliedstaaten uniform ist und es diesen nicht ermöglicht wird, das Unionsrecht unterschiedlich oder überhaupt nicht durchzuführen. Zudem wird mit der unmittelbaren Wirkung die Grundlage für einen effektiven Rechtsschutz gelegt, weil die nationalen Gerichte das Unionsrecht beachten müssen.

Umgekehrt ausgedrückt: Wirkt Unionsrecht nicht unmittelbar, entfaltet es seine ordnende Kraft nicht in gleichem Maß. Rechtssicherheit und Akzeptanz des Unionsrechts werden gefährdet, weil der Einzelne nicht sicher sein kann, dass das geltende Unionsrecht von nationalen Gerichten und Verwaltungsbehörden angewendet wird. Die Rechtslage bleibt in diesem Fall zunächst uneinheitlich und den Mitgliedstaaten wird ermöglicht, das Unionsrecht unterschiedlich durchzuführen beziehungsweise die Wirkung des Unionsrechts zu verhindern.[647] Zusätzlich wird das Prinzip des effektiven Rechtsschutzes tangiert, weil es dem Einzelnen unmöglich wird, sich vor nationalen Gerichten auf das Unionsrecht zu berufen.

---

[646] Siehe Pescatore, The Doctrine of "Direct Effect": An Infant Disease of Community Law, EL Rev 8 (1983), S. 155; Bleckmann, Völkerrecht, 2001, Rn. 432; Bach, Direkte Wirkungen von EG-Richtlinien, JZ 1990, S. 1108 (1110); Lenaerts/Corthaut, Of Birds and Hedges: The Role of Primacy in Invoking Norms of EU Law, EL Rev 31 (2006), S. 287 f.; Bengoetxea, Is Direct Effect a General Principle of European Law?, in: Bernitz/Nergelius/Cardner (Hg.), General Principles of EC Law in a Process of Development, 2008, S. 3 (18); Schütze, European Constitutional Law, 2012, S. 344. Vgl. auch EuGH, 22.3.1977, Rs. 78/76, Steinike & Weinlig, Slg. 1977, S. 595 (599, 605 – die Argumentation des vorlegenden Gerichts und der Klägerin des Ausgangsverfahrens).

[647] Siehe GA Gand zu EuGH, Rs. 31/64, Gemeenschappelijke Verzekeringskas „De Sociale Voorzorg“, Slg. 1965, S. 111 (126); GA Geelhoed zu EuGH, Rs. C-441/99, Gharehveran, Slg. 2001, I-7687, Rn. 41; GA Warner zu EuGH, Rs. 94/77, Fratelli Zerbone, Slg. 1978, S. 99 (127 f.); Dashwood, From Van Duyn to Mangold via Marshall: Reducing Direct Effect to Absurdity?, CYELS 9 (2006-2007), S. 81 (84 f.).

Der EuGH hat in seinem Bestreben, die Wirksamkeit des Unionsrechts zu gewährleisten, in ständiger Rechtsprechung die praktische oder nützliche Wirkung (*effet utile*) zur Begründung seiner Rechtsauffassungen herangezogen,[648] wie zum Beispiel zur Rechtfertigung eines ungeschriebenen Staatshaftungsanspruchs für die Verletzung von Unionsrecht.[649] Auch bei der Begründung der unmittelbaren Wirkung, etwa von staatengerichteten Entscheidungen oder Richtlinien, ist der EuGH nicht ohne das Argument der praktischen Wirkung ausgekommen.[650] Die Begründung der hier vertretenen Vermutung der unmittelbaren Wirkung macht es aber nicht erforderlich, auf das methodisch angreifbare Argument des *effet utile* im Sinne einer gesteigerten Form der teleologischen Auslegung[651] oder gar als Auslegung im Sinne größtmöglicher Ausschöpfung der Unionsbefugnisse[652] beziehungsweise auf das Konzept der unmittelbaren Wirkung als Mittel der besonders effektiven Durchsetzung des Unionsrechts zurückzugreifen. Die Vermutung der unmittelbaren Wirkung entspricht allein dem Gebot, Unionsrecht dahingehend auszulegen, dass ihm Wirksamkeit zukommt. Die Vermutung der unmittelbaren Wirkung kommt daher einer teleologischen Auslegung gleich, da die Wirksamkeit einer Vorschrift bereits in ihrem Sinn und Zweck angelegt ist. Insoweit bewegt man sich auf methodisch wenig angreifbarem Grund.[653] Mit den Worten von *Pescatore*: *„legal rules, by their very nature, have a practical purpose. Any legal rule is*

---

[648] Siehe nur EuGH, 15.7.1963, Rs. C-34/62, Deutschland/Kommission, Slg. 1963, S. 269 (318); EuGH, 6.10.1970, Rs. 9/70, Grad („Leberpfennig“), Slg. 1970, S. 825, Rn. 5; EuGH, 6.10.1981, Rs. C-246/80, Broekmeulen, Slg. 1981, S. 2311, Rn. 16; EuGH (Dritte Kammer), 22.4.2010, verb. Rs. C-536/08 und C-539/08, X und fiscale eenheid Facet-Facet Trading, Slg. 2010, I-3581, Rn. 44.

[649] Siehe EuGH, 19.11.1991, verb. Rs. C-6/90 und C-9/90, Francovich, Slg. 1991, I-5357, Rn. 31 ff, vor allem 33 f.

[650] Siehe EuGH, 6.10.1970, Rs. 9/70, Grad („Leberpfennig“), Slg. 1970, S. 825, Rn. 5; EuGH, 4.12.1974, Rs. 41/74, van Duyn, Slg. 1974, S. 1337, Rn. 12. Hierzu im Einzelnen von Oettingen, Effet utile und individuelle Rechte im Recht der Europäischen Union, 2009, S. 97 ff.

[651] Siehe Seyr, Der effet utile in der Rechtsprechung des EuGH, 2008, S. 276 f.; Riesenhuber, § 11 Die Auslegung, in: ders. (Hg.), Europäische Methodenlehre, 2. Aufl. 2010, S. 315 (336 f., Rn. 42a).

[652] Siehe BVerfGE 89, 155 (210).

[653] Zur teleologischen Auslegung im Unionsrecht Müller/Christensen, Juristische Methodik, Bd. II, Europarecht, 3. Aufl. 2012, S. 78 ff.

devised so as to operate effectively [...]. *If it is not operative, it is not a rule of law. The task of the lawyers is therefore not to thwart effects of legal rules, but to help in putting them into operation.* [...]. *The non-operation of a rule of law appears thus to be not an ordinary phenomenon, but a real antimony in the legal system.*"[654]

Dass Recht geschaffen wird, um die Realität zu gestalten, kommt auch in der Rechtsprechung des EuGH zum Ausdruck, wenn dieser auf die Notwendigkeit der unmittelbaren Wirkung hinweist, weil die Vorschrift sonst ihrem Telos nicht gerecht würde.[655] Besonders deutlich wird diese Logik in der *Defrenne II*-Entscheidung. Hier stellt der Gerichtshof fest, das Diskriminierungsverbot hinsichtlich des Entgelts von Männern und Frauen des damaligen Art. 119 EWGV (nun Art. 157 AEUV) dürfe in seiner Wirksamkeit nicht dadurch beeinträchtigt werden, dass einige Mitgliedstaaten die ihnen vom Vertrag auferlegte Verpflichtung nicht erfüllt hätten und die Gemeinschaftsorgane gegen diese Untätigkeit nicht mit der erforderlichen Schärfe eingeschritten wären. „Wollte man das Gegenteil annehmen, so würde man Gefahr laufen, die Rechtsverletzung zur Auslegungsregel zu erheben, was der Gerichtshof nicht tun könnte, ohne sich zu der ihm in Art. 164 des Vertrages [nun Art. 19 Abs. 1 UAbs. 1 Satz 2 EUV] zugewiesenen Aufgabe", die Wahrung des Rechts bei der Auslegung und Anwendung der Verträge zu sichern, „in Widerspruch zu setzen."[656]

2. *Konkrete Anhaltspunkte für die Vermutung im positiven Recht*

Die am Prinzip der Rechtsstaatlichkeit orientierte Herleitung der Vermutung unmittelbarer Wirkung findet ihre Bestätigung im positiven

---

[654] Pescatore, The Doctrine of "Direct Effect": An Infant Disease of Community Law, EL Rev 8 (1983), S. 155, ähnlich S. 177. Sich diesem anschließend Bach, Direkte Wirkungen von EG-Richtlinien, JZ 1990, S. 1108 (1110); Kadelbach, Allgemeines Verwaltungsrecht unter europäischem Einfluß, 1996, S. 58.

[655] Siehe EuGH, 8.4.1976, Rs. 43/75, Defrenne II, Slg. 1976, S. 455, Rn. 7 ff., 14 f., 30/34; EuGH, 4.12.1986, Rs. 71/85, Federatie Nederlandse Vakbeweging, Slg. 1986, S. 3855, Rn. 18; EuGH (Vierte Kammer), 20.9.1988, Rs. 31/87, Beentjes, Slg. 1988, S. 4635, Rn. 42; EuGH (Erste Kammer), 12.11.1987, Rs. 198/86, Conradi, Slg. 1986, S. 4469, Rn. 8 ff.; EuGH, 2.8.1993, Rs. C-271/91, Marshall, Slg. 1993, I-4367, Rn. 34 f.; EuGH (Sechste Kammer), 17.9.1996, verb. Rs. C-246/94, C-247/94, C-248/94 und C-249/94, Cooperativa Agricola Zootecnica S. Antonio, Slg. 1996, I-4373, Rn. 21 f.

[656] EuGH, 8.4.1976, Rs. 43/75, Defrenne II, Slg. 1976, S. 455, Rn. 30/34.

Recht. Zu nennen sind einerseits Art. 197 Abs. 1 und Art. 291 Abs. 1 AEUV, andererseits Art. 19 Abs. 3 Buchstabe b EUV und Art. 267 AEUV.

Nach Art. 291 Abs. 1 AEUV ergreifen die Mitgliedstaaten alle zur „Durchführung" der verbindlichen Rechtsakte der Union erforderlichen Maßnahmen nach innerstaatlichem Recht. Der Begriff der Durchführung erfasst auch die Anwendung durch Verwaltungsbehörden und mitgliedstaatliche Gerichte im Einzelfall.[657] Art. 291 Abs. 1 AEUV verpflichtet dementsprechend mitgliedstaatliche Gerichte und Verwaltungsbehörden zur Anwendung des Unionsrechts. Gründe, diese Pflicht über das in Art. 291 Abs. 1 AEUV genannte Merkmal der Erforderlichkeit in grundsätzlicher Weise einzuschränken, sind nicht ersichtlich. Bekräftigt wird die in Art. 291 Abs. 1 AEUV vorgesehene Anwendungspflicht durch Art. 197 Abs. 1 AEUV. Hiernach ist die für das ordnungsgemäße Funktionieren der Union entscheidende effektive Durchführung des Unionsrechts durch die Mitgliedstaaten als Frage von gemeinsamem Interesse anzusehen. Diese Vorschrift hebt die besondere Bedeutung einer effektiven Durchführung des Unionsrechts hervor, die vor allem über eine unmittelbare Wirkung erreicht wird.

Einen deutlichen Hinweis auf die unmittelbare Wirkung liefert schließlich die Regelung des Vorabentscheidungsverfahrens in Art. 19 Abs. 3 Buchstabe b EUV beziehungsweise Art. 267 AEUV. Hiernach entscheidet der Gerichtshof nach Vorlage durch ein Gericht eines Mitgliedstaats im Wege der Vorabentscheidung über die Auslegung der Verträge, über die Gültigkeit und die Auslegung der Handlungen der Organe, Einrichtungen oder sonstigen Stellen der Union. Dieses Verfahren sichert die einheitliche Auslegung und Anwendung des Unionsrechts.[658] In mehreren Entscheidungen hat der Gerichtshof zutreffend ausgeführt, bereits die Existenz dieses Verfahrens sei ein Hinweis darauf, dass die Staaten davon ausgegangen seien, die Bürger müssten sich vor den nati-

---

[657] Siehe Kotzur, in: Geiger/Kahn/ders. (Hg.), EUV/AEUV, 5. Aufl. 2010, Art. 291 AEUV, Rn. 2; Nettesheim, in: Grabitz/Hilf/ders. (Hg.), Das Recht der Europäischen Union, Bd. III, Art. 291 AEUV, Rn. 13 (April 2012); Ruffert, in: Calliess/ders. (Hg.), EUV/AEUV, 4. Aufl. 2011, Art. 291 AEUV, Rn. 5. Im Hinblick auf den identischen Wortlaut des Art. 197 Abs. 1 AEUV siehe Classen, in: Grabitz/Hilf/Nettesheim (Hg.), Das Recht der Europäischen Union, Bd. II, Art. 197 AEUV, Rn. 17 (März 2011).

[658] Siehe nur EuGH, 27.3.1980, Rs. 61/79, Denkavit Italiana, Slg. 1980, S. 1205, Rn. 15.

onalen Gerichten auf das Unionsrecht berufen können.[659] Schließlich kann nur ein nationales Gericht, für dessen Entscheidung die Anwendung des Unionsrechts „erforderlich“ ist, den Gerichtshof anrufen. Art. 267 AEUV impliziert also, dass Unionsrecht grundsätzlich unmittelbar wirkt.[660]

Gegen das Argument aus Art. 267 AEUV für eine Vermutung der unmittelbaren Wirkung könnte eingewandt werden, dass die Bedeutung des Vorabentscheidungsverfahrens von den Vertragsvätern lediglich als nebensächlich eingestuft wurde, demzufolge die unmittelbare Wirkung nur bei einer kleinen Anzahl von Vorschriften gewollt war und stattdes-

---

[659] Siehe EuGH, 5.2.1963, Rs. 26/62, Van Gend & Loos, Slg. 1963, S. 1 (25); EuGH, 6.10.1970, Rs. 9/70, Grad („Leberpfennig“), Slg. 1970, S. 825, Rn. 5 f.; EuGH, 21.10.1970, Rs. 20/70, Transports Lesage & Clie, Slg. 1970, S. 861, Rn. 5 f.; EuGH, 21.10.1970, Rs. 23/70, Haselhorst, Slg. 1970, S. 881, Rn. 5 f.; EuGH, 4.12.1974, Rs. 41/74, van Duyn, Slg. 1974, S. 1337, Rn. 12. Seit 1976 hat der Gerichtshof das Argument der Existenz des Vorabentscheidungsverfahrens für die unmittelbare Wirkung allerdings erheblich relativiert: Durch das Vorabentscheidungsverfahren solle die einheitliche Auslegung und Anwendung „insbesondere“ der für die mitgliedstaatlichen Gerichte unmittelbar verbindlichen Vorschriften gewährleistet werden. Siehe EuGH, 27.3.1980, Rs. 61/79, Denkavit Italiana, Slg. 1980, S. 1205, Rn. 15; EuGH, 27.3.1980, verb. Rs. 66, 127 und 128/79, Salumi, Slg. 1980, S. 1237, Rn. 8. Für Vorabentscheidungen über die Auslegung von Handlungen der Organe der Gemeinschaft bzw. Union komme es nicht darauf an, ob diese Handlungen unmittelbar wirksam seien oder nicht. Siehe EuGH, 20.5.1976, Rs. 111/75, Impresa Costruzioni comm. Quirino Mazzalai, Slg. 1976, S. 657, Rn. 7/11; EuGH (Fünfte Kammer), 10.7.1997, Rs. C-261/95, Palmisani, Slg. 1997, I-4025, Rn. 21; EuGH (Fünfte Kammer), 10.7.1997, Rs. C-373/95, Maso, Slg. 1997, I-4051, Rn. 28; EuGH, 10.12.2002, Rs. C-491/01, British American Tobacco, Slg. 2002, I-11453, Rn. 32; EuGH (Zweite Kammer), 16.7.2009, Rs. C-254/08, Futura Immobiliare, Slg. 2009, I-6995, Rn. 34; EuGH (Plenum), 27.11.2012, Rs. C-370/12, Pringle, Rn. 89; EuGH (Große Kammer), 15.1.2013, Rs. C-416/10, Križan, Rn. 56. Dahinter steht die Auffassung des EuGH, die unionsrechtskonforme Auslegung mitgliedstaatlichen Rechts sei kein Fall der unmittelbaren Wirkung. Hierzu in diesem Teil, B.IV. Diese Unterscheidung vorausgesetzt, kommt es tatsächlich für eine Entscheidung nach Art. 267 AEUV nicht zwingend darauf an, ob die Handlung, deren Auslegung erfragt wird, unmittelbar wirksam ist, da die Auslegung der Handlung auch im Wege der unionsrechtskonformen Auslegung für das vorlegende Gericht zum Erlass seiner Entscheidung „erforderlich“ im Sinn des Art. 267 Abs. 2 AEUV sein kann.

[660] Siehe Haltern, Europarecht, 2. Aufl. 2007, Rn. 600, 602, 605; Monica Claes, The National Courts' Mandate in the European Constitution, 2006, S. 60.

sen die Kontrolle der Mitgliedstaaten in erster Linie über das Vertragsverletzungsverfahren erreicht werden sollte. Das hiermit angesprochene Verhältnis von Vorabentscheidungs- und Vertragsverletzungsverfahren ist zu einem wiederkehrenden Moment in der Diskussion um die unmittelbare Wirkung verschiedenster Vorschriften geworden.[661] Dabei gibt es eine Reihe von Indizien für eine weniger zentral intendierte Stellung des Vorabentscheidungsverfahrens im Verhältnis zum Vertragsverletzungsverfahren. Zu nennen ist vor allem die im Vergleich zum Vertragsverletzungsverfahren in den Art. 258 f. AEUV (ehemals Art. 169 f. EWGV) weniger prominente Stellung des Vorabentscheidungsverfahrens in Art. 267 AEUV (ehemals Art. 177 EWGV).[662] Diese Indizien sollten aber nicht überbewertet werden. Selbst wenn nicht auszuschließen ist, dass die Kontrolle der Mitgliedstaaten im Wege des Vorabentscheidungsverfahrens ursprünglich als weniger zentral angesehen wurde als die Kontrolle im Wege des Vertragsverletzungsverfahrens, heißt dies nicht, dass die Vertragsväter nicht bereit waren, dem Vorabentscheidungsverfahren eine größere Bedeutung zuzugestehen. Inwieweit letzteres der Fall oder auch nicht der Fall ist, dürfte aber schon deshalb schwer festzustellen sein, da – wie von *Pescatore* bezeugt – das enorme Potenzial des Vorabentscheidungsverfahrens in der Fassung, die in den EWG-Vertrag einging, wahrscheinlich von keinem Mitglied der für die Ausarbeitung des Vorabentscheidungsverfahrens zuständigen *groupe*

[661] Vgl. EuGH, 15.7.1964, Rs. 6/64, Costa/E.N.E.L., Slg. 1964, S. 1253 (1262); GA Lagrange hierzu, S. 1296 f., 1305; EuGH, 3.4.1968, Rs. 28/67, Molkerei-Zentrale Westfalen/Lippe, 1968, S. 215 (221 f., 231); GA Gand hierzu, S. 237 (239 ff.); EuGH, 17.2.1970, Rs. 31/69, Kommission/Italien, Slg. 1970, S. 25, Rn. 7 ff.; GA Trabucchi zu EuGH, Rs. 2/73, Geddo, Slg. 1973, S. 865 (885, 888 f.); EuGH, 20.5.1976, Rs. 111/75, Impresa Costruzioni comm. Quirino Mazzalai, Slg. 1976, S. 657 (662); GA Reischl hierzu, S. 670 f.; EuGH, 5.4.1979, Rs. 148/78, Ratti, Slg. 1979, S. 1629 (1636 – die Auffassung des Rates); EuGH (Dritte Kammer), 10.3.1983, Rs. 172/82, Inter-Huiles, Slg. 1983, S. 555, Rn. 7 f.; EuGH, 29.11.1983, Rs. 181/82, Roussel Laboratoria, Slg. 1983, S. 3849 (3863 – die Auffassung der Klägerinnen des Ausgangsverfahrens); EuGH, 12.7.1984, Rs. 184/83, Hofmann, Slg. 1984, S. 3047 (3063 – die Auffassung der Kommission); GA Darmon zu EuGH, Rs. 132/85, Kommission/Griechenland, Slg. 1987, S. 5293 (5295 f.); GA Gulmann zu EuGH, Rs. C-289/91, Kuhn, Slg. 1993, I-4439, Rn. 18, 28; EuGH, 11.8.1995, Rs. C-431/92, Kommission/Deutschland (Großkrotzenburg), Slg. 1995, I-2189, Rn. 24; GA Léger zu EuGH, Rs. C-287/98, Linster, Slg. 2000, I-6917, Rn. 85; EuGH (Fünfte Kammer), 21.3.2002, Rs. C-298/99, Kommission/Italien, Slg. 2002, I-3129, Rn. 19 ff.

[662] Siehe H. Rasmussen, On Law and Policy in the European Court of Justice, 1986, S. 12, 248 f., mit weiteren Argumenten.

juridique erkannt wurde.[663] Der EuGH geht jedenfalls davon aus, dass sich Vertragsverletzungs- und Vorabentscheidungsverfahren nicht im Sinne einer Ausschließlichkeit gegenüberstehen. Vielmehr wird die durch Kommission und Mitgliedstaaten ausgeübte Kontrolle über das Vertragsverletzungsverfahren durch die Kontrolle über die Wachsamkeit der an der Wahrung ihrer Rechte interessierten Einzelnen „ergänzt".[664] Außerdem kann der Einwand, das Unionsrecht sehe eine lediglich nebensächliche Rolle für das Vorabentscheidungsverfahren vor, spätestens seit der Geltung des durch den Lissabon-Vertrag neu eingefügten Art. 19 Abs. 1 UAbs. 2 EUV nicht mehr überzeugen. Hiernach schaffen die Mitgliedstaaten die „erforderlichen Rechtsbehelfe, damit ein wirksamer Rechtsschutz in den vom Unionsrecht erfassten Bereichen gewährleistet ist." Diese Formulierung geht auf die Entscheidung des EuGH in der Rechtssache *Unión de Pequeños Agricultores* zurück, in der der Gerichtshof die Bedeutung der nationalen Rechtsschutzverfahren für die Wahrung des Rechts auf effektiven gerichtlichen Rechtsschutz vor dem Hintergrund hervorhob, dass die Anfechtbarkeit von Gemeinschaftsrechtsakten über das Verfahren der Nichtigkeitsklage für den Einzelnen eingeschränkt ist.[665] Ein wirksamer mitgliedstaatlicher Rechtsschutz setzt aber die unmittelbare Anwendbarkeit von Unionsrecht vor allem durch mitgliedstaatliche Gerichte voraus. Genau wie in Art. 267 AEUV liegt damit in Art. 19 Abs. 1 UAbs. 2 AEUV eine implizite Anerkennung der unmittelbare Wirkung des Unionsrechts. Mit Art. 19 Abs. 1 UAbs. 2 AEUV wird diese Anerkennung aber nicht in

---

[663] Siehe Pescatore, Les travaux du « groupe juridique » dans la négotiation des traités de Rome, Studia Diplomatica 34 (1981), S. 159 (173: „[...] je penche à croire que tous, peut-être, n'avaient pas conscience de l'importance de cette innovation."). Ähnlich Szpunar, Van Gend en Loos from the perspective of new Member States, in: Tizzano/Kokott/Prechal (Hg.), 50ème anniversaire de l'arrêt Van Gend en Loos, 2013, S. 123 (127). Skeptisch, dass das Potenzial nicht erkannt wurde: M. Rasmussen, From Costa v ENEL to the Treaties of Rome: A brief History of Legal Revolution, in: Maduro/Azoulai (Hg.), The Past and Future of EU Law, 2010, S. 69 (81 f.).

[664] EuGH, 5.2.1963, Rs. 26/62, Van Gend & Loos, Slg. 1963, S. 1 (26), entgegen der Auffassung vor allem der niederländischen Regierung (vgl. S. 20 der Entscheidung).

[665] Siehe EuGH, 25.7.2002, Rs. C-50/00 P, Unión de Pequeños Agricultores/Rat, Slg. 2002, I-6677, Rn. 32 ff., vor allem Rn. 41 („Es ist somit Sache der Mitgliedstaaten, ein System von Rechtsbehelfen und Verfahren vorzusehen, mit dem die Einhaltung des Rechts auf effektiven gerichtlichen Rechtsschutz gewährleistet werden kann.").

einem hinteren Teil der Verträge „versteckt", sondern erhält einen prominenten Platz im Vertragsgefüge.

3. Kein Raum für Erwägungen der Reziprozität

Die unmittelbare Wirkung des Unionsrechts kann nicht mit dem Argument entkräftet werden, denjenigen Mitgliedstaaten, die dem Unionsrecht unmittelbare Wirkung einräumten, entstehe eventuell ein Nachteil gegenüber anderen Mitgliedstaaten, die eine unmittelbare Wirkung nicht zuließen oder das Unionsrecht einseitig zu ihrem Vorteil anwendeten. Für derartige Reziprozitätserwägungen ist im Unterschied zum Völkerrecht in der Rechtsgemeinschaft der Europäischen Union kein Platz.

Die unmittelbare Anwendbarkeit völkerrechtlicher Rechtsnormen wird zuweilen deshalb abgelehnt, weil die Gefahr bestehe, dass diese in anderen Staaten unterschiedlich angewendet beziehungsweise überhaupt nicht beachtet würden und infolgedessen dem eigenen Staat durch die Anwendung ein Nachteil im Verhältnis zu diesen anderen Staaten entstehen könnte. Die Gefahr einer Nichtbeachtung völkerrechtlicher Rechtsnormen beziehungsweise ihrer unterschiedlichen Anwendung in anderen Staaten erklärt sich damit, dass im Völkerrecht eine effektive Durchsetzung und einheitliche Anwendung regelmäßig nicht sichergestellt sind beziehungsweise eine Lösung von Streitigkeiten auf dem Verhandlungswege vorgesehen ist.[666] Hier kommt das Prinzip der Re-

---

[666] Hierzu aus der Literatur Kratochwil, The Role of Domestic Courts as Agencies of the International Legal Order, in: Falk/ders./Mendlovitz (Hg.), International Law: A Contemporary Perspective, 1985, S. 236 (246 ff.); Iwasawa, The Doctrine of Self-Executing Treaties in the United States, Va. J. Int'l L. 26 (1985-1986), S. 627 (680); Jackson, Status of Treaties in Domestic Legal Systems: A Policy Analysis, AJIL 86 (1992), S. 310 (326); Prechal, Does Direct Effect Still Matter?, CML Rev 37 (2000), S. 1047 (1065 f.); Klabbers, International Law in Community Law: The Law and Politics of Direct Effect, YEL 21 (2001-2002), S. 263 (277 ff.); Cottier, A Theory of Direct Effect in Global Law, in: von Bogdandy/Mavroidis/Mény (Hg.), European Integration and International Coordination: Studies in Transnational Law in Honour of Claus-Dieter Ehlermann, 2002, S. 99 (109, 121); Nollkaemper, National Courts and the International Rule of Law, 2011, S. 123; Kaiser, Treaties, Direct Applicability, Max Planck Encyclopedia of Public International Law, www.mpepil.com, Februar 2013, Rn. 25 (abgerufen am 11.1.2015). Weiler, Revisiting Van Gend en Loos: Subjectifying and Objectifying the Individual, in: Tizzano/Kokott/Prechal (Hg.), 50ème anniversaire de l'arrêt Van Gend en Loos, 2013, S. 11 (14), sieht

ziprozität zum Ausdruck, das weite Teile des Völkerrechts und der internationalen Beziehungen aufgrund des Fehlens zentraler Durchsetzungsmechanismen nach wie vor maßgeblich prägt.[667] Art. 55 der französischen Verfassung macht die Anwendbarkeit völkerrechtlicher Verträge beispielsweise davon abhängig, dass der Vertrag von der anderen Vertragspartei ebenfalls angewendet wird.[668] Ein bekanntes Beispiel aus der Rechtsprechung des EuGH betrifft das Übereinkommen zur Errichtung der WTO, dessen unmittelbare Wirkung der Gerichtshof bekanntlich grundsätzlich ablehnt. Die Ablehnung wird damit begründet, dass dieses Übereinkommen auf dem Prinzip von Verhandlungen auf Grundlage der Gegenseitigkeit basiert und unstreitig einige Mitglieder als wichtige Handelspartner ihre internen Rechtsvorschriften nicht an den WTO-Übereinkünften messen. Ein solcher Mangel an Gegenseitigkeit auf Seiten der Handelspartner der Union bei der Anwendung der WTO-Übereinkünfte könne zu einem Ungleichgewicht führen. Hätte der EuGH unmittelbar die Aufgabe, die Vereinbarkeit des Unionsrechts mit diesen Regelungen zu gewährleisten, so würde den Legislativ- und Exekutivorganen der Union der Spielraum genommen, über den die entsprechenden Organe der Handelspartner der Union verfügten.[669]

Diese Logik der Reziprozität, die möglicherweise mit Blick auf die unmittelbare Anwendbarkeit bestimmter Normen des Völkerrechts ein-

---

hierin einen Hauptgrund für die Zurückhaltung nationaler Gerichte, Völkerrecht unmittelbar anzuwenden.

[667] Zum Prinzip der Reziprozität im Völkerrecht Simma, Reciprocity, Max Planck Encyclopedia of Public International Law, www.mpepil.com, April 2008 (abgerufen am 11.1.2015).

[668] Art. 55 der Verfassung der V. Französischen Republik vom 4. Oktober 1958: „Les traités ou accords régulièrement ratifiés ou approuvés ont, dès leur publication, une autorité supérieure à celle des lois, sous réserve, pour chaque accord ou traité, de son application par l'autre partie". Abrufbar unter http://www.conseil-constitutionnel.fr/conseil-constitutionnel/francais/la-constitution/la-constitution-du-4-octobre-1958/la-constitution-du-4-octobre-1958.5071.html (abgerufen am 31.1.2015).

[669] Siehe EuGH, 23.11.1999, Rs. C-149/96, Portugal/Rat, Slg. 1999, I-8395, Rn. 40 ff. Vielfach bestätigt, etwa durch EuGH (Große Kammer), 9.9.2008, verb. Rs. C-120/06 P und C-121/06 P, FIAMM und Fedon/Rat und Kommission, Slg. 2008, I-6513, Rn. 111; EuGH (Fünfte Kammer), 18.12.2014, Rs. C-306/13, LVP, Rn. 44 ff. Entsprechendes soll für das TRIPS-Übereinkommen gelten, siehe nur EuGH, 14.12.2000, verb. Rs. C-300/98 und C-392/98, Parfums Christian Dior, Slg. 2000, I-11307, Rn. 43 ff.

leuchtet, überzeugt nicht im Hinblick auf die unmittelbare Wirkung des (primären und sekundären) Unionsrechts. Gerade weil die Europäische Union eine Gemeinschaft des Rechts ist, dürfen nationale Gerichte und Verwaltungsbehörden die unmittelbare Wirkung des Unionsrechts nicht mit der Begründung ablehnen, dass dieses in anderen Mitgliedstaaten nicht beachtet werden und durch die Anwendung dem eigenen Mitgliedstaat ein relativer Nachteil entstehen könnte. Das Unionsrecht ist von allen Mitgliedstaaten zu beachten. Seine Einhaltung beruht nicht auf dem Prinzip gegenseitiger Verhandlungen. Im Hinblick auf die Einhaltung des Unionsrechts besteht keine außenpolitische Verhandlungsposition eines Mitgliedstaates, die durch eine unmittelbare Wirkung kompromittiert werden könnte.[670]

Darüber hinaus muss ein nationales Gericht, das Unionsrecht anwendet, auch faktisch nicht befürchten, dass dem eigenen Mitgliedstaat dadurch ein Nachteil entsteht, weil dieses in anderen Mitgliedstaaten nicht beachtet beziehungsweise anders ausgelegt werden könnte. Die Einhaltung des Unionsrechts durch alle Mitgliedstaaten wird durch die unabhängige Kommission und den EuGH kontrolliert (vgl. Art. 17 Abs. 1 Satz 2, 3 und Art. 19 Abs. 1 UAbs. 1 Satz 2 EUV). Über das Vertragsverletzungsverfahren und insbesondere über das Vorabentscheidungsverfahren wird die Wahrung des Unionsrechts sichergestellt.[671] Folglich erstaunt es nicht, dass Erwägungen der Reziprozität bei der Bestimmung der unmittelbaren Wirkung von (primärem und sekundärem) Unionsrecht keinen Niederschlag in der Rechtsprechung des EuGH gefunden haben.

4. Grundsätzlich keine relevanten Gefahren für Rechtssicherheit und Rechtsgleichheit

Im Hinblick auf das Postulat der Herrschaft des Rechts kann gegen die Vermutung der unmittelbaren Wirkung auch nicht argumentiert werden, die Anwendung des Unionsrechts durch mitgliedstaatliche Gerich-

---

[670] Siehe Prechal, Does Direct Effect Still Matter?, CML Rev 37 (2000), S. 1047 (1065 f.).

[671] Hierzu bereits in diesem Teil, A.II.3.d). Auf die Bedeutung des Vorabentscheidungsverfahrens im hiesigen Zusammenhang hinweisend Weiler, Revisiting Van Gend en Loos: Subjectifying and Objectifying the Individual, in: Tizzano/Kokott/Prechal (Hg.), 50ème anniversaire de l'arrêt Van Gend en Loos, 2013, S. 11 (14); ders., Van Gend en Loos: The individual as subject and object and the dilemma of European legitimacy, I.CON 12 (2014), S. 94 (97).

te und Verwaltungsbehörden führe zu einer inakzeptablen Gefahr für Rechtssicherheit und Rechtsgleichheit.

Grundsätzlich verbürgt die unmittelbare Wirkung Rechtssicherheit und Rechtsgleichheit, weil es den Mitgliedstaaten nicht erlaubt wird, das Unionsrecht unterschiedlich durchzuführen.[672] Gleichwohl geht sie auch mit einer Gefahr für Rechtssicherheit und Rechtsgleichheit einher, weil es einer großen Zahl von Akteuren unterschiedlicher Rechtstradition (nämlich den nationalen Gerichte und Verwaltungsbehörden) ermöglicht wird, die zum Teil recht vagen Vorschriften des Unionsrechts in einer Vielzahl von Fallgestaltungen uneinheitlich anzuwenden. Außerdem besteht bei einer unmittelbaren Wirkung weiter Teile des Unionsrechts die Befürchtung, dass der Gerichtshof mit Vorabentscheidungsersuchen „überschwemmt" und die Erledigung von Verfahren verzögert wird.[673] Dies ist die Kehrseite der mit einer unmittelbaren Wirkung verbundenen Effektivierung des Unionsrechts. Der EuGH hat die unmittelbare Wirkung einzelner Vorschriften des Unionsrechts bereits aus Gründen der Rechtssicherheit und Einheitlichkeit der Anwendung abgelehnt.[674] Mit Erwägungen der Rechtssicherheit und Rechtsgleichheit lässt sich außerdem die schrittweise Ausweitung der unmittelbaren Wirkung des Gemeinschaftsrechts durch den Gerichtshof, vor allem in den 60er und 70er Jahren, begründen.[675] Überdies haben Generalanwälte, Verfahrensbeteiligte und Stimmen aus der Wissenschaft immer wieder auf Risiken für die Rechtssicherheit und Einheitlichkeit der Anwendung hingewiesen, um die unmittelbare Wirkung bestimmter Vorschriften in Frage zu stellen.[676]

---

[672] Siehe oben in diesem Teil, C.I.1.

[673] Auf diese Gefahr hinweisend GA Trabucchi zu EuGH, Rs. 43/75, Defrenne II, Slg. 1976, S. 455 (490).

[674] Siehe im dritten Teil, C.

[675] Siehe in diesem Teil, A.III.

[676] Vgl. EuGH, 5.2.1963, Rs. 26/62, Van Gend & Loos, Slg. 1963, S. 1 (18 – die Auffassung der niederländischen Regierung); GA Roemer zu EuGH, a.a.O., S. 1 (46 f.); EuGH, 16.6.1966, Rs. 57/65, Lütticke, Slg. 1966, S. 257 (263 f. – die Auffassung der Bundesregierung); Beschluss des BFH vom 18.7.1967 – VII 156/65 –, abgedruckt in Europarecht 1967, S. 360 (363 f.); EuGH, 4.4.1968, Rs. 27/67, Fink-Frucht, Slg. 1968, S. 327 (343 – die Auffassung der Bundesregierung); EuGH, 19.12.1968, Rs. 13/68, Salgoil, Slg. 1968, S. 679 (687 – die Auffassung des italienischen Außenhandelsministeriums); EuGH, 8.6.1971, Rs. 78/70, Deutsche Grammophon Gesellschaft, Slg. 1971, S. 487 (491 – die Auffassung der Deutschen Grammophon Gesellschaft); GA Roemer zu EuGH, Rs. 77/72,

Mittlerweile führt die weitreichende unmittelbare Wirkung des Unionsrechts aber nicht mehr zu einer solchen Gefährdung der Rechtssicherheit und Rechtsgleichheit, die es rechtfertigen würde, diesem Recht seine grundsätzliche unmittelbarer Wirkung abzusprechen. Die Gründe hierfür sind zahlreich. Inzwischen existiert viel konkretisierende Praxis der Unionsorgane, insbesondere Rechtsprechung des EuGH, die Rückschlüsse auf die Auslegung selbst solcher Vorschriften erlaubt, auf die sich die Auslegung nicht unmittelbar bezieht. Da der Vorrang des Unionsrechts inzwischen im Grundsatz allgemein anerkannt ist, muss auch nicht mehr befürchtet werden, dass ein Teil der Mitgliedstaaten dem Unionsrecht Vorrang vor nationalem Recht zuerkennt, während ein

---

Capolongo, Slg. 1973, S. 611 (628, 630); EuGH, 8.4.1976, Rs. 43/75, Defrenne II, Slg. 1976, S. 455 (460 – die Auffassung der Regierung des Vereinigten Königreichs); EuGH, 1.2.1977, Rs. 51/76, Verbond van Nederlandse Ondernemingen, Slg. 1977, S. 113 (123 – die Auffassung der Bundesregierung); EuGH, 22.5.1980, Rs. 131/79, Santillo, Slg. 1980, S. 1585 (1590 – die Auffassung des Vereinigten Königreichs); GA Capotorti zu EuGH, Rs. 203/80, Casati, Slg. 1981, S. 2595 (2624, 2627); EuGH, 26.2.1986, Rs. 152/84, Marshall I, Slg. 1986, S. 723, Rn. 45 (die Auffassung des Vereinigten Königreichs); GA Mischo zu EuGH, Rs. 221/88, Busseni, Slg. 1990, I-495, Rn. 67-70; GA Lenz zu EuGH, Rs. C-91/92, Faccini Dori, Slg. 1994, I-3325 Rn. 18-25, vor allem Rn. 25; GA Léger zu EuGH, Rs. C-287/98, Linster, Slg. 2000, I-6917, Rn. 38; GA Colomer zu EuGH, Rs. C-109/99, ABBOI, Slg. 2000, I-7247, Rn. 39, 45 (die Auffassung der franz. Regierung und der Parteien des Ausgangsverfahrens); EuGH, 20.5.2003, Rs. C-108/01, Consorzio del Prosciutto di Parma und Salumificio S. Rita, Slg. 2003, I-5121, Rn. 85 (die Auffassung der Parteien des Ausgangsrechtsstreits); EuGH (Große Kammer), 15.4.2008, Rs. C-268/06, Impact, Slg. 2008, I-2483, Rn. 61 (die Auffassung Irlands); GA Kokott zu EuGH, Rs. C-367/09, SGS Belgium, Slg. 2010, I-10761, Rn. 25 ff., 36. Aus der Wissenschaft siehe etwa Spengler, Abgrenzung zwischen dem GWB und den „Vorschriften für Unternehmen" im EWG-Vertrag, WuW 1958, S. 73 (76); Pescatore, Die unmittelbare Anwendung der europäischen Verträge durch staatliche Gerichte, EuR 1970, S. 56; H. P. Ipsen, Europäisches Gemeinschaftsrecht, 1972, S. 125, 128; Steiner, Direct Applicability in EEC Law – A Chameleon Concept, The Law Quarterly Review 98 (1982), S. 229 (239 f.); Galmot/Bonichot, La Cour de justice des Communautés européennes et la transposition des directives en droit national, RFDA 4 (1988), S. 1 (16); Craig, Once upon a Time in the West: Direct Effect and the Federalization of EEC Law, OJLS 12 (1992), S. 453 (460); Mederer, in: Groeben/Thiesing/Ehlermann (Hg.), Kommentar zum EU-/EG-Vertrag, Bd. 1, 5. Aufl. 1997, Art. 92 EGV, Rn. 3; von Bogdandy, Rechtsgleichheit, Rechtssicherheit und Subsidiarität im transnationalen Wirtschaftsrecht, EuZW 2001, S. 357 (359 ff.).

solcher von einem anderen Teil abgelehnt wird.[677] Ferner tragen Übergangszeiten oder Umsetzungsfristen, zum Beispiel bei Richtlinien, dem Interesse der Rechtssicherheit Rechnung.[678] Der wichtigste Grund dafür, dass Erwägungen der Rechtssicherheit und Rechtsgleichheit der Vermutung der unmittelbaren Wirkung nicht entgegengehalten werden können, ist die Existenz des Vorabentscheidungsverfahrens nach Art. 267 AEUV. Es steht für eine einheitliche Auslegung und Anwendung des Unionsrechts. Bei letztinstanzlichen Gerichten besteht nach Abs. 3 sogar eine (grundsätzliche) Vorlagepflicht,[679] die nach Unionsrecht und gegebenenfalls auch nationalem Verfassungsrecht abgesichert ist.[680] Hiermit wird dem Argument, durch die unmittelbare Wirkung könne die Einheitlichkeit der Anwendung gefährdet werden, weitgehend der Boden entzogen. Insofern stellt das Vorabentscheidungsverfahren die wesentliche Bedingung für eine weitreichende unmittelbare Wirkung des Unionsrechts dar.[681] Bestünde kein entsprechendes Ver-

[677] Derartige Befürchtungen finden sich bei GA Roemer zu EuGH, Rs. 26/62, Van Gend & Loos, Slg. 1963, S. 1 (47 ff.); Amphoux, A propos de l'arrêt 26/62 (Société N.V. Algemene Transport en Expeditie Onderneming van Gend et Loos contre Administration fiscale néerlandaise) rendu le 5 février par la Cour de justice des Communautés européennes, RGDIP 68 (1964), S. 110 (147 ff.).

[678] Vgl. EuGH, 6.10.1970, Rs. 9/70, Grad („Leberpfennig"), Slg. 1970, S. 825 (833 – die Auffassung der Kommission); EuGH, 19.1.1982, Rs. 8/81, Becker, 1982, S. 53, Rn. 47; EuGH, 4.12.1986, Rs. 71/85, Federatie Nederlandse Vakbeweging, Slg. 1986, S. 3855, Rn. 8, 24, S. 3862 (die Erklärung der Kommission), und GA Mancini hierzu auf S. 3868; GA da Cruz Vilaça zu EuGH, Rs. 384/85, Clarke, Slg. 1987, S. 2865 (2875 – die Auffassung der Antragstellerin und der Kommission; 2870 f. – die Auffassung des GA).

[679] Zu den Ausnahmen siehe EuGH, 6.10.1982, Rs. 283/81, CILFIT, Slg. 1982, S. 3415, Rn. 21.

[680] In Deutschland über Art. 101 Abs. 1 Satz 2 GG. Grundlegend hierzu BVerfGE 73, 339 (366 f.). Die Nichtvorlage kann auch eine Staatshaftung auslösen. Siehe EuGH, 20.9.2003, Rs. C-224/01, Köbler, Slg. 2003, I-10239, Rn. 30 ff.; EuGH (Große Kammer), 13.6.2006, Rs. C-173/03, Traghetti del Mediterrano, Slg. 2006, I-5177, Rn. 31 ff.

[681] Die Bedeutung des Vorabentscheidungsverfahrens für die unmittelbare Wirkung hervorhebend Weiler, Revisiting Van Gend en Loos: Subjectifying and Objectifying the Individual, in: Tizzano/Kokott/Prechal (Hg.), 50ème anniversaire de l'arrêt Van Gend en Loos, 2013, S. 11 (12); ders., Van Gend en Loos: The individual as subject and object and the dilemma of European legitimacy, I.CON 12 (2014), S. 94 (95).

fahren, könnte schwerlich von einer Vermutung der unmittelbaren Wirkung ausgegangen werden.[682]

Zugegebenermaßen ist das Vorabentscheidungsverfahren infolge seiner kooperativen Ausgestaltung zwischen den nationalen Gerichten und dem EuGH nicht in der Lage, Rechtssicherheit und Rechtsgleichheit in gleicher Weise herzustellen, wie dies durch einen hierarchischen Instanzenzug im nationalen Recht erreicht wird. Allerdings kann mittlerweile, wie die Rechtsprechungsstatistiken des Gerichtshofs zeigen,[683] von einer erheblich größeren Vorlagebereitschaft nationaler Gerichte ausgegangen werden, als noch in den 60er und 70er Jahren. Vor diesem Hintergrund wiegt das gewichtige rechtsstaatliche Interesse an einer unmittelbaren Wirkung in der Regel schwerer, als die mit der unmittelbaren Wirkung verbundenen Gefahren für Rechtssicherheit und Rechtsgleichheit, die nicht durch das Vorabentscheidungsverfahren eingehegt werden. Das trotz Vorabentscheidungsverfahren verbleibende Restrisiko einer uneinheitlichen Anwendung des Unionsrechts ist daher grundsätzlich zugunsten der Wirksamkeit des Unionsrechts hinzunehmen. Mit dieser Sichtweise korrespondiert, dass die unmittelbare Wirkung des Unionsrechts inzwischen nur noch höchst selten vom EuGH aus Gründen der Rechtssicherheit und der Rechtsgleichheit abgelehnt wird.[684]

---

[682] Eine unmittelbare Wirkung des Völkerrechts ablehnend unter Verweis auf das Fehlen eines Mechanismus zur verbindlichen, einheitlichen Auslegung, vgl. EuGH, 9.21982, Rs. 270/80, Polydor, Slg. 1982, S. 329 (338, 343 – die Erklärung von Polydor und der Kommission); EuGH, 26.10.1982, Rs. 104/81, Kupferberg, Slg. 1982, S. 3641 (3651 – die Erklärung der dänischen Regierung; 3654 f. – die Erklärung der Kommission). Ähnlich: Langenfeld, Die dezentrale Kontrolle der Anwendung des Europäischen Gemeinschaftsrechts im innerstaatlichen Rechtsraum, in: Siedentopf (Hg.), Europäische Integration und nationalstaatliche Verwaltung, 1991, S. 173 (185 ff.); Ruiz Fabri, Conjuguer justice et prudence: commentaire sur le développement de l'effet direct du droit international en droit de l'Union, in: Tizzano/Kokott/Prechal (Hg.), 50ème anniversaire de l'arrêt Van Gend en Loos, 2013, S. 189 (191 f.).

[683] Abrufbar unter http://curia.europa.eu/jcms/jcms/Jo2_7032/ (abgerufen am 24.6.2014).

[684] Siehe im dritten Teil, C.

5. Ausreichende Legitimation des Unionsrechts

Gegen die Vermutung der unmittelbaren Wirkung könnte weiterhin eingewandt werden, es fehle dem Unionsrecht im Unterschied zu staatlichem Recht an ausreichender rechtsstaatlicher Legitimation. Dieser Einwand vermag gleichfalls nicht zu überzeugen.

Im Hinblick auf Völkerrecht ist anerkannt, dass über das Rechtsinstitut der unmittelbaren Anwendbarkeit dessen Wirkung im nationalen Rechtsraum eingeschränkt werden kann, wenn das Völkerrecht, das sich nicht durch demokratische Prozesse oder effektive Organe auszeichnet, wie sie aus rechtsstaatlich verfassten Nationalstaaten bekannt sind, keine hinreichende Legitimation besitzt.[685] Die unmittelbare Anwendbarkeit ist mithin ein dogmatischer Hebel, die Wirkung von Völkerrecht aus Gründen fehlender Legitimation einzuschränken. Nach diesem Verständnis sind nationale Gerichte *Gatekeeper* der nationalen Rechtsordnungen. Würde eine Anwendung des Völkerrechts nationale Verfassungsprinzipien wie etwa den Grundrechtsschutz oder die nationale Selbstbestimmung verletzen, können die nationalen Gerichte dem Völkerrecht seine unmittelbare Anwendbarkeit absprechen und auf diese Weise eine Wirkung des Völkerrechts verhindern. Demnach kann die Effektivität des Völkerrechts wegen dessen defizitärer Legitimation eingeschränkt werden.[686] Dieses Verständnis legt die Interdependenz von Herrschaftsbegründung und Herrschaftslegitimation offen.[687]

---

[685] Zum Konzept der Legitimation und seinem Verhältnis zur Legitimität siehe Möllers, Gewaltengliederung, Legitimation und Dogmatik im nationalen und internationalen Rechtsvergleich, 2005, S. 33 ff. Zur Legitimation von Völkerrecht siehe aus einer Vielzahl Kumm, The Legitimacy of International Law: A Constitutionalist Framework of Analysis, EJIL 15 (2004), S. 907; Weiler, The Geology of International Law – Governance, Democracy and Legitimacy, ZaöRV 64 (2004), S. 547; McGinnis/Somin, Should International Law be Part of Our Law?, Stan. L. Rev. 59 (2006-2007), S. 1175; Buchanan, Writing Resistance Into International Law, International Community Law Review 10 (2008), S. 445; Wolfrum/Röben (Hg.), Legitimacy in International Law, 2008; Kadelbach/Günther, Recht ohne Staat?, in: dies. (Hg.), Recht ohne Staat?, 2011, S. 9 (35 ff.).

[686] Zu diesem Verständnis des Rechtsinstituts der unmittelbaren Anwendbarkeit von Völkerrecht siehe Bleckmann, Begriff und Kriterien der innerstaatlichen Anwendbarkeit völkerrechtlicher Verträge, Slg. 1970, S. 265 ff.; Kratochwil, The Role of Domestic Courts as Agencies of the International Legal Order, in: Falk/ders./Mendlovitz (Hg.), International Law: A Contemporary Perspective, 1985, S. 236 (246 ff.); Jackson, Status of Treaties in Domestic Legal Systems: A Policy Analysis, AJIL 86 (1992), S. 310 (323 ff.); Cottier, A Theory of

Überträgt man den Gedanken des *Gatekeeper* auf die Doktrin der unmittelbaren Wirkung von (primärem und sekundärem) Unionsrecht,[688]

Direct Effect in Global Law, in: von Bogdandy/Mavroidis/Mény (Hg.), European Integration and International Co-ordination: Studies in Transnational Law in Honour of Claus-Dieter Ehlermann, 2002, S. 99 (114 ff.); Snyder, The Gatekeepers: The European Courts and WTO Law, CML Rev 40 (2003), S. 313; Capps, The Court as Gatekeeper: Customary International Law in English Courts, MLR 70 (2007), S. 458; von Bogdandy, Pluralism, direct effect, and the ultimate say, I.CON 6 (2008), S. 397 (405 f.); Petersen, Determining the Domestic Effect of International Law through the Prism of Legitimacy, ZaöRV 72 (2012), S. 223; Kaiser, Treaties, Direct Applicability, Max Planck Encyclopedia of Public International Law, www.mpepil.com, Februar 2013, Rn. 23 f. (abgerufen am 11.1.2015); Ruiz Fabri, Is There a Case – Legally and Politically – for Direct Effect of WTO Obligations?, EJIL 25 (2014), S. 151 (164 ff.); Martines, Direct Effect of International Agreements of the European Union, EJIL 25 (2014), S. 129 (131 ff.); Nollkaemper, The Duality of Direct Effect of International Law, EJIL 25 (2014), S. 105 (108 ff., 115 ff.). Allgemein zur Ausübung öffentlicher Gewalt durch internationale Institutionen und seiner Rechtfertigung von Bogdandy/Wolfrum/von Bernstorff/Dann/Goldmann (Hg.), The Excercise of Public Authority by International Instutions, 2010; Kingsbury/Krisch/Stewart, The Emergence of Global Administrative Law, Law & Contemp. Probs. 68 (2005), S. 15, und die weiteren Beiträge in Heft 3 und 4 Sommer/Herbst 2005; Cogan, The Regulatory Turn in International Law, Harv. Int'l L.J. 52 (2011), S. 321.

[687] Es handelt sich um die „klassischen Pole“ des öffentlichen Rechts bzw. des Verfassungsrechts im Besonderen. Siehe von Bogdandy/Goldmann, Die Ausübung internationaler öffentlicher Gewalt durch Politikbewertung, ZaöRV 69 (2009), S. 51 (66 ff.); von Bogdandy, Grundprinzipien, und Möllers, Verfassungsgebende Gewalt – Verfassung – Konstitutionalisierung, beide in: von Bogdandy/Bast (Hg.), Europäisches Verfassungsrecht, 2. Aufl. 2009, S. 13 (15 f.) bzw. S. 227 (229 ff.).

[688] Für derartige Ansätze siehe etwa Spengler, Abgrenzung zwischen dem GWB und den „Vorschriften für Unternehmen“ im EWG-Vertrag, WuW 1958, S. 73 (76); Thiesing in: von der Groeben/von Boeckh (Hg.), Kommentar zum EWG-Vertrag, Bd. I, 1958, Vorbemerkung zu den Wettbewerbsregeln, Rn. 12 f.; Langenfeld, Die dezentrale Kontrolle der Anwendung des Europäischen Gemeinschaftsrechts im innerstaatlichen Rechtsraum, in: Siedentopf (Hg.), Europäische Integration und nationalstaatliche Verwaltung, 1991, S. 173 (184 ff.); Besselink, Curing a 'Childhood Sickness'?, On Direct Effect, Internal Effect, Primacy and Derogation from Civil Rights, MJ 3 (1996), S. 165 (178); von Bogdandy, Rechtsgleichheit, Rechtssicherheit und Subsidiarität im transnationalen Wirtschaftsrecht, EuZW 2001, S. 357 (359); Bengoetxea, Is Direct Effect a General Principle of European Law?, in: Bernitz/Nergelius/Cardner (Hg.), General Principles of EC Law in a Process of Development, 2008, S. 3 (4, 18, 21 f.);

ist die unmittelbare Wirkung dann abzulehnen, wenn durch die Anwendung des Unionsrechts nationale Verfassungsprinzipien verletzt würden. Aus mitgliedstaatlicher Perspektive kommt es demnach auf die Einhaltung der jeweiligen nationalen Integrationsschranken an. Für das deutsche Recht findet sich eine Schrankenregelung in Art. 23 Abs. 1 Satz 1 GG, wonach die Europäische Union demokratischen, rechtsstaatlichen, sozialen und föderativen Grundsätzen und dem Grundsatz der Subsidiarität verpflichtet ist und einen dem Grundgesetz im wesentlichen vergleichbaren Grundrechtsschutz gewährleistet. Gleichfalls ist die Ewigkeitsgarantie in Art. 79 Abs. 3 GG (in Verbindung mit Art. 23 Abs. 1 Satz 3 GG) zu beachten, wonach die in den Art. 1 und 20 GG niedergelegten Grundsätze nicht berührt werden dürfen.[689] Legt man entsprechend der Auffassung des EuGH, nach der sich die unmittelbare Wirkung ausschließlich nach Unionsrecht bemisst, einen unionsrechtlichen Maßstab an, lässt sich der Schutz nationaler Verfassungsprinzipien in Art. 4 Abs. 2 EUV positiv-rechtlich verorten. Hiernach achtet die Union die jeweilige nationale Identität (Satz 1) und die grundlegenden Funktionen der Mitgliedstaaten (Satz 2).[690] Ebenfalls denkbar ist es, auf das Subsidiaritätsprinzip abzustellen, das in Art. 5 Abs. 1 Satz 2 und

---

Weiler, Revisiting Van Gend en Loos: Subjectifying and Objectifying the Individual, in: Tizzano/Kokott/Prechal (Hg.), 50ème anniversaire de l'arrêt Van Gend en Loos, 2013, S. 11 (16 ff.); ders., Van Gend en Loos: The individual as subject and object and the dilemma of European legitimacy, I.CON 12 (2014), S. 94 (99). Überlegungen zur Legitimation werden auch im Hinblick auf die rahmenbeschlusskonforme Auslegung des mitgliedstaatlichen Rechts geltend gemacht. Siehe Gänswein, Der Grundsatz unionsrechtskonformer Auslegung nationalen Rechts, 2009, S. 170 f., 186 ff.; Röcker, Die Pflicht zur rahmenbeschlusskonformen Auslegung nationalen Rechts, 2013, S. 165 ff.

[689] Zu den Integrationsschranken Deutschlands und anderer Mitgliedstaaten siehe umfassend von Bogdandy/Cruz Villalón/P.M. Huber (Hg.), IPE, Bd. II, 2008, Erster Teil, Offene Staatlichkeit; Grabenwarter, Staatliches Unionsverfassungsrecht, in: von Bogdandy/Bast (Hg.), Europäisches Verfassungsrecht, 2009, S. 121; von Bogdandy/Schill, in: Grabitz/Hilf/Nettesheim (Hg.), Das Recht der Europäischen Union, Bd. I, Art. 4 EUV, Rn. 22 ff. (September 2013); F. C. Mayer/Wendel, § 4 Die verfassungsrechtlichen Grundlagen des Europarechts, in: Hatje/Müller-Graff (Hg.), Europäisches Organisations- und Verfassungsrecht, 2014, S. 163 (189 ff., Rn. 71 ff.).

[690] Hierzu von Bogdandy/Schill, Overcoming absolute primacy: Respect for national identity under the Lisbon Treaty, CML Rev 48 (2011), S. 1417, m.w.N.

Abs. 3 EUV einen positiv-rechtlichen Ausdruck als Kompetenzausübungsregel gefunden hat.[691]

Es ist aber kein Grund auszumachen, inwiefern die Vermutung der unmittelbaren Wirkung des Unionsrechts gegen nationale Verfassungsprinzipien verstoßen sollte. Das gilt unabhängig davon, ob man auf die jeweiligen nationalen Integrationsschranken oder auf Art. 4 Abs. 2 EUV abstellt. Die Vermutung der unmittelbaren Wirkung geht nicht damit einher, dass Unionsrecht stets unmittelbar wirken müsste. Vielmehr ist es auch bei Annahme einer Vermutung möglich, die Wirkung von Unionsrecht einzuschränken, weil ihm keine hinreichende Legitimation zukommt, etwa wenn ein Rechtsakt ultra-vires ergangen ist oder er die Verfassungsidentität der Mitgliedstaaten verletzt. Die Vermutung der unmittelbaren Wirkung vertieft auch nicht die bislang erzielte Integration, sondern wird lediglich dem bereits erreichten Stand gerecht. Daher geht die Vermutung der unmittelbaren Wirkung nicht mit Legitimationsfragen einher, die mit einer Zunahme der unmittelbaren Wirkung verbunden sind. Dass aber das geltende Unionsrecht so wenig Legitimation besäße, dass selbst seine grundsätzliche Wirksamkeit ausgeschlossen sein müsste, wird mittlerweile aufgrund des erreichten Demokratie- und Rechtsschutzniveaus beziehungsweise der Effektivität der Unionsorgane ernsthaft nicht mehr vertreten. Das Unionsrecht zeichnet sich im Unterschied zu weiten Teilen des Völkerrechts durch demokratische Prozesse (vgl. nur Art. 9 ff. EUV), eine Gewaltenteilung (vgl. Art. 13 ff. EUV), eine effektive gerichtliche Kontrolle (vgl. nur Art. 19 EUV, Art. 263 f., 267 AEUV), einen effektiven Grundrechtsschutz (vgl. nur Art. 6 EUV und die EU-Grundrechtecharta) und effektive Organe (vgl. nur Art. 13 ff. EUV, Art. 223 ff. AEUV) aus, die im Interesse der Unionsbürger supranational regelnd eingreifen können. Jeder europäische Einigungsvertrag, zuletzt der Vertrag von Lissabon,[692] wurde von den jeweiligen Mitgliedstaaten gemäß ihren verfassungsrechtlichen Vorschriften ratifiziert. Bisher wurde noch kein Vertrag von einem Obergericht der Mitgliedstaaten für verfassungswidrig erklärt.[693] Im Lissabon-Urteil hat das besonders integrationskritische

---

691 So bspw. von Bogdandy, Rechtsgleichheit, Rechtssicherheit und Subsidiarität im transnationalen Wirtschaftsrecht, EuZW 2001, S. 357 (359).

692 Vertrag von Lissabon zur Änderung des Vertrags über die Europäische Union und des Vertrags zur Gründung der Europäischen Gemeinschaft, ABl. (EU) C 306 vom 17.12.2007, S. 1.

693 Im Hinblick auf den Lissabon-Vertrag siehe für Deutschland BVerfGE 123, 267; für Frankreich Conseil constitutionnel, Entscheidung Nr. 2007-560

Bundesverfassungsgericht festgestellt, dass das Legitimationsniveau der Europäischen Union im Hinblick auf den Umfang der übertragenen Zuständigkeiten und den erreichten Grad von Verselbständigungen der Entscheidungsverfahren verfassungsrechtlichen Anforderungen genügt.[694] Mit diesen Ausführungen wird allerdings nicht bestritten, dass die Legitimation des Unionsrechts in verschiedener Hinsicht kritikwürdig ist und sich optimieren ließe.[695]

Die Unionsverträge verleihen mittlerweile der rechtsstaatlichen Legitimation des Unionsrechts dadurch besonderen Ausdruck, dass sie auf Begrifflichkeiten aus dem Kontext des nationalen Rechts zurückgreifen, dessen unmittelbare Wirkung prinzipiell nicht in Frage gestellt wird,[696] weil in demokratischen Staaten die Ausübung öffentlicher Gewalt in der Regel rechtsstaatlichen Anforderungen genügt. So werden nach Art. 14 Abs. 1 und Art. 16 Abs. 1 EUV das Europäische Parlament und der Rat gemeinsam als „Gesetzgeber" tätig[697] und nach Art. 289 Abs. 3 AEUV sind Rechtsakte, die gemäß einem „Gesetzgebungsverfahren"[698] angenommen werden, „Gesetzgebungsakte",[699] unabhängig von der

---

DC vom 29. Dezember 2007; für Lettland Satversmes Tiesa, Urteil vom 7. April 2009 - 2008-35-01 -; für Polen Urteil vom 24. November 2010, K 32/09; für Tschechien Ústavní Soud, Urteil vom 26. November 2008 - Pl. ÚS 19/08 - und Urteil vom 3. November 2009 - Pl. ÚS 29/09 -; für Ungarn Magyarország Alkotmánybírósága, Entscheidung 143/2010. (VII. 14.) AB vom 12. Juli 2010.

694 Siehe BVerfGE 123, 267 (370 ff.). Im sog. Honeywell-Beschluss erkennt das BVerfG den Anwendungsvorrang des Unionsrechts vor dem Hintergrund an, dass sich die Union als Rechtsgemeinschaft verstehe, sie durch das Prinzip der begrenzten Einzelermächtigung und die Grundrechte gebunden sei und die Verfassungsidentität der Mitgliedstaaten achte. Siehe BVerfGE 126, 286 (303).

695 Aus einer Vielzahl siehe Möllers, Gewaltengliederung, Legitimation und Dogmatik im nationalen und internationalen Rechtsvergleich, 2005, S. 253 ff.

696 Siehe Bebr, Directly Applicable Provisions of Community Law, ICLQ 19 (1970), S. 257 (267); Iwasawa, The Doctrine of Self-Executing Treaties in the United States, Va. J. Int'l L. 26 (1985-1986), S. 627 (656); Manin, L'invocabilité des directives, RTDEur. 26 (1990), S. 669 (673); Prechal, Does Direct Effect Still Matter?, CML Rev 37 (2000), S. 1047 (1064); Schmidt-Aßmann, Das Allgemeine Verwaltungsrecht als Ordnungsidee, 2. Aufl. 2006, Kapitel 2, Rn. 12, S. 50.

697 Franz. „fonctions législatives"; engl. „legislative [...] functions".

698 Franz. „procédure législative"; engl. „legislative procedure".

699 Franz. „actes législatifs"; engl. „legislative acts". Hierzu Wohlfahrt, Veränderungen des Lissabon-Vertrages im Hinblick auf die Doktrin der unmittelbaren Wirkung, ZaöRV 70 (2010), S. 523 (542).

Handlungsform. Der Begriff „Gesetz" bringt vor allem die demokratische Legitimation eines Hoheitsakts zum Ausdruck.[700] Auch wenn der AEUV mit dem Begriff des Gesetzgebungsakts hinter dem im Vertrag über eine Verfassung für Europa verwendeten Begriff des Gesetzes zurückbleibt[701] und das Konzept des Gesetzgebungsakts in den geltenden Verträgen mit einer Reihe von Widersprüchlichkeiten behaftet ist,[702] handelt es sich um einen „semantischen Quantensprung".[703] Zum Zeitpunkt des Inkrafttretens des EWG-Vertrags wäre die Verwendung derartiger Begrifflichkeiten nicht konsensfähig gewesen, wie *Pescatore* – Mitglied der zuständigen *groupe juridique* – bestätigt. Hiernach ist der Begriff der „Verordnung" darauf zurückzuführen, dass eine Bezeichnung dieser Rechtsakte mit unmittelbarer Wirkung als Gemeinschaftsgesetze keine Aussicht hatte, von den Mitgliedstaaten akzeptiert zu werden. Daher habe man sich für eine terminologische Herabstufung und die Bezeichnung als „Verordnung" entschieden.[704] Entsprechendes gilt auch für die Richtlinien, die nach nationaler Terminologie nichts anderes als Rahmengesetze sind. Diese terminologische Zurückhaltung des Unionsrechts wurde mittlerweile durch die Verwendung von Begrifflichkeiten wie „Gesetzgeber", „Gesetzgebungsverfahren" und „Gesetzgebungsakte" teilweise korrigiert. Hierin kommt zum Ausdruck, dass die Mitgliedstaaten dem Unionsrecht eine dem nationalen Recht vergleichbare demokratische Legitimation beimessen und sie damit auch die unmittelbare Wirkung des Unionsrechts grundsätzlich akzeptieren.

---

[700] Siehe Härtel, § 11 Gesetzgebungsordnung der Europäischen Union, in: Hatje/Müller-Graff (Hg.), Europäisches Organisations- und Verfassungsrecht, 2014, S. 623 (640, Rn. 33); Bast, Handlungsformen und Rechtsschutz, in: von Bogdandy/ders. (Hg.), Europäisches Verfassungsrecht, 2. Aufl. 2009, S. 489 (547).

[701] Franz. „loi"; engl. „law"; vgl. Art. I-33 Abs. 1 UAbs. 1 bis 3 des Vertrags über eine Verfassung für Europa.

[702] Hierzu ausführlich Bast, Handlungsformen und Rechtsschutz, in: von Bogdandy/ders. (Hg.), Europäisches Verfassungsrecht, 2. Aufl. 2009, S. 489 (547 ff.).

[703] Siehe Bast, a.a.O., S. 489 (546), allerdings im Hinblick auf den Begriff des Gesetzes.

[704] Siehe Pescatore, Les travaux du « groupe juridique » dans la négotiation des traités de Rome, Studia Diplomatica 34 (1981), S. 159 (171). Ähnlich Nettesheim, in: Grabitz/Hilf/ders. (Hg.), Das Recht der Europäischen Union, Bd. III, Art. 288 AEUV, Rn. 89 (August 2012).

II. Loyalität der Mitgliedstaaten gegenüber der Union

Die Vermutung der unmittelbaren Wirkung kann auch aus dem Grundsatz der loyalen Zusammenarbeit hergeleitet werden, der in Art. 4 Abs. 3 EUV seinen zentralen positivrechtlichen Ausdruck findet[705] und in einem komplex verzahnten Verbund von Union und Mitgliedstaaten unerlässlich ist.[706] Nach dem genannten Artikel achten und unterstützen sich die Union und die Mitgliedstaaten gegenseitig bei der Erfüllung der Aufgaben, die sich aus den Verträgen ergeben. Nach dessen Unterabsatz 2, der speziell die Loyalität der Mitgliedstaaten gegenüber der Union betrifft, ergreifen diese alle Maßnahmen zur Erfüllung der Verpflichtungen aus dem Unionsrecht. Die Mitgliedstaaten erfüllen ihre Verpflichtung insbesondere dadurch, dass die mitgliedstaatlichen Gerichte und Verwaltungsbehörden das Unionsrecht unmittelbar anwenden.

Einen Zusammenhang von unmittelbarer Wirkung und dem Grundsatz der loyalen Zusammenarbeit sieht auch der EuGH, wenn er ausführt, im Rahmen des Art. 4 Abs. 3 UAbs. 2 EUV sei „es Sache der nationalen Gerichte […], die volle Anwendung des Unionsrechts in allen Mitgliedstaaten […] zu gewährleisten",[707] beziehungsweise wenn er ausdrücklich alle Träger öffentlicher Gewalt in den Mitgliedstaaten und im Rahmen ihrer Zuständigkeiten auch die Gerichte als durch Art. 4 Abs. 3 EUV Verpflichtete bezeichnet.[708] Besonders deutlich ist der EuGH in der Entscheidung *Moormann* aus dem Jahr 1988, wonach das Recht des

---

[705] Siehe von Bogdandy, Grundprinzipien, in: ders./Bast (Hg.), Europäisches Verfassungsrecht, 2. Aufl. 2009, S. 13 (54 f.).

[706] Siehe von Bogdandy/Schill, in: Grabitz/Hilf/Nettesheim (Hg.), Das Recht der Europäischen Union, Bd. I, Art. 4 EUV, Rn. 53 (September 2013).

[707] EuGH (Plenum), Gutachten 1/09 vom 8.3.2011, Übereinkommen über das Gericht für europäische Patente und Gemeinschaftspatente, Slg. 2011, I-1137, Rn. 68 („De plus, en vertu du deuxième alinéa de cette même disposition, les États membres prennent toute mesure générale ou particulière propre à assurer l'exécution des obligations découlant des traités ou résultant des actes des institutions de l'Union. Dans ce cadre, il incombe aux juridictions nationales et à la Cour de garantir la pleine application du droit de l'Union dans l'ensemble des États membres ainsi que la protection juridictionnelle des droits que les justiciables tirent dudit droit").

[708] Aus einer Vielzahl siehe nur EuGH, 10.4.1984, Rs. 14/83, von Colson und Kamann, Slg. 1984, S. 1891, Rn. 26; EuGH (Zweite Kammer), 21.10.2010, Rs. C-227/09, Accardo, Slg. 2010, I-10273, Rn. 49.

Einzelnen, sich gegenüber einem Mitgliedstaat auf eine Vorschrift einer Richtlinie zu berufen, die der Mitgliedstaat nicht oder nicht ordnungsgemäß umgesetzt hat, seine Rechtsgrundlage in Art. 189 Abs. 3 in Verbindung mit Art. 5 EWGV (nun Art. 288 Abs. 3 AEUV und Art. 4 Abs. 3 EUV) findet.[709]

Gleichwohl vermag der Versuch des Gerichtshofs, den Grundsatz der loyalen Zusammenarbeit heranzuziehen, um die unmittelbare Wirkung des Unionsrechts zu begründen, schwerlich zu überzeugen. In einer Rechtsgemeinschaft wie der Union erscheint der Rückgriff auf das Loyalitätsgebot, das lediglich ergänzende, spezifisch nicht normierte Pflichten zwischen der Union und den Mitgliedstaaten begründet,[710] unangebracht, weil die Vermutung der unmittelbaren Wirkung bereits aus der Herrschaft des Rechts folgt. Das gilt umso mehr, als es – wie gezeigt – mittlerweile eine ganze Reihe deutlicher Hinweise auf eine unmittelbare Wirkung des Unionsrechts in den Verträgen gibt. Ein Rückgriff auf die Loyalität der Mitgliedstaaten gegenüber der Union zur Begründung der unmittelbaren Wirkung führt zu einer Relativierung des für die Union grundlegenden Prinzips der Herrschaft des Rechts.

---

[709] Siehe EuGH (Fünfte Kammer), 20.9.1988, Rs. 190/87, Moormann, Slg. 1988, S. 4689, Rn. 24. Der EuGH benutzt den Grundsatz der loyalen Zusammenarbeit in ständiger Rechtsprechung auch zur Begründung der Pflicht zur unionsrechtskonformen Auslegung mitgliedstaatlichen Rechts. Siehe Fn. 586.

[710] Siehe nur von Bogdandy, Grundprinzipien, in: ders./Bast, Europäisches Verfassungsrecht, 2. Aufl. 2009, S. 13 (54); ders./Schill, in: Grabitz/Hilf/Nettesheim (Hg.), Das Recht der Europäischen Union, Bd. I, Art. 4 EUV, Rn. 55 (September 2013).

Dritter Teil

Dogmatische Operationalisierung der These durch Fallgruppenbildung

Um die Vermutung der unmittelbaren Wirkung des Unionsrechts dogmatisch zu operationalisieren, bleiben noch die Fälle zu bestimmen, in denen Vorschriften ausnahmsweise nicht unmittelbar wirken. Da – wie gezeigt – die Kriterien hinreichender Genauigkeit und Unbedingtheit wenig hilfreich sind, wird ein anderer Weg vorgeschlagen. Hierzu werden möglichst präzise definierte Fallgruppen gebildet, mit deren Hilfe sich leicht und zuverlässig feststellen lässt, wann Unionsrecht ausnahmsweise nicht unmittelbar wirkt. Würden in diesen Fällen nationale Gerichte oder Verwaltungsbehörden das Unionsrecht dennoch anwenden, würden sie ihre Befugnisse überschreiten. Prüft der EuGH, ob nationale Gerichte und Verwaltungsbehörden Vorschriften des Unionsrechts unmittelbar anwenden können, bestimmt er der Sache nach deren Stellung als funktionale Unionsorgane. Auf den kleinsten gemeinsamen Nenner gebracht, geht es bei der unmittelbaren Wirkung um eine Frage der Gewaltenteilung zwischen den nationalen Gerichten und Verwaltungsbehörden im Verhältnis zu den anderen Trägern öffentlicher Gewalt der Union und der Mitgliedstaaten.[711]

---

[711] Siehe GA Léger zu EuGH, Rs. C-287/98, Linster, Slg. 2000, I-6917, Rn. 25, 31, 40; GA Bot zu EuGH, Rs. C-555/07, Kücükdeveci, Slg. 2010, I-365, Fn. 23; Bebr, Directly Applicable Provisions of Community Law, ICLQ 19 (1970), S. 257 (278 ff.); Winter, Direct Applicability and Direct Effect, CML Rev 9 (1972), S. 425 (429); Pescatore, The Doctrine of "Direct Effect": An Infant Disease of Community Law, EL Rev 8 (1983), S. 155 (176 f.); Simon, La directive européenne, 1997, S. 62 f.; Edward, Direct Effect, the Separation of Powers and the Judicial Enforcement of Obligations, in: Scritti in onore di Giuseppe Federico Mancini, Bd. II, Diritto dell'Unione Europea, 1998, S. 423; von Bogdandy, Rechtsgleichheit, Rechtssicherheit und Subsidiarität im transnationalen Wirtschaftsrecht, EuZW 2001, S. 357; Prechal, Directives in EC Law, 2. Aufl. 2005, S. 252; Isaac/Blanquet, Droit général de l'Union européenne, 9. Aufl. 2006, S. 272.

Die hier vorgeschlagenen Fallgruppen werden dem im Vergleich zum nationalen Recht immer noch eingeschränkten Stand der europäischen Integration gerecht. Sie werden anhand der praxisrelevanten Rechtsprechung des EuGH gebildet, wobei von einer Bewertung weitgehend abgesehen wird. Wegen der Vielzahl der Fälle wird auch nicht der Anspruch erhoben, dass sich jeder Fall fehlender unmittelbarer Wirkung einer der folgenden Gruppen zuordnen lässt.

A. Unverbindliche Handlungsformen

Vorschriften unverbindlicher Handlungsformen wirken nach der Rechtsprechung des EuGH nicht unmittelbar. Insofern wird die Vermutung der unmittelbaren Wirkung widerlegt. Als Vorschriften unverbindlicher Handlungsform kommen vor allem Empfehlungen und Stellungnahmen nach Art. 288 Abs. 5 AEUV in Betracht. Die Leitentscheidung zu dieser Fallgruppe findet sich im Urteil *Grimaldi* aus dem Jahr 1989.[712] Im Ausgangsrechtsstreit weigerte sich der *Fonds des maladies professionnelles* in Brüssel gegenüber dem Kläger, dem italienischen Wanderarbeitnehmer *Salvatore Grimaldi*, die Dupuytren-Krankheit, an der er litt, als Berufskrankheit anzuerkennen. Der Fonds begründete seine Entscheidung damit, die Krankheit sei nicht in der belgischen Liste der Berufskrankheiten aufgeführt. Das vorlegende Gericht gelangte allerdings zur Erkenntnis, dass die Dupuytren-Krankheit einer anderen Krankheit gleichgestellt werden könnte, die wiederum in der Europäischen Liste der Berufskrankheiten aufgeführt war, deren Übernahme in das nationale Recht durch eine Empfehlung der Kommission an die Mitgliedstaaten vorgeschlagen wurde.[713] Das vorlegende Gericht stellte die Frage, ob die Empfehlung unmittelbare Wirkung entfaltet, zumal diese nach mehr als 25 Jahren nicht in die nationale Rechtsordnung um-

---

[712] EuGH (Zweite Kammer), 13.12.1989, Rs. 322/88, Grimaldi, Slg. 1989, S. 4407. Vorher bereits EuGH, 10.12.1957, verb. Rs. 1/57 und 14/57, Société des usines à tubes de la Sarre/Hohe Behörde, Slg. 1957, S. 213 (236); EuGH, 24.10.1973, Rs. 9/73, Schlüter, Slg. 1973, S. 1135, Rn. 40; EuGH, 24.10.1973, Rs. 10/73, Rewe-Zentral, Slg. 1973, S. 1175, Rn. 27.

[713] Empfehlung der Kommission an die Mitgliedstaaten vom 23. Juli 1962 zur Annahme einer Europäischen Liste der Berufskrankheiten, ABl. (EG) Nr. 80 vom 31.8.1962, S. 2188. Vgl. EuGH (Zweite Kammer), 13.12.1989, Rs. 322/88, Grimaldi, Slg. 1989, S. 4407, Rn. 1 ff.

gesetzt worden ist.[714] Der Gerichtshof lehnte die unmittelbare Wirkung mit der Begründung ab, es handele sich um eine Empfehlung und somit um eine unverbindliche Handlung.[715] Gleichzeitig wies er aber darauf hin, dass die innerstaatlichen Gerichte dennoch verpflichtet sind, Empfehlungen bei ihren Entscheidungen zu berücksichtigen, insbesondere dann, wenn diese Aufschluss über die Auslegung der zu ihrer Durchführung erlassenen innerstaatlichen Rechtsvorschriften gäben oder wenn sie verbindliche gemeinschaftliche Vorschriften ergänzten.[716] Damit ist nicht ausgeschlossen, dass auch unverbindliche Handlungsformen im Einzelfall unmittelbar wirken können.

B. Abhängigkeit der Verbindlichkeit vom Eintreten eines Ereignisses

Nach der Rechtsprechung des EuGH wirken Vorschriften des Unionsrechts nicht unmittelbar, wenn ihre Verbindlichkeit von dem Eintreten eines Ereignisses abhängt und dieses noch nicht stattgefunden hat. Bis zum Eintreten des Ereignisses sind die Stellen der Union beziehungsweise der Mitgliedstaaten in ihrer Handlungsfreiheit nicht durch diese Vorschriften determiniert. Das relevante Ereignis kann vielfältiger Art sein. Es kann gewiss oder ungewiss sein. Ungewiss ist ein Ereignis zum Beispiel, wenn die Verbindlichkeit einer Vorschrift von der Notifizierung von Listen über liberalisierte Waren[717] oder von der Bestimmung einer zuständigen Behörde[718] abhängt. Im Fall, dass die Verbindlichkeit von einem gewissen Ereignis abhängt, handelt es sich um eine aufschiebende Befristung.[719]

---

[714] Vgl. EuGH, a.a.O., Rn. 5.

[715] Siehe EuGH, a.a.O., Rn. 16.

[716] Siehe EuGH, a.a.O., Rn. 18 f. Bestätigt in EuGH (Sechste Kammer), 11.9.2003, Rs. C-207/01, Altair Chimica, Slg. 2003, I-8875, Rn. 41.

[717] Vgl. EuGH, 19.12.1968, Rs. 13/68, Salgoil, Slg. 1968, S. 679 (691).

[718] Vgl. EuGH (Vierte Kammer), 12.5.1987, verb. Rs. 372 bis 374/85, Traen, Slg. 1987, S. 2141, Rn. 25.

[719] Entsprechend dem Verständnis der deutschen Zivilrechtswissenschaft. Vgl. nur Ellenberger, in: Palandt, Bürgerliches Gesetzbuch, 73. Aufl. 2014, Einf v § 158, Rn. 2, § 163 Rn. 1; H. P. Westermann, in: Münchener Kommentar zum BGB, Bd. 1, 6. Aufl. 2012, § 163 BGB, Rn. 1.

Der EuGH hat die unmittelbare Wirkung nicht selten davon abhängig gemacht, dass eine Frist abgelaufen ist. Entsprechende Entscheidungen finden sich besonders häufig in den 60er und 70er Jahren zur unmittelbaren Wirkung primärrechtlicher Vorschriften,[720] da deren Wirksamkeit Großteils an den Ablauf der Übergangszeit zur schrittweisen Verwirklichung des Gemeinsamen Marktes nach Art. 8 EWGV gekoppelt war, die zum 31. Dezember 1969 ablief.[721] Von größerer Relevanz ist mittlerweile die Rechtsprechung zum Ablauf von Umsetzungsfristen bei Richtlinien. Richtlinienvorschriften entfalten nach ständiger Rechtsprechung des EuGH erst unmittelbare Wirkung, nachdem die in Art. 288 Abs. 3 AEUV vorgesehene Umsetzungsfrist abgelaufen ist.[722] Solange diese nicht abgelaufen ist, dürfen die Mitgliedstaaten die Materie grundsätzlich frei regeln.[723] Bei Richtlinien jüngeren Datums kann die Vermutung der unmittelbaren Wirkung daher widerlegt sein, weil unter Umständen die Frist noch nicht abgelaufen ist. Allerdings kann sich eine gewisse Bindung und damit unmittelbare Wirkung auch bereits vor Ablauf der Frist in Form eines Frustrationsverbots ergeben.[724]

---

[720] Vgl. EuGH, 19.12.1968, Rs. 13/68, Salgoil, Slg. 1968, S. 679 (691); EuGH, 17.12.1970, Rs. 33/70, S.A.C.E., Slg. 1970, S. 1213, Rn. 10; EuGH, 26.10.1971, Rs. 18/71, Eunomia di Porro, Slg. 1971, S. 811, Rn. 9/11; EuGH, 21.6.1974, Rs. 2/74, Reyners, Slg. 1974, S. 631, Rn. 24/28, 32; EuGH, 3.12.1974, Rs. 33/74, van Binsbergen, Slg. 1974, S. 1299, Rn. 24/26; EuGH, 18.6.1975, Rs. 94/74, IGAV, Slg. 1975, S. 699, Rn. 22 ff.; EuGH, 3.2.1976, Rs. 59/75, Manghera, Slg. 1976, S. 91, Rn. 15/16; EuGH, 5.2.1976, Rs. 87/75, Bresciani, Slg. 1976, S. 129, Rn. 12 ff.; EuGH, 17.2.1976, Rs. 45/75, Rewe-Zentrale des Lebensmittel-Großhandels, Slg. 1976, S. 181, Rn. 24; EuGH, 22.3.1977, Rs. 74/76, Iannelli & Volpi, Slg. 1977, S. 557, Rn. 13. Zur unmittelbare Wirkung befristeter sekundärrechtlicher Vorschriften siehe EuGH (Zweite Kammer), 10.11.1992, Rs. C-156/91, Hansa Fleisch Ernst Mundt, Slg. 1992, I-5567, Rn. 18 ff.; EuGH (Erste Kammer), 26.5.2011, verb. Rs. C-165/09 bis C-167/09, Stichting Natuur en Milieu, Slg. 2011, I-4599, Rn. 15, 98 („vor dem 31. Dezember 2010").

[721] Zum Ablauf der Übergangszeit siehe Rambow, The End of the Transitional Period, CML Rev 6 (1968-1969), S. 434 (436, 440 ff.); Stabenow, in: Groeben/Boeckh/Thiesing (Hg.), Kommentar zum EWG-Vertrag, Bd. 1, 2. Aufl. 1974, Art. 8, I.

[722] Siehe nur EuGH, 5.4.1979, Rs. 148/78, Ratti, Slg. 1979, S. 1629, Rn. 18 ff., vor allem Rn. 22 ff. und 41 ff.; EuGH (Achte Kammer), 18.5.2013, Rs. C-142/12, Marinov, Rn. 37, m.w.N.

[723] Siehe EuGH, 5.4.1979, Rs. 148/78, Ratti, Slg. 1979, S. 1629, Rn. 44.

[724] Hierzu EuGH, 18.12.1997, Rs. C-129/96, Inter-Environnement Wallonie, Slg. 1997, I-7411, Rn. 44 f.; EuGH (Sechste Kammer), 5.2.2004, Rs. C-157/02,

Darüber hinaus ist bei der unmittelbaren Wirkung von Richtlinien die Rechtsprechung des EuGH zu beachten, wonach eine Richtlinie nicht Verpflichtungen für den Einzelnen begründen kann.[725] In diesen Fällen ist in einem weiteren Schritt die Rechtsprechung zu berücksichtigen, mit der der EuGH die fehlende unmittelbare Wirkung von Richtlinien gegenüber dem Einzelnen korrigiert hat.[726] Vor diesem Hintergrund ist die unmittelbare Wirkung von Richtlinien je nach Falllage zu relativieren, ohne deren grundsätzliche unmittelbare Wirkung in Frage zu stellen.

C. Berücksichtigung und Bewertung komplexer wirtschaftlicher, politischer oder sozialer Gegebenheiten

Eine Vorschrift wirkt nach der Rechtsprechung des EuGH auch dann ausnahmsweise nicht unmittelbar, wenn ihre Anwendung nur unter Berücksichtigung und Bewertung komplexer, sich rasch ändernder wirtschaftlicher, politischer oder sozialer Gegebenheiten möglich ist und mitgliedstaatliche Gerichte oder Verwaltungsbehörden hiermit ihre funktionalen Befugnisse überschreiten würden.[727] In diesen Fällen besteht ein Ermessen anderer Träger öffentlicher Gewalt, das nicht als Folge einer Anwendung durch mitgliedstaatliche Gerichte und Verwaltungsbehörden vorweggenommen werden darf. Auch insofern wird die Vermutung der unmittelbaren Wirkung im Einzelfall widerlegt.

I. Analyse der Rechtsprechung

Eine Analyse der Rechtsprechung ergibt, dass der EuGH die unmittelbare Wirkung einer Vorschrift höchst selten abgelehnt hat, weil ihre Anwendung nur unter Berücksichtigung und Bewertung komplexer,

---

Rieser Internationale Transporte, Slg. 2004, I-1477, Rn. 62 ff.; EuGH (Große Kammer), 4.7.2006, Rs. C-212/04, Adeneler, Slg. 2006, I-6057, Rn. 122.

[725] Siehe nur EuGH, 26.2.1986, Rs. 152/84, Marshall I, Slg. 1986, S. 723, Rn. 48; EuGH (Große Kammer), 24.1.2012, Rs. C-282/10, Dominguez, Rn. 37.

[726] Hierzu im zweiten Teil, A.III.3.

[727] In Anlehnung an EuGH, 22.3.1977, Rs. 78/76, Steinike & Weinlig, Slg. 1977, S. 595, Rn. 9, und GA Warner zu EuGH, Rs. 74/76, Iannelli & Volpi, Slg. 1977, S. 557 (583).

sich rasch ändernder Gegebenheiten möglich gewesen wäre. Aus diesem Grund hat sich der Gerichtshof deutlich gegen eine unmittelbare Wirkung ausgesprochen bezüglich[728]

- der Kapitalverkehrsfreiheit nach dem damaligen Art. 67 Abs. 1 EWGV, der unter dem Vorbehalt galt, dass „es für das Funktionieren des Gemeinsamen Marktes notwendig ist",[729]
- Art. 106 Abs. 2 AEUV, der die Geltung der Verträge für Unternehmen, die mit Dienstleistungen von allgemeinem wirtschaftlichen Interesse betraut sind oder den Charakter eines Finanzmonopols haben, regelt und verlangt, dass die „Entwicklung des Handelsverkehrs" nicht in einem Ausmaß beeinträchtigt wird, „das dem Interesse der Union zuwiderläuft" (Satz 2);[730]
- des Beihilfenverbots des Art. 107 AEUV, wonach staatliche oder aus staatlichen Mitteln gewährte Beihilfen, die durch die Begünstigung bestimmter Unternehmen oder Produktionszweige den Wettbewerb „verfälschen oder zu verfälschen drohen," mit dem Binnenmarkt unvereinbar sind, „soweit sie den Handel zwischen Mitgliedstaaten beeinträchtigen" (Abs. 1);[731]
- des mittlerweile ersatzlos gestrichenen Art. 97 Abs. 1 EWGV, wonach die Mitgliedstaaten, die die Umsatzsteuer nach dem System der kumulativen Mehrphasensteuer erheben, die steuerlichen Diskriminierungsverbote der Art. 95 und 96 EWGV beachten müssen, wenn sie für inländische Abgaben, die sie von eingeführten Waren erheben, und für Rückvergütungen, die sie für ausgeführte Waren gewähren, Durchschnittssätze für Waren oder Gruppen von Waren festlegen[732]

---

[728] Wenig deutlich dagegen EuGH (Sechste Kammer), 23.4.1991, Rs. C-297/89, Ryborg, Slg. 1991, I-1943, Rn. 38; EuGH (Sechste Kammer), 5.2.2004, Rs. C-157/02, Rieser Internationale Transporte, Slg. 2004, I-1477, Rn. 41.

[729] Vgl. EuGH, 11.11.1981, Rs. 203/80, Casati, Slg. 1981, S. 2595, Rn. 10 ff. Bestätigt durch EuGH, 31.1.1984, verb. Rs. 286/82 und 26/83, Luisi und Carbone, Slg. 1984, S. 377, Rn. 30. Diese Rechtsprechung hat sich mittlerweile erledigt. Hierzu sogleich.

[730] Vgl. EuGH, 14.7.1971, Rs. 10/71, Hafen von Mertert, Slg. 1971, S. 723, Rn. 13/16. Diese Rechtsprechung hat sich gewandelt. Hierzu sogleich.

[731] Vgl. EuGH, 19.6.1973, Rs. 77/72, Capolongo, Slg. 1973, S. 611, Rn. 6.

[732] Vgl. EuGH, 3.4.1968, Rs. 28/67, Molkerei-Zentrale Westfalen/Lippe, Slg. 1968, S. 215 (234). Bestätigt durch EuGH, 4.4.1968, Rs. 25/67, Milch-, Fett

- und bezüglich Art. 157 Abs. 1 AEUV (vormals Art. 119 Abs. 1 EWGV), wonach jeder Mitgliedstaat den Grundsatz des gleichen Entgelts für Männer und Frauen bei gleicher Arbeit anwendet.[733]

Dass die Kapitalverkehrsfreiheit nach Art. 67 Abs. 1 EWGV nicht unmittelbar wirkt, begründete der Gerichtshof mit der zitierten Beschränkung („Soweit es für das Funktionieren des Gemeinsamen Marktes notwendig ist, [...]"). Der Umfang dieser Beschränkung könne sich zeitlich ändern und hänge „von einer Beurteilung der Bedürfnisse des Gemeinsamen Marktes sowie einer Einschätzung der Vorteile wie auch Risiken ab, die eine Liberalisierung für diesen Markt in Anbetracht seiner augenblicklichen Lage und insbesondere des auf den Gebieten, für die der Kapitalverkehr eine besondere Bedeutung hat, erreichten Integrationsgrades mit sich bringen könne."[734]

Die unmittelbare Wirkung des Art. 106 Abs. 2 AEUV bezüglich der Geltung der Verträge für Unternehmen, die mit Dienstleistungen von allgemeinem wirtschaftlichen Interesse betraut sind oder den Charakter eines Finanzmonopols haben, lehnte der EuGH ebenfalls im Hinblick auf die zitierte Formulierung („das dem Interesse der Union zuwiderläuft") ab, weil die Anwendung „eine Würdigung der Erfordernisse [verlange], die sich einerseits aus der Erfüllung der den fraglichen Unternehmen übertragenen besonderen Aufgabe und andererseits aus der Wahrung der Interessen der Gemeinschaft ergeben." Diese Würdigung

---

und Eier-Kontor, Slg. 1968, S. 311 (328); EuGH, 16.5.1968, Rs. 13/67, Kurt A. Becher, Slg. 1968, S. 281 (293).

[733] Vgl. EuGH, 8.4.1976, Rs. 43/75, Defrenne II, Slg. 1976, S. 455, Rn. 16/20, 21/24. Bestätigt und präzisiert in EuGH, 27.3.1980, Rs. 129/79, Macarthys, Slg. 1980, S. 1275, Rn. 10, 15; EuGH, 11.3.1981, Rs. 69/80, Worringham und Humphreys, Slg. 1981, S. 767, Rn. 23; EuGH, 31.3.1981, Rs. 96/80, Jenkins, Slg. 1981, S. 911, Rn. 17 f.; EuGH, 9.2.1982, Rs. 12/81, Garland, Slg. 1982, S. 359, Rn. 13 ff.; EuGH, 17.5.1990, Rs. 262/88, Barber, Slg. 1990, I-1889, Rn. 37 ff.; EuGH (Sechste Kammer), 7.2.1991, Rs. C-184/89, Nimz, Slg. 1991, I-297, Rn. 17; EuGH, 14.12.1993, Rs. C-110/91, Moroni, Slg. 1993, I-6591, Rn. 23; EuGH, 17.9.2002, Rs. C-320/00, Lawrence, Slg. 2002, I-7325, Rn. 13.

[734] EuGH, 11.11.1981, Rs. 203/80, Casati, Slg. 1981, S. 2595, Rn. 10 („L'ampleur de cette limitation, qui reste applicable après l'expiration de la période de transition, est variable dans le temps et dépend d'une appréciation des besoins du marché commun et de l'évaluation à la fois des avantages et des risques qu'une libéralisation pourrait présenter pour celui-ci, compte tenu de son état du moment et, notamment, du degré d'intégration atteint dans les domaines pour lesquels les mouvements de capitaux ont une importance particulière.").

betreffe die Ziele der allgemeinen Wirtschaftspolitik, welche die Mitgliedstaaten unter der Aufsicht der Kommission verfolgten.[735]

Die unmittelbare Wirkung des Beihilfenverbots lehnte der EuGH ab, weil der nationale Richter die Regel des Art. 107 AEUV (damals Art. 92 EWGV) nicht „würdigen" könne.[736] Art. 107 AEUV räume der Kommission einen weiten Ermessensspielraum ein.[737] Bei der Beurteilung der Frage, ob eine staatliche Beihilfe mit dem Gemeinsamen Markt vereinbar ist, seien „vielschichtige und raschen Änderungen unterliegende

---

735 Siehe EuGH, 14.7.1971, Rs. 10/71, Hafen von Mertert, Slg. 1971, S. 723, Rn. 13/16 („l'application de cette disposition comporte l'appréciation des exigences inhérentes, d'une part, à l'accomplissement de la mission particulière impartie aux entreprises dont s'agit et, d'autre part, à la sauvegarde de l'intérêt de la Communauté; que cette appréciation relève des objectifs de politique économique générale poursuivis par les États sous la surveillance de la Commission"). Bestätigt durch EuGH (Dritte Kammer), 10.3.1983, Rs. 172/82, Inter-Huiles, Slg. 1983, S. 555, Rn. 15. Nach GA Dutheillet de Lamothe kann niemand anders außer den Gemeinschaftsbehörden darüber entscheiden, ob eine Beeinträchtigung der Entwicklung des Handelsverkehrs gegeben sei und diese in einem Ausmaße beeinträchtigt sei, das dem Interesse der Gemeinschaft zuwiderlaufe (siehe ders. zu EuGH, Rs. 10/71, Hafen von Mertert, Slg. 1971, S. 723 [741]). Ähnlich das Großherzogtum Luxemburg (vgl. EuGH, 14.7.1971, Rs. 10/71, Hafen von Mertert, Slg. 1971, S. 723 [728]).

736 Siehe EuGH, 19.6.1973, Rs. 77/72, Capolongo, Slg. 1973, S. 611, Rn. 6 („apprécier"), ohne nähere Begründung. Nach GA Roemer sei aufgrund der in Art. 92 Abs. 2 EWGV enthaltenen Formulierungen wie „außergewöhnliche Ereignisse", „Ausgleich der durch die Teilung Deutschlands verursachten wirtschaftlichen Nachteile" klar, dass ein „beträchtlicher Beurteilungsspielraum besteht, dessen Handhabung nicht den nationalen Instanzen überlassen werden kann, von dem vielmehr angenommen werden muß, daß er gemeinschaftseinheitlich auszuüben ist." Auch die Formulierungen des dritten Absatzes (wichtige Vorhaben von gemeinsamem europäischem Interesse oder gemeinsamem Interesse) deuteten auf einen Entscheidungsspielraum hin (vgl. S. 628).

737 Siehe EuGH, 22.3.1977, Rs. 74/76, Iannelli & Volpi, Slg. 1977, S. 557 Rn. 11/12 („un large pouvoir d'appréciation"); EuGH, 22.3.1977, Rs. 78/76, Steinike & Weinlig, Slg. 1977, S. 595, Rn. 8. Ebenso GA Roemer zu EuGH, Rs. 9/70, Grad („Leberpfennig"), Slg. 1970, S. 825 (856 f.). Ähnlich GA Lagrange zu EuGH, Rs. 6/64, Costa/E.N.E.L., Slg. 1964, S. 1253 (1296 ff.) im Hinblick auf die unmittelbare Wirkung der Art. 102 Abs. 1 S. 1 EWGV (Art. 117 Abs. 1 S. 1 AEUV) und Art. 93 Abs. 3 S. 1 EWGV (Art. 108 Abs. 3 S. 1 AEUV). Der Gerichtshof folgte dem Generalanwalt aber nur im Ergebnis. Siehe EuGH, 15.7.1964, Rs. 6/64, Costa/E.N.E.L., Slg. 1964, S. 1253 (1271 ff.).

wirtschaftliche Gegebenheiten zu berücksichtigen und zu bewerten.“[738] Generalanwalt *Warner* spricht von der Befugnis der Kommission, wirtschaftliche, soziale und politische Erwägungen in Betracht zu ziehen.[739]

Die unmittelbare Wirkung des Diskriminierungsverbots nach Art. 97 Abs. 1 EWGV bei der Bestimmung von Durchschnittssteuersätzen lehnte der Gerichtshof ab, da Art. 97 EWGV den Mitgliedstaaten bei der Bestimmung der Durchschnittssteuersätze einen Entscheidungsspielraum einräumt.[740] Hierbei folgte er Generalanwalt *Gand*, der Kommission und der Bundesregierung, die das Bestehen eines Entscheidungsspielraums damit begründeten, dass es bei dem System der kumulativen Mehrphasensteuer praktisch unmöglich sei, den Betrag der Umsatzsteuer genau zu bestimmen, die auf den vorausgegangenen Stufen erhoben worden sei.[741] Je nach Produktionsweg konnte ein Produkt nämlich unterschiedlich viele umsatzsteuerpflichtige Phasen durchlaufen.[742]

---

[738] Siehe EuGH, 22.3.1977, Rs. 78/76, Steinike & Weinlig, Slg. 1977, S. 595, Rn. 9 („soulève des problèmes impliquant la prise en considération et l'appréciation de faits et circonstances économiques complexes et susceptibles de se modifier rapidement“). Bestätigt durch EuGH, 14.2.1990, Rs. 301/87, Frankreich/Kommission, Slg. 1990, I-307, Rn. 15; EuGH, 11.7.1996, Rs. C-39/94, SFEI, Slg. 1996, I-3547, Rn. 36. Zu den Parallelnormen des EGKSV: EuGH, 13.4.1994, Rs. C-128/92, Banks, Slg. 1994, I-1209, Rn. 17 f.; EuGH (Sechste Kammer), 2.5.1996, Rs. C-18/94, Hopkins, Slg. 1996, I-2281, Rn. 25 ff.

[739] Siehe GA Warner zu EuGH, Rs. 74/76, Iannelli & Volpi, Slg. 1977, S. 557 (583). Siehe auch GA Rozès zu EuGH, Rs. 17/81, Pabst & Richarz, Slg. 1982, S. 1331 (1360).

[740] Siehe EuGH, 3.4.1968, Rs. 28/67, Molkerei-Zentrale Westfalen/Lippe, Slg. 1968, S. 215 (234). Bestätigt durch EuGH, 4.4.1968, Rs. 25/67, Milch-, Fett und Eier-Kontor, Slg. 1968, S. 311 (328); EuGH, 16.5.1968, Rs. 13/67, Kurt A. Becher, Slg. 1968, S. 281 (293). Kumulative Umsatzsteuersysteme waren bei Inkrafttreten des EWG-Vertrags in den Mitgliedstaaten mit Ausnahme von Frankreich üblich. Siehe GA Gand zu EuGH, Rs. 57/65, Lütticke, Slg. 1966, S. 257 (274); Debatin, in: Groeben/Boeckh/Thiesing (Hg.), Kommentar zum EWG-Vertrag, Bd. 1, 2. Aufl. 1974, Art. 97, Rn. 2.

[741] Siehe GA Gand zu EuGH, Rs. 28/67, Molkerei-Zentrale Westfalen/Lippe, Slg. 1968, S. 215 (242 f.). Für die Rechtsauffassungen der Kommission und der Bundesregierung vgl. S. 223 ff. des Urteils.

[742] Siehe GA Gand zu EuGH, Rs. 28/67, Molkerei-Zentrale Westfalen/Lippe, Slg. 1968, S. 215 (242); Debatin, in: Groeben/Boeckh/Thiesing (Hg.), Kommentar zum EWG-Vertrag, Bd. 1, 2. Aufl. 1974, Art. 97 EWGV, Rn. 1 f.; Haltern, Europarecht, 2. Aufl. 2007, Rn. 966. Siehe auch BVerfGE 31, 145 (146).

Im Hinblick auf die unmittelbare Wirkung des Diskriminierungsverbots des Art. 157 Abs. 1 AEUV unterschied der Gerichtshof in der Rechtssache *Defrenne II* nach unmittelbaren, offenen und mittelbaren, versteckten Diskriminierungen, die nur nach Maßgabe eingehender gemeinschaftsrechtlicher oder innerstaatlicher Durchführungsvorschriften festgestellt werden können.[743] Hinsichtlich unmittelbarer Diskriminierungen bejahte er die unmittelbare Wirkung, denn diese könnten sich allein anhand der in Art. 157 AEUV (damals Art. 119 EWGV) verwendeten Merkmale feststellen lassen. In diesen Fällen sei der Richter in der Lage, „alle Tatsachenfeststellungen zu treffen, die es ihm ermöglichen zu beurteilen, ob eine Arbeitnehmerin ein geringeres Entgelt bezieht als ein mit der gleichen Arbeit betrauter Arbeitnehmer."[744] Die unmittelbare Wirkung hinsichtlich mittelbarer, versteckter Diskriminierungen ließ er dagegen offen.[745] Wie Generalanwalt *Trabucchi* in seinen Schlussanträgen feststellt, können sich Diskriminierungen zum Nachteil der Frau „hinter der Struktur des Entgelts, der Einteilung oder Beschreibung des Arbeitsplatzes" etc. verbergen.[746]

---

[743] Siehe EuGH, 8.4.1976, Rs. 43/75, Defrenne II, 1976, S. 455, Rn. 16/20. Bestätigt und präzisiert durch EuGH, 27.3.1980, Rs. 129/79, Macarthys, Slg. 1980, S. 1275, Rn. 10, 15; EuGH, 11.3.1981, Rs. 69/80, Worringham und Humphreys, Slg. 1981, S. 767, Rn. 23; EuGH, 31.3.1981, Rs. 96/80, Jenkins, Slg. 1981, S. 911, Rn. 17 f.; EuGH, 9.2.1982, Rs. 12/81, Garland, Slg. 1982, S. 359, Rn. 13 ff.; EuGH, 17.5.1990, Rs. 262/88, Barber, Slg. 1990, I-1889, Rn. 37 ff.; EuGH (Sechste Kammer), 7.2.1991, Rs. C-184/89, Nimz, Slg. 1991, I-297, Rn. 17; EuGH, 14.12.1993, Rs. C-110/91, Moroni, Slg. 1993, I-6591, Rn. 23; EuGH, 17.9.2002, Rs. C-320/00, Lawrence, Slg. 2002, I-7325, Rn. 13.

[744] Siehe EuGH, 8.4.1976, Rs. 43/75, Defrenne II, Slg. 1976, S. 455, Rn. 21/24 („le juge est en mesure d'établir tous les éléments de fait qui lui permettent d'apprécier si un travailleur de sexe féminin reçoit une rémunération inférieure à celle d'un travailleur masculin affecté à des tâches identiques").

[745] Vgl. EuGH, a.a.O., Rn. 21/24 („Zumindest in diesen Fällen [unmittelbarer Diskriminierung] ist Art. 119 unmittelbarer Anwendung fähig").

[746] Siehe GA Trabucchi zu EuGH, a.a.O., S. 455 (491). Dieser wies bereits in seinen Schlussanträgen zu EuGH, 12.7.1973, Rs. 2/73, Geddo, Slg. 1973, S. 865 (884, vor allem S. 886 und 888 f.), im Hinblick auf die unmittelbare Wirkung des Diskriminierungsverbots darauf hin, dass angesichts der Komplexität der Sachverhalte und der vielfältigen Erfordernisse eine Prüfung durch die Gemeinschaftsorgane angezeigt sein kann. Siehe auch GA Capotorti zu EuGH, Rs. 129/79, Macarthys, Slg. 1980, S. 1275 (1293 ff.).

II. Synthese der Rechtsprechung

Eine Regel, aus der sich mit Präzision erkennen lässt, wie komplex die zu berücksichtigenden wirtschaftlichen, politischen oder sozialen Gegebenheiten sein müssen, damit eine Vorschrift nicht unmittelbar wirkt, kann der Rechtsprechung nicht entnommen werden. Alleine die Tatsache, dass wirtschaftliche Sachverhalte zu beurteilen sind, genügt aber nicht.[747] Da Entscheidungen, in denen der EuGH aus diesem Grund eine unmittelbare Wirkung abgelehnt hat, selten sind, ist davon auszugehen, dass hohe Anforderungen an die Komplexität der zu berücksichtigenden Gegebenheiten zu stellen sind, um die unmittelbare Wirkung abzulehnen.

Auf der Suche nach einem praktikablen Maßstab zur Bestimmung der unmittelbaren Wirkung ist es zunächst denkbar, auf die umfangreiche Rechtsprechung des Gerichtshofs zur sogenannten Kontrolldichte bei der Prüfung der Vereinbarkeit von abgeleitetem Unionsrecht mit höherrangigem Recht, insbesondere Primärrecht, zurückzugreifen.[748] Hier finden sich identische Argumentationsmuster. Beispielsweise räumt der EuGH der Kommission einen weiten Ermessensspielraum ein, soweit die Anwendung einer Vorschrift die Beurteilung eines komplexen wirt-

---

[747] Vgl. EuGH, 3.4.1968, Rs. 28/67, Molkerei-Zentrale Westfalen/Lippe, Slg. 1968, S. 215 (232); EuGH, 4.4.1968, Rs. 27/67, Fink-Frucht, Slg. 1968, S. 327 (346); EuGH, 17.10.1989, verb. Rs. 231/87 und 129/88, Ufficio distrettuale delle imposte dirette di Fiorenzuola d'Arda, Slg. 1989, S. 3233, Rn. 32. Ebenso GA Mischo hierzu, S. 3253 ff.

[748] Siehe hierzu aus einer Vielzahl von Danwitz, Verwaltungsrechtliches System und Europäische Integration, 1996, S. 184 ff.; Pache, Die Kontrolldichte in der Rechtsprechung des Gerichtshofs der Europäischen Gemeinschaften, Das Deutsche Verwaltungsblatt 1998, S. 380; Fritzsche, Discretion, Scope of Judicial Review and Institutional Balance in European Law, CML Rev 47 (2010), S. 361; Wegener, in: Calliess/Ruffert (Hg.), EUV/AEUV, 4. Aufl. 2011, Art. 19 EUV, Rn. 23 f.; Dörr, in: Grabitz/Hilf/Nettesheim (Hg.), Das Recht der Europäischen Union, Bd. III, Art. 263 AEUV, Rn. 186 ff. (November 2012). Zuweilen wird nach einem politischen und einem technischen Ermessen unterschieden. Ein politisches Ermessen wird insbesondere bei legislativem Handeln der Unionsorgane eingeräumt, weil hier divergierende Interessen gegeneinander abzuwägen seien. Ein technisches Ermessen wird den Unionsorganen eingeräumt, wenn sie vollziehend tätig werden, weil hierbei komplexe Sachverhalte zu beurteilen seien. Siehe hierzu GA Léger zu EuGH, Rs. C-40/03 P, Rica Foods/Kommission, Slg. 2005, I-6811, Rn. 45 f.; Dörr, a.a.O., Rn. 187 ff. (November 2012).

schaftlichen Sachverhalts erfordert.[749] Eine Übertragung der Rechtsprechung zur Kontrolldichte bietet sich dennoch nicht an, da sich beide Bereiche erheblich unterscheiden: Prüft der Gerichtshof die Vereinbarkeit von Sekundärrecht mit Primärrecht und schränkt er seine Kontrolldichte ein, weil komplexe Sachverhalte zu berücksichtigen sind, bestimmt er die Grenzen seiner eigenen judikativen Befugnisse. Prüft der EuGH dagegen die Eignung einer Vorschrift zu unmittelbarer Wirkung, prüft er die Anwendbarkeit des Unionsrechts stellvertretend für die nationalen Gerichte und Verwaltungsbehörden. Er bestimmt dementsprechend nicht seine eigenen Befugnisse, sondern diejenigen der nationalen Gerichte und Verwaltungsbehörden. In diesem Zusammenhang ist an eine weitere, bereits mehrfach beschriebene Besonderheit der unmittelbaren Wirkung zu erinnern: Hat der Gerichtshof einmal die unmittelbare Wirkung festgestellt, erlaubt er nationalen Gerichten und Verwaltungsbehörden, die Vorschrift künftig auch in anderen Zusammenhängen anzuwenden. Er öffnet das Unionsrecht für eine Anwendung durch nationale Stellen. Daraus kann Rechtsunsicherheit und Rechtsungleichheit erwachsen, weil Unionsrecht durch die mitgliedstaatlichen Stellen unterschiedlich angewandt werden kann. Diese Gefahr hängt wiederum damit zusammen, inwieweit die Anwendung einer Vorschrift von der Berücksichtigung komplexer wirtschaftlicher, politischer oder sozialer Gegebenheiten abhängt. Je komplexer die zu berücksichtigenden Gegebenheiten sind und je schneller diese sich ändern können, umso größer ist die Wahrscheinlichkeit, dass mitgliedstaatliche Gerichte und Verwaltungsbehörden bei der Bewertung zu verschiedenen Ergebnissen kommen und die Vorschriften uneinheitlich anwenden. Dergleichen Überlegungen stellen sich nicht bei der Bestimmung der Kontrolldichte. Die Unterschiedlichkeit beider Bereiche erklärt

---

[749] Siehe nur EuGH, 25.5.1978, Rs. 136/77, Racke, Slg. 1978, S. 1245, Rn. 4. Das soll insbesondere bei der Anwendung des Beihilfenverbots nach Art. 107 AUEV gelten. Siehe nur EuGH, 17.9.1980, Rs. 730/79, Philip Morris/Kommission, Slg. 1980, I-2671, Rn. 24; EuGH (Dritte Kammer), 13.2.2003, Rs. C-409/00, Spanien/Kommission, Slg. 2003, I-1487, Rn. 93; EuGH (Vierte Kammer), 2.12.2010, Rs. C-464/09 P, Holland Malt/Kommission, Slg. 2010, I-12443, Rn. 46; EuGH (Zweite Kammer), 24.1.2013, Rs. C-73/11 P, Frucona Košice/Kommission, Rn. 75. Das gleiche gelte bei der Anwendung des Kartellverbots nach Art. 101 AEUV durch die Kommission. Siehe nur EuGH (Fünfte Kammer), 11.7.1985, Rs. 42/85, Slg. 1985, S. 2545, Rn. 34; EuGH (Fünfte Kammer), 28.5.1998, Rs. C-7/95 P, John Deere/Kommission, Slg. 1998, I-3111, Rn. 34.

auch, weshalb trotz reichhaltiger Literatur zwischen diesen nur selten Querverbindungen gezogen werden.[750]

Aber auch ohne einen Rückgriff auf die Rechtsprechung zur Kontrolldichte lassen sich mithilfe der Rechtsprechung zur unmittelbaren Wirkung eine Reihe von Indizien bestimmen, die Argumente gegen eine unmittelbare Wirkung liefern. Diese Indizien sind das Produkt einer Synthese der genannten Fälle, in denen der EuGH die unmittelbare Wirkung abgelehnt hat, weil komplexe Gegebenheiten zu bewerten sind:

- Ein erstes, wenn auch nur schwaches Indiz gegen die unmittelbare Wirkung ist die Unbestimmtheit der in einer Vorschrift verwendeten Formulierungen. Schließlich kann die Notwendigkeit, wirtschaftliche, politische und soziale Gegebenheiten zu berücksichtigen, davon abhängen, wie bestimmt oder unbestimmt eine Vorschrift formuliert ist. Die Vorschriften, deren unmittelbare Wirkung der EuGH aus den hier behandelten Gründen abgelehnt hat, wiesen zum Teil eine große Unbestimmtheit auf (Art. 67 Abs. 1 EWGV: „Soweit es für das Funktionieren des Gemeinsamen Marktes notwendig ist"; Art. 106 Abs. 2 AEUV: „Die Entwicklung des Handelsverkehrs darf nicht in einem Ausmaß beeinträchtigt werden, das dem Interesse der Union zuwiderläuft"; Art. 107 Abs. 1 AEUV: „die durch die Begünstigung bestimmter Unternehmen oder Produktionszweige den Wettbewerb verfälschen oder zu verfälschen drohen […] soweit sie den Handel zwischen den Mitgliedstaaten beeinträchtigen"). Die Indizwirkung unbestimmter Formulierungen gegen eine unmittelbare Wirkung ist allerdings gering, weil der EuGH in der Unbestimmtheit in aller Regel kein Hindernis für die unmittelbare Wirkung sieht.[751]
- Erfordert die Anwendung einer Vorschrift die Berücksichtigung wirtschaftlicher, politischer oder sozialer Gegebenheiten, spricht gegen eine unmittelbare Wirkung, dass die Anwendung der Vorschrift durch mitgliedstaatliche Stellen weitreichende Auswirkungen, insbesondere ökonomischer Natur, nach sich zöge. Denn je weitreichender die Auswirkungen einer Vorschrift sind, umso größer sind die durch eine unterschiedliche Anwendung hervorgerufe-

---

750 Ausnahmen: Pache, Die Kontrolldichte in der Rechtsprechung des Gerichtshofs der Europäischen Gemeinschaften, Das Deutsche Verwaltungsblatt 1998, S. 380 (387); Wegener, in: Calliess/Ruffert (Hg.), EUV/AEUV, 4. Aufl. 2011, Art. 19 EUV, Rn. 24, Fn. 85.

751 Siehe im zweiten Teil, A.II.3.c) und B.III.1.

nen Risiken für Rechtssicherheit und Rechtsgleichheit. Außerdem kann es mit Blick auf die demokratische Legitimation problematisch sein, dass nationale Gerichte und Verwaltungsbehörden weittragende Entscheidungen fällen. Bestätigt wird die hier vertretene Auffassung dadurch, dass die unmittelbare Wirkung der Vorschriften, die der EuGH aus den hier behandelten Gründen abgelehnt hat, mit gravierenden ökonomischen Folgen verbunden gewesen wäre. So regelten diese durchweg primärrechtlichen Vorschriften die Anwendbarkeit der Verträge auf Unternehmen, die mit Dienstleistungen von allgemeinem Interesse betraut sind oder den Charakter eines Finanzmonopols haben (Art. 106 AEUV), das Beihilfenverbot (Art. 107), die Kapitalverkehrsfreiheit (Art. 67 EWGV) oder auch das Diskriminierungsverbot aufgrund des Geschlechts (Art. 157 Abs. 1 AEUV). Die weitreichenden Auswirkungen, die mit der Anwendung des Diskriminierungsverbots aufgrund des Geschlechts verbunden sind, werden eindrucksvoll durch die Erklärung des Vereinigten Königreichs in der Rechtssache *Defrenne II* bestätigt, in der die unmittelbare Wirkung dieses Diskriminierungsverbots in Frage stand. In dieser Erklärung sprach sich das Vereinigte Königreich gegen die unmittelbare Wirkung aus, weil drastische Folgen, wie Unsicherheit, Verwirrung und eine Erschütterung sozialer und wirtschaftlicher Verhältnisse, drohten, falls Art. 157 AEUV unmittelbare Wirkung zuerkannt würde.[752] Die mit einer Anwendung verbundenen weitreichenden Auswirkungen des steuerrechtlichen Diskriminierungsverbots des Art. 97 EWGV werden dadurch bestätigt, dass die vermeintliche Feststellung der unmittelbaren Wirkung des Art. 97 Abs. 1 EWGV in der Entscheidung *Lütticke* zu einer Flut von Verfahren bei deutschen Finanzämtern führte und den sog. Umsatzausgleichsteuerstreit zwischen EuGH und Bundesfinanzhof auslöste.[753]

- Ein starkes Indiz gegen die unmittelbare Wirkung einer Vorschrift, deren Anwendung die Berücksichtigung komplexer Gegebenheiten erfordert, ist das Vorhandensein eines Vollzugsverfahrens, also eines Verfahrens, das ein spezielles Regime für die Anwendung der

[752] Siehe EuGH, 8.4.1976, Rs. 43/75, Defrenne II, Slg. 1976, S. 455 (460 ff.). Diese Folgen haben den Gerichtshof bewogen, den zeitlichen Geltungsbereich des Urteils einzuschränken (vgl. Rn. 69 ff. und Tenor 5).

[753] Hierzu im zweiten Teil, A.III.2.b).

relevanten Vorschrift im Einzelfall vorsieht.[754] Durch ein solches Verfahren weist das Unionsrecht die Verantwortung für die Anwendung der Vorschrift bestimmten Stellen zu und entzieht unter Umständen den nationalen Gerichten und Verwaltungsbehörden die Zuständigkeit für die Anwendung. Auf das Bestehen solcher Vollzugsverfahren in den Art. 108 Abs. 2 AEUV und Art. 97 Abs. 2 EWGV berief sich der EuGH, um die unmittelbare Wirkung des Beihilfenverbots und des Diskriminierungsverbots nach Art. 97 Abs. 1 EWGV zu widerlegen.[755] Art. 108 Abs. 2 AEUV sieht ein Verfahren zum Vollzug des Beihilfenverbots durch die Kommission vor. Der mittlerweile gestrichene Art. 97 Abs. 2 EWGV bestimmte, dass die Kommission – wenn die Durchschnittssätze nicht den genannten Grundsätzen entsprechen – geeignete Richtlinien oder Entscheidungen an den betreffenden Staat richtet. Mit Verweis auf das Vorhandensein von Vollzugsverfahren hat der Gerichtshof sogar seine eigene Zuständigkeit zur Vertragsauslegung und -anwendung abgelehnt.[756] Die Existenz eines Vollzugsverfahrens kann

---

[754] Entsprechend der Terminologie bei Zuleeg, Das Recht der Europäischen Gemeinschaften im innerstaatlichen Bereich, 1969, S. 47 f.; H. P. Ipsen, Europäisches Gemeinschaftsrecht, 1972, S. 218, Fn. 26; Rengeling, § 27 Durchführung des Europäischen Gemeinschaftsrechts, in: ders. (Hg.), Handbuch zum europäischen und deutschen Umweltrecht, Bd. I, Allgemeines Umweltrecht, 2. Aufl. 2003, S. 939 (943 ff., Rn. 3 ff.); von Bogdandy, § 25 Die Informationsbeziehungen innerhalb des Europäischen Verwaltungsverbundes, in: Hoffmann-Riem/Schmidt-Aßmann/Voßkuhle (Hg.), Grundlagen des Verwaltungsrechts, Bd. II, 2. Aufl. 2012, S. 365 (366, Fn. 1); Gellermann, in: Streinz (Hg.), EUV/AEUV, 2. Aufl. 2012, Art. 291 AEUV, Rn. 6 ff.; Nettesheim, in: Grabitz/Hilf/ders. (Hg.), Das Recht der Europäischen Union, Bd. III, Art. 291 AEUV, Rn. 12 f. (April 2012).

[755] Im Hinblick auf Art. 97 Abs. 1 und 2 EWGV siehe EuGH, 3.4.1968, Rs. 28/67, Molkerei-Zentrale Westfalen/Lippe, Slg. 1968, S. 215 (234 f.). Anders die Firma Molkerei-Zentrale, die der Auffassung war, Art. 97 Abs. 2 EWGV wolle die Stellung der Kommission gegenüber den Mitgliedstaaten stärken (vgl. S. 223). Im Hinblick auf Art. 107 f. AEUV siehe EuGH, 19.6.1973, Rs. 77/72, Capolongo, Slg. 1973, S. 611, Rn. 6; EuGH, 22.3.1977, Rs. 74/76, Iannelli & Volpi, Slg. 1977, S. 557, Rn. 11/12; EuGH, 22.3.1977, Rs. 78/76, Steinike & Weinlig, Slg. 1977, S. 595, Rn. 8 f.

[756] Siehe EuGH, 22.11.1978, Rs. C-93/78, Mattheus, Slg. 1978, I-2203, Rn. 7 f., im Hinblick auf das Beitrittsverfahren nach Art. 49 Abs. 1 EUV (damals Art. 237 Abs. 1 EWGV); EuGH, 29.6.1999, Rs. C-256/97, DM Transport, Slg. 1999, I-3913, Rn. 16, im Hinblick das Vollzugsverfahren des Art. 108 AEUV über die Vereinbarkeit von Beihilferegelungen mit dem Beihilfenverbot

nach der Rechtsprechung aber nur ein Indiz und kein Beweis gegen die unmittelbare Wirkung sein, da der EuGH die unmittelbare Wirkung auch trotz Bestehens eines solchen Verfahrens angenommen hat.[757]

- Ebenfalls eine Indizwirkung gegen die unmittelbare Wirkung hat nach der Rechtsprechung des EuGH das Vorhandensein von Ermächtigungsgrundlagen zur rechtssetzenden Durchführung, sog. Ausführungsermächtigungen. Mit der Ermächtigungsgrundlage des Art. 69 EWGV argumentierte der Gerichtshof gegen die unmittelbare Wirkung der Kapitalverkehrsfreiheit nach Art. 67 EWGV.[758] Die Indizwirkung von Ausführungsermächtigungen gegen eine unmittelbare Wirkung ist aber gering, weil der EuGH im Vorhandensein von Ausführungsermächtigungen in aller Regel kein Hindernis für die unmittelbare Wirkung sieht.[759]
- Eine Vorschrift, deren Anwendung die Berücksichtigung von wirtschaftlichen, politischen und sozialen Gegebenheiten verlangt, eignet sich umso weniger zu unmittelbarer Wirkung, je weniger Praxis der Unionsorgane, insbesondere Rechtsprechung des EuGH, es gibt, anhand derer mitgliedstaatliche Gerichte und Verwaltungsbehörden die Vorschrift zuverlässig einheitlich anwenden können. Umgekehrt gilt: Je mehr Praxis der Unionsorgane existiert, anhand derer sich die mitgliedstaatlichen Gerichte und Verwaltungsbehörden bei der Anwendung orientieren können, umso weniger lässt es sich rechtfertigen, dass eine Vorschrift nicht unmittelbar wirkt. Diese These lässt sich in der Rechtsprechung nachweisen: Obwohl der EuGH die unmittelbare Wirkung der Kapitalverkehrsfreiheit zunächst verneinte, bejahte er sie einige Jahre später (allerdings in

---

des Art. 107 AEUV. Hierzu Malferrari, Zurückweisung von Vorabentscheidungsersuchen durch den EuGH, 2003, S. 90 ff.; Anderson/Demetriou, References to the European Court, 2002, Rn. 4-072 ff.

757 Siehe nur EuGH, 14.7.1971, Rs. 10/71, Hafen von Mertert, Slg. 1971, S. 723, Rn. 13/16, im Hinblick auf Art. 90 Abs. 3 EWGV (nun Art. 106 Abs. 3 AEUV), wonach die Kommission auf die Anwendung dieses Artikels achtet und erforderlichenfalls neben Richtlinien auch geeignete Beschlüsse an die Mitgliedstaaten richtet. Anders GA Dutheillet de Lamothe in seinen Schlussanträgen (S. 741), das Großherzogtum Luxemburg (vgl. S. 728) und GA Mayras zu EuGH, Rs. 127/73, BRT-II, Slg. 1974, S. 313 (328).

758 Siehe EuGH, 11.11.1981, Rs. 203/80, Casati, Slg. 1981, S. 2595, Rn. 11.

759 Siehe im zweiten Teil, A.III.4.

der Fassung des Art. 73b Abs. 1 EGV),[760] nachdem der Kapitalverkehr durch die Richtlinie 88/361/EWG umfassend liberalisiert wurde.[761] Gleichfalls lehnte der EuGH die unmittelbare Wirkung des Art. 106 Abs. 2 EWGV über die Geltung der Verträge für Unternehmen, die mit Dienstleistungen von allgemeinem Interesse betraut sind oder den Charakter eines Finanzmonopols haben, zunächst nur „beim gegenwärtigen Stande" ab.[762] Einige Jahre später bejahte er die unmittelbare Wirkung hingegen, nachdem er die sachliche Tragweite des Art. 106 Abs. 2 EWGV näher bestimmt hatte.[763] Schließlich kann auf die Rechtsprechung verwiesen werden, mit der der EuGH die unmittelbare Wirkung schrittweise ausgeweitet hat. Durch ein derartiges Vorgehen konnte der Gerichtshof den Gefahren für die Rechtssicherheit und Rechtsgleichheit entgegentreten, die daraus erwachsen, dass es wenig konkretisierende Praxis der Gemeinschaftsorgane gab.[764]

D. Zusammenwirken mit anderen Regelungen

Vorschriften wirken nach der Rechtsprechung des EuGH auch dann nicht unmittelbar, wenn ihre Anwendung nur im Zusammenwirken mit flankierenden[765] Regelungen möglich ist, es an diesen aber fehlt. Würden mitgliedstaatliche Gerichte und Verwaltungsbehörden die Vorschriften dennoch anwenden, hätte das Folgen, die das Unionsrecht durch den Erlass begleitender Regelungen, seien sie unionsrechtlich o-

---

760 Siehe EuGH, 14.12.1995, verb. Rs. C-163/94, C-165/94 und C-250/94, Sanz de Lera, Slg. 1995, I-4821, Rn. 40 ff.

761 Richtlinie des Rates vom 24. Juni 1988 zur Durchführung von Artikel 67 des Vertrages (88/361/EWG), ABl. (EG) L 178 vom 8.7.1988, S. 5. Die Umsetzungsfrist lief am 1. Juli 1990 ab (vgl. Art. 6 Abs. 1 Satz 1 der Richtlinie).

762 Siehe EuGH, 14.7.1971, Rs. 10/71, Hafen von Mertert, Slg. 1971, S. 723, Rn. 13/16 („au stade actuel").

763 Siehe EuGH, 27.3.1974, Rs. 127/73, BRT-II, Slg. 1974, S. 313, Rn. 16 ff.; EuGH, 19.5.1993, Rs. C-320/91, Corbeau, Slg. 1993, I-2533, Rn. 20; EuGH, 27.4.1994, Rs. C-393/92, Almelo, Slg. 1994, I-1477, Rn. 50.

764 Hierzu im zweiten Teil, A.III. und C.I.4.

765 In Anlehnung an EuGH, 21.9.1999, Rs. C-378/97, Wijsenbeek, Slg. 1999, I-6207, Rn. 27 („des mesures d'accompagnement"), und GA Cosmas hierzu bei Rn. 43 ff.

der bilateral-mitgliedstaatlich, gerade zu verhindern beabsichtigt. Welchen Inhalt die begleitenden Maßnahmen haben müssen, hängt vom betroffenen Sachbereich ab.

Nur selten hat der EuGH aus dem hier behandelten Grund die unmittelbare Wirkung abgelehnt.[766] Genannt werden kann das Urteil *Middleburgh*. Im Ausgangsrechtsstreit begehrte *David Maxwell Middleburgh* vom *Chief Adjudication Officer* des Vereinigten Königreichs Kindergeld für seinen in Irland lebenden Sohn. Dies wurde ihm verweigert, da sein Sohn sich nicht in Großbritannien aufhielt. Der mit der Sache befasste *Court of Appeal of England and Wales* fragte den Gerichtshof im Wege eines Vorabentscheidungsersuchens, ob die Ablehnung von Kindergeld gegen die Niederlassungsfreiheit verstößt (denn im relevanten Zeitraum war *Middleburgh* als Selbständiger tätig) und ob die Niederlassungsfreiheit unter den Umständen des Ausgangsrechtsstreits unmittelbare Wirkung entfaltet.[767] Generalanwalt *Mischo* lehnte in seinen Schlussanträgen die Genauigkeit und Unbedingtheit der Niederlassungsfreiheit mit Blick auf den Export von Leistungen der sozialen Sicherheit ab.[768] Er begründete seine Auffassung mit den Problemen, die in derartigen Fällen auftreten könnten, und wies zu deren Veranschaulichung auf das (im relevanten Zeitraum nur für Arbeitnehmer geltende) Sekundärrecht hin, vor allem auf die Verordnung Nr. 1408/71.[769] Diese Verordnung enthalte Regelungen, damit Familienleistungen tatsächlich

---

[766] Neben den folgenden Entscheidungen kann verwiesen werden auf EuGH, 6.4.1962, Rs. 13/61, de Geus, 1962, S. 97 (111 ff.); EuGH, 11.11.1981, Rs. 203/80, Casati, Slg. 1981, S. 2595, Rn. 9; EuGH, 21.9.1999, Rs. C-378/97, Wijsenbeek, Slg. 1999, I-6207, Rn. 27 ff. Das Bestehen eines Koordinierungsbedarfs als Frage der unmittelbaren Wirkung sehen auch GA Cosmas zu EuGH, Rs. C-360/97, Nijhuis, Slg. 1999, I-1919, Rn. 19, 30 ff.; Forsthoff, Grabitz/Hilf/Nettesheim (Hg.), Das Recht der Europäischen Union, Bd. I, Art. 45 AEUV, Rn. 229 (September 2010) und Art. 49 AEUV, Rn. 69 (März 2011); Bröhmer, in: Calliess/Ruffert (Hg.), EUV/AEUV, 4. Aufl. 2011, Art. 54 AEUV, Rn. 16; Müller-Graff, in: Streinz (Hg.), EUV/AEUV, 2. Aufl. 2012, Art. 49 AEUV, Rn. 2, Fn. 2. Siehe auch EuGH (Große Kammer), 16.12.2008, Rs. C-210/06, Cartesio, Slg. 2008, I-9641, Rn. 40 (Vorlagefrage Nr. 4, Buchstabe B).

[767] Vgl. EuGH, 4.10.1991, Rs. C-15/90, Middleburgh, Slg. 1991, I-4655, Rn. 1 ff.

[768] Siehe GA Mischo zu EuGH, a.a.O., Rn. 25 ff.

[769] Verordnung (EWG) Nr. 1408/71 des Rates vom 14. Juni 1971 zur Anwendung der Systeme der sozialen Sicherheit auf Arbeitnehmer und deren Familien, die innerhalb der Gemeinschaft zu- und abwandern, ABl. (EG) L 149 vom 5.7.1971, S. 2.

denen zugutekämen, denen sie zugutekommen sollten, damit die Kumulierung von Familienleistungen verhindert werde, damit entschieden werde, nach dem Recht welcher Mitgliedstaaten Familienleistungen gezahlt würden, und schließlich, damit gegebenenfalls die Zusammenrechnung zurückgelegter Zeiten geregelt sei.[770] Auf den Punkt gebracht, tragen diese Regeln dem Koordinierungsbedarf der verschiedenen Systeme der sozialen Sicherheit im Falle grenzüberschreitender Sachverhalte Rechnung.[771] Der Gerichtshof folgte der Auffassung des Generalanwalts und lehnte einen Verstoß gegen die Niederlassungsfreiheit ab, da der Gemeinschaftsgesetzgeber auf diesem Gebiet noch nicht die erforderlichen Maßnahmen erlassen hätte, die „unbedingt erforderlich waren, um zu gewährleisten, daß diese Leistungen tatsächlich für den Unterhalt unterhaltsberechtigter Kinder verwendet werden und um eine Kumulierung solcher Leistungen zu verhindern".[772]

Nicht verschwiegen werden soll, dass die Frage nach der Notwendigkeit begleitender Maßnahmen nicht speziell mit der Doktrin der unmittelbaren Wirkung verbunden ist. Die Rechtsprechung des EuGH zeigt, dass eine anderweitige dogmatische Verortung möglich ist. Ein identisches Argumentationsmuster findet sich auch in der Rechtsprechung zum Umfang der Niederlassungsfreiheit von Gesellschaften. Ein gutes Beispiel hierzu ist die Leitentscheidung *Daily Mail*. In diesem Urteil entschied der Gerichtshof, die Niederlassungsfreiheit nach Art. 52 und

---

[770] Siehe GA Mischo zu EuGH, Rs. C-15/90, Middleburgh, Slg. 1991, I-4655, Rn. 27 f.

[771] Siehe den 1. Erwägungsgrund der Präambel der Verordnung Nr. 1408/71, a.a.O. (Fn. 769).

[772] EuGH, 4.10.1991, Rs. C-15/90, Middleburgh, Slg. 1991, I-4655, Rn. 14. Bestätigt in EuGH (Fünfte Kammer), 30.1.1997, verb. Rs. C-4/95 und C-5/95, Stöber, Slg. 1997, I-511, Rn. 40; EuGH, 20.4.1999, Rs. C-360/97, Nijhuis, Slg. 1999, I-1919, Rn. 32. Keine Notwendigkeit nach Koordinierungsvorschriften sieht der Gerichtshof dagegen in EuGH, 22.11.1995, Rs. C-443/93, Vougioukas, Slg. 1995, I-4033, Rn. 36 ff. Ausführlich zur Frage, wann ein Koordinierungsbedarf gegeben ist: GA Cosmas, zu EuGH, Rs. C-360/97, Nijhuis, Slg. 1999, I-1919, Rn. 30 ff. Angemerkt sei, dass sich das Problem der Koordinierung von Leistungen der sozialen Sicherheit bei Selbständigen schon seit längerer Zeit erledigt hat, da der Anwendungsbereich der Verordnung Nr. 1408/71 auf Selbständige erweitert wurde. Siehe Verordnung (EWG) Nr. 1390/81 des Rates vom 12. Mai 1981 zur Ausdehnung der Verordnung (EWG) Nr. 1408/71 zur Anwendung der Systeme der sozialen Sicherheit auf Arbeitnehmer und deren Familien, die innerhalb der Gemeinschaft zu- und abwandern, auf die Selbständigen und ihre Familienangehörigen, ABl. (EG) L 143 vom 29.5.1981, S. 1.

58 EWGV (nun Art. 49 und 54 AEUV) gewähre nach dem „derzeitigen Stand des Gemeinschaftsrechts“ nicht das Recht, den Sitz der Geschäftsleitung einer Gesellschaft, die nach dem Recht dieses Mitgliedstaates gegründet worden sei und in diesem Mitgliedstaat ihren satzungsmäßigen Sitz habe, in einen anderen Mitgliedstaat zu verlegen.[773] Zur Begründung wies der Gerichtshof darauf hin, dass Gründung und Verlegung der Geschäftsleitung außerhalb des nationalen Gebiets in den Mitgliedstaaten erheblich unterschiedlich geregelt seien, insbesondere in steuerrechtlicher Hinsicht.[774] Der EWG-Vertrag würde diesen Unterschieden Rechnung tragen. So sei in Art. 220 EWGV der Abschluss von Übereinkünften zwischen den Mitgliedstaaten vorgesehen, um die Beibehaltung der Rechtspersönlichkeit bei Verlegung des Sitzes von einem Staat in einen anderen sicherzustellen.[775] Daher betrachte der EWG-Vertrag die Unterschiede in den Mitgliedstaaten „als Probleme, die durch die Bestimmungen über die Niederlassungsfreiheit nicht gelöst sind, sondern einer Lösung im Wege der Rechtssetzung oder des Vertragsschlusses bedürfen; eine solche wurde jedoch noch nicht gefunden.“[776] Wie in der Entscheidung *Middleburgh* würde die Anwendung der Unionsrechtsvorschrift die Gefahr ungewollter Folgen begründen (konkret die Beeinträchtigung der Kohärenz des nationalen Steuersystems, die Beeinträchtigung nationaler Mitbestimmungsregeln[777] und die Beeinträchtigung des Arbeitnehmer- und Gläubigerschutzes[778]), die zwar durch gemeinschaftsrechtliche Maßnahmen oder bilaterale Vereinbarungen der Mitgliedstaaten zu verhindern wären (konkret durch den Abschluss von Übereinkünften nach Art. 220 EWGV), es aber zum entscheidungserheblichen Zeitpunkt an entsprechenden Maßnahmen fehlt. Auch wenn der *Daily Mail*-Entscheidung eine vergleichbare Lo-

---

[773] Siehe EuGH, 27.9.1988, Rs. 81/87, Daily Mail, Slg. 1988, S. 5483, Rn. 25 und Tenor 1.

[774] Siehe EuGH, a.a.O., Rn. 20.

[775] Siehe EuGH, a.a.O., Rn. 21.

[776] Siehe EuGH, a.a.O., Rn. 23. Nach GA Darmon (Rn. 2 der Schlussanträge) ließen sich die durch die Unterschiede hervorgerufenen Schwierigkeiten „nur durch eine Harmonisierung auf Gemeinschaftsebene oder durch Übereinkommen zwischen den Mitgliedstaaten überwinden“.

[777] Siehe Bröhmer, in: Calliess/Ruffert (Hg.), EUV/AEUV, 4. Aufl. 2011, Art. 54 AEUV, Rn. 18.

[778] Siehe Forsthoff, Grabitz/Hilf/Nettesheim (Hg.), Das Recht der Europäischen Union, Bd. I, Art. 54 AEUV, Rn. 28 (Oktober 2011).

gik zugrunde liegt, wie in der Rechtssache *Middleburgh*, erblickte der Gerichtshof in der Frage nach der Notwendigkeit ergänzender Maßnahmen keine Frage der unmittelbaren Wirkung und stellte im Gegenteil die unmittelbare Wirkung der Niederlassungsfreiheit ausdrücklich fest.[779] Die genaue dogmatische Einordnung bleibt allerdings auch hier unklar. Ausweislich der Darstellung in der amtlichen Sammlung hatten weder die Klägerin des Ausgangsverfahrens, noch das Vereinigte Königreich, die Kommission oder Generalanwalt *Darmon* hierin eine Frage der unmittelbaren Wirkung gesehen. Als dogmatische Verortung kommt neben der unmittelbaren Wirkung auch ein Tatbestandsausschluss oder die Behandlung im Rahmen der Rechtfertigungsgründe in Betracht.[780]

E. Alternativer Inhalt

Nach der EuGH-Rechtsprechung wirken Vorschriften mit alternativem Inhalt gleichfalls nicht unmittelbar, wenn sich unter den Alternativen keine Verpflichtung zu einem Mindestschutz im Sinne eines kleinsten gemeinsamen Nenners ermitteln lässt.[781] In diesem Fall besteht ein Ermessen der Mitgliedstaaten, wie sie der Verpflichtung aus der Vorschrift nachkommen können, das wiederum einer unmittelbaren Anwendbarkeit der Vorschrift durch mitgliedstaatliche Gerichte und Verwaltungsbehörden entgegensteht. Diese Fallgruppe wird durch die *Impact*-Entscheidung des Gerichtshofes aus dem Jahr 2008 verdeutlicht.[782] Im Ausgangsrechtsstreit verlangten bei verschiedenen irischen Ministerien befristet angestellte außerplanmäßige Bedienstete von ihrem Arbeitge-

---

[779] Vgl. EuGH, 27.9.1988, Rs. 81/87, Daily Mail, Slg. 1988, S. 5483, Rn. 15.

[780] Für einen Tatbestandsausschluss etwa Bröhmer, in: Calliess/Ruffert (Hg.), EUV/AEUV, 4. Aufl. 2011, Art. 54 AEUV, Rn. 18. Die steuerliche Kohärenz ist beispielsweise als Rechtfertigungsgrund anerkannt; siehe nur EuGH, 28.1.1992, Rs. C-204/90, Bachmann, Slg. 1992, I-249, Rn. 28; EuGH, 26.10.1999, Rs. C-294/97, Eurowings Luftverkehr, Slg. 1999, I-7447, Rn. 20.

[781] In Anlehnung an die Formulierung von GA Kokott zu EuGH, Rs. C-268/06, Impact, Slg. 2008, I-2483, Rn. 114. Zur Bestimmung eines Mindestschutzes siehe im zweiten Teil, B.III.2.

[782] EuGH (Große Kammer), 15.4.2008, Rs. C-268/06, Impact, Slg. 2008, I-2483. Für ein weiteres Beispiel siehe EuGH (Sechste Kammer), 15.6.2000, Rs. C-365/98, Brinkmann, Slg. 2000, I-4619, vor allem Rn. 35-39.

ber unbefristete Verträge, weil dieser durch die Befristung der Arbeitsverträge gegen Paragraph 5 Nr. 1 einer Rahmenvereinbarung verstoßen habe, der im Anhang der Richtlinie 1999/70[783] enthalten ist. Diese Vorschrift bestimmt, dass die Mitgliedstaaten, um Missbrauch durch aufeinanderfolgende befristete Arbeitsverträge oder -verhältnisse zu vermeiden, *eine oder mehrere* der folgenden Maßnahmen ergreifen: a) sachliche Gründe, die die Verlängerung solcher Verträge oder Verhältnisse rechtfertigen; b) die insgesamt maximal zulässige Dauer aufeinanderfolgender Arbeitsverträge oder -verhältnisse; c) die zulässige Zahl der Verlängerung solcher Verträge oder Verhältnisse. Der Gerichtshof lehnte die unmittelbare Wirkung des Paragraphen 5 Nr. 1 ab, da es im Ermessen der Mitgliedstaaten stehe, ob sie auf eine oder mehrere der genannten Maßnahmen zurückgriffen.[784] Ein Mindestschutz könne der Vorschrift nicht entnommen werden, da ansonsten unter den verschiedenen in Paragraphen 5 Nr. 1 der Rahmenvereinbarung genannten Maßnahmen eine Rangfolge geschaffen würde, obwohl die Maßnahmen ausweislich des eindeutigen Wortlauts gleichwertig seien.[785]

Nicht unter die hier beschriebene Fallgruppe fallen jedoch die zahlreichen Diskriminierungsverbote im Unionsrecht. Zwar ist es denkbar, den Inhalt von Diskriminierungsverboten ebenfalls in dem Sinne zu verstehen, dass dem Adressaten der Diskriminierungsverbote stets zwei alternative Handlungsmöglichkeiten eröffnet werden: Entweder diejenige Person, die diskriminiert wurde, erhält den Vorteil, der ihr bisher fehlte, oder der Person, der bisher ein Vorteil zugutekam, wird ihr Vorteil genommen. Doch ist es, wie bereits ausgeführt, ständige Rechtsprechung des EuGH seit der Entscheidung *Lütticke* aus dem Jahr 1967, dass der unmittelbaren Wirkung von Diskriminierungsverboten kein

---

[783] Richtlinie 1999/70/EG des Rates vom 28. Juni 1999 zu der EGB-UNICE-CEEP-Rahmenvereinbarung über befristete Arbeitsverträge, ABl. (EG) L 175 vom 10.7.1999, S. 43.

[784] Siehe EuGH (Große Kammer), 15.4.2008, Rs. C-268/06, Impact, Slg. 2008, I-2483, Rn. 70 f. Ebenso die Auffassung von GA Kokott hierzu bei Rn. 111 ff. Die fehlende unmittelbare Wirkung stellte der Gerichtshof bereits in EuGH (Große Kammer), 4.7.2006, Rs. C-212/04, Adeneler, Slg. 2006, I-6057, Rn. 101, fest, allerdings nicht in der gleichen Deutlichkeit wie in der Rs. Impact.

[785] Siehe EuGH (Große Kammer), 15.4.2008, Rs. C-268/06, Impact, Slg. 2008, I-2483, Rn. 72 ff., vor allem Rn. 76. Siehe auch GA Kokott hierzu bei Rn. 113.

Durchführungsermessen entgegensteht.[786] Denn im Fall einer unionsrechtswidrigen Diskriminierung kann, solange keine Maßnahmen zur Wiederherstellung der Gleichbehandlung erlassen worden sind, der Gleichheitssatz nur derart gewahrt werden, dass die Vergünstigung, die die Mitglieder der begünstigten Gruppe erhalten, auf die Mitglieder der benachteiligten Gruppe erstreckt wird.[787]

F. Formel

Eine Gesamtschau der Ergebnisse der vorstehenden Untersuchung ergibt folgende Formel: Die unmittelbare Wirkung des Unionsrechts ist zu vermuten. Ausnahmsweise wirkt Unionsrecht dann nicht unmittelbar, wenn ein mitgliedstaatliches Gericht oder eine mitgliedstaatliche Verwaltungsbehörde seine funktionalen Befugnisse überschreitet, würde es die relevante Vorschrift anwenden. Dies ist nach der Rechtsprechung des EuGH insbesondere der Fall, wenn

- es sich um eine Vorschrift einer unverbindlichen Handlungsform handelt. Allerdings sind innerstaatliche Gerichte und Verwaltungsbehörden verpflichtet, die Vorschrift bei ihrer Entscheidung zu berücksichtigen, insbesondere dann, wenn die Vorschrift Aufschluss über die Auslegung der zu ihrer Durchführung erlassener innerstaatlicher Rechtsvorschriften gibt oder wenn sie verbindliche unionsrechtliche Vorschriften ergänzt.
- die Verbindlichkeit einer Vorschrift von dem Eintreten eines Ereignisses abhängt und dieses Ereignis noch nicht stattgefunden hat. Dementsprechend entfalten Richtlinienvorschriften nach ständiger Rechtsprechung erst unmittelbare Wirkung, nachdem die in Art. 288 Abs. 3 AEUV vorgesehene Umsetzungsfrist abgelaufen ist. Allerdings kann eine Richtlinie nicht selbst Verpflichtungen für den Einzelnen begründen und daher nicht gegenüber diesem in Anspruch genommen werden.

---

786 Siehe EuGH, 16.6.1966, Rs. 57/65, Lütticke, Slg. 1966, S. 257 (266, 268). Hierzu im Einzelnen im zweiten Teil, A.III.2.b).

787 Siehe nur EuGH (Sechste Kammer), 12.12.2002, Rs. C-442/00, Rodríguez Caballero, Slg. 2002, I-11915, Rn. 42; EuGH (Erste Kammer), 7.9.2006, Rs. C-81/05, Cordero Alonso, Slg. 2006, I-7569, Rn. 45 f.; EuGH (Erste Kammer), 21.7.2007, verb. Rs. C-231/06 bis C-233/06, Jonkman, Slg. 2007, I-5149, Rn. 39. Hierzu im zweiten Teil, A.III.2.b).

- die Anwendung einer Vorschrift nur unter Berücksichtigung und Bewertung komplexer, sich rasch ändernder wirtschaftlicher, politischer oder sozialer Gegebenheiten möglich ist. Dabei sind hohe Anforderungen zu stellen. Die zu berücksichtigenden Gegebenheiten müssen so komplex sein, dass sie nationale Gerichte und Verwaltungsbehörden nicht mehr würdigen können. Indizien gegen eine unmittelbare Wirkung sind die große Unbestimmtheit der in der Vorschrift verwendeten Formulierungen, die weitreichenden, mit einer Beachtung der Vorschrift verbundenen Auswirkungen und die Existenz von Vollzugsverfahren beziehungsweise von Ausführungsermächtigungen. Gegen eine unmittelbare Wirkung kann ebenfalls sprechen, dass es wenig Praxis der Unionsorgane, insbesondere wenig Rechtsprechung des EuGH, gibt, mit deren Hilfe mitgliedstaatliche Gerichte und Verwaltungsbehörden das Unionsrechts zuverlässig einheitlich anwenden können.
- die Anwendung einer Vorschrift nur im Zusammenwirken mit begleitenden Regelungen möglich ist, es an diesen Regelungen aber fehlt. Würden mitgliedstaatliche Gerichte und Verwaltungsbehörden die Vorschrift dennoch anwenden, hätte das unter Umständen Folgen, deren Eintreten das Unionsrecht durch den Erlass der begleitenden Regelungen gerade verhindern möchte.
- sich bei einer Vorschrift mit alternativem Inhalt unter den Alternativen keine Verpflichtung zu einem Mindestschutz im Sinne eines kleinsten gemeinsamen Nenners ermitteln lässt. In diesem Fall besteht ein Ermessen der Mitgliedstaaten, wie sie der Verpflichtung aus der Vorschrift nachkommen können, das wiederum einer Anwendung der Vorschrift durch mitgliedstaatliche Gerichte und Verwaltungsbehörden entgegensteht.

Fazit

Die aktuelle Doktrin unmittelbarer Wirkung des Unionsrechts, wie sie der Rechtsprechung zugrunde liegt und in der Wissenschaft vertreten wird, ist wegen der inhaltlichen Unklarheit der Kriterien hinreichender Genauigkeit und Unbedingtheit nicht praktikabel. Abhilfe schafft die hier vertretene Vermutung der unmittelbaren Wirkung, die einen Rückgriff auf diese Kriterien obsolet macht. Während für das Völkerrecht die unmittelbare Anwendbarkeit durch nationale Gerichte und Verwaltungsbehörden die Ausnahme bildet, ist sie für das Unionsrecht die Regel. Solange sich keine überzeugenden Gründe gegen eine unmittelbare Wirkung finden lassen, wirkt Unionsrecht unmittelbar. Somit bedarf nur die fehlende unmittelbare Wirkung einer Begründung. Die Vermutung belässt den Rechtsanwender nicht im Zweifel, ob Vorschriften unmittelbar wirken. Im Zweifel wirken sie unmittelbar. Dogmatisch operationalisieren lässt sich die Vermutung der unmittelbaren Wirkung mittels präzise definierter Fallgruppen, in denen Vorschriften des Unionsrechts ausnahmsweise nicht unmittelbar wirken. Hierdurch wird Rechtssicherheit bei der Bestimmung der unmittelbaren Wirkung geschaffen, die es bislang nicht gab.

Die These der Vermutung unmittelbarer Wirkung lässt sich mit der Rechtsprechung untermauern. Der EuGH hat eine Vielzahl denkbarer Hindernisse, die gegen eine unmittelbare Wirkung sprechen könnten, entkräftet. Insbesondere belegt die Rechtsprechung, dass Unklarheiten über die sachliche Tragweite einer Vorschrift für die unmittelbare Wirkung grundsätzlich genauso wenig beachtlich sind, wie das durch eine Vorschrift eingeräumte Ermessen. Daher wirken auch programmatische Vorschriften grundsätzlich unmittelbar. Vor diesem Hintergrund verwundert es nicht, dass der EuGH, wenn er nach der unmittelbaren Wirkung gefragt wurde, diese zumeist bejaht hat. Das gilt selbst mit Blick auf Richtlinien, die ausdrücklich eine Umsetzung durch die Mitgliedstaaten vorsehen und daher scheinbar nicht unmittelbar anwendbar sind. Mittlerweile wird die unmittelbare Wirkung von nationalen Gerichten und dem EuGH überwiegend unterstellt. Das erklärt, dass Fragen der unmittelbaren Wirkung in der Rechtsprechung des Gerichtshofs an Bedeutung verloren haben.

Die Vermutung der unmittelbaren Wirkung wird aber nicht nur durch die Rechtsprechung des EuGH indiziert, sondern ist auch dogmatisch geboten. Sie folgt aus der Herrschaft des Rechts in der Europäischen Union, denn Grundvoraussetzung für eine solche ist, dass Recht wirkt. In den Verträgen finden sich konkrete Anhaltspunkte für die Richtigkeit der Vermutungsthese. Da die Union als Rechtsgemeinschaft konzipiert ist, kann die unmittelbare Wirkung des Unionsrechts, anders als Völkerrecht, nicht mit Erwägungen der Reziprozität im Verhältnis der Mitgliedstaaten untereinander ausgeschlossen werden. Die Europäische Union verfügt mit dem Vertragsverletzungs- und vor allem mit dem Vorabentscheidungsverfahren über wirksame Mittel, die effektive und einheitliche Anwendung des Unionsrechts in den Mitgliedstaaten sicherzustellen. Deshalb ist auch nicht zu befürchten, dass einem Mitgliedstaat durch die unmittelbare Wirkung im Verhältnis zu anderen Mitgliedstaaten ein Nachteil entsteht. Überdies schafft das Vorabentscheidungsverfahren maßgeblich Rechtssicherheit und Rechtsgleichheit, indem es mitgliedstaatlichen Gerichten, die unterschiedlichen Rechtskulturen angehören, ermöglicht, das Unionsrecht einheitlich anzuwenden.

Umgekehrt kann die Vermutung der unmittelbaren Wirkung nicht unter Verweis auf eine geringe rechtsstaatliche Legitimation des Unionsrechts abgelehnt werden. Das Unionsrecht zeichnet sich im Unterschied zu weiten Teilen des Völkerrechts im Hinblick auf sein Zustandekommen durch demokratische Prozesse aus, gewährt, vergleichbar dem nationalen Recht, einen effektiven Rechtsschutz und sieht Organe vor, die das Interesse des Einzelnen sicherstellen können. Mittlerweile verleihen die Unionsverträge dieser Legitimation dadurch besonderen Ausdruck, dass sie auf Begriffe aus dem Kontext des nationalen Rechts, dessen unmittelbare Anwendbarkeit grundsätzlich nicht in Frage gestellt wird, wie „Gesetzgeber", „Gesetzgebungsverfahren" und „Gesetzgebungsakte", zurückgreifen.

Gegen die Vermutung lässt sich auch nicht ins Feld führen, sie sei ein Schritt in Richtung Bundesstaat und bedrohe die nationale Souveränität. Sie wird lediglich der zwischenzeitlich erreichten Integration der Union als Staatenverbund gerecht, ohne zu ihrer Vertiefung zu führen. Die Vermutung der unmittelbaren Wirkung ist nichts anderes als „gelebte" Rechtsgemeinschaft. Sie nimmt den nationalen Stellen die Zurückhaltung, das Unionsrecht anzuwenden, schafft Rechtssicherheit, stärkt die Wirksamkeit und einheitliche Anwendung des Unionsrechts, effektiviert den Rechtsschutz und fördert durch ein Mehr an Rechtsstaatlichkeit die Akzeptanz des Unionsrechts. Vor diesem Hintergrund war es durchaus zutreffend, in der Debatte über die unmittelbare Wirkung eine Kinderkrankheit des Unionsrechts zu sehen, die es zu überwinden galt, weil die unmittelbare Wirkung von Recht in einer Rechtsgemeinschaft selbstverständlich sein sollte.[788] Gleichwohl ist die Metapher der Kinderkrankheit irreführend. Für nationales Recht mag die unmittelbare Wirkung selbstverständlich sein. Für das Recht einer durch völkerrechtliche Verträge gegründeten Organisation ist das nicht der Fall. Selbst wenn die unmittelbare Anwendbarkeit des Unionsrechts mittlerweile die Regel ist, sollte man den Beitrag der unmittelbaren Wirkung zur Rechtsstaatlichkeit und Konstitutionalisierung der Union nicht als Selbstverständlichkeit abtun und vergessen. Die in der unmittelbaren Wirkung zum Ausdruck kommende Rechtsstaatlichkeit hebt die Rechtsordnung der Union positiv von der Völkerrechtsordnung ab. Die unmittelbare Wirkung des Unionsrechts ist eine Errungenschaft, die es zu bewahren und verteidigen gilt.

---

[788] Siehe Pescatore, The Doctrine of "Direct Effect": An Infant Disease of Community Law, EL Rev 8 (1983), S. 155 (155).

Anhang I

Primärrecht	Formulierungen aus der Rechtsprechung
60er und 70er Jahre	„Bestimmungen […], die ebenso wie die vom nationalen Gesetzgeber erlassenen Vorschriften einer unmittelbaren Durchführung in den Mitgliedstaaten zugänglich sind und infolge ihrer mit der Ratifikation des Vertrages erfolgten Eingliederung in die Rechtsordnung der Mitgliedstaaten auch ohne weiteres von Rechts wegen durchgeführt werden müssen; andere Vorschriften bedürfen dagegen, um anwendbar zu sein, des vorherigen Erlasses von Durchführungsbestimmungen“;[789] „eignet sich seinem Wesen nach […] dazu, unmittelbare Wirkungen in den Rechtsbeziehungen zwischen den Mitgliedstaaten und den ihrem Recht unterworfenen Einzelnen zu erzeugen“[790]; „seiner Natur nach durchaus geeignet, in den Rechtsbeziehungen zwischen den Mitgliedstaaten und ihren Bürgern unmittelbare Wirkungen zu erzeugen“;[791] „ihrer Natur nach geeignet […], in

[789] EuGH, 15.7.1960, Rs. 20/59, Regierung der Italienischen Republik/Hohe Behörde, Slg. 1960, S. 681 (707).

[790] EuGH, 5.2.1963, Rs. 26/62, Van Gend & Loos, Slg. 1963, S. 1 (25 f.). Siehe auch EuGH, 15.7.1964, Rs. 6/64, Costa/E.N.E.L., Slg. 1964, S. 1253 (1273, 1275); EuGH, 16.6.1966, Rs. 57/65, Lütticke, Slg. 1966, S. 257 (266); EuGH, 3.4.1968, Rs. 28/67, Molkerei-Zentrale Westfalen/Lippe, Slg. 1968, S. 215 (230 f.); EuGH, 4.4.1968, Rs. 27/67, Fink-Frucht, Slg. 1968, S. 327 (347); EuGH, 19.12.1968, Rs. 13/68, Salgoil, Slg. 1968, S. 679 (691); EuGH, 21.6.1974, Rs. 2/74, Reyners, Slg. 1974, S. 631, Rn. 24/28; EuGH, 8.4.1976, Rs. 43/75, Defrenne II, Slg. 1976, S. 455, Rn. 7.

[791] EuGH, 17.12.1970, Rs. 33/70, S.A.C.E., Slg. 1970, S. 1213, Rn. 10. Siehe auch EuGH, 26.10.1971, Rs. 18/71, Eunomia di Porro, Slg. 1971, S. 811, Rn. 9/11.

	den Beziehungen zwischen einzelnen unmittelbare Wirkung zu erzeugen";[792] „kann ihrem Wesen nach von den Angehörigen der Mitgliedstaaten vor den nationalen Gerichten geltend gemacht werden";[793] „ergibt sich [...] aus dem Wesen";[794] „vollständig, rechtlich vollkommen"[795]; „bedarf keines Eingriffs des staatlichen Gesetzgebers";[796] bedarf „zu ihrer Erfüllung oder Wirksamkeit keiner weiteren Handlungen der Staaten oder der Kommission";[797] „bedarf zu ihrer Durchführung oder Wirksamkeit [...] keiner weiteren Maßnahmen der Gemeinschaftsorgane oder der Mitgliedstaaten";[798] „Erfüllung von einem internen Rechtssetzungsakt oder einer Maßnahme der Organe der Gemeinschaft abhängig"[799]; „klares und uneingeschränktes Verbot";[800] „klar ausgesprochene[s] Verbot";[801] „eine Verpflich-

[792] EuGH, 27.3.1974, Rs. 127/73, BRT-I, Slg. 1974, S. 51, Rn. 15/17.

[793] EuGH, 3.2.1976, Rs. 59/75, Manghera, Slg. 1976, S. 91, Rn. 15/16.

[794] EuGH, 29.11.1978, Rs. 83/78, Pigs Marketing Board, Slg. 1978, S. 2347, Rn. 66/67.

[795] EuGH, 15.7.1964, Rs. 6/64, Costa/E.N.E.L., Slg. 1964, S. 1253 (1273). Siehe auch EuGH, 16.6.1966, Rs. 57/65, Lütticke, Slg. 1966, S. 257 (266); EuGH, 3.4.1968, Rs. 28/67, Molkerei-Zentrale Westfalen/Lippe, Slg. 1968, S. 215 (231).

[796] EuGH, 5.2.1963, Rs. 26/62, Van Gend & Loos, Slg. 1963, S. 1 (25).

[797] EuGH, 15.7.1964, Rs. 6/64, Costa/E.N.E.L., Slg. 1964, S. 1253 (1273).

[798] EuGH, 16.6.1966, Rs. 57/65, Lütticke, Slg. 1966, S. 257 (266). Siehe auch EuGH, 3.4.1968, Rs. 28/67, Molkerei-Zentrale Westfalen/Lippe, Slg. 1968, S. 215 (230); EuGH, 3.2.1976, Rs. 59/75, Manghera, Slg. 1976, S. 91, Rn. 15/16; EuGH, 22.3.1977, Rs. 74/76, Iannelli & Volpi, Slg. 1977, S. 557, Rn. 13.

[799] EuGH, 19.12.1968, Rs. 13/68, Salgoil, Slg. 1968, S. 679 (691).

[800] EuGH, 5.2.1963, Rs. 26/62, Van Gend & Loos, Slg. 1963, S. 1 (25).

[801] EuGH, 15.7.1964, Rs. 6/64, Costa/E.N.E.L., Slg. 1964, S. 1253 (1274, 1275). Siehe auch EuGH, 19.12.1968, Rs. 13/68, Salgoil, Slg. 1968, S. 679 (691).

	tung, nicht zu einem Tun, sondern zu einem Unterlassen";[802] „reine Unterlassungspflicht"[803]; „durch keinen Vorbehalt der Staaten eingeschränkt"[804]; „durch keinerlei Bedingung eingeschränkt";[805] „unbedingtes Verbot";[806] „unzweideutig";[807] „klar ausgesprochenes Verbot";[808] „klare und unbedingte Verpflichtung"[809]; „unbedingte Vorschrift";[810] „klares und eindeutiges Erhebungsverbot"[811]; „Ergebnis klar umrissen"[812]; „zwingend und klar"[813]; „betrifft die Angehörigen unmittel-

[802] EuGH, 5.2.1963, Rs. 26/62, Van Gend & Loos, Slg. 1963, S. 1 (25). Siehe auch EuGH, 15.7.1964, Rs. 6/64, Costa/E.N.E.L., Slg. 1964, S. 1253 (1275).

[803] EuGH, 15.7.1964, Rs. 6/64, Costa/E.N.E.L., Slg. 1964, S. 1253 (1273).

[804] EuGH, 5.2.1963, Rs. 26/62, Van Gend & Loos, Slg. 1963, S. 1 (25 f.). Siehe auch EuGH, 15.7.1964, Rs. 6/64, Costa/E.N.E.L., Slg. 1964, S. 1253 (1275); EuGH, 19.12.1968, Rs. 13/68, Salgoil, Slg. 1968, S. 679 (691).

[805] EuGH, 15.7.1964, Rs. 6/64, Costa/E.N.E.L., Slg. 1964, S. 1253 (1273). Siehe auch EuGH, 16.6.1966, Rs. 57/65, Lütticke, Slg. 1966, S. 257 (266); EuGH, 3.4.1968, Rs. 28/67, Molkerei-Zentrale Westfalen/Lippe, Slg. 1968, S. 215 (230 f.); EuGH, 3.2.1976, Rs. 59/75, Manghera, Slg. 1976, S. 91, Rn. 15/16.

[806] EuGH, 15.7.1964, Rs. 6/64, Costa/E.N.E.L., Slg. 1964, S. 1253 (1275).

[807] EuGH, a.a.O., S. 1253 (1271).

[808] EuGH, a.a.O., S. 1253 (1274).

[809] EuGH, 16.6.1966, Rs. 57/65, Lütticke, Slg. 1966, S. 257 (266). Siehe auch EuGH, 3.4.1968, Rs. 28/67, Molkerei-Zentrale Westfalen/Lippe, Slg. 1968, S. 215 (230).

[810] EuGH, 14.7.1971, Rs. 10/71, Hafen von Mertert, Slg. 1971, S. 723, Rn. 13/16.

[811] EuGH, 17.12.1970, Rs. 33/70, S.A.C.E., Slg. 1970, S. 1213, Rn. 10. Siehe auch EuGH, 26.10.1971, Rs. 18/71, Eunomia di Porro, Slg. 1971, S. 811, Rn. 9/11.

[812] EuGH, 21.6.1974, Rs. 2/74, Reyners, Slg. 1974, S. 631, Rn. 24/28. Siehe auch EuGH, 3.12.1974, Rs. 33/74, van Binsbergen, Slg. 1974, S. 1299, Rn. 24/26; EuGH, 3.2.1976, Rs. 59/75, Manghera, Slg. 1976, S. 91, Rn. 15/16.

[813] EuGH, 22.3.1977, Rs. 74/76, Iannelli & Volpi, Slg. 1977, S. 557, Rn. 13.

	bar“[814]; „keinen Ermessensspielraum“[815]; „Entscheidungsspielraum“[816]; „die Mitgliedstaaten haben an dieses Verbot keinen Vorbehalt geknüpft, der sein Wirksamwerden von einem positiven innerstaatlichen Rechtsakt oder einem Einschreiten der Gemeinschaftsorgane abhängig machen würde.“[817]; „[es] ist auf das Ziel dieser Bestimmung und auf ihren Platz im System des Vertrages abzustellen“[818]
2000 und später	„klare und präzise Vorschrift“[819]; „Diese Vorschrift erfordert […] ein Tätigwerden des Unionsgesetzgebers, und ihre Wirkungen hängen deshalb vom Erlass eines weiteren Aktes der genannten Unionsorgane ab“[820]

814 EuGH, 15.7.1964, Rs. 6/64, Costa/E.N.E.L., Slg. 1964, S. 1253 (1274, 1275).

815 EuGH, 16.6.1966, Rs. 57/65, Lütticke, Slg. 1966, S. 257 (266).

816 EuGH, 3.4.1968, Rs. 28/67, Molkerei-Zentrale Westfalen/Lippe, Slg. 1968, S. 215 (234). Siehe auch EuGH, 24.10.1973, Rs. 9/73, Schlüter, Slg. 1973, S. 1135, Rn. 39; EuGH, 24.10.1973, Rs. 10/73, Rewe-Zentral, Slg. 1973, S. 1175, Rn. 26.

817 EuGH, 17.12.1970, Rs. 33/70, S.A.C.E., Slg. 1970, S. 1213, Rn. 10. Siehe auch EuGH, 26.10.1971, Rs. 18/71, Eunomia di Porro, Slg. 1971, S. 811, Rn. 9/11; EuGH, 4.4.1974, Rs. 167/73, Kommission/Frankreich, Slg. 1974, S. 359, Rn. 45/47.

818 EuGH, 8.4.1976, Rs. 43/75, Defrenne II, Slg. 1976, S. 455, Rn. 7.

819 EuGH, 17.9.2002, Rs. C-413/99, Baumbast, Slg. 2002, I-7091, Rn. 84.

820 EuGH (Dritte Kammer), 10.3.2011, Rs. C-379/09, Casteels, Slg. 2011, I-1379, Rn. 15.

Verordnungen	
60er und 70er Jahre	„ihre unmittelbare Anwendung begegnet keinen Schwierigkeiten";[821] „zwingend gefaßt";[822] „klar"[823]; „als solche geeignet, für die einzelnen Rechte zu begründen"[824]; „ohne daß ihre [die Rechte] Ausübung innerstaatlich von anderen als den möglicherweise aufgrund der Verordnung selbst erforderlichen Durchführungsvorschriften abhängig gemacht werden könnte"[825]; „zugunsten oder zu Lasten der Rechtssubjekte Anwendung findet, ohne daß es irgendwelcher Maßnahmen zur Umwandlung in nationales Recht bedarf"[826]; „der Auslegung und Anwendung durch ein Gericht zugänglich, ohne daß nationale Rechtsvorschriften zu seiner Auslegung erlassen werden müßten"[827]
2000 und später	„manche Bestimmungen [bedürfen] zu ihrer Durchführung des Erlasses von Durchfüh-

---

[821] EuGH, 11.3.1965, Rs. 31/64, Gemeenschappelijke Verzekeringskas „De Sociale Voorzorg", Slg. 1965, S. 111 (119); EuGH, 11.3.1965, Rs. 33/64, Betriebskrankenkasse der Heseper Torfwerke, Slg. 1965, S. 133 (142).

[822] EuGH, 11.3.1965, Rs. 31/64, Gemeenschappelijke Verzekeringskas „De Sociale Voorzorg", Slg. 1965, S. 111 (119); EuGH, 11.3.1965, Rs. 33/64, Betriebskrankenkasse der Heseper Torfwerke, Slg. 1965, S. 133 (142).

[823] EuGH, 11.3.1965, Rs. 31/64, Gemeenschappelijke Verzekeringskas „De Sociale Voorzorg", Slg. 1965, S. 111 (119); EuGH, 11.3.1965, Rs. 33/64, Betriebskrankenkasse der Heseper Torfwerke, Slg. 1965, S. 133 (142).

[824] EuGH, 14.12.1971, Rs. 43/71, Politi, Slg. 1971, S. 1039, Rn. 9. Siehe auch EuGH, 7.3.1972, Rs. 84/71, Marimex, Slg. 1972, S. 89, Rn. 5; EuGH, 10.10.1973, Rs. 34/73, F.lli Variola, Slg. 1973, S. 981, Rn. 8; EuGH, 26.2.1976, Rs. 65/75, Tasca, Slg. 1976, S. 291, Rn. 31/32.

[825] EuGH, 17.5.1972, Rs. 93/71, Leonesio, Slg. 1972, S. 287, Rn. 5/6.

[826] EuGH, 31.1.1978, Rs. 94/77, Fratelli Zerbone, Slg. 1978, S. 99, Rn. 22/27.

[827] EuGH, a.a.O., Rn. 8/30.

	rungsmaßnahmen durch die Mitgliedstaaten";[828] „ohne dass nationale Durchführungsmaßnahmen erforderlich wären"[829]
Richtlinien	
60er und 70er Jahre	„nach Rechtsnatur, Systematik und Wortlaut geeignet ist, unmittelbare Wirkungen in den Rechtsbeziehungen zwischen den Mitgliedstaaten und den einzelnen zu begründen"[830]; „eine Verpflichtung, die weder mit einem Vorbehalt noch mit einer Bedingung versehen ist"[831]; „ihrem Wesen nach keiner weiteren Maßnahme der Gemeinschaftsorgane oder der Mitgliedstaaten bedarf"[832]; „audrücklich und präzise"[833]; „unbedingt und hinreichend genau";[834] „keinen Ermessensspielraum"[835]

[828] EuGH (Sechste Kammer), 11.1.2001, Rs. C-403/98, Monte Arcosu, Slg. 2001, I-103, Rn. 26.

[829] EuGH (Zweite Kammer), 24.6.2004, Rs. C-278/02, Handlbauer, Slg. 2004, I-6171, Rn. 25. Siehe auch EuGH (Vierte Kammer), 28.10.2010, Rs. C-367/09, SGS Belgium, Slg. 2010, I-10761, Rn. 32.

[830] EuGH, 4.12.1974, Rs. 41/74, van Duyn, Slg. 1974, S. 1337, Rn. 12.

[831] EuGH, a.a.O., Rn. 13/14.

[832] EuGH, a.a.O., Rn. 13/14.

[833] EuGH, 1.2.1977, Rs. 51/76, Verbond van Nederlandse Ondernemingen, Slg. 1977, S. 113, Rn. 25/29.

[834] EuGH, 5.4.1979, Rs. 148/78, Ratti, Slg. 1979, S. 1629, Rn. 23.

[835] EuGH, 23.11.1977, Rs. 38/77, Enka, Slg. 1977, S. 2203, Rn. 15/17.

2000 und später	„Genauigkeit und Unbedingtheit";[836] „so klar, genau und unbedingt ist, dass sich ein Einzelner gegenüber einem Mitgliedstaat vor einem innerstaatlichen Gericht darauf berufen kann";[837] „hinreichend klar, genau und unbedingt";[838] „genaue Verpflichtungen [...], die ihnen [den Mitgliedstaaten] bei ihrer Erfüllung keinen Gestaltungsspielraum belassen";[839] „inhaltlich unbedingt und hinreichend genau";[840] „so geartet [...], dass sie Rechte festlegen, die

[836] EuGH, 3.10.2000, Rs. C-303/98, Simap, Slg. 2000, I-7963, Rn. 68.

[837] EuGH (Fünfte Kammer), 18.1.2001, Rs. C-150/99, Stockholm Lindöpark, Slg. 2001, I-493, Rn. 29. Siehe auch EuGH (Fünfte Kammer), 18.10.2001, Rs. C-441/99, Gharehveran, Slg. 2001, I-7687, Rn. 33, 36.

[838] EuGH (Fünfte Kammer), 18.1.2001, Rs. C-150/99, Stockholm Lindöpark, Slg. 2001, I-493, Rn. 31, 33.

[839] EuGH (Fünfte Kammer), 4.10.2001, Rs. C-438/99, Jiménez Melgar, Slg. 2001, I-6915, Rn. 33.

[840] EuGH (Sechste Kammer), 20.6.2002, verb. Rs. C-388/00 und C-429/00, Radiosistemi, Slg. 2002, I-5845, Rn. 49, 54, 57, 63. Siehe auch EuGH (Sechste Kammer), 10.9.2002, Rs. C-141/00, Ambulanter Pflegedienst Kügler, Slg. 2002, I-6833, Rn. 51; EuGH (Erste Kammer), 9.9.2004, Rs. C-292/02, Meiland Azewijn, Slg. 2004, I-7905, Rn. 57; EuGH (Große Kammer), 5.10.2004, verb. Rs. C-397/01 bis C-403/01, Pfeiffer, Slg. 2004, I-8835, Rn. 103; EuGH (Zweite Kammer), 17.2.2005, verb. Rs. C-453/02 und C-462/02, Linneweber und Akritidis, Slg. 2005, I-1131, Rn. 33; EuGH (Fünfte Kammer), 13.6.2006, Rs. C-336/05, Echouikh, Slg. 2006, I-5223, Rn. 40; EuGH (Erste Kammer), 19.4.2007, Rs. C-356/05, Farrell, Slg. 2007, I-3067, Rn. 37 f.; EuGH (Dritte Kammer), 28.6.2007, Rs. C-363/05, JP Morgan Fleming Claverhouse Investment Trust, Slg. 2007, I-5517, Rn. 58; EuGH (Große Kammer), 17.7.2008, verb. Rs. C-152/07 bis C-154/07, Arcor, Slg. 2008, I-5959, Rn. 40; EuGH (Dritte Kammer), 17.7.2008, Rs. C-226/07, Flughafen Köln/Bonn, Slg. 2008, I-5999, Rn. 23, 28; EuGH (Erste Kammer), 12.2.2009, Rs. C-138/07, Cobelfret, Slg. 2009, I-731, Rn. 58; EuGH (Dritte Kammer), 23.4.2009, verb. Rs. C-378/07 bis C-380/97, Angelidaki, Slg. 2009, I-3071, Rn. 193; EuGH (Dritte Kammer), 14.1.2010, verb. Rs. C-471/07 und C-472/07, AGIM, Slg. 2010, I-113, Rn. 26; EuGH (Dritte Kammer), 1.7.2010, Rs. C-194/08, Gassmayr, Slg. 2010, I-6281, Rn. 44; EuGH (Zweite Kammer), 14.10.2010, Rs. C-243/09, Fuß, Slg. 2010, I-9849, Rn. 56.

	der Einzelne dem Staat gegenüber geltend machen kann";[841] „klare, genaue und unbedingte Verpflichtung";[842] „klar, genau und unbedingt formuliert und bedarf keiner besonderen Durchführungsmaßnahme";[843] „inhaltlich unbedingt und hinreichend genau";[844] „so geartet [...], dass sie Rechte festlegen, die der Einzelne dem Staat gegenüber geltend machen kann";[845] „so genau, dass sich ein Einzelner auf sie berufen und ein nationales Gericht sie anwenden kann";[846] „Diese Vorschrift, die klar, zwingend und ohne Einschränkungen formuliert ist"[847]

[841] EuGH (Sechste Kammer), 10.9.2002, Rs. C-141/00, Ambulanter Pflegedienst Kügler, Slg. 2002, I-6833, Rn. 51.

[842] EuGH (Erste Kammer), 9.9.2004, Rs. C-292/02, Meiland Azewijn, Slg. 2004, I-7905, Rn. 61.

[843] EuGH (Sechste Kammer), 21.9.2000, Rs. C-109/99, ABBOI, Slg. 2000, I-7247, Rn. 68.

[844] EuGH (Fünfte Kammer), 10.4.2003, Rs. C-276/01, Steffensen, Slg. 2003, I-3735, Rn. 38, 41; EuGH, 20.5.2003, verb. Rs. C-465/00, C-138/01 und C-139/01, Österreichischer Rundfunk, Slg. 2003, I-4989, Rn. 98. Siehe auch EuGH (Sechste Kammer), 5.2.2004, Rs. C-157/02, Rieser Internationale Transporte, Slg. 2004, I-1477, Rn. 22, 34 f., 38; EuGH (Fünfte Kammer), 29.4.2004, Rs. C-102/02, Beuttenmüller, Slg. 2004, I-5405, Rn. 54 f.; EuGH (Zweite Kammer), 2.6.2005, Rs. C-15/04, Koppensteiner, Slg. 2005, I-4855, Rn. 38; EuGH (Vierte Kammer), 13.12.2007, Rs. C-372/06, Asda Stores, Slg. 2007, I-11223, Rn. 57; EuGH (Zweite Kammer), 25.7.2008, Rs. C-237/07, Janecek, Slg. 2008, I-6221, Rn. 36; EuGH (Vierte Kammer), 12.5.2011, Rs. C-115/09, Bund für Umwelt und Naturschutz Deutschland, Slg. 2011, I-3673, Rn. 54; EuGH (Erste Kammer), 26.5.2011, verb. Rs. C-165/09 bis C-167/09, Stichting Natuur en Milieu, Slg. 2011, I-4599, Rn. 93.

[845] EuGH, 20.5.2003, verb. Rs. C-465/00, C-138/01 und C-139/01, Österreichischer Rundfunk, Slg. 2003, I-4989, Rn. 98.

[846] EuGH, a.a.O., Rn. 100.

[847] EuGH (Vierte Kammer), 15.5.2008, verb. Rs. C-147/06 und C-148/06, SECAP und Santorso, Slg. 2008, I-3565, Rn. 24.

Entscheidungen/Beschlüsse	
60er und 70er Jahre	„Verpflichtungen […], die geeignet sind, unmittelbare Wirkungen in den Rechtsbeziehungen zwischen den Mitgliedstaaten und den einzelnen zu erzeugen“[848]; „Diese Verpflichtung ist ihrem Wesen nach zwingend und allgemein“;[849] „Diese Verpflichtung ist unbedingt und hinreichend klar und genau, um unmittelbare Wirkungen in den Rechtsbeziehungen zwischen den Mitgliedstaaten und den einzelnen begründen zu können“[850]; „vollständig“[851]
2000 und später	„wenn sie [die Bestimmung] ihrem Adressaten eine unbedingte und hinreichend klare und genaue Verpflichtung auferlegt“[852]

---

848 EuGH, 6.10.1970, Rs. 9/70, Grad („Leberpfennig“), Slg. 1970, S. 825, Rn. 10; EuGH, 21.10.1970, Rs. 20/70, Transports Lesage & Clie, Slg. 1970, S. 861, Rn. 10; EuGH, 21.10.1970, Rs. 23/70, Haselhorst, Slg. 1970, S. 881, Rn. 10.

849 EuGH, 6.10.1970, Rs. 9/70, Grad („Leberpfennig“), Slg. 1970, S. 825, Rn. 9; EuGH, 21.10.1970, Rs. 20/70, Transports Lesage & Clie, Slg. 1970, S. 861, Rn. 9; EuGH, 21.10.1970, Rs. 23/70, Haselhorst, Slg. 1970, S. 881, Rn. 9.

850 EuGH, 6.10.1970, Rs. 9/70, Grad („Leberpfennig“), Slg. 1970, S. 825, Rn. 9; EuGH, 21.10.1970, Rs. 20/70, Transports Lesage & Clie, Slg. 1970, S. 861, Rn. 9; EuGH, 21.10.1970, Rs. 23/70, Haselhorst, Slg. 1970, S. 881, Rn. 9.

851 EuGH, 6.10.1970, Rs. 9/70, Grad („Leberpfennig“), Slg. 1970, S. 825, Rn. 10; EuGH, 21.10.1970, Rs. 20/70, Transports Lesage & Clie, Slg. 1970, S. 861, Rn. 10; EuGH, 21.10.1970, Rs. 23/70, Haselhorst, Slg. 1970, S. 881, Rn. 10.

852 EuGH (Zweite Kammer), 20.11.2008, Rs. C-18/08, Foselev Sud-Ouest, Slg. 2008, I-8745, Rn. 11, ähnlich Rn. 12.

Anhang II

Relevante Vorschriften	Gegen eine unmittelbare Wirkung	Für eine unmittelbare Wirkung
Art. 85 EWGV[853]	Frankreich GA Lagrange **EuGH**	
Art. 12 EWGV[854]	Niederlande Belgien Deutschland GA Roemer	Kommission **EuGH**
Art. 102 Abs. 1 S. 1 EWGV[855]	GA Lagrange **EuGH**	
Art. 93 Abs. 3 S. 1 EWGV[856]	GA Lagrange **EuGH**	
Art. 53 EWGV[857]		GA Lagrange **EuGH**
Art. 37 Abs. 2 EWGV[858]		GA Lagrange (unter Einschränkungen) **EuGH**

853 Siehe EuGH, 6.4.1962, Rs. 13/61, de Geus, Slg. 1962, S. 97.

854 Siehe EuGH, 5.2.1963, Rs. 26/62, Van Gend & Loos, Slg. 1963, S. 1.

855 Siehe EuGH, 15.7.1964, Rs. 6/64, Costa/E.N.E.L., Slg. 1964, S. 1253.

856 Siehe EuGH, a.a.O.

857 Siehe EuGH, a.a.O.

858 Siehe EuGH, a.a.O.

Relevante Vorschriften	Gegen eine unmittelbare Wirkung	Für eine unmittelbare Wirkung
Art. 95 Abs. 1, 3 EWGV[859]	Deutschland Niederlande Belgien	Kommission GA Gand **EuGH**
Art. 97 Abs. 1 EWGV[860]	Deutschland Kommission GA Gand **EuGH**	
Art. 95 Abs. 2 EWGV[861]	Deutschland	Kommission GA Gand **EuGH**
Art. 31 EWGV[862]	Italien	Kommission GA Gand **EuGH**
Art. 32 Abs. 1 EWGV[863]	Italien	**EuGH**
Art. 32 Abs. 2 i.V.m. Art. 33 Abs. 1, Abs. 2 UAbs. 1 EWGV[864]	Italien **EuGH**	Kommission (mit Bedenken) GA Gand (unter Einschränkungen)

859 Siehe EuGH, 16.6.1966, Rs. 57/65, Lütticke, Slg. 1966, S. 257.

860 Siehe EuGH, 3.4.1968, Rs. 28/67, Molkerei-Zentrale Westfalen/Lippe, Slg. 1968, S. 215.

861 Siehe EuGH, Urteil vom 4. April 1968, Rs. 27/67, Fink-Frucht, 1968, S. 327.

862 Siehe EuGH, 19.12.1968, Rs. 13/68, Salgoil, Slg. 1968, S. 679.

863 Siehe EuGH, a.a.O.

864 Siehe EuGH, a.a.O.

Relevante Vorschriften	Gegen eine unmittelbare Wirkung	Für eine unmittelbare Wirkung
Art. 52 VO Nr. 3 des Rates über die Soziale Sicherheit der Wanderarbeitnehmer[865]	Frankreich	Kommission GA Gand **EuGH**
Art. 4 Abs. 2 Entscheidung 65/271/EWG des Rates vom 13. Mai 1965[866]	Deutschland	Kommission GA Roemer **EuGH**
Art. 13 Abs. 2 EWGV[867]	Deutschland Italien	Kommission GA Roemer **EuGH**
Art. 90 Abs. 2 EWGV[868]	Luxemburg GA Dutheillet de Lamothe **EuGH**	Kommission
Art. 16 EWGV[869]		Kommission GA Roemer **EuGH**

865 Siehe EuGH, 11.3.1965, Rs. 31/64, Gemeenschappelijke Verzekeringskas „De Sociale Voorzorg“, Slg. 1965, S. 111, und EuGH, 11.3.1965, Rs. 33/64, Betriebskrankenkasse der Heseper Torfwerke, Slg. 1965, S. 133.

866 Siehe EuGH, 6.10.1970, Rs. 9/70, Grad („Leberpfennig“), Slg. 1970, S. 825; EuGH, 21.10.1970, Rs. 20/70, Transports Lesage & Clie, Slg. 1970, S. 861; EuGH, 21.10.1970, Rs. 23/70, Haselhorst, Slg. 1970, S. 881.

867 Siehe EuGH, 17.12.1970, Rs. 33/70, S.A.C.E., Slg. 1970, S. 1213.

868 Siehe EuGH, 14.7.1971, Rs. 10/71, Hafen von Mertert, Slg. 1971, S. 723.

869 Siehe EuGH, 26.10.1971, Rs. 18/71, Eunomia di Porro, Slg. 1971, S. 811.

Relevante Vorschriften	Gegen eine unmittelbare Wirkung	Für eine unmittelbare Wirkung
Art. 14 Abs. 1 und Art. 18 Abs. 1 VO Nr. 20 vom 4. April 1962 sowie Art. 17 Abs. 2 erster Gedankenstrich und Art. 19 Abs. 1 erster Gedankenstrich VO Nr. 121/67/EWG[870]		Kommission GA Dutheillet de Lamothe **EuGH**
Art. 12 Abs. 1 und 2 VO Nr. 14/64 sowie Art. 20 Abs. 2, Art. 22 Abs. 1 VO (EWG) Nr. 805/68[871]		Kommission GA Roemer **EuGH**
VO Nr. 1975/69 und 2195/69[872]	Italien	GA Roemer **EuGH**
Art. 16 EWGV[873]	Kommission GA Roemer **EuGH**	
Art. 19 Abs. 2 Buchstabe a VO Nr. 19 des Rates vom 4. April 1962[874]		Belgien Kommission GA Roemer **EuGH**

[870] Siehe EuGH, 14.12.1971, Rs. 43/71, Politi, Slg. 1971, S. 1039.

[871] Siehe EuGH, 7.3.1972, Rs. 84/71, Marimex, Slg. 1972, S. 89.

[872] Siehe EuGH, 17.5.1972, Rs. 93/71, Leonesio, Slg. 1972, S. 287.

[873] Siehe EuGH, 26.10.1971, Rs. 18/71, Eunomia di Porro, Slg. 1971, S. 811.

[874] Siehe EuGH, 7.11.1972, Rs. 20/72, Cobelex, Slg. 1972, S. 1055.

Relevante Vorschriften	Gegen eine unmittelbare Wirkung	Für eine unmittelbare Wirkung
Art. 92 Abs. 1 EWGV[875]	Kommission GA Roemer **EuGH**	
Art. 93 Abs. 3 Satz 3 EWGV[876]		**EuGH**
Art. 18 und 20 VO Nr. 19/62 und Art. 18 und 21 VO Nr. 120/67[877]		Kommission GA Mayras **EuGH**
Art. 5 und 107 EWGV[878]	Deutschland Kommission GA Roemer **EuGH**	
Art. 85 Abs. 1 und 86 EWGV[879]		Kommission GA Mayras **EuGH**
Art. 90 Abs. 2 EWGV[880]	GA Mayras	**EuGH**
Art. 48 EWGV[881]		GA Reischl **EuGH**

[875] Siehe EuGH, 19.6.1973, Rs. 77/72, Capolongo, Slg. 1973, S. 611.

[876] Siehe EuGH, a.a.O.

[877] Siehe EuGH, 10.10.1973, Rs. 34/73, F.lli Variola, Slg. 1973, S. 981.

[878] Siehe EuGH, 24.10.1973, Rs. 9/73, Schlüter, Slg. 1973, S. 1135; EuGH, 24.10.1973, Rs. 10/73, Rewe-Zentral, Slg. 1973, S. 1175.

[879] Siehe EuGH, 27.3.1974, Rs. 127/73, BRT-I, Slg. 1974, S. 51.

[880] Siehe EuGH, 27.3.1974, Rs. 127/73, BRT-II, Slg. 1974, S. 313.

[881] Siehe EuGH, 4.4.1974, Rs. 167/73, Kommission/Frankreich, Slg. 1974, S. 359.

Relevante Vorschriften	Gegen eine unmittelbare Wirkung	Für eine unmittelbare Wirkung
Art. 90 in Verbindung mit Art. 86 EWGV[882]		Kommission **EuGH**
Art. 52 EWGV[883]	Belgien Luxemburg Irland Vereinigtes Königreich	Deutschland (unter Einschränkung) Niederlande Kommission GA Mayras (unter Einschränkung) **EuGH**
Art. 59 Abs. 1 und Art. 60 Abs. 3 EWGV[884]	Irland Vereinigtes Königreich	Deutschland Kommission GA Mayras **EuGH** (unter Einschränkungen)
Art. 3 Abs. 1 RL 64/221 des Rates[885]	Vereinigtes Königreich	Kommission GA Mayras **EuGH**
VO Nr. 120/67 und 136/66[886]		GA Warner **EuGH**
Art. 12 VO Nr. 13/64[887]		Kommission GA Reischl **EuGH**

882 Siehe EuGH, 30.4.1974, Rs. 155/73, Sacchi, Slg. 1974, S. 409.

883 Siehe EuGH, 21.6.1974, Rs. 2/74, Reyners, Slg. 1974, S. 631.

884 Siehe EuGH, 3.12.1974, Rs. 33/74, van Binsbergen, Slg. 1974, S. 1299.

885 Siehe EuGH, 4.12.1974, Rs. 41/74, van Duyn, Slg. 1974, S. 1337.

886 Siehe EuGH, 23.1.1975, Rs. 31/74, Galli, Slg. 1975, S. 47.

887 Siehe EuGH, 18.11.1975, Rs. 30/75, UNIL, Slg. 1975, S. 1419.

Relevante Vorschriften	Gegen eine unmittelbare Wirkung	Für eine unmittelbare Wirkung
Entscheidung der Kommission vom 17. Juli 1962[888]	**EuGH**	Kommission GA Reischl
Art. 37 Abs. 1 EWGV[889]		Italien Kommission GA Warner **EuGH**
Art. 35 VO Nr. 1009/67[890]		Italien Kommission GA Reischl **EuGH**
Art. 119 EWGV[891]	Vereinigtes Königreich Irland	Kommission (unter Einschränkungen) GA Trabucchi (unter Einschränkungen) **EuGH** (unter Einschränkungen)
unmittelbare Wirksamkeit des Verbots von Maßnahmen mit gleicher Wirkung wie eine mengenmäßige Beschränkung im Bereich der Landwirtschaft (Art. 38 bis 46 EWGV in Verbindung mit Art. 8 Abs. 7 EWGV)[892]		**EuGH**

[888] Siehe EuGH, a.a.O.

[889] Siehe EuGH, 3.2.1976, Rs. 59/75, Manghera, Slg. 1976, S. 91.

[890] Siehe EuGH, 26.2.1976, Rs. 65/75, Tasca, Slg. 1976, S. 291.

[891] Siehe EuGH, 8.4.1976, Rs. 43/75, Defrenne II, Slg. 1976, S. 455.

[892] Siehe EuGH, 14.7.1976, verb. Rs. 3, 4 und 6/76, Kramer, Slg. 1976, S. 1279.

Relevante Vorschriften	Gegen eine unmittelbare Wirkung	Für eine unmittelbare Wirkung
Art. 13 Abs. 1 EWGV[893]		GA Warner **EuGH**
Art. 13 der VO Nr. 159/66/EWG[894]		GA Warner **EuGH**
Art. 16 EWGV[895]		GA Warner Kommission **EuGH**
VO Nr. 234/68[896]		GA Warner **EuGH**
Art. 11 Abs. 1 Zweite RL Nr. 67/228/EWG[897]	Belgien Deutschland	Kommission GA Mayras **EuGH**
Art. 30 EWGV[898]		GA Warner **EuGH**
Art. 10 Abs. 2 Buchstabe d RL 69/74/EWG[899]		Kommission GA Warner **EuGH**

893 Siehe EuGH, 16.12.1976, Rs. 33/76, Rewe-Zentralfinanz, Slg. 1976, S. 1989.

894 Siehe EuGH, a.a.O.

895 Siehe EuGH, 16.12.1976, Rs. 45/76, Comet, Slg. 1976, S. 2043.

896 Siehe EuGH, a.a.O.

897 Siehe EuGH, 1.2.1977, Rs. 51/76, Verbond van Nederlandse Ondernemingen, Slg. 1977, S. 113.

898 Siehe EuGH, 22.3.1977, Rs. 74/76, Iannelli & Volpi, Slg. 1977, S. 557.

899 Siehe EuGH, 23.11.1977, Rs. 38/77, Enka, Slg. 1977, S. 2203.

Relevante Vorschriften	Gegen eine unmittelbare Wirkung	Für eine unmittelbare Wirkung
Art. 84 Abs. 4 VO Nr. 1408/71[900]		Kommission GA Capotorti **EuGH**
Art. 4 Abs. 2 VO Nr. 1013/71[901]		Kommission GA Warner **EuGH**
Art. 117 EWGV[902]	Vereinigtes Königreich Kommission GA Capotorti **EuGH**	
Art. 3 Abs. 1 VO Nr. 1408/71[903]		Kommission GA Mayras (unter Einschränkungen) **EuGH**
Art. 4 Abs. 1 RL 74/562/EWG		**EuGH**
Art. 34 EWGV[904]		Vereinigtes Königreich **EuGH**
VO Nr. 2759/75[905]		**EuGH**

900 Siehe EuGH, 6.12.1977, Rs. 55/77, Maris, Slg. 1977, S. 2327.

901 Siehe EuGH, 31.1.1978, Rs. 94/77, Fratelli Zerbone, Slg. 1978, S. 99.

902 Siehe EuGH, 15.6.1978, Rs. 149/77, Defrenne III, Slg. 1978, S. 1365.

903 Siehe EuGH, 28.6.1978, Rs. 1/78, Kenny, Slg. 1978, S. 1489.

904 Siehe EuGH, 29.11.1978, Rs. 83/78, Pigs Marketing Board, Slg. 1978, S. 2347.

905 Siehe EuGH, a.a.O.

Relevante Vorschriften	Gegen eine unmittelbare Wirkung	Für eine unmittelbare Wirkung
(Art. 1) Entscheidung Nr. 66/474 der Kommission[906]	Italien	GA Reischl Kommission **EuGH**
Art. 9 RL 77/728/EWGV[907]	Kommission GA Reischl **EuGH**	

Erläuterung:

- Es wurden jeweils nur solche Entscheidungen aus der Zeit zwischen 1960 und 1980 berücksichtigt, in denen der EuGH die unmittelbare Wirkung bestimmter Vorschriften erstmalig festgestellt hat. Nicht berücksichtigt wurden die Entscheidungen, in denen die (fehlende) unmittelbare Wirkung lediglich bestätigt wurde.

- Die Auswertung beruht auf den Angaben, die sich aus der Entscheidungssammlung des EuGH ergeben.

- Die tabellarische Übersicht erhebt nicht den Anspruch, die Komplexität der Entscheidungen wiederzugeben.

---

906 Siehe EuGH, 8.3.1979, Rs. 130/78, Salumificio di Cornuda, Slg. 1979, S. 867.

907 Siehe EuGH, 5.4.1979, Rs. 148/78, Ratti, Slg. 1979, S. 1629.

Anhang III

Anzahl der Vorabentscheidungen, einschließlich solcher nach Art. 41 EGKSV ...[908]

	insgesamt: [909]	in denen die hinreichende Genauigkeit und Unbedingtheit von Vorschriften erstmalig bejaht wurde:	in denen die hinreichende Genauigkeit und Unbedingtheit von Vorschriften erstmalig abgelehnt wurde:
in den 60er Jahren	67	Gesamt: .... 7 Primärrecht: .... 5[910] Verordnungen: .... 2[911] Richtlinien: ....- Entscheidungen und Beschlüsse: ....- Empfehlungen: ....-	Gesamt: .... 4 Primärrecht: .... 4[912] Verordnungen: .... - Richtlinien: .... - Entscheidungen und Beschlüsse: .... - Empfehlungen: .... -

[908] Empfehlungen nach Art. 14 Abs. 3 EGKSV werden wie Richtlinien nach dem heutigen Art. 288 Abs. 3 AEUV behandelt.

[909] Die Zahlen ergeben sich aus einer Suche über das Suchsystem von Eur-Lex (abrufbar unter: http://eur-lex.europa.eu/RECH_menu.do?ihmlang=de; abgerufen am 3.10.2012) nach folgenden Kriterien: EU-Rechtsprechung/Urteile des Gerichtshofs/Verfahrensart: Vorabentscheidung.

[910] Siehe EuGH, 5.2.1963, Rs. 26/62, Van Gend & Loos, Slg. 1963, S. 1; EuGH, 15.7.1964, Rs. 6/64, Costa/E.N.E.L., Slg. 1964, S. 1253; EuGH, 16.6.1966, Rs. 57/65, Lütticke, Slg. 1966, S. 257; EuGH, 4.4.1968, Rs. 27/67, Fink-Frucht, Slg. 1968, S. 327; EuGH, 19.12.1968, Rs. 13/68, Salgoil, Slg. 1968, S. 679.

[911] Siehe EuGH, 11.3.1965, Rs. 31/64, Gemeenschappelijke Verzekeringskas „De Sociale Voorzorg", Slg. 1965, S. 111; EuGH, 11.3.1965, Rs. 33/64, Betriebskrankenkasse der Heseper Torfwerke, Slg. 1965, S. 133.

[912] Siehe EuGH, 6.4.1962, Rs. 13/61, de Geus, Slg. 1962, S. 97; EuGH, 15.7.1964, Rs. 6/64, Costa/E.N.E.L., Slg. 1964, S. 1253; EuGH, 3.4.1968, Rs. 28/67, Molkerei-Zentrale Westfalen/Lippe, Slg. 1968, S. 215; EuGH, 19.12.1968, Rs. 13/68, Salgoil, Slg. 1968, S. 679.

	insgesamt:	in denen die hinreichende Genauigkeit und Unbedingtheit von Vorschriften erstmalig bejaht wurde:	in denen die hinreichende Genauigkeit und Unbedingtheit von Vorschriften erstmalig abgelehnt wurde:
in den 70er Jahren	566	Gesamt: .... 37 Primärrecht: ....14[913] Verordnungen: .....15[914] Richtlinien: ....4[915] Entscheidungen und Beschlüsse: ....4[916]	Gesamt: .... 6 Primärrecht: ....5[917] Verordnungen: .... - Richtlinien: .... - Entscheidungen und Beschlüsse: ....1[918]

913 Siehe EuGH, 17.12.1970, Rs. 33/70, S.A.C.E., Slg. 1970, S. 1213; EuGH, 26.10.1971, Rs. 18/71, Eunomia di Porro, Slg. 1971, S. 811; EuGH, 27.3.1974, Rs. 127/73, BRT-I, Slg. 1974, S. 51; EuGH, 27.3.1974, Rs. 127/73, BRT-II, Slg. 1974, S. 313; EuGH, 30.4.1974, Rs. 155/73, Sacchi, Slg. 1974, S. 409; EuGH, 21.6.1974, Rs. 2/74, Reyners, Slg. 1974, S. 631; EuGH, 3.12.1974, Rs. 33/74, van Binsbergen, Slg. 1974, S. 1299; EuGH, 4.12.1974, Rs. 41/74, van Duyn, Slg. 1974, S. 1337; EuGH, 3.2.1976, Rs. 59/75, Manghera, Slg. 1976, S. 91; EuGH, 8.4.1976, Rs. 43/75, Defrenne II, Slg. 1976, S. 455; EuGH, 14.7.1976, verb. Rs. 3, 4 und 6/76, Kramer, Slg. 1976, S. 1279; EuGH, 16.12.1976, Rs. 33/76, Rewe-Zentralfinanz, Slg. 1976, S. 1989; EuGH, 22.3.1977, Rs. 74/76, Iannelli & Volpi, Slg. 1977, S. 557; EuGH, 29.11.1978, Rs. 83/78, Pigs Marketing Board, Slg. 1978, S. 2347.

914 Siehe EuGH, 14.12.1971, Rs. 43/71, Politi, Slg. 1971, S. 1039; EuGH, 7.3.1972, Rs. 84/71, Marimex, Slg. 1972, S. 89; EuGH, 17.5.1972, Rs. 93/71, Leonesio, Slg. 1972, S. 287; EuGH, 7.11.1972, Rs. 20/72, Cobelex, Slg. 1972, S. 1055; EuGH, 10.10.1973, Rs. 34/73, F.lli Variola, Slg. 1973, S. 981; EuGH, 24.10.1973, Rs. 9/73, Schlüter, Slg. 1973, S. 1135; EuGH, 23.1.1975, Rs. 31/74, Galli, Slg. 1975, S. 47; EuGH, 18.11.1975, Rs. 30/75, UNIL, Slg. 1975, S. 1419; EuGH, 26.2.1976, Rs. 65/75, Tasca, Slg. 1976, S. 291; EuGH, 16.12.1976, Rs. 33/76, Rewe-Zentralfinanz, Slg. 1976, S. 1989; EuGH, 16.12.1976, Rs. 45/76, Comet, Slg. 1976, S. 2043; EuGH, 6.12.1977, Rs. 55/77, Maris, Slg. 1977, S. 2327; EuGH, 31.1.1978, Rs. 94/77, Fratelli Zerbone, Slg. 1978, S. 99; EuGH, 28.6.1978, Rs. 1/78, Kenny, Slg. 1978, S. 1489; EuGH, 29.11.1978, Rs. 83/78, Pigs Marketing Board, Slg. 1978, S. 2347.

915 Siehe EuGH, 4.12.1974, Rs. 41/74, van Duyn, Slg. 1974, S. 1337; EuGH, 1.2.1977, Rs. 51/76, Verbond van Nederlandse Ondernemingen, Slg. 1977, S. 113; EuGH, 23.11.1977, Rs. 38/77, Enka, Slg. 1977, S. 2203; EuGH, 29.11.1978, Rs. 21/78, Delkvist, Slg. 1978, S. 2327.

		Empfehlungen: .... -	Empfehlungen: .... -
	insgesamt:	in denen die hinreichende Genauigkeit und Unbedingtheit von Vorschriften erstmalig bejaht wurde:	in denen die hinreichende Genauigkeit und Unbedingtheit von Vorschriften erstmalig abgelehnt wurde:
in den 80er Jahren	999	Gesamt: .... 19 Primärrecht: ....1[919] Verordnungen: ....5[920] Richtlinien: ....12[921]	Gesamt: .... 10 Primärrecht: ....3[923] Verordnungen: .... - Richtlinien: ....5[924]

916 Siehe EuGH, 6.10.1970, Rs. 9/70, Grad („Leberpfennig"), Slg. 1970, S. 825, EuGH, 21.10.1970, Rs. 20/70, Transports Lesage & Clie, Slg. 1970, S. 861; EuGH, 21.10.1970, Rs. 23/70, Haselhorst, Slg. 1970, S. 881; EuGH, 8.3.1979, Rs. 130/78, Salumificio di Cornuda, Slg. 979, S. 867.

917 Siehe EuGH, 14.7.1971, Rs. 10/71, Hafen von Mertert, Slg. 1971, S. 723; EuGH, 19.6.1973, Rs. 77/72, Capolongo, Slg. 1973, S. 611; EuGH, 24.10.1973, Rs. 9/73, Schlüter, Slg. 1973, S. 1135; EuGH, 24.10.1973, Rs. 10/73, Rewe-Zentral, Slg. 1973, S. 1175; EuGH, 15.6.1978, Rs. 149/77, Defrenne III, Slg. 1978, S. 1365.

918 Siehe EuGH, 18.11.1975, Rs. 30/75, UNIL, Slg. 1975, S. 1419.

919 Siehe EuGH, 31.1.1984, verb. Rs. 286/82 und 26/83, Luisi und Carbone, Slg. 1984, S. 377.

920 Siehe EuGH, 10.7.1980, Rs. 811/79, Ariete, Slg. 1980, S. 2545; EuGH, 10.7.1980, Rs. 826/79, MIRECO, Slg. 1980, S. 2559; EuGH (Zweite Kammer), 11.5.1983, Rs. 87/82, Rogers, Slg. 1983, S. 1579; EuGH, 13.12.1983, Rs. 222/82, Apple and Pear Development Council, Slg. 1983, S. 4083; EuGH, 14.12.1989, Rs. 3/87, Agegate, Slg. 1989, S. 4459.

921 Siehe EuGH, 22.5.1980, Rs. 131/79, Santillo, Slg. 1980, S. 1585; EuGH, 12.6.1980, Rs. 88/79, Grunert, Slg. 1980, S. 1827; EuGH, 19.1.1982, Rs. 8/81, Becker, Slg. 1982, S. 53; EuGH (Erste Kammer), 22.9.1983, Rs. 271/82, Auer, Slg. 1983, S. 2727; EuGH (Dritte Kammer), 26.1.1984, Rs. 301/82, Clin-Midy, Slg. 1984, S. 251; EuGH (Fünfte Kammer), 28.3.1985, Rs. 96/84, Vereniging Slachtpluimvee-Export, Slg. 1985, S. 1157; EuGH, 26.2.1986, Rs. 152/84, Marshall I, Slg. 1986, S. 723; EuGH, 15.5.1986, Rs. 222/84, Johnston, Slg. 1986, S. 1651; EuGH, 4.12.1986, Rs. 71/85, Federatie Nederlandse Vakbeweging, Slg. 1986, S. 3855; EuGH (Vierte Kammer), 20.9.1988, Rs. 31/87, Beentjes, Slg. 1988, S. 4635; EuGH (Sechste Kammer), 27.6.1989, Rs. 50/88, Kühne, Slg. 1989, S. 1925; EuGH, 17.10.1989, verb. Rs. 231/87 und 129/88, Ufficio distrettuale delle imposte dirette di Fiorenzuola d'Arda, Slg. 1989, S. 3233.

		Entscheidungen und Beschlüsse: ....1[922] Empfehlungen: .... -	Entscheidungen und Beschlüsse: ....1[925] Empfehlungen: ....1[926]
	insgesamt:	in denen die hinreichende Genauigkeit und Unbedingtheit von Vorschriften erstmalig bejaht wurde:	in denen die hinreichende Genauigkeit und Unbedingtheit von Vorschriften erstmalig abgelehnt wurde:
in den 90er Jahren	1559	Gesamt: .... 32 Primärrecht: ....3[927] Verordnungen: ....1[928] Richtlinien: ....26[929]	Gesamt: .... 8 Primärrecht: ....4[931] Verordnungen: .... - Richtlinien: ....4[932]

923 Siehe EuGH, 11.11.1981, Rs. 203/80, Casati, Slg. 1981, S. 2595; EuGH, 11.7.1985, Rs. 137/84, Mutsch, Slg. 1985, S. 2681; EuGH (Sechste Kammer), 29.9.1987, Rs. 126/86, Giménez Zaera, Slg. 1986, S. 3697.

924 Siehe EuGH, 31.1.1984, Rs. 1/83, IFG, Slg. 1984, S. 249; EuGH, 10.4.1984, Rs. 14/83, von Colson und Kamann, Slg. 1984, S. 1891; EuGH, 10.4.1984, Rs. 79/83, Harz, Slg. 1984, S. 1921; EuGH (Vierte Kammer), 12.5.1987, verb. Rs. 372 bis 374/85, Traen, Slg. 1987, S. 2141; EuGH (Erste Kammer), 12.11.1987, Rs. 198/86, Conradi, Slg. 1986, S. 4469.

922 Siehe EuGH, 21.5.1987, Rs. 249/85, Albako, Slg. 1987, S. 2345.

925 Siehe EuGH, 18.2.1986, Rs. 174/84, Bulk Oil, Slg. 1986, S. 559.

926 Siehe EuGH (Zweite Kammer), 13.12.1989, Rs. 322/88, Grimaldi, Slg. 1989, S. 4407.

927 Siehe EuGH (Sechste Kammer), 31.3.1993, verb. Rs. C-184/91 und C-221/91, Oorburg, Slg. 1993, I-1633; EuGH, 14.12.1995, verb. Rs. C-430/93 und C-431/93, van Schijndel, Slg. 1995, I-4705; EuGH, 14.12.1995, verb. Rs. C-163/94, C-165/94 und C-250/94, Sanz de Lera, Slg. 1995, I-4821.

928 Siehe EuGH, 17.10.1995, Rs. C-83/94, Leifer, Slg. 1995, I-3231.

929 Siehe EuGH, 22.2.1990, Rs. 221/88, Busseni, Slg. 1990, I-495; EuGH (Erste Kammer), 28.3.1990, Rs. 38/88, Waldrich Siegen Werkzeugmaschinen, Slg. 1990, I-1447; EuGH (Sechste Kammer), 30.5.1991, verb. Rs. C-19/90 und C-20/90, Karella, Slg. 1991, I-2691; EuGH, 24.3.1992, Rs. C-381/89, Syndesmos Melon Tis Eleftheras Evangelikis Ekklissias, Slg. 1992, I-2111; EuGH, 31.3.1992, Rs. C-200/90, Dansk Denkavit, Slg. 1992, I-2217; EuGH (Erste Kammer), 11.5.1993, Rs. C-304/91, van Doesselaar, Slg. 1993, I-2303; EuGH (Sechste Kammer), 25.5.1993, Rs. C-193/91, Mohsche, Slg. 1993, I-2615; EuGH, 2.8.1993, Rs. C-271/91, Marshall, Slg. 1993, I-4367; EuGH, 20.10.1993, Rs. C-10/92, Balocchi, Slg. 1993, I-5105; EuGH, 27.10.1993, Rs. C-69/91, De-

		Entscheidungen und Beschlüsse: ....2[930] Empfehlungen: .... -	Entscheidungen und Beschlüsse: .... - Empfehlungen: .... -

coster, Slg. 1993, I-5335; EuGH, 23.2.1995, verb. Rs. C-358/93 und C-416/93, Bordessa, Slg. 1995, I-361; EuGH (Sechste Kammer), 6.7.1995, Rs. C-62/93, BP Soupergaz, Slg. 1995, I-1883; EuGH, 30.4.1996, Rs. C-194/94, CIA Security International, Slg. 1996, I-2201; EuGH (Sechste Kammer), 17.9.1996, verb. Rs. C-246/94, C-247/94, C-248/94 und C-249/94, Cooperativa Agricola Zootecnica S. Antonio, Slg. 1996, I-4373; EuGH (Fünfte Kammer), 17.10.1996, verb. Rs. C-283/94, C-291/94 und C-292/94, Denkavit, Slg. 1996, I-5063; EuGH, 24.10.1995, Rs. C-72/95, Kraaijeveld, Slg. 1996, I-5403; EuGH, 12.11.1996, Rs. C-201/94, Smith & Nephew Pharmaceuticals, Slg. 1996, I-5819; EuGH (Fünfte Kammer), 29.5.1997, Rs. C-389/95, Klattner, Slg. 1997, I-2719; EuGH, 2.12.1997, Rs. C-188/95, Fantask, Slg. 1997, I-6783; EuGH (Sechste Kammer), 5.3.1998, Rs. C-347/96, Solred, Slg. 1998, I-937; EuGH (Sechste Kammer), 24.9.1998, Rs. C-76/97, Tögel, Slg. 1998, I-5357; EuGH (Zweite Kammer), 29.10.1998, Rs. C-230/97, Awoyemi, Slg. 1998, I-6781; EuGH, 20.4.1999, Rs. C-241/97, Försäkringsaktiebolaget Skandia, Slg. 1999, I-1879; EuGH, 1.6.1999, Rs. C-319/97, Kortas, Slg. 1999, I-3143; EuGH (Fünfte Kammer), 10.6.1999, Rs. C-346/97, Braathens, Slg. 1999, I-3419; EuGH (Vierte Kammer), 16.9.1999, Rs. C-27/98, Fracasso und Leitschutz, Slg. 1999, I-5697.

[931] Siehe EuGH, 13.4.1994, Rs. C-128/92, Banks, Slg. 1994, I-1209; EuGH (Sechste Kammer), 7.3.1996, Rs. C-192/94, El Corte Inglés, Slg. 1996, I-1281; EuGH (Sechste Kammer), 2.5.1996, Rs. C-18/94, Hopkins, Slg. 1996, I-2281; EuGH, 21.9.1999, Rs. C-378/97, Wijsenbeek, Slg. 1999, I-6207.

[932] Siehe EuGH, 19.11.1991, verb. Rs. C-6/90 und C-9/90, Francovich, Slg. 1991, I-5357; EuGH, 23.2.1994, Rs. C-236/92, Comitato di coordinamento per la difesa della Cava, Slg. 1994, I-483; EuGH, 17.9.1997, Rs. C-54/96, Dorsch Consult, Slg. 1997, I-4961; EuGH (Sechste Kammer), 24.9.1998, Rs. C-111/97, EvoBus Austria, Slg. 1998, I-5411; EuGH (Fünfte Kammer), 25.2.1999, Rs. C-131/97, Carbonari, Slg. 1999, I-1103.

[930] Siehe EuGH (Zweite Kammer), 10.11.1992, Rs. C-156/91, Hansa Fleisch Ernst Mundt, Slg. 1992, I-5567; EuGH, 12.12.1990, verb. Rs. C-100/89 und C-101/89, Kaefer und Procacci, Slg. 1990, I-4647.

	insgesamt:	in denen die hinreichende Genauigkeit und Unbedingtheit von Vorschriften erstmalig bejaht wurde:	in denen die hinreichende Genauigkeit und Unbedingtheit von Vorschriften erstmalig abgelehnt wurde:
zwischen 2000	1942	Gesamt: .... 32 Primärrecht: ....1[933] Verordnungen: ....2[934] Richtlinien: ....29[935]	Gesamt: .... 9 Primärrecht: .... - Verordnungen: ....2[936] Richtlinien: ....5[937]

933 Siehe EuGH, 17.9.2002, Rs. C-413/99, Baumbast, Slg. 2002, I-7091.

934 Siehe EuGH (Zweite Kammer), 24.6.2004, Rs. C-278/02, Handlbauer, Slg. 2004, I-6171; EuGH (Dritte Kammer), 13.3.2008, verb. Rs. C-383/06 bis C-385/06, Vereniging Nationaal Overlegorgaan Sociale Werkvoorziening, Slg. 2008, I-1561.

935 Siehe EuGH, 19.9.2000, Rs. C-287/98, Linster, Slg. 2000, I-6917; EuGH (Sechste Kammer), 21.9.2000, Rs. C-109/99, ABBOI, Slg. 2000, I-7247; EuGH, 3.10.2000, Rs. C-303/98, Simap, Slg. 2000, I-7963; EuGH (Fünfte Kammer), 18.1.2001, Rs. C-150/99, Stockholm Lindöpark, Slg. 2001, I-493; EuGH (Sechste Kammer), 26.6.2001, Rs. C-173/99, BECTU, Slg. 2001, I-4881; EuGH (Fünfte Kammer), 4.10.2001, Rs. C-438/99, Jiménez Melgar, Slg. 2001, I-6915; EuGH (Fünfte Kammer), 18.10.2001, Rs. C-441/99, Gharehveran, Slg. 2001, I-7687; EuGH (Sechste Kammer), 20.6.2002, verb. Rs. C-388/00 und C-429/00, Radiosistemi, Slg. 2002, I-5845; EuGH (Sechste Kammer), 10.9.2002, Rs. C-141/00, Ambulanter Pflegedienst Kügler, Slg. 2002, I-6833; EuGH (Fünfte Kammer), 10.4.2003, Rs. C-276/01, Steffensen, Slg. 2003, I-3735; EuGH, 20.5.2003, verb. Rs. C-465/00, C-138/01 und C-139/01, Österreichischer Rundfunk, Slg. 2003, I-4989; EuGH (Fünfte Kammer), 22.5.2003, Rs. C-462/99, Connect Austria, Slg. 2003, I-5197; EuGH (Fünfte Kammer), 6.11.2003, Rs. C-45/01, Dornier, Slg. 2003, I-12911; EuGH (Sechste Kammer), 5.2.2004, Rs. C-157/02, Rieser Internationale Transporte, Slg. 2004, I-1477; EuGH (Fünfte Kammer), 29.4.2004, Rs. C-102/02, Beuttenmüller, Slg. 2004, I-5405; EuGH (Große Kammer), 7.9.2004, Rs. C-127/02, Waddenvereniging und Vogelsbeschermingvereniging, Slg. 2004, I-7405; EuGH (Erste Kammer), 9.9.2004, Rs. C-292/02, Meiland Azewijn, Slg. 2004, I-7905; EuGH (Große Kammer), 5.10.2004, verb. Rs. C-397/01 bis C-403/01, Pfeiffer, Slg. 2004, I-8835; EuGH (Zweite Kammer), 17.2.2005, verb. Rs. C-453/02 und C-462/02, Linneweber und Akritidis, Slg. 2005, I-1131; EuGH (Vierte Kammer), 26.5.2005, Rs. C-297/03, Sozialhilfeverband Rohrbach, Slg. 2005, I-4305; EuGH (Zweite Kammer), 2.6.2005, Rs. C-15/04, Koppensteiner, Slg. 2005, I-4855; EuGH (Fünfte Kammer), 26.10.2006, Rs. C-317/05, G. Pohl-Boskamp, Slg. 2006, I-10611; EuGH (Erste Kammer), 19.4.2007, Rs. C-356/05, Farrell, Slg. 2007, I-3067; EuGH (Große Kammer), 15.4.2008, Rs. C-268/06, Impact, Slg. 2008, I-2483; EuGH (Vierte

und 2009		Entscheidungen und Beschlüsse: .... - Empfehlungen: .... -	Entscheidungen und Beschlüsse: ....2[938] Empfehlungen: .... -
zwischen 1960 und 2009	5133	Gesamt: .... 127 Primärrecht: .... 24 Verordnungen: .... 25 Richtlinien: .... 71 Entscheidungen und Beschlüsse: .... 7 Empfehlungen: .... -	Gesamt: .... 37 Primärrecht: .... 17 Verordnungen: .... 4 Richtlinien: .... 15 Entscheidungen und Beschlüsse: .... 4 Empfehlungen: 1

Erläuterung:

- Nicht berücksichtigt wurde die Vielzahl der Entscheidungen, in denen der Gerichtshof die unmittelbare Wirkung implizit dadurch bejaht hat, dass er die Frage des vorlegenden Gerichts beantwortet

---

Kammer), 15.5.2008, verb. Rs. C-147/06 und C-148/06, SECAP und Santorso, Slg. 2008, I-3565; EuGH (Große Kammer), 17.7.2008, verb. Rs. C-152/07 bis C-154/07, Arcor, Slg. 2008, I-5959; EuGH (Dritte Kammer), 17.7.2008, Rs. C-226/07, Flughafen Köln/Bonn, Slg. 2008, I-5999; EuGH (Zweite Kammer), 25.7.2008, Rs. C-237/07, Janecek, Slg. 2008, I-6221; EuGH (Erste Kammer), 12.2.2009, Rs. C-138/07, Cobelfret, Slg. 2009, I-731.

936 Siehe EuGH (Sechste Kammer), 11.1.2001, Rs. C-403/98, Monte Arcosu, Slg. 2001, I-103; EuGH (Dritte Kammer), 23.4.2009, verb. Rs. C-378/07 bis C-380/97, Angelidaki, Slg. 2009, I-3071.

937 Siehe EuGH (Sechste Kammer), 15.6.2000, Rs. C-365/98, Brinkmann, Slg. 2000, I-4619; EuGH (Sechste Kammer), 5.2.2004, Rs. C-157/02, Rieser Internationale Transporte, Slg. 2004, I-1477; EuGH (Zweite Kammer), 13.1.2005, Rs. C-117/03, Dragaggi, Slg. 2005, I-167; EuGH (Dritte Kammer), 28.6.2007, Rs. C-363/05, JP Morgan Fleming Claverhouse Investment Trust, Slg. 2007, I-5517; EuGH (Große Kammer), 15.4.2008, Rs. C-268/06, Impact, Slg. 2008, I-2483.

938 Siehe EuGH (Dritte Kammer), 7.6.2007, Rs. C-80/06, Carp, Slg. 2007, I-4473; EuGH (Zweite Kammer), 20.11.2008, Rs. C-18/08, Foselev Sud-Ouest, Slg. 2008, I-8745.

hat, obwohl die Entscheidungserheblichkeit des Vorabentscheidungsersuchens die unmittelbare Wirkung voraussetzt.

- Nicht berücksichtigt wurden Vorabentscheidungen des Gerichtshofs, in denen die unmittelbare Wirkung von Richtlinienvorschriften mangels Ablauf der Umsetzungsfrist beziehungsweise deswegen abgelehnt wurde, weil eine Richtlinie nicht selbst Verpflichtungen für den Einzelnen begründen kann. Diese Fragen werden vom EuGH nicht als solche der hinreichenden Genauigkeit und Unbedingtheit verstanden.[939]

- Die Zahlen beziehen sich deshalb allein auf Vorabentscheidungen, weil sich nur Vorabentscheidungen im Hinblick darauf sinnvoll berücksichtigen lassen, wie oft der EuGH die unmittelbare Wirkung bejaht beziehungsweise abgelehnt hat. Im Rahmen von Entscheidungen nach dem Vertragsverletzungsverfahren (vgl. Art. 258 bis Art. 260 AEUV) wird die unmittelbare Wirkung nicht relevant, da hier nicht die Anwendbarkeit durch nationale Gerichte und Verwaltungsbehörden in Frage steht. Der EuGH kann die unmittelbare Wirkung lediglich als *obiter dictum* feststellen.[940] Im Hinblick

---

[939] Deutlich etwa EuGH, 5.4.1979, Rs. 148/78, Ratti, Slg. 1979, S. 1629, Rn. 23, 39 ff. im Hinblick auf die Umsetzungsfrist. Ausnahmsweise anders etwa GA Tizzano zu EuGH, Rs. C-144/04, Mangold, Slg. 2005, I-9981, Rn. 109; Simon, La directive européenne, 1997, S. 62.

[940] So bspw. passiert in EuGH, 13.7.1972, Rs. 48/71, Kommission/Italien, Slg. 1972, S. 529, Rn. 5 ff. (Art. 16 EWGV); EuGH, 4.4.1974, Rs. 167/73, Kommission/Frankreich, Slg. 1974, S. 359, Rn. 6 (Art. 48 EWGV); EuGH, 25.10.1979, Rs. 159/78, Kommission/Italien, Slg. 1979, S. 3247, Rn. 22 (Art. 52 EWGV); EuGH, 20.10.1981, Rs. 137/80, Kommission/Belgien, Slg. 1981, S. 2393, Rn. 7 (Verordnung Nr. 259/68); EuGH, 28.2.1986, Rs. 270/83, Kommission/Frankreich, Slg. 1986, S. 273, Rn. 13 (Art. 52 EWGV); EuGH, 20.3.1986, Rs. 72/85, Kommission/Niederlande, Slg. 1986, S. 1219, Rn. 20 (Verordnung Nr. 259/68); EuGH, 4.12.1986, Rs. 220/83, Kommission/Frankreich, Slg. 1986, S. 3663, Rn. 16 (Art. 59 f. EWGV); EuGH, 4.12.1986, Rs. 252/83, Kommission/Dänemark, Slg. 1986, S. 3713, Rn. 16 (Art. 59 f. EWGV); EuGH, 4.12.1986, Rs. 205/84, Kommission/Deutschland, Slg. 1986, S. 3755, Rn. 25 (Art. 59 f. EWGV); EuGH, 4.12.1986, Rs. 206/84, Kommission/Italien, Slg. 1986, S. 3817, Rn. 16 (Art. 59 f. EWGV); EuGH, 18.5.1989, Rs. 249/86, Kommission/Deutschland, Slg. 1989, S. 1263, Rn. 9 (Art. 48 EWGV); EuGH, 26.2.1991, Rs. C-120/88, Kommission/Italien, Slg. 1991, I-621, Rn. 5 (Art. 95 EWGV); EuGH, 26.2.1991, Rs. C-119/89, Kommission/Spanien, Slg. 1991, I-

auf Entscheidungen über Nichtigkeitsklagen kann die unmittelbare Wirkung für das Tatbestandsmerkmal der unmittelbaren Betroffenheit natürlicher oder juristischer Personen nach Art. 263 Abs. 4 Alt. 2 und 3 AEUV zwar relevant werden, da sich unmittelbare Wirkung und unmittelbare Betroffenheit inhaltlich weitgehend überschneiden. Dementsprechend verwendet der EuGH die Begriffe der „unmittelbaren Auswirkungen", „unmittelbaren Rechtswirkungen", aber auch der „unmittelbaren Wirkung" zur Auslegung des Merkmals der unmittelbaren Betroffenheit.[941] Doch können auch Entscheidungen über die Zulässigkeit von Nichtigkeitsklagen kaum zuverlässig daraufhin gezählt werden, ob der EuGH von einer unmittelbaren Wirkung ausgeht oder nicht, da unmittelbare Wirkung und unmittelbare Betroffenheit nur teilweise parallel laufen.[942] So kommt es für die unmittelbare Betroffenheit darauf an, dass Interessen des Klägers durch einen Eingriff in seine Rechtsstellung beeinträchtigt sind.[943] Dieser Umstand ist aber für die unmittelbaren Wirkung ohne Bedeutung.[944] Darüber hinaus ist zu bedenken, dass eine unmittelbare Betroffenheit auch gegeben sein

---

641, Rn. 5 (Art. 95 EWGV); EuGH, 26.2.1991, Rs. C-159/89, Kommission/Griechenland, Slg. 1991, I-691, Rn. 6 (Art. 95 EWGV); EuGH, 25.7.1991, Rs. C-353/89, Kommission/Niederlande, Slg. 1991, I-4069, Rn. 27 (Art. 59 EWGV).

[941] Vgl. nur EuGH, 1.7.1965, verb. Rs. 106 und 107/63, Alfred Töpfer und Getreide-Import-Gesellschaft/Kommission, Slg. 1965, S. 547 (556); EuG (Erste erweiterte Kammer), 5.11.1997, Rs. T-149/95, Ducros/Kommission, Slg. 1997, II-2031, Rn. 32; EuGH, 11.11.1997, Rs. C-408/95, Eurotunnel, Slg. 1997, I-6315, Rn. 30; EuG (Zweite erweiterte Kammer), 2.6.2003, Rs. T-276/02, Forum 187/Kommission, Slg. 2003, II-2075, Rn. 27 f.; EuG (Zweite erweiterte Kammer), 27.5.2004, Rs. T-358/02, Deutsche Post und DHL/Kommission, Slg. 2004, II-1565, Rn. 32; EuGH (Große Kammer), 29.6.2004, Rs. C-486/01 P, Front national/Parlament, Slg. 2004, I-6289, Rn. 34, 39; EuG (Dritte Kammer), 8.7.2004, Rs. T-341/02, Regione Siciliana/Kommission, Slg. 2004, II-2877, Rn. 57; EuG (Zweite Kammer), 10.1.2005, Rs. T-357/03, Gollnisch u.a./Parlament, Slg. 2005, II-1, Rn. 62.

[942] Gegen eine Gleichstellung bereits GA Roemer zu EuGH, Rs. 9/70, Grad („Leberpfennig"), Slg. 1970, S. 825 (848).

[943] Siehe nur EuGH, 11.11.1981, Rs. C-60/81, IBM/Kommission, Slg. 1981, S. 2639, Rn. 9.

[944] Ebenso Sagmeister, Ist die Gewährung eines subjektiven Rechts Voraussetzung für die unmittelbare Anwendbarkeit von EU-Recht?, ZEuS 2011, S. 1 (14, 26).

kann, obwohl noch ein Durchführungsakt der Union oder der Mitgliedstaaten erforderlich ist, um die Rechtsstellung des Klägers zu beeinträchtigen, die Beschwer aber praktisch feststeht, da die angegriffene Handlung zu einer rechtlichen oder praktischen Determinierung führt.[945] In diesem Fall liegt eine unmittelbare Betroffenheit, jedoch keine unmittelbare Wirkung vor.

- Ferner kann eine solche Zählung nicht die Besonderheiten eines jeweiligen Falles wiedergeben. Die dogmatische Bedeutung einer Entscheidung spielt insofern keine Rolle.

- Nicht selten lässt sich darüber streiten, ob der Gerichtshof in einer Vorabentscheidung die unmittelbare Wirkung einer Vorschrift überhaupt bejaht hat.[946] Um die Aussagekraft weitgehend zu erhalten, wurde versucht, nur solche Entscheidungen zu berücksichtigen, in denen der Gerichtshof eindeutige Aussagen über die unmittelbare Wirkung getroffen hat. Ein Wertungsspielraum verbleibt dennoch.

- Die Aussagekraft leidet ebenfalls darunter, dass aus praktischen Gründen nur Entscheidungen selbst gezählt werden. Gezählt werden dagegen nicht die Vorschriften, deren unmittelbare Wirkung der Gerichtshof bejaht oder abgelehnt hat. Es wird kein Unterschied gemacht, ob der EuGH in einer Entscheidung lediglich die unmittelbare Wirkung einer einzelnen Vorschrift oder einer Vielzahl von Vorschriften behandelt hat. Aus diesem Grund ist auch eine Mehrfachverortung einer Entscheidung in den vertikalen Spalten

---

[945] Siehe Dörr, in: Grabitz/Hilf/Nettesheim (Hg.), Das Recht der Europäischen Union, Bd. III, Art. 263 AEUV, Rn. 63 ff. (November 2012) m.w.N. Unmittelbar betroffen ist ein Einzelner nach ständiger Rechtsprechung, wenn die beanstandete Maßnahme der Union sich auf seine Rechtsstellung unmittelbar auswirkt und ihren Adressaten, die mit ihrer Durchführung betraut sind, keinerlei Ermessensspielraum lässt, ihr Erlass vielmehr rein automatisch erfolgt und sich allein aus der Unionsregelung ergibt, ohne dass weitere Durchführungsvorschriften angewandt werden. Siehe EuGH, 5.5.1998, Rs. C-386/96 P, Dreyfus/Kommission, Slg. 1998, I-2309, Rn. 43.

[946] So lässt sich bspw. bezogen auf EuGH, 2.8.1993, Rs. C-289/91, Kuhn, Slg. 1993, I-4439, Rn. 13, darüber streiten, ob der Gerichtshof hiermit implizit die unmittelbare Wirkung des Art. 11 Abs. 1 der Verordnung Nr. 823/87 festgestellt hat.

möglich, wenn in dieser Entscheidung sowohl die unmittelbare Wirkung von Vorschriften bejaht als auch abgelehnt wurde.

Summary

With regard to international law, it is widely recognised that its provisions can only be directly applied by national courts if they fulfil certain criteria. Similarly, EU law only has direct effect, meaning that it is applicable by national courts and administrative authorities, if it is sufficiently precise and unconditional. The present study will show that this approach is outdated with regard to EU law. Therefore, a change of approach is necessary: EU law generally produces direct effect; only if there is sufficient evidence to the contrary, direct effect must be denied. This means that only denial of direct effect requires justification. In this regard, EU law resembles the law of a federal state since the capability of such law to produce direct effect is generally not disputed.

The presumption of direct effect, as presented in this work, concerns the whole of EU law with the exception of international law that is binding the European Union as in this area there are certain differences. Although the proposition of this book has already occasionally been made by legal scholarship in the past, there has never been a thorough justification. The Court of Justice of the European Union itself applies the presumption of direct effect only in some areas, especially with regard to regulations.

The practical relevance of the presumption of direct effect is twofold. First, the doctrine of direct effect and the respective criteria developed by the European Court of Justice do not correspond anymore to the level of integration achieved by the European Union. In fact, the doctrine is a relic of the EU's founding period. Nowadays, the EU is characterised by complex multilevel cooperation. The presumption of direct effect adapts the doctrine of direct effect to legal reality and illustrates that the vast majority of EU law is directly effective. The doctrine lives up to the degree of normative supranationality of EU law.

Secondly, there is great confusion and uncertainty about the conditions of direct effect. Since the 1960s, direct effect is determined by the European Court of Justice using the criteria of precision und unconditionality. Up to now, the exact content of these criteria remains obscure. The presumption of direct effect adds certainty to the process of determining direct effect, defining a very simple and clear rule: EU law is directly effective unless there is sufficient proof to the contrary. This way, legal practitioners are not left in doubt on the question of direct effect. In case of doubt, a provision produces direct effect. Furthermore, the presumption of direct effect imposes a burden on legal practitioners to show that there is no direct effect should they wish to deny such effect. It forces them to review the arguments against direct effect and, therefore, reduces the risks that direct effect is mistakenly rejected. What is more, the presumption of direct effect can be put into practise by creating specific and tangible groups of cases in which provisions are, by way of exception, not directly effective.

Concerning the legal justification of the presumption of direct effect, there are two sets of arguments:

First, there are numerous indications of the use of this presumption in the jurisprudence of the European Court of Justice. In its history, the Court of Justice has constantly lowered the threshold for direct effect. Up to date, uncertainties concerning the meaning of a provision are, as such, just as irrelevant to the capability of a provision to produce direct effect as matters of discretion. When the European Court of Justice was requested to give a ruling on direct effect, the answer was mostly not only brief in length, but also positive in substance. This is supposedly the reason why, nowadays, national courts only seldom challenge the capability of EU law to produce direct effect. Moreover, this study illustrates that interpretation of national law in conformity with EU law is regarded as a principle of EU law by the Court of Justice. As a consequence, direct effect should also be acknowledged as such a principle.

Secondly, the presumption of direct effect can be deduced from the constitutional law of the European Union. The presumption follows from the rule of law. According to Article 2 TEU, the Union is founded on adherence to the rule of law. To achieve this objective, it is of central importance that law produces effects. The effectiveness of EU law is also a premise for uniform application of the law in all EU member states and, thereby, a precondition for achieving equality before the law, a principle following from the principle of the rule of law. Furthermore, the effectiveness of law is a precondition for effective judicial control und thereby necessary to safeguard the freedom of the individual. Last but not least, the effectiveness of law is a central condition for the application of the principle of legal certainty because an individual may only assess the impact of his or her actions if the law is observed.

For the European Union, the rule of law is of exceptional importance since the EU is directed at creating an ever closer union among the peoples of Europe, but cannot resort in the same way as the member states to unifying elements such as a common language or history. Within a national state, the effectiveness of law might appear self-evident. For the Union this was – at least initially – not the case, because contrary to the member states the European Union does not possess a comprehensive administration to put its law into effect.

Giving direct effect to EU law significantly enhances its effectiveness. Individuals are mobilised for the implementation of EU law. They become "auxiliary agents" of the Union. At the same time, national courts and administrative authorities functionally serve as organs of the European Union. Furthermore, the position of individuals is strengthened. They are no longer objects, but subjects of the law. If EU law is denied direct effect, meaning that it is not applied by national courts and administrative authorities, its effect remains very limited. What is left is only the member states' duty to implement it.

This thesis shows that there are no convincing reasons arguing against the presumption of direct effect:

Direct applicability of international law is sometimes rejected for reasons of reciprocity because of the risk that it will not be respected by some states, which would result in a disadvantage vis-à-vis these states. Yet, in a community based on the rule of law like the European Union, there is no room for this kind of consideration. Moreover, within the Union, member states' compliance with EU law is effectively safeguarded by the infringement procedure (Article 258 TFEU) und most notably by the preliminary reference procedure (Article 267 TFEU).

The presumption of direct effect also does not entail inacceptable danger for legal certainty and legal equality resulting from the risk that a multitude of legal actors of very different traditions, namely the national courts and administrative authorities, apply the sometimes rather vague EU law in an inconsistent manner. The main reason is once more the existence of the preliminary reference procedure, which enables a uniform application of EU law. In absence of a similar procedure, one could hardly argue for the presumption of direct effect.

Finally, one may not object to the presumption of direct effect by arguing that EU law lacks constitutional legitimacy. With regard to international law, it is recognised that its effects in the national sphere may be restricted if it does not possess an adequate level of legitimacy. According to this understanding, national courts act as "gatekeepers" of the national legal order. EU law, however, does not possess so little legitimacy that it should generally be denied effect within the national legal orders. Contrary to large parts of international law, EU law is characterised by democratic procedures, effective separation of powers, effective judicial control, effective protection of fundamental rights and effective organs, capable of acting in the interests of EU citizens.

Literaturverzeichnis

Accetto Matej / Stefan Zleptnig, The Principle of Effectiveness: Rethinking Its Role in Community Law, European Public Law 11 (2005), S. 375.

Alexy, Robert, Theorie der Grundrechte, 1994.

Alexy, Robert, Theorie der juristischen Argumentation: Die Theorie des rationalen Diskurses als Theorie der juristischen Begründung, 2. Aufl. 1991.

Alter, Karen J., The European Court's Political Power, West European Politics 19 (1996), S. 458.

Alter, Karen J., Explaining National Court Acceptance of European Court Jurisprudence: A Critical Evaluation of Theories of Legal Integration, in: Anne-Marie Slaughter / Alec Stone Sweet / Joseph H. H. Weiler (Hg.), The European Court and National Courts – Doctrine and Jurisprudence, Legal Change in its Social Context, 1997, S. 227.

Amphoux, Jean, A propos de l'arrêt 26/62 (Société N.V. Algemene Transport en Expeditie Onderneming van Gend et Loos contre Administration fiscale néerlandaise) rendu le 5 février par la Cour de justice des Communautés européennes, Revue Général de Droit International Public 68 (1964), S. 110.

Anderson, David W. K. / Marie Demetriou, References to the European Court, 2002.

von Arnauld, Andreas, Rechtssicherheit, Perspektivische Annäherungen an eine idée directrice des Rechts, 2006.

D'Aspremont, Jean / Frédéric Dopagne, Two Constitutionalisms in Europe: Pursuing an Articulation of the European and International Legal Orders, Zeitschrift für ausländisches öffentliches Recht und Völkerrecht 68 (2008), S. 939.

Association Néerlandaise pour le Droit Européen, Deuxième colloque international de droit Européen, 1966.

Autexier, Christian, Note, Revue Trimestrielle de Droit Européen 17 (1981), S. 780.

Azoulai, Loïc, Le rôle constitutionnel de la Cour de justice des Communautés européennes tel qu'il se dégage de sa jurisprudence, Revue Trimestrielle de Droit Européen 44 (2008), S. 29.

Bach, Albrecht, Direkte Wirkungen von EG-Richtlinien, Juristenzeitung 1990, S. 1108.

Bachmayr, Karl E., Kein Monopolausgleich für Dessertweine und Wermutweine, Betriebs-Berater 1963, S. 968.

Bast, Jürgen, Handlungsformen und Rechtsschutz, in: Armin von Bogdandy / ders. (Hg.), Europäisches Verfassungsrecht, 2. Aufl. 2009, S. 489.

Bayless, Natalie, Texas International Law Journal 10 (1975), S. 419.

Beaud, Olivier, Europa als Föderation? Relevanz und Bedeutung einer Bundeslehre für die Europäische Union, in: Ingolf Pernice / Lars S. Otto (Hg.), Europa neu verfasst ohne Verfassung, Chancen und Bedeutung des Vertrags von Lissabon, Forum Constitutionis Europae, Bd. 10, 2008, S. 59.

Bebr, Gerhard, Directly Applicable Provisions of Community Law: The Development of a Community Concept, International and Comparative Law Quarterly 19 (1970), S. 257.

Beljin, Saša, Die Zusammenhänge zwischen dem Vorrang, den Instituten der innerstaatlichen Beachtlichkeit und der Durchführung des Gemeinschaftsrechts, Europarecht 2002, S. 351.

Bengoetxea, Joxerramon, Direct Applicability or Effect, in: Mark Hoskins / William Robinson (Hg.), A True European: Essays for Judge David Edward, 2003, S. 353.

Bengoetxea, Joxerramon, Is Direct Effect a General Principle of European Law?, in: Ulf Bernitz / Joakim Nergelius / Cecilia Cardner (Hg.), General Principles of EC Law in a Process of Development, 2008, S. 3.

Bergmann, Jan, in: ders. (Hg.), Handlexikon der Europäischen Union, 4. Aufl. 2012, Primärrecht, S. 750.

Bergmann, Jan, in: ders. (Hg.), Handlexikon der Europäischen Union, 4. Aufl. 2012, Sekundärrecht, S. 809.

Besselink, Leonard F. M., Curing a 'Childhood Sickness'?, On Direct Effect, Internal Effect, Primacy and Derogation from Civil Rights, Maastricht Journal of European and Comparative Law 3 (1996), S. 165.

Betlem, *Gerrit,* The principle of indirect effect of Community law, European Review of Private Law 3 (1995), S. 1.

Betlem, *Gerrit,* The Doctrine of Consistent Interpretation – Managing Legal Uncertainty, Oxford Journal of Legal Studies 22 (2002), S. 397.

Betlem, *Gerrit* / *André Nollkaemper*, Giving Effect to Public International Law and European Community Law before Domestic Courts, A Comparative Analysis of the Practice of Consistent Interpretation, European Journal of International Law 14 (2003), S. 569.

Bievert, *Bernd,* in: Jürgen Schwarze (Hg.), EU-Kommentar, 3. Aufl. 2012, Art. 288 AEUV.

Blankenheimer, *Susan L.,* EUROPEAN COMMUNITIES – Migrant Workers – Exclusion of Aliens – A Member State may Limit Free Movement of Workers on Grounds of Public Policy, Public Security, or Health in the Exercise of Discretion Under Article 48 and Article 3(1) of Council Directive No. 64/221, Vanderbilt Journal of Transnational Law 9 (1976), S. 415.

Bleckmann, *Albert,* Verfassungsrechtliches Kompetenzbild des nationalen Richters und innerstaatliche Anwendbarkeit des Art. 95 EWG-Vertrag, Europarecht 1969, S. 109.

Bleckmann, *Albert*, Begriff und Kriterien der innerstaatlichen Anwendbarkeit völkerrechtlicher Verträge, 1970.

Bleckmann, *Albert*, Europarecht – Das Recht der Europäischen Union und der Europäischen Gemeinschaften, 6. Aufl. 1997.

Bleckmann, *Albert*, Völkerrecht, 2001.

Bobek, *Michal, Van Gend en Loos* +50: the Changing Social Context of Direct Effect, in: Antonio Tizzano / Juliane Kokott / Sacha Prechal (Hg.), 50ème anniversaire de l'arrêt Van Gend en Loos, 1963-2013, 2013, S. 181.

Bobek, *Michal*, The effects of EU law in the national legal systems, in: Catherine Barnard / Steve Peers (Hg.), European Union Law, 2014, S. 140.

von Bogdandy, *Armin,* Supranationaler Föderalismus als Wirklichkeit und Idee einer neuen Herrschaftsform, 1999.

von Bogdandy, *Armin*, Rechtsgleichheit, Rechtssicherheit und Subsidiarität im transnationalen Wirtschaftsrecht – Zur unmittelbaren Anwendbarkeit von Art. 81 III EG und des WTO-Rechts, Europäische Zeitschrift für Wirtschaftsrecht 2001, S. 357.

von Bogdandy, Armin, Pluralism, direct effect, and the ultimate say: On the relationship between international and domestic constitutional law, International Journal of Constitutional Law 6 (2008), S. 397.

von Bogdandy, Armin, Grundprinzipien, in: ders. / Jürgen Bast (Hg.), Europäisches Verfassungsrecht, 2. Aufl. 2009, S. 13.

von Bogdandy, Armin, § 25 Die Informationsbeziehungen innerhalb des Europäischen Verwaltungsverbundes, in: Wolfgang Hoffmann-Riem / Eberhard Schmidt-Aßmann / Andreas Voßkuhle (Hg.), Grundlagen des Verwaltungsrechts, Bd. II, 2. Aufl. 2012, S. 365.

von Bogdandy, Armin / Matthias Goldmann, Die Ausübung internationaler öffentlicher Gewalt durch Politikbewertung: Die PISA-Studie der OECD als Muster einer neuen völkerrechtlichen Handlungsform, Zeitschrift für ausländisches öffentliches Recht und Völkerrecht 69 (2009), S. 51.

von Bogdandy, Armin / Michael Ioannidis, Das systemische Defizit. Merkmale, Instrumente und Probleme am Beispiel der Rechtsstaatlichkeit und des neuen Rechtsstaatlichkeitsaufsichtsverfahrens, Zeitschrift für ausländisches öffentliches Recht und Völkerrecht 74 (2014), S. 283.

von Bogdandy, Armin / Stephan Schill, Overcoming absolute primacy: Respect for national identity under the Lisbon Treaty, Common Market Law Review 48 (2011), S. 1417.

von Bogdandy, Armin / Stephan Schill, in: Eberhard Grabitz / Meinhard Hilf / Martin Nettesheim (Hg.), Das Recht der Europäischen Union, Bd. I, Art. 4 EUV, 51. EL September 2013.

von Bogdandy, Armin / Pedro Cruz Villalón / Peter M. Huber (Hg.), Handbuch Ius Publicum Europaeum, Bd. II, 2008.

von Bogdandy, Armin / Rüdiger Wolfrum / Jochen von Bernstorff / Philip Dann / Matthias Goldmann (Hg.), The Excercise of Public Authority by International Instutions, Advancing International Institutional Law, 2010.

Boukema, H. J. M., A Logical Scrutiny of the Van Duyn Case, Legal Issues of Economic Integration 5 (1978), S. 83.

Brechmann, Winfried, Die richtlinienkonforme Auslegung: Zugleich ein Beitrag zur Dogmatik der EG-Richtlinie, 1994.

Brechmann, *Winfried*, in: Christian Calliess / Matthias Ruffert (Hg.), EUV/AEUV, 4. Aufl. 2011, Art. 45 AEUV.

Bribosia, *Hervé*, Report on Belgium, in: Anne-Marie Slaughter / Alec Stone Sweet / Joseph H. H. Weiler (Hg.), The European Court and National Courts – Doctrine and Jurisprudence, Legal Change in its Social Context, 1997, S. 3.

Brinkhorst, *L. J.*, Annotation, Common Market Law Review 8 (1971), S. 386.

Bröhmer, *Jürgen*, in: Christian Calliess / Matthias Ruffert (Hg.), EUV/AEUV, 4. Aufl. 2011, Art. 54 AEUV.

Buchanan, *Ruth*, Writing Resistance Into International Law, International Community Law Review 10 (2008), S. 445.

Buchberger, *Dieter*, Die Entscheidung des EuGH in der Rs „Océano/Quintero" – der effet d'exclusion von Richtlinien, Österreichische Juristen-Zeitung 56 (2001), S. 441.

Buergenthal, *Thomas*, Self-executing and Non-self-executing Treaties in National and International Law, Recueil des cours 235 (1992-IV), S. 303.

de Búrca, *Gráinne*, Giving Effect to European Community Directives, The Modern Law Review 55 (1992), S. 215.

Burger, *Simon*, Die administrative Nichtanwendung unionsrechtswidriger Normen, Deutsches Verwaltungsblatt 2011, S. 985.

Burgess, *Michael*, Federalism and the European Union: The Building of Europe, 1950-2000, 2000.

Capps, *Patrick*, The Court as Gatekeeper: Customary International Law in English Courts, The Modern Law Review 70 (2007), S. 458.

Cassese, *Antonio*, Remarks on Scelle's Theory of "Role Splitting" (*dédoublement fonctionnel*) in International Law, European Journal of International Law 1 (1990), S. 210.

Cassese, *Antonio*, International Law, 2. Aufl. 2005.

Chalmers, *Damian* / *Luis Barroso*, *What* Van Gend en Loos *stands for*, International Journal of Constitutional Law 12 (2014), S. 105.

Christensen, *Ralph* / *Markus Böhme*, Europas Auslegungsgrenzen, Rechtstheorie 40 (2009), S. 285.

Claes, *Monica*, The impact of *Van Gend en Loos* beyond the scope of EU law, in: Antonio Tizzano / Juliane Kokott / Sacha Prechal

(Hg.), 50ème anniversaire de l'arrêt Van Gend en Loos, 1963-2013, 2013, S. 103.

Claes, Monica, The National Courts' Mandate in the European Constitution, 2006.

Classen, Claus Dieter, Zur Bedeutung von EWG-Richtlinien für Privatpersonen, Europäische Zeitschrift für Wirtschaftsrecht 1993, S. 83.

Classen, Claus Dieter, in: Eberhard Grabitz / Meinhard Hilf / Martin Nettesheim (Hg.), Das Recht der Europäischen Union, Bd. II, Art. 197 AEUV, 43. EL März 2011.

Cogan, Jacob Katz, The Regulatory Turn in International Law, Harvard International Law Journal 52 (2011), S. 321.

Colin, Jean-Pierre, Le gouvernement des juges dans les Communautés Européennes, 1966.

Constantinesco, Léontin-Jean, Die unmittelbare Anwendbarkeit von Gemeinschaftsnormen und der Rechtsschutz von Einzelpersonen im Recht der EWG, 1969.

Constantinesco, Vlad, La libre circulation des personnes et des services, Journal du droit international 103 (1976), S. 221.

Costa, Pietro, The Rule of Law: A Historical Introduction, in: ders. / Danilo Zolo (Hg.), The Rule of Law: History, Theory and Criticism, 2007, S. 73.

Cottier, Thomas, A Theory of Direct Effect in Global Law, in: Armin von Bogdandy / Petros C. Mavroidis / Yves Mény (Hg.), European Integration and International Co-ordination: Studies in Transnational Law in Honour of Claus-Dieter Ehlermann, 2002, S. 99.

Coutron, Laurent, La lente conversion du Conseil d'État à l'effet direct des directives, AJDA – L'Actualité juridique : Droit administratif 66 (2010), S. 1412.

Craig, Paul P., Once upon a Time in the West: Direct Effect and the Federalization of EEC Law, Oxford Journal of Legal Studies 12 (1992), S. 453.

Craig, Paul P., Formal and Substantive Conceptions of the Rule of Law: An Analytical Framework, Public Law 1997, S. 467.

Craig, Paul P., Administrative Law, 7. Aufl. 2012.

Cremer, Wolfram, in: Christian Calliess / Matthias Ruffert (Hg.), EUV/AEUV, 4. Aufl. 2011, Art. 263 AEUV.

Cremona, Marise, The Judgment – Framing the Argument, in: Antonio Tizzano / Juliane Kokott / Sacha Prechal (Hg.), 50ème anniversaire de l'arrêt Van Gend en Loos, 1963-2013, 2013, S. 23.

Curtin, Deirdre, Directives: The Effectiveness of Judicial Protection of Individual Rights, Common Market Law Review 27 (1990), S. 709.

Curtin, Deirdre / Kamiel Mortelmans, Application and Enforcement of Community Law by the Member States: Actors in Search of a Third Generation Script, in: Deirdre Curtin / Ton Heukels (Hg.), Institutional Dynamics of European Integration – Essays in Honour of Henry G. Schermers, Bd. II, 1994, S. 423.

Dänzer-Vanotti, Wolfgang, Unmittelbare Wirkung der Sechsten Umsatzsteuer-Richtlinie, Betriebs-Berater 1982, S. 1106.

Daillier, Patrick / Mathias Forteau / Alain Pellet, Droit international public, 8. Aufl. 2009.

Dal Farra, Thierry, L'invocabilité des directives communautaires devant le juge national de la légalité, Revue Trimestrielle de Droit Européen 28 (1992), S. 631.

Daniele, Luigi, Vingt-cinq ans d'interprétation conforme : un principe encore en quête de définition? Revue des Affaires Européennes – Law & European Affairs 16 (2007-2008), S. 705.

von Danwitz, Thomas, Verwaltungsrechtliches System und Europäische Integration, 1996.

von Danwitz, Thomas, Rechtswirkungen von Richtlinien in der neueren Rechtsprechung des EuGH, Juristenzeitung 2007, S. 697.

von Danwitz, Thomas, Europäisches Verwaltungsrecht, 2008.

Dashwood, Alan, From Van Duyn *to* Mangold *via* Marshall: *Reducing Direct Effect to Absurdity?*, Cambridge Yearbook of European Legal Studies 9 (2006-2007), S. 81.

Dashwood, Alan / Michael Dougan / Barry J. Rodger / Derrick Wyatt, Wyatt and Dashwood's European Union Law, 6. Aufl., 2011.

Davies, Bill, Meek acceptance? The West German Ministries' Reaction to the Van Gend en Loos and Costa decisions, Journal of European Integration History 14 (2008), S. 57.

Debatin, Helmut, in: Hans von der Groeben / Hans von Boeckh / Jochen Thiesing (Hg.), Kommentar zum EWG-Vertrag, Bd. 1, 2. Aufl. 1974, Art. 97.

Dederer, Hans-Georg, Die Architektonik des europäischen Grundrechtsraums, Zeitschrift für ausländisches öffentliches Recht und Völkerrecht 66 (2006), S. 575.

Dickson, Julie, Directives in EU Legal Systems: Whose Norms Are They Anyway, European Law Journal 17 (2011), S. 190.

Docksey, Christopher / Barry Fitzpatrick, The Duty of National Courts to Interpret Provisions of National Law in Accordance with Community Law, Industrial Law Journal 20 (1991), S. 113.

Dörr, Oliver, in: Eberhard Grabitz / Meinhard Hilf / Martin Nettesheim (Hg.), Das Recht der Europäischen Union, Bd. III, Art. 263 AEUV, 49. EL November 2012.

de Dorlodot, F.-X., L'avocat au regard du traité de Rome après l'arrêt de la Cour de justice de 21 juin 1974, Revue du Marché Commun 17 (1974), S. 473.

Dougan, Michael, The "Disguised" Vertical Direct Effect of Directives, Cambridge Law Journal 59 (2000), S. 586.

Dougan, Michael, When Worlds Collide! Competing Visions of the Relationship Between Direct Effect and Supremacy, Common Market Law Review 44 (2007), S. 931.

Douglas-Scott, Sionaidh, Constitutional Law of the European Union, 2002.

Dubout, Edouard, L'invocabilité d'éviction des directives dans les litiges horizontaux, Revue Trimestrielle de Droit Européen 46 (2010), S. 277.

Duhnkrack, Stefan, Die unmittelbare Wirkung von EG-Richtlinien, Recht der Internationalen Wirtschaft 1985, S. 40.

Edward, David, Direct Effect, the Separation of Powers and the Judicial Enforcement of Obligations, in: Scritti in onore di Giuseppe Federico Mancini, Bd. II, Diritto dell'Unione Europea, 1998, S. 423.

Ehle, Dietrich, Anmerkung, Neue Juristische Wochenschrift 1963, S. 974.

Ehlers, Dirk, § 11 Verhältnis des Unionsrechts zu dem Recht der Mitgliedstaaten, in: Reiner Schulze / Manfred Zuleeg / Stefan Kadelbach (Hg.), Europarecht, Handbuch für die deutsche Rechtspraxis, 3. Aufl. 2015, S. 491.

Eilmansberger, Thomas, Zur Direktwirkung von Richtlinien gegenüber Privaten (1. Teil), Juristische Blätter 126 (2004), S. 283.

Eleftheriadis, *Pavlos,* The Direct Effect of Community Law: Conceptual Issues, Yearbook of European Law 16 (1996), S. 205.

Ellenberger, *Jürgen,* in: Palandt, Bürgerliches Gesetzbuch, 73. Aufl. 2014, Einf v § 158.

Ellenberger, *Jürgen*, in: Palandt, Bürgerliches Gesetzbuch, 73. Aufl. 2014, § 163.

Emmerich, *Volker,* Juristische Schulung 1975, S. 390.

Engström, *Johanna,* National Courts' Obligation to Apply Community Law *Ex Officio* – The Court Showing new Respect for Party Autonomy and National Procedural Autonomy?, Review of European Administrative Law I (2008), S. 67.

Epiney, *Astrid,* L'arrêt *Van Gend en Loos* et la citoyenneté de l'Union, in: Antonio Tizzano / Juliane Kokott / Sacha Prechal (Hg.), 50ème anniversaire de l'arrêt Van Gend en Loos, 1963-2013, 2013, S. 135.

Everling, *Ulrich,* Sprachliche Missverständnisse beim Urteil des Gerichtshofes der Europäischen Gemeinschaften zur Umsatzausgleichssteuer, Außenwirtschaftsdienst 1967, S. 182.

Everling, *Ulrich*, Zur direkten innerstaatlichen Wirkung der EG-Richtlinien: Ein Beispiel richterlicher Rechtsfortbildung auf der Basis gemeinsamer Rechtsgrundsätze, in: Bodo Börner / Hermann Jahrreiß / Klaus Stern (Hg.), Einigkeit und Recht und Freiheit: Festschrift für Karl Carstens, Bd. 1, 1984, S. 95.

Everling, *Ulrich*, Zum Vorrang des EG-Rechts vor nationalem Recht, Deutsches Verwaltungsblatt 1985, S. 1201.

Everling, *Ulrich*, Zur Auslegung des durch EG-Richtlinien angeglichenen nationalen Rechts, Zeitschrift für Unternehmens- und Gesellschaftsrecht 1992, S. 376.

Figueroa Regueiro, *Pablo V.,* Invocability of Substitution and Invocability of Exclusion: Bringing Legal Realism to the Current Developments of the Case-Law of "Horizontal" Direct Effect of Directives, 2002.

Forsthoff, *Ulrich,* in: Eberhard Grabitz / Meinhard Hilf / Martin Nettesheim (Hg.), Das Recht der Europäischen Union, Bd. I, Art. 45 AEUV, 42. EL September 2010.

Forsthoff, *Ulrich*, in: Eberhard Grabitz / Meinhard Hilf / Martin Nettesheim (Hg.), Das Recht der Europäischen Union, Bd. I, Art. 49 AEUV, 43. EL März 2011.

Forsthoff, *Ulrich*, in: Eberhard Grabitz / Meinhard Hilf / Martin Nettesheim (Hg.), Das Recht der Europäischen Union, Bd. I, Art. 54 AEUV, 46. EL Oktober 2011.

Franzius, *Claudio*, Demokratisierung der Europäischen Union, Europarecht 2013, S. 655.

Fritzsche, *Alexander*, Discretion, Scope of Judicial Review and Institutional Balance in European Law, Common Market Law Review 47 (2010), S. 361.

Gänswein, *Olivier*, Der Grundsatz unionsrechtskonformer Auslegung nationalen Rechts: Erscheinungsformen und dogmatische Grundlage eines Rechtsprinzips des Unionsrechts, 2009.

Galmot, *Yves* / *Jean-Claude Bonichot*, La Cour de justice des Communautés européennes et la transposition des directives en droit national, Revue française de droit administratif 4 (1988), S. 1.

Gassner, *Ulrich M.*, Richtlinien mit Doppelwirkung, in: Claus Dieter Classen / Armin Dittmann / Frank Fechner / ders. / Michael Kilian (Hg.), „In einem vereinten Europa dem Frieden der Welt zu dienen ...“, Liber amicorum Thomas Oppermann, 2001, S. 503.

Gebrandy, *Anna*, The Dual Identity of National Judges in the EU and the Implausibility of Uniform and Effective Application of European Law throughout the European Union, Review of European Administrative Law 7 (2014), S. 33.

Geiger, *Rudolf*, in: ders. / Daniel-Erasmus Kahn / Markus Kotzur (Hg.), EUV/AEUV, 5. Aufl. 2010, Art. 19 EUV.

Geiger, *Theodor*, Vorstudien zu einer Soziologie des Rechts, 1947.

Gellermann, *Martin*, Beeinflussung des bundesdeutschen Rechts durch Richtlinien der EG dargestellt am Beispiel des europäischen Umweltrechts, 1994.

Gellermann, *Martin*, in: Rudolf Streinz (Hg.), EUV/AEUV, 2. Aufl. 2012, Art. 291 AEUV.

van Gerven, *Walter*, The Horizontal Effect of Directive Provisions Revisited: the Reality of Catchwords, in: Deirdre Curtin / Ton Heukels (Hg.), Institutional Dynamics of European Integration: Essays in Honour of Henry G. Schermers, Bd. II, 1994, S. 335.

Götz, Volkmar, Europäische Gesetzgebung durch Richtlinien – Zusammenwirken von Gemeinschaft und Staat, Neue Juristische Wochenschrift 1992, S. 1849.

Goffin, R. Ch., Observations, Journal des Tribunaux 90 (1975), S. 154.

Goose, Peter Ernst, Anmerkung, Recht der Internationalen Wirtschaft 1975, S. 36.

Gori, Paolo, Souvenirs d'un survivant, in: Antonio Tizzano / Juliane Kokott / Sacha Prechal (Hg.), 50ème anniversaire de l'arrêt Van Gend en Loos, 1963-2013, 2013, S. 29.

Grabenwarter, Christoph, Staatliches Unionsverfassungsrecht, in: Armin von Bogdandy / Jürgen Bast (Hg.), Europäisches Verfassungsrecht, 2. Aufl. 2009, S. 121.

Grabitz, Eberhard, Entscheidungen und Richtlinien als unmittelbar wirksames Gemeinschaftsrecht, Europarecht 1970, S. 1.

Grimm, Dieter, Zum Stand der demokratischen Legitimation der Europäischen Union nach Lissabon, in: Hans Michael Heinig / Jörg Philipp Terhechte (Hg.), Potsnationale Demokratie, Postdemokratie, Neoetatismus, 2013, S. 105.

Grimmel, Andreas, Der Kontext als Schlüssel für ein angemessenes Verständnis der Integration durch Recht in Europa – am Beispiel der aktuellen Grundrechtsrechtsprechung des EuGH, Europarecht 2013, S. 146.

Groussot, Xavier, General Principles of Community Law, 2006.

Habermas, Jürgen, Faktizität und Geltung, Beiträge zur Diskurstheorie des Rechts und des demokratischen Rechtsstaats, 2. Aufl. 1992.

Härtel, Ines, § 11 Gesetzgebungsordnung der Europäischen Union, in: Armin Hatje / Peter-Christian Müller-Graff (Hg.), Europäisches Organisations- und Verfassungsrecht, Enzyklopädie Europarecht, Bd. 1, 2014, S. 623.

Halberstam, Daniel, Internal Legitimacy and Europe's Piecemeal Constitution: Reflections on *Van Gend* at 50, in: Antonio Tizzano / Juliane Kokott / Sacha Prechal (Hg.), 50ème anniversaire de l'arrêt Van Gend en Loos, 1963-2013, 2013, S. 111.

Hallstein, Walter, Der unvollendete Bundesstaat, 1969.

Haltern, Ulrich, Europarecht: Dogmatik im Kontext, 2. Aufl. 2007.

Hanschmann, Felix, Der Begriff der Homogenität in der Verfassungslehre und Europarechtswissenschaft, 2008.

Hart, H. L. A., The Concept of Law, 1961.

Hartley, Trevor C., European Union Law in a Global Context: Text, Cases and Materials, 2004.

Hartley, Trevor C., The Foundations of European Unions Law: An Introduction to the Constitutional and Administrative Law of the European Union, 8. Aufl. 2014.

Hatje, Armin, in: Jürgen Schwarze (Hg.), EU-Kommentar, 3. Aufl. 2012, Art. 4 EUV.

Hay, Peter, Decisions, American Journal of Comparative Law 12 (1963), S. 404.

Herrmann, Christoph, Richtlinienumsetzung durch die Rechtsprechung, 2003.

Herrmann, Hans Joachim, Einwirkung von EG-Richtlinien auf das nationale deutsche Umsatzsteuerrecht, Recht der Internationalen Wirtschaft 1982, S. 566.

Hetmeier, Heinz, in: Carl Otto Lenz / Klaus-Dieter Borchardt (Hg.), EU-Verträge Kommentar, 6. Aufl. 2012, Art. 288 AEUV.

Heuschling, Luc, État de droit, Rechtsstaat, Rule of Law, 2002.

Hilf, Meinhard, Die Richtlinie der EG – ohne Richtung, ohne Linie? Hans Peter Ipsen zum 85. Geburtstag, Europarecht 1993, S. 1.

Hilson, Chris / Tony Downes, Making Sense of Rights: Community Rights in E.C. Law, European Law Review 24 (1999), S. 121.

Hirsch, Alain, Un arrêt fondamental de la Cour de justice des Communatués européennes: La liberté d'établissement dans le Marché commun, Schweizerische Juristen-Zeitung 71 (1975), S. 37.

Höpfner, Clemens, Über Sinn und Unsinn der sogenannten „richtlinienkonformen Rechtsfortbildung", Juristenzeitung 2009, S. 403.

Hofmann, Rainer, Die Bindung staatlicher Macht, in: ders. / Joseph Marko / Franz Merli / Ewald Wiederin (Hg.), Rechtsstaatlichkeit in Europa, 1996, S. 3.

Hong, Mathias, Subjektive Rechte und Schutznormtheorie im europäischen Verwaltungsrechtsraum, Juristenzeitung 2012, S. 380.

Hummer, Waldemar, Reichweite und Grenzen unmittelbarer Anwendbarkeit der Freihandelsabkommen, in: Hans-Georg Koppensteiner (Hg.), Rechtsfragen der Freihandelsabkommen der Europäischen Wirtschaftsgemeinschaft mit den EFTA-Staaten, 1987, S. 43.

Hutka, Rainer, Gemeinschaftsrechtsbezogene Prüfungs- und Verwerfungskompetenz der deutschen Verwaltung gegenüber Rechtsnormen nach europäischem Gemeinschaftsrecht und nach deutschem Recht, 1997.

Ipsen, Hans Peter, Anmerkung zum Urt. v. 16.6.1966, betreffend ein Ersuchen um Vorabentscheidung auf Grund von Art. 177 EWG-Vertrag, vorgelegt vom FG Saarland in dem vor ihm anhängigen Rechtsstreit der Firma Alfons Lütticke GmbH, Köln-Deutz, gegen das Hauptzollamt Saarlouis, Europarecht 1966, S. 354.

Ipsen, Hans Peter, Europäisches Gemeinschaftsrecht, 1972.

Ipsen, Hans Peter / Gert Nicolaysen, Haager Kongreß für Europarecht und Bericht über die aktuelle Entwicklung des Gemeinschaftsrechts, Neue Juristische Wochenschrift 1964, S. 339.

Isaac, Guy / Marc Blanquet, Droit général de l'Union européenne, 9. Aufl. 2006.

Iwasawa, Yuji, The Doctrine of Self-Executing Treaties in the United States: A Critical Analysis, Virginia Journal of International Law 26 (1985-1986), S. 627.

Jackson, John H., Status of Treaties in Domestic Legal Systems: A Policy Analysis, American Journal of International Law 86 (1992), S. 310.

Jacomet, André, Rapport français: Le problème des dispositions directement applicables (self executing), des traités internationaux, et son application aux traités instituant les Communautés Européennes, in: Association Néerlandaise pour le Droit Européen, Deuxième colloque international de droit Européen, 1966, S. 235.

Jacqué, Jean Paul, Droit institutionnel de l'Union européenne, 7. Aufl. 2012.

Jamrath, Thomas, Normenkontrolle der Verwaltung und Europäisches Gemeinschaftsrecht, 1993.

Jarass, Hans D., Voraussetzungen der innerstaatlichen Wirkung des EG-Rechts, Neue Juristische Wochenschrift 1990, S. 2420.

Jarass, Hans D., Richtlinienkonforme bzw. EG-rechtskonforme Auslegung nationalen Rechts, Europarecht 1991, S. 211.

Jarass, Hans D., Grundfragen der innerstaatlichen Bedeutung des EG-Rechts, 1994.

Jarass, Hans D. / Saša Beljin, Grenzen der Privatbelastung durch unmittelbar wirkende Richtlinien, Europarecht 2004, S. 714.

Jeantet, Fernand Charles, Observations, La Semaine Juridique 37 (1963), S. 13177.

Jestaedt, Matthias, § 11 Maßstäbe des Verwaltungshandelns, in: Hans-Uwe Erichsen / Dirk Ehlers (Hg.), Allgmeines Verwaltungsrecht, 14. Aufl. 2010, S. 329.

Jiménez de Aréchaga, Eduardo, Self-Executing Provisions of International Law, in: Kay Hailbronner / Georg Ress / Torsten Stein (Hg.), Staat und Völkerrechtsordnung, Festschrift für Karl Doehring, 1989, S. 409.

Jowell, Jeffrey, The Rule of Law and its Underlying Values, in: ders. / Dawn Oliver (Hg.), The Changing Constitution, 7. Aufl. 2011, S. 11.

Kaczorowska, Alina, European Union Law, 3. Aufl. 2013.

Kadelbach, Stefan, Allgemeines Verwaltungsrecht unter europäischem Einfluß, 1996.

Kadelbach, Stefan, Einheit der Rechtsordnung als Verfassungsprinzip der Europäischen Union?, in: Armin von Bogdandy / Claus-Dieter Ehlermann (Hg.), Konsolidierung und Kohärenz des Primärrechts nach Amsterdam, Europarecht, Beiheft 2/1998, S. 51.

Kadelbach, Stefan, Unionsbürgerschaft, in: Armin von Bogdandy / Jürgen Bast, Europäisches Verfassungsrecht, 2. Aufl. 2009, S. 611.

Kadelbach, Stefan (Hg.), Europäische Integration und parlementarische Demokratie, 2009.

Kadelbach, Stefan / Klaus Günther, Recht ohne Staat?, in: dies. (Hg), Recht ohne Staat?, Zur Normativität nichtstaatlicher Rechtsetzung, 2011, S. 9.

Kahl, Wolfgang, Umweltprinzip und Gemeinschaftsrecht, 1993.

Kahn, Daniel-Erasmus, in: Rudolf Geiger / ders. / Markus Kotzur (Hg.), EUV/AEUV, 5. Aufl. 2010, Art. 96 AEUV.

Kahn, Daniel-Erasmus, in: Rudolf Geiger / ders. / Markus Kotzur (Hg.), EUV/AEUV, 5. Aufl. 2010, Art. 101 AEUV.

Kaiser, Karen, Treaties, Direct Applicability, Max Planck Encyclopedia of Public International Law, www.mpepil.com, Februar 2013.

Kakouris, C. N., Do the Member States Possess Judicial Procedural "Autonomy"?, Common Market Law Review 34 II (1997), S. 1389.

Kalflèche, Grégory, Application du droit de l'Union européenne par le Conseil d'État, Europe – Actualité du droit de l'Union européenne 20 (2010), S. 9.

Kielmansegg, Sebastian Graf von, Tücken im Dreieck – Die individualbelastende Richtlinienwirkung im Unionsrecht, Europarecht 2014, S. 30.

Kingreen, Thorsten, in: Christian Calliess / Matthias Ruffert (Hg.), EUV/AEUV, 4. Aufl. 2011, Art. 36 AEUV.

Kingsbury, Benedict / Nico Krisch / Richard B. Stewart, The Emergence of Global Administrative Law, Law and Contemporary Problems 68 (2005), S. 15.

Klabbers, Jan, International Law in Community Law: The Law and Politics of Direct Effect, Yearbook of European Law 21 (2001 – 2002), S. 263.

Klagian, Wilhelm, Die objektive unmittelbare Wirkung von Richtlinien, Zeitschrift für öffentliches Recht 2001, S. 305.

Klamert, Marcus, Die richtlinienkonforme Auslegung nationalen Rechts, 2001.

Klein, Eckart, Unmittelbare Geltung, Anwendbarkeit und Wirkung von Europäischem Gemeinschaftsrecht, 1988.

Klein, Eckart, Objektive Wirkungen von Richtlinien, in: Ole Due / Marcus Lutter / Jürgen Schwarze (Hg.), Festschrift für Ulrich Everling, Bd. I, 1995, S. 641.

Koenig, Christian, in: Herrmann v. Mangoldt / Friedrich Klein / Christian Starck (Hg.), Kommentar zum Grundgesetz, Bd. 2, 6. Aufl. 2010, Art. 25.

König, Doris, § 2 Gesetzgebung, in: Reiner Schulze / Manfred Zuleeg / Stefan Kadelbach (Hg.) Europarecht, Handbuch für die deutsche Rechtspraxis, 3. Aufl. 2015, S. 83.

Kokott, Juliane, Europäisierung des Verwaltungsprozessrechts, Die Verwaltung: Zeitschrift für Verwaltungsrecht und Verwaltungswissenschaften 1998, S. 335.

Kokott, Juliane, in: Rudolf Streinz (Hg.), EUV/AEUV, 2. Aufl. 2012, Art. 47 EUV.

Kokott, Juliane / Christoph Sobotta, Der EuGH – Blick in eine Werkstatt der Integration, Europäische GRUNDRECHTE-Zeitschrift 2013, S. 465.

Koller, Arnold, Die unmittelbare Anwendbarkeit völkerrechtlicher Verträge und des EWG-Vertrages im innerstaatlichen Bereich, 1971.

Kotzur, Markus, in: Rudolf Geiger / Daniel-Erasmus Kahn / ders. (Hg.), EUV/AEUV, 5. Aufl. 2010, Art. 51 AEUV.

Kotzur, Markus, in: Rudolf Geiger / Daniel-Erasmus Kahn / ders. (Hg.), EUV/AEUV, 5. Aufl. 2010, Art. 291 AEUV.

Kovar, Robert, Le Conseil d'État et l'effet direct des directives : la fin d'une longue marche, Europe – Actualité du droit de l'Union européenne 20 (2010), S. 5.

Krämer, Ludwig, Direct Effect and Consistent Interpretation: Strengths an Weaknesses of The Concepts, in: Jan H. Jans / Richard Macrory / Angel-Manuel Moreno Molina (Hg.), National Courts and EU Environmental Law, 2013, S. 51.

Král, Richard, Questioning the Limits of Invocability of EU Directives in Triangular Situations, European Public Law 16 (2010), S. 239.

Kratochwil, Friedrich, The Role of Domestic Courts as Agencies of the International Legal Order, in: Richard Falk / ders. / Saul H. Mendlovitz (Hg.), International Law: A Contemporary Perspective, 1985, S. 236.

Krygier, Martin, Rule of Law, in: Michel Rosenfeld / András Sajó (Hg.), The Oxford Handbook of Comparative Constitutional Law, 2012, S. 233.

Kuch, Hansjörg, Artikel 95 des EWG-Vertrages in der Rechtsprechung des Bundesfinanzhofs und des Gerichtshofes der Europäischen Gemeinschaften, 1974.

Kumm, Mattias, The Legitimacy of International Law: A Constitutionalist Framework of Analysis, European Journal of International Law 15 (2004), S. 907.

Langenfeld, Christine, Die dezentrale Kontrolle der Anwendung des Europäischen Gemeinschaftsrechts im innerstaatlichen Rechtsraum – dargestellt am Beispiel der Richtlinien –, in: Heinrich Siedentopf (Hg.), Europäische Integration und nationalstaatliche Verwaltung, 1991, S. 173.

Langenfeld, Christine, Zur Direktwirkung von EG-Richtlinien, Die Öffentliche Verwaltung 1992, S. 955.

Lecourt, Robert, L'Europe des juges, 1976.

Lecourt, Robert, Quel eut été le droit des Communautés sans les arrêts de 1963 et 1964 (1)?, in: L'Europe et le droit, Mélanges en hommage à Jean Boulouis, 1991, S. 349.

Leible, Stefan / Ronny Domröse, § 9 Die primärrechtskonforme Auslegung, in: Karl Riesenhuber (Hg.), Europäische Methodenlehre, 2. Aufl. 2010, S. 250.

Lenaerts, Koen, Constitutionalism and the Many Faces of Federalism, American Journal of Comparative Law 38 (1990), S. 205.

Lenaerts, Koen / Tim Corthaut, Of Birds and Hedges: The Role of Primacy in Invoking Norms of EU Law, European Law Review 31 (2006), S. 287.

Lenz, Carl Otto, Alleine verantwortlich – Erfahrungen eines Generalanwalts, in: Daniela Heid / Rüdiger Stotz / Arsène Verny (Hg.), Festschrift für Manfred A. Dauses zum 70. Geburtstag, 2014, S. 217.

Lenz, Miriam / Dóra Sif Tynes / Lorna Young, Horizontal What? Back to basics, European Law Review 25 (2000), S. 509.

Ley, Isabelle, Kant versus Locke: Europarechtlicher und völkerrechtlicher Konstitutionalismus im Vergleich, Zeitschrift für ausländisches öffentliches Recht und Völkerrecht 69 (2009), S. 317.

Louis, Jean-Victor, Observations, Journal des Tribunaux 89 (1974), S. 549.

Louis, Jean-Victor, in: Jacques Mégret / Michel Waelbroeck / ders. / Daniel Vignes / Jean-Louis Dewost (Hg.), Commentaire Mégret, Le droit de la CEE, Bd. 10, La Cour des justice, les actes des institutions, 2. Aufl. 1993, Article 189.

Loussouarn, Yvon, Droit d'établissement, Revue Trimestrielle de Droit Européen 11 (1975), S. 518.

Luhmann, Niklas, Positivität des Rechts als Voraussetzung einer modernen Gesellschaft, in: Rüdiger Laumann / Werner Maihofer / Helmut Schelsky (Hg.), Jahrbuch für Rechtssoziologie und Rechtstheorie, Bd. 1, Die Funktion des Rechts in der modernen Gesellschaft, 1970, S. 175.

Luhmann, Niklas, Das Recht der Gesellschaft, 1993.

Lyon-Caen, Gérard, Observations, Revue Trimestrielle de Droit Européen 12 (1976), S. 141.

Maduro, Miguel Poiares, Der Kontrapunkt im Dienste eines europäischen Verfassungspluralismus, Europarecht 2007, S. 3.

Magiera, Siegfried, Die Rechtswirkungen von EG-Richtlinien im Konflikt zwischen Bundesfinanzhof und Europäischem Gerichtshof, Die Öffentliche Verwaltung 1985, S. 937.

Malferrari, Luigi, Zurückweisung von Vorabentscheidungsersuchen durch den EuGH, 2003.

Mancini, Guiseppe Federico, The Making of a Constitution for Europe, Common Market Law Review 26 (1989), S. 595.

Mancini, Guiseppe Federico, Democracy and Constitutionalism in the European Union, 2000.

Mancini, Guiseppe Federico / David T. Keeling, From CILFIT to ERT: the Constitutional Challenge facing the European Court, Yearbook of European Law 11 (1991), S. 1.

Manin, Philippe, L'invocabilité des directives: Quelques interrogations, Revue Trimestrielle de Droit Européen 26 (1990), S. 669.

Manin, Philippe, De l'utilisation des directives communautaires par les personnes physiques ou morales, AJDA – L'Actualité juridique : Droit administratif 50 (1994), S. 259.

Manthey, Leslie / Christopher Unseld, Der Mythos vom contra-legem-Verbot: Vom Umgang des EuGH mit einem Verfassungsprinzip, Die Öffentliche Verwaltung 2011, S. 921.

Marsh, Norman S., Some Reflections on Legal Integration in Europe, International and Comparative Law Quarterly 12 (1963), S. 1411.

Martens, Sebastian A. E., Methodenlehre des Unionsrechts, 2013.

Martines, Francesca, Direct Effect of International Agreements of the European Union, European Journal of International Law 25 (2014), S. 129.

Masing, Johannes, Die Mobilisierung des Bürgers für die Durchsetzung des Rechts: Europäische Impulse für eine Revision der Lehre vom subjektiv-öffentlichen Recht, 1997.

Mayer, Franz C., Van Gend en Loos: The Foundation of a Community of Law, in: Miguel Poiares Maduro / Loïc Azoulai (Hg.), The Past and Future of EU Law: The Classics of EU Law Revisited on the 50th Anniversary of the Rome Treaty, 2010, S. 16.

Mayer, Franz C., in: Eberhard Grabitz / Meinhard Hilf / Martin Nettesheim (Hg.), Das Recht der Europäischen Union, Bd. I, nach Art. 6 EUV, 41. EL Juli 2010.

Mayer, Franz C. / Mattias Wendel, § 4 Die verfassungsrechtlichen Grundlagen des Europarechts, in: Armin Hatje / Peter-Christian Müller-Graff (Hg.), Europäisches Organisations- und Verfassungsrecht, Enzyklopädie Europarecht, Bd. 1, 2014, S. 163.

McGinnis, John O. / Ilya Somin, Should International Law be Part of Our Law?, Stanford Law Review 59 (2006-2007), S. 1175.

Mederer, Wolfgang, in: Hans von der Groeben / Jochen Thiesing / Claus-Dieter Ehlermann (Hg.), Kommentar zum EU-/EG-Vertrag, Bd. 1, 5. Aufl. 1997, Art. 92 EGV.

Meier, Gert, Anmerkung, Außenwirtschaftsdienst des Betriebs-Beraters 1970, S. 475.

Meier, Gert, Anmerkung, Deutsches Verwaltungsblatt 1975, S. 780.

Meier, Gert, Unmittelbare Wirkung von EG-Richtlinien im deutschen Umsatzsteuerrecht?, Betriebs-Berater 1981, S. 1883.

Millarg, Eberhard, Anmerkung, Europarecht 1981, S. 444.

Mögele, Rudolf, Deutsches und europäisches Verwaltungsrecht – wechselseitige Einwirkungen, Bayerische Verwaltungsblätter 1993, S. 552.

Mögele, Rudolf, Neuere Entwicklungen im Recht der Europäischen Gemeinschaften, Bayerische Verwaltungsblätter 1993, S. 129.

Möllers, Christoph, Gewaltengliederung, Legitimation und Dogmatik im nationalen und internationalen Rechtsvergleich, 2005.

Möllers, Christoph, Verfassungsgebende Gewalt – Verfassung – Konstitutionalisierung, in: Armin von Bogdandy / Jürgen Bast (Hg.), Europäisches Verfassungsrecht, 2. Aufl. 2009, S. 227.

Möllers, Thomas M. J. / Alexandra Möhring, Recht und Pflicht zur richtlinienkonformen Rechtsfortbildung bei generellem Umsetzungswillen des Gesetzgebers – Zugleich Besprechung von EuGH Rs. C-404/06 (Quelle AG / Bundesverband der Verbraucherzentralen und Verbraucherverbände) –, Juristenzeitung 2008, S. 919.

Molinier, Joël, Les principes fondateurs de l'Union européenne, 2005.

Moreno Molina, Angel-Manuel, Direct Effect and State Liability, in: Jan H. Jans / Richard Macrory / ders. (Hg.), National Courts and EU Environmental Law, 2013, S. 73.

Morse, Geoffrey, Direct applicability of main Treaty provisions and scope of safeguard clauses, European Law Review 1 (1975), S. 67.

Müller, Friedrich / Ralph Christensen, Juristische Methodik, Bd. II, Europarecht, 3. Aufl. 2012.

Müller-Graff, Peter-Christian, in: Rudolf Streinz (Hg.), EUV/AEUV, 2. Aufl. 2012, Art. 49 AEUV.

Müller-Graff, Peter-Christian, in: Rudolf Streinz (Hg.), EUV/AEUV, 2. Aufl. 2012, Art. 51 AEUV.

Nettesheim, Martin, Auslegung und Fortbildung nationalen Rechts im Lichte des Gemeinschaftsrechts, Archiv des öffentlichen Rechts 119 (1994), S. 261.

Nettesheim, Martin, Der Grundsatz der einheitlichen Wirksamkeit des Gemeinschaftsrechts, in: Albrecht Randelzhofer / Rupert Scholz / Dieter Wilke (Hg.), Gedächtnisschrift für Eberhard Grabitz, 1995, S. 447.

Nettesheim, Martin, in: Eberhard Grabitz / Meinhard Hilf / ders. (Hg.), Das Recht der Europäischen Union, Bd. III, Art. 288 AEUV, 48. EL August 2012.

Nettesheim, Martin, in: Eberhard Grabitz / Meinhard Hilf / ders. (Hg.), Das Recht der Europäischen Union, Bd. III, Art. 291 AEUV, 47. EL April 2012.

Nicolaysen, Gert, Anmerkung, Europarecht 1975, S. 135.

Nicolaysen, Gert, Europäisches Gemeinschaftsrecht, 1979.

Nicolaysen, Gert, Richtlinienwirkung und Gleichbehandlung von Männern und Frauen beim Zugang zum Beruf: Besprechung der EuGH-Urteile vom 10.4.1984 – Rs. 14/83 und Rs. 79/83, Europarecht 1984, S. 380.

Niglia, Leone, Form and Substance in European Constitutional Law: The 'Social' Character of Indirect Effect, European Law Journal 16 (2010), S. 439.

Nollkaemper, André, National Courts and the International Rule of Law, 2011.

Nollkaemper, André, The Duality of Direct Effect of International Law, European Journal of International Law 25 (2014), S. 105.

Öhlinger, Theo / Michael Potacs, EU-Recht und staatliches Recht: Die Anwendung des Europarechts im innerstaatlichen Bereich, 5. Aufl. 2013.

von Oettingen, *Anna*, Effet utile und individuelle Rechte im Recht der Europäischen Union, 2009.

Ohler, *Christoph*, Objektive Wirkung von Richtlinien, in: Waldemar Hummer (Hg.), Neueste Entwicklungen im Zusammenspiel von Europarecht und nationalem Recht der Mitgliedstaaten, 2010, S. 147.

Ophüls, *C. F.*, Anmerkung, Neue Juristische Wochenschrift 1963, S. 1751.

Oppermann, *Thomas* / *Claus Dieter Classen* / *Martin Nettesheim*, Europarecht, 6. Aufl. 2014.

Pache, *Eckhard*, Die Kontrolldichte in der Rechtsprechung des Gerichtshofs der Europäischen Gemeinschaften, Deutsches Verwaltungsblatt 1998, S. 380.

Pagenkopf, *Martin*, Zum Einfluß des Gemeinschaftsrechts auf nationales Wirtschaftsverwaltungsrecht – Versuch einer praktischen Einführung, Neue Zeitschrift für Verwaltungsrecht 1993, S. 216.

Papier, *Hans-Jürgen*, Direkte Wirkung von Richtlinien der EG im Umwelt- und Technikrecht, Deutsches Verwaltungsblatt 1993, S. 809.

Pechstein, *Matthias*, Die Anerkennung der rein objektiven unmittelbaren Richtlinienwirkung, Europäisches Wirtschafts- und Steuerrecht 1996, S. 261.

Pernice, *Ingolf*, Auswirkungen des europäischen Binnenmarktes auf das Umweltrecht – Gemeinschafts(verfassungs-)rechtliche Grundlagen, Neue Zeitschrift für Verwaltungsrecht 1990, S. 201.

Pernice, *Ingolf*, Bestandssicherung der Verfassungen: Verfassungsrechtliche Mechanismen zur Wahrung der Verfassungsordnung, in: Roland Bieber / Pierre Widmer (Hg.), Der europäische Verfassungsraum, 1995, S. 225.

Pernice, *Ingolf*, Die Dritte Gewalt im europäischen Verfassungsverbund, Europarecht 1996, S. 27.

Pernice, *Ingolf*, The Autonomy of the EU Legal Order – Fifty Years After *Van Gend*, in: Antonio Tizzano / Juliane Kokott / Sacha Prechal (Hg.), 50ème anniversaire de l'arrêt Van Gend en Loos, 1963-2013, 2013, S. 55.

Pescatore, *Pierre*, Les aspects fonctionnels de la Communauté Economique Européenne, notamment les sources du droit, in: Faculté de droit de Liège, Les aspects juridiques du Marché Commun, 1958, S. 51.

Pescatore, Pierre, Le problème des dispositions directement applicables (self-executing) des traités internationaux et son application aux traités instituant les Communautés, in: Association Néerlandaise pour le Droit Européen, Deuxième colloque international de droit Européen, 1966, S. 137.

Pescatore, Pierre, Die unmittelbare Anwendung der europäischen Verträge durch staatliche Gerichte, Europarecht 1970, S. 56.

Pescatore, Pierre, L'effet des directives communautaires: une tentative de démythification, Recueil Dalloz Sirey, Chronique, 1980, S. 171.

Pescatore, Pierre, Aspects judiciares de l'« acquis communautaire », Revue Trimestrielle de Droit Européen 17 (1981), S. 617.

Pescatore, Pierre, Les travaux du « groupe juridique » dans la négotiation des traités de Rome, Studia Diplomatica 34 (1981), S. 159.

Pescatore, Pierre, The Doctrine of "Direct Effect": An Infant Disease of Community Law, European Law Review 8 (1983), S. 155.

Pescatore, Pierre, Van Gend en Loos, 3 February 1963 – A View from Within, in: Miguel Poiares Maduro / Loïc Azoulai (Hg.), The Past and Future of EU Law: The Classics of EU Law Revisited on the 50th Anniversary of the Rome Treaty, 2010, S. 3.

Peters, Anne, The Position of International Law Within the European Community Legal Order, German Yearbook of International Law 40 (1997), S. 9.

Petersen, Niels, Determining the Domestic Effect of International Law through the Prism of Legitimacy, Zeitschrift für ausländisches öffentliches Recht und Völkerrecht 72 (2012), S. 223.

Picod, Fabrice, Le statut des particuliers, désormais titulaires de droits individuels, in: Antonio Tizzano / Juliane Kokott / Sacha Prechal (Hg.), 50ème anniversaire de l'arrêt Van Gend en Loos, 1963-2013, 2013, S. 81.

Pieper, Stefan Ulrich, Die Direktwirkung von Richtlinien der Europäischen Gemeinschaft, Deutsches Verwaltungsblatt 1990, S. 684.

Pietzcker, Jost, Zur Nichtanwendung europarechtswidriger Gesetze seitens der Verwaltung, in: Ole Due / Marcus Lutter / Jürgen

Schwarze (Hg.), Festschrift für Ulrich Everling, Bd. II, 1995, S. 1095.

Plaza Martín, Carmen, Furthering the Effectiveness of EC Directives and the Judicial Protection of Individual Rights Thereunder, International and Comparative Law Quarterly 43 (1994), S. 26.

Plötner, Jens, Report of France, in: Anne-Marie Slaughter / Alec Stone Sweet / Joseph H. H. Weiler (Hg.), The European Court and National Courts – Doctrine and Jurisprudence, Legal Change in its Social Context, 1997, S. 41.

Pötters, Stephan / Ralph Christensen, Richtlinienkonforme Rechtsfortbildung und Wortlautgrenze, Juristenzeitung 2011, S. 387.

Prechal, Sacha, Does Direct Effect Still Matter?, Common Market Law Review 37 (2000), S. 1047.

Prechal, Sacha, Direct Effect Reconsidered, Redefined and Rejected, in: Jolande M. Prinssen / Annette Schrauwen (Hg.), Direct Effect: Rethinking a Classic of EC Legal Doctrine, 2002, S. 15.

Prechal, Sacha, Directives in EC Law, 2. Aufl. 2005.

Prechal, Sacha, Direct Effect, Indirect Effect, Supremacy and the Evolving Constitution of the European Union, in: Catherine Barnard (Hg.), The Fundamentals of EU Law Revisited: Assessing the Impact of the Constitutional Debate, 2007, S. 35.

R., Ch., Note, Cour de Justice des Communautés Européennes, Arrêt du 5 février 1963, Revue Général de Droit International Public 67 (1963), S. 421.

Radbruch, Gustav, Grundzüge der Rechtsphilosophie, 1914.

Raitio, Juha, The Principle of Legal Certainty as a General Principle of EU Law, in: Ulf Bernitz / Joakim Nergelius / Cecilia Cardner (Hg.), General Principles of EC Law in a Process of Development, 2008, S. 47.

Rambow, Gerhard, The End of the Transitional Period, Common Market Law Review 6 (1968-1969), S. 434.

Rambow, Gerhard, Anmerkung zu EuGH, Urteil vom 6. 10. 1970 - RS 9/70 -, Deutsches Verwaltungsblatt 1971, S. 46.

Rasmussen, Hjalte, On Law and Policy in the European Court of Justice, 1986.

Rasmussen, Morten, The Origins of a Legal Revolution: The Early History of the European Court of Justice, Journal of European Integration History 14 (2008), S. 77.

Rasmussen, *Morten*, From Costa v ENEL to the Treaties of Rome: A brief History of Legal Revolution, in: Miguel Poiares Maduro / Loïc Azoulai (Hg.), The Past and Future of EU Law: The Classics of EU Law Revisited on the 50th Anniversary of the Rome Treaty, 2010, S. 69.

Rasmussen, *Morten*, Revolutionizing European law: A history of the *Van Gend en Loos* judgment, International Journal of Constitutional Law 12 (2014), S. 136.

Raz, *Joseph*, The Authority of Law, Essays on Law and Morality, 2. Aufl. 2009.

Rengeling, *Hans-Werner*, § 27 Durchführung des Europäischen Gemeinschaftsrechts – Überblick, in: ders. (Hg.), Handbuch zum europäischen und deutschen Umweltrecht, Bd. I, Allgemeines Umweltrecht, 2. Aufl. 2003, S. 939.

Ress, *Georg*, Bericht von Prof. Dr. Dr. Georg Ress, Saarbrücken, in: Veröffentlichungen der Vereinigung deutscher Staatsrechtslehrer, Staatszwecke im Verfassungsstaat – nach 40 Jahren Grundgesetz, 48 (1990), S. 56.

Ress, *Georg*, Die richtlinienkonforme „Interpretation" innerstaatlichen Rechts, Die Öffentliche Verwaltung 1994, S. 489.

Riesenfeld, *Stefan A.* / *Richard M. Buxbaum*, N.V. Algemene Transport- en Expedetie Onderneming Van Gend & Loos c. Administration fiscale néerlandaise: A Pioneering Decision of the Court of Justice of the European Communities, American Journal of International Law 58 (1964), S. 152.

Riesenhuber, *Karl*, § 11 Die Auslegung, in: ders. (Hg.), Europäische Methodenlehre, 2. Aufl. 2010, S. 315.

Rigaux, *François*, Observations, Journal des Tribunaux 78 (1963), S. 190.

de *Ripainsel-Landy*, *Denise*, Observations, Cahiers de droit européen 7 (1971), S. 455.

Rittstieg, *Helmut*, Anmerkung zu den Urteilen in den Rechtssachen 41/74 (*van Duyn*) und 67/74 (*Bonsignore*), Europarecht 1976, S. 54.

Robin-Olivier, *Sophie*, The evolution of direct effect in the EU: Stocktaking, problems, projections, International Journal of Constitutional Law 12 (2014), S. 165.

Rodin, Siniša, Back to the Square One – the Past, Present and Future of the Simmenthal Mandate, CEU Instituto Universitario de Estudios Europeos Universidad San Pablo – Documento de Trabajo: Serie Unión Europea Número 40/2011, 2011 (abrufbar unter http://www.idee.ceu.es/Portals/0/Publicaciones/Back-to-Square-One-the-Past-Present-and-Future-of-the-Simmenthal-Mandate.pdf, abgerufen am 27.9.2013).

Röcker, Isabel, Die Pflicht zur rahmenbeschlusskonformen Auslegung nationalen Rechts, 2013.

Rödl, Florian, Arbeitsverfassung, in: Armin von Bogdandy / Jürgen Bast (Hg.), Europäisches Verfassungsrecht, 2. Aufl. 2009, S. 855.

Rogers, John, International Law and United States Law, 1999.

Rosenberg, Leo, Die Beweislast auf der Grundlage des Bürgerlichen Gesetzbuchs und der Zivilprozessordnung, 5. Aufl. 1965.

Rüffler, Friedrich, Richtlinienkonforme Auslegung nationalen Rechts, Österreichische Juristen-Zeitung 1997, S. 121.

Ruffert, Matthias, in: Christian Calliess / ders. (Hg.), EUV/AEUV, 4. Aufl. 2011, Art. 288 AEUV.

Ruffert, Matthias, in: Christian Calliess / ders. (Hg.), EUV/AEUV, 4. Aufl. 2011, Art. 291 AEUV.

Ruffert, Matthias, in: Christian Calliess / ders. (Hg.), EUV/AEUV, 4. Aufl. 2011, Art. 340 AEUV.

Ruiz Fabri, Hélène, Conjuguer justice et prudence: commentaire sur le développement de l'effet direct du droit international en droit de l'Union, in: Antonio Tizzano / Juliane Kokott / Sacha Prechal (Hg.), 50ème anniversaire de l'arrêt Van Gend en Loos, 1963-2013, 2013, S. 189.

Ruiz Fabri, Hélène, Is There a Case – Legally and Politically – for Direct Effect of WTO Obligations?, European Journal of International Law 25 (2014), S. 151.

Sagmeister, Holger M., Ist die Gewährung eines subjektiven Rechts Voraussetzung für die unmittelbare Anwendbarkeit von EU-Recht?, Zeitschrift für europarechtliche Studien 2011, S. 1.

Scelle, Georges, Règles générales du droit de la paix, in: Recueil des cours 46 (1933-IV), S. 327.

Schäfer, Peter, in: Rudolf Streinz (Hg.), EUV/AEUV, 2. Aufl. 2012, Art. 96 AEUV.

Scharpf, Fritz W., Demokratietheorie zwischen Utopie und Anpassung, 1970.

Scharpf, Fritz W., Regieren in Europa, Effektiv und demokratisch?, 1999.

Schebesta, Hanna, Does the National Court Know European Law? A Note on *Ex Officio* Application after *Asturcom*, European Review of Private Law 18 (2010), S. 847.

Schenke, Ralf P., Von der unmittelbaren Geltung von Richtlinien zur richtlinienkonformen Rechtsfortbildung: Die steuerrechtliche Perspektive, in: Peter-Christian Müller-Graff / Stefanie Schmahl / Vassilios Skouris (Hg.), Europäisches Recht zwischen Bewährung und Wandel: Festschrift für Dieter H. Scheuing, 2011, S. 149.

Schermers, Henry G., No Direct Effect for Directives, European Public Law 3 (1997), S. 527.

Scheuing, Dieter H., Bericht über die Arbeiten der III. Kommission des VI. Europarechtskongresses der FIDE in Luxemburg zum Thema „Die Europäische Rechtsprechung nach zwanzig Jahren gemeinschaftlicher Erfahrung" vom 24. bis 26. Mai 1973 unter Leitung von Pierre Pescatore, Europarecht 1973, S. 248.

Scheuing, Dieter H., Das Niederlassungsrecht im Prozess der Integration: Bemerkungen zum Urteil des Gerichtshofs der Europäischen Gemeinschaften vom 21. Juni 1974 in der Rechtssache 2/74, Juristenzeitung 1975, S. 151.

Scheuing, Dieter H., Rechtsprobleme bei der Durchsetzung des Gemeinschaftsrechts in der Bundesrepublik Deutschland, Europarecht 1985, S. 229.

Scheuing, Dieter H., Europarechtliche Impulse für innovative Ansätze im deutschen Verwaltungsrecht, in: Wolfgang Hoffmann-Riem / Eberhard Schmidt-Aßmann (Hg.), Innovation und Flexibilität des Verwaltungshandelns, 1994, S. 289.

Schilling, Theodor, Bestand und allgemeine Lehre der bürgerschützenden allgemeinen Rechtsgrundsätze des Gemeinschaftsrechts, Europäische GRUNDRECHTE-Zeitschrift 2000, S. 3.

Schmidt-Aßmann, Eberhard, Zur Europäisierung des allgemeinen Verwaltungsrechts, in: Peter Badura / Rupert Scholz (Hg.), Wege und Verfahren des Verfassungslebens – Festschrift für Peter Lerche zum 65. Geburtstag, 1993, S. 513.

Schmidt-Aßmann, *Eberhard*, Europäische Verwaltung zwischen Kooperation und Hierarchie, in: Hans-Joachim Cremer / Thomas Giegerich / Dagmar Richter / Andreas Zimmermann (Hg.), Tradition und Weltoffenheit des Rechts, Festschrift für Helmut Steinberger, 2002, S. 1375

Schmidt-Aßmann, *Eberhard*, Das Allgemeine Verwaltungsrecht als Ordnungsidee, Grundlagen und Aufgaben der verwaltungsrechtlichen Systembildung, 2. Aufl. 2006.

Schmidt-Aßmann, *Eberhard*, § 5 Verfassungsprinzipien für den Europäischen Verwaltungsverbund, in: Wolfgang Hoffmann-Riem / Eberhard Schmidt-Aßmann / Andreas Voßkuhle (Hg.), Grundlagen des Verwaltungsrechts, Bd. I, 2. Aufl. 2012, S. 261.

Schoch, *Friedrich*, § 50 Gerichtliche Verwaltungskontrollen, in: Wolfgang Hoffmann-Riem / Eberhard Schmidt-Aßmann / Andreas Voßkuhle (Hg.), Grundlagen des Verwaltungsrechts, Bd. III, 2. Aufl. 2013, S. 687.

Schroeder, *Werner* / *Martin Selmayr*, Die EG, das GATT und die Vollzugslehre, Juristenzeitung 1998, S. 344.

Schroeder, *Werner*, in: Rudolf Streinz (Hg.), EUV/AEUV, 2. Aufl. 2012, Art. 288 AEUV.

Schütz, *Hans-Joachim* / *Thomas Bruha* / *Doris König*, Casebook Europarecht, 2004.

Schütze, *Robert*, The Morphology of Legislative Power in the European Community: Legal Instruments and the Federal Division of Powers, Yearbook of European Law 25 (2006), S. 91.

Schütze, *Robert*, On "Federal" Ground: The European Union as (Inter)National Phenomenon, Common Market Law Review 46 (2009), S. 1069.

Schütze, *Robert*, European Constitutional Law, 2012.

Schwarze, *Jürgen*, Europäisches Verwaltungsrecht, 2. Aufl. 2005.

Schwarze, *Jürgen*, in: ders. (Hg.), EU-Kommentar, 3. Aufl. 2012, Art. 19 EUV.

Schweisfurth, *Theodor*, Völkerrecht, 2006.

Schweitzer, *Michael* / *Waldemar Hummer* / *Walter Obwexer*, Europarecht: Das Recht der Europäischen Union, 2007.

Sebba, *Ilan*, The Doctrine of 'Direct Effect': A Malignant Disease of Community Law, Legal Issues of Economic Integration 22 (1995), S. 35.

Seidel, Martin, Die Direkt- oder Drittwirkung von Richtlinien des Gemeinschaftsrechts, Neue Juristische Wochenschrift 1985, S. 517.

Sellers, Mortimer, An Introduction to the Rule of Law in Comparative Perpective, in: ders. / Tadeusz Tomaszewski (Hg.), The Rule of Law in Comparative Perspective, 2010, S. 1.

Seyr, Sibylle, Der *effet utile* in der Rechtsprechung des EuGH, 2008.

Sigloch, Heinrich, Zur angeblichen unmittelbaren Wirkung von EG-Richtlinien im deutschen Umsatzsteuerrecht, Betriebs-Berater 1982, S. 791.

Simma, Bruno, Reciprocity, Max Planck Encyclopedia of Public International Law, www.mpepil.com, April 2008.

Simmonds, K. R., Van Duyn v. The Home Office: The Direct Effectiveness of Directives, International and Comparative Law Quarterly 24 (1975), S. 419.

Simon, Denys, Chronique de jurisprudence de la Cour de justice des Communautés européennes – Institutions et ordre juridique communautaire, Journal du droit international 117 (1990), S. 456.

Simon, Denys, La directive européenne, 1997.

Simon, Denys, Le système juridique communautaire, 3. Aufl. 2001.

Sk., Annotation, Common Market Law Review 1 (1963/1964), S. 88.

Slaughter, Anne-Marie / Alec Stone Sweet / Joseph H. H. Weiler (Hg.), The European Court and National Courts – Doctrine and Jurisprudence, Legal Change in its Social Context, 1997.

Snyder, Francis, New Directions in European Community Law, 1990.

Snyder, Francis, The Effectiveness of European Community Law: Institutions, Processes, Tools and Techniques, The Modern Law Review 56 (1993), S. 19.

Snyder, Francis, The Gatekeepers: The European Courts and WTO Law, Common Market Law Review 40 (2003), S. 313.

Speller, Jules, In Defence of Logic Secundum Curiam and Logic Simpliciter, Legal Issues of Economic Integration 7 (1980), S. 59.

Spengler, Albrecht, Abgrenzung zwischen dem GWB und den „Vorschriften für Unternehmen“ im EWG-Vertrag, Wirtschaft und Wettbewerb 1958, S. 73.

Spengler, *Albrecht*, Abgrenzung zwischen dem GWB und den „Vorschriften für Unternehmen" im EWG-Vertrag (II), Wirtschaft und Wettbewerb 1958, S. 461.

Stabenow, *Wolfgang*, in: Hans von der Groeben / Hans von Boeckh / Jochen Thiesing (Hg.), Kommentar zum EWG-Vertrag, Bd. 1, 2. Aufl. 1974, Art. 8.

Stein, *Eric*, Lawyers, Judges and the Making of a Transnational Constitution, American Journal of International Law 75 (1981), S. 1.

Stein, *Torsten / Christian von Buttlar*, Völkerrecht, 2012.

Steindorff, *Ernst*, EG-Richtlinien und Illusionen, in: Ole Due / Marcus Lutter / Jürgen Schwarze (Hg.), Festschrift für Ulrich Everling, Bd. II, 1995, S. 1455.

Steiner, *J.*, Direct Applicability in EEC Law – A Chameleon Concept, The Law Quarterly Review 98 (1982), S. 229.

Stolleis, *Michael*, Europa als Rechtsgemeinschaft, in: Stefan Kadelbach (Hg.), Europa als kulturelle Idee, Symposion für Claudio Magris, 2010, S. 71.

Streinz, *Rudolf*, § 218 Vollzug des europäischen Rechts durch deutsche Staatsorgane, in: Josef Isensee / Paul Kirchhof (Hg.), Handbuch des Staatsrechts der Bundesrepublik Deutschland, Bd. X, Deutschland in der Staatengemeinschaft, 3. Aufl. 2012, S. 507.

Streinz, *Rudolf*, in: ders. (Hg), EUV/AEUV, 2. Aufl. 2012, Art. 4 EUV.

Szpunar, *Maciej*, *Van Gend en Loos* from the perspective of new Member States, in: Antonio Tizzano / Juliane Kokott / Sacha Prechal (Hg.), 50ème anniversaire de l'arrêt Van Gend en Loos, 1963-2013, 2013, S. 123.

Temple Lang, *John*, The Duties of National Courts under Community Constitutional Law, European Law Review 22 (1997), S. 3.

Temple Lang, *John*, Legal Certainty and Legitimate Expectations as General Principles of Law, in: Ulf Bernitz / Joakim Nergelius (Hg.), General Principles of European Community Law, 2000, S. 163.

Terhechte, *Jörg Philipp*, § 7 Prinzipienordnung der Europäischen Union, in: Armin Hatje / Peter-Christian Müller-Graff (Hg.), Europäisches Organisations- und Verfassungsrecht, Enzyklopädie Europarecht, Bd. 1, 2014, S. 329.

Terhechte, Jörg Philipp, in: Eberhard Grabitz / Meinhard Hilf / Martin Nettesheim (Hg.), Das Recht der Europäischen Union, Bd. I, Art. 3 EUV, 53. EL Mai 2014.

Thiesing, Jochen, in: Hans von der Groeben / Hans von Boeckh (Hg.), Kommentar zum EWG-Vertrag, Band I, 1958, Vorbemerkung zu den Wettbewerbsregeln.

Timmermans, C. W. A., Directives: Their Effect within the National Legal Systems, Common Market Law Review 16 (1979), S. 533.

Tinbergen, Jan, International Economic Integration, 2. Aufl. 1954.

Tomuschat, Christian, Zur Rechtswirkung der von der Europäischen Gemeinschaft abgeschlossenen Verträge in der Gemeinschaftsrechtsordnung, in: Gerhard Lüke / Georg Ress / Michael R. Will (Hg.), Rechtsvergleichung, Europarecht und Staatenintegration: Gedächtnisschrift für Léontin Constantinesco, 1983, S. 801.

Tomuschat, Christian, Nein, und abermals Nein! Zum Urteil des BFH vom 25. April 1985 (V R 123/84), Europarecht 1985, S. 346.

Tomuschat, Christian, Introduction, in: Antonio Tizzano / Juliane Kokott / Sacha Prechal (Hg.), 50ème anniversaire de l'arrêt Van Gend en Loos, 1963-2013, 2013, S. 49.

Tridimas, Takis, The General Principles of EU Law, 2. Aufl. 2006.

Tzanakopoulos, Antonios, Domestic Courts in International Law: The International Judicial Function of National Courts, Loyola of Los Angeles International and Comparative Law Review 34 (2011-2012), S. 133.

Ukrow, Jörg, Richterliche Rechtsfortbildung durch den EuGH, 1995.

Ulmer, Peter, Das Verbot der steuerlichen Diskriminierung von Einfuhren in Artikel 95 des EWG-Vertrages und seine Auswirkungen auf das nationale Abgabenrecht, Außenwirtschaftsdienst 1966, S. 277.

Vauchez, Antoine, The transnational politics of judicialization. *Van Gend en Loos* and the making of EU polity, European Law Journal 16 (2010), S. 1.

Vázquez, Carlos Manuel, The Four Doctrines of Self-Executing Treaties, American Journal of International Law 89 (1995), S. 695.

Vedder, Christoph, in: ders. / Wolff Heintschel von Heinegg (Hg.), Europäisches Unionsrecht, EUV/AEUV, Grundrechte-Charta, Handkommentar, 2012, Art. 288 AEUV.

Verdross, Alfred / Bruno Simma, Universelles Völkerrecht, 3. Aufl. 1984.

Verhoeven, Joe, La notion d' « applicabilité directe » du droit international, Revue belge de droit international 15 (1980), S. 243.

Verhoeven, Maartje, The Constanzo Obligation: The Obligations of National Administrative Authorities in the Case of Incompatibility between National Law and European Law, 2011.

Voss, Reimer, Verfassungsrechtliche Probleme des Streits um die unmittelbare Wirkung von EG-Richtlinien, Recht der Internationalen Wirtschaft 1982, S. 570.

Wägenbaur, Rolf, Zur Wirkung von Entscheidungen und Richtlinien des EWG-Rats, Außenwirtschaftsdienst des Betriebs-Beraters 1970, S. 481.

Waelbroeck, Michel, Traités internationaux et juridictions internes dans les pays du Marché commun, 1969.

Waelbroeck, Michel, L'immédiateté communautaire, caractéristique de la supranationalité: Quelques conséquences pour la pratique, in: Charles Rousseau / Pierre Lalive / Fausto Pocar / Krzysztof Skubiszewski / J. J. G. Sytauw / ders. / Luzius Wildhaber / Héribert Golsong / Frits Kalshoven (Hg.), Le droit international demain – International Law Tomorrow, 1974, S. 85.

Ward, Angela, More than an 'Infant Disease': Individual Rights, EC Directives, and the Case for Uniform Remedies, in: Jolande M. Prinssen / Annette Schrauwen (Hg.), Direct Effect: Rethinking a Classic of EC Legal Doctrine, 2002, S. 43.

Wathelet, Melchior, Du concept de l'effet direct à celui de l'invocabilité au regard de la jurisprudence récente de la Cour de Justice, in: Mark Hoskins / William Robinson (Hg.), A True European: Essays for Judge David Edward, 2002, S. 367.

Weber, Albrecht, Verwaltungskollisionsrecht der Europäischen Gemeinschaften im Lichte neuerer Rechtsentwicklungen, Europarecht 1986, S. 1.

Wegener, Bernhard W., in: Christian Calliess / Matthias Ruffert (Hg.), EUV/AEUV, 4. Aufl. 2011, Art. 19 EUV.

Weiler, Joseph H. H., The Community System: the Dual Character of Supranationalism, Yearbook of European Law 1 (1981), S. 267.

Weiler, Joseph H. H., The Transformation of Europe, The Yale Law Journal 100 (1991), S. 2403.

Weiler, *Joseph H. H.*, Journey to an Unknown Destination: A Retrospective and Prospective of the European Court of Justice in the Arena of Political Integration, Journal of Common Market Studies 31 (1993), S. 417.

Weiler, *Joseph H. H.*, A Quiet Revolution: The European Court of Justice and Its Interlocutors, Comparative Political Studies 26 (1994), S. 510.

Weiler, *Joseph H. H.*, Epilogue, The European Courts of Justice: Beyond 'Beyond Doctrine' or the Legitimacy Crisis of European Constitutionalism, in: Anne-Marie Slaughter / Alec Stone Sweet / ders. (Hg.), The European Court and National Courts – Doctrine and Jurisprudence, Legal Change in its Social Context, 1997, S. 365.

Weiler, *Joseph H. H.*, The Geology of International Law – Governance, Democracy and Legitimacy, Zeitschrift für ausländisches öffentliches Recht und Völkerrecht 64 (2004), S. 547.

Weiler, *Joseph H. H.*, Deciphering the Political and Legal DNA of European Integration: An Exploratory Essay, in: Julie Dickson / Pavlos Eleftheriadis (Hg.), Philosophical Foundations of European Union Law, 2012, S. 137.

Weiler, *Joseph H. H.*, Revisiting *Van Gend en Loos*: Subjectifying and Objectifying the Individual, in: Antonio Tizzano / Juliane Kokott / Sacha Prechal (Hg.), 50ème anniversaire de l'arrêt Van Gend en Loos, 1963-2013, 2013, S. 11.

Weiler, *Joseph H. H.*, Van Gend en Loos: *The individual as subject and object and the dilemma of European legitimacy*, International Journal of Constitutional Law 12 (2014), S. 94.

Wendt, *Peter*, Umsatzausgleichsteuer und EWG-Vertrag, Außenwirtschaftsdienst 1966, S. 327.

Wengler, *Wilhelm*, Anmerkung, Neue Juristische Wochenschrift 1963, S. 1752.

Werbke, *Axel*, Das Recht des Einzelnen zur Berufung auf staatengerichtete Entscheidungen (Art. 189 EWGV), Neue Juristische Wochenschrift 1970, S. 2137.

Westermann, *Harm Peter*, in: Franz Jürgen Säcker / Roland Rixecker (Hg.), Münchener Kommentar zum BGB, Bd. 1, 6. Aufl. 2012, § 163 BGB.

Wilhelm, *Christophe*, Introduction et force obligatoire des traités internationaux dans l'ordre juridique suisse, 1993.

Winter, Gerd, Rechtsschutz gegen Behörden, die Umweltrichtlinien der EG nicht beachten, Natur + Recht 1991, S. 453.

Winter, J. A., Direct Applicability and Direct Effect: Two Distinct and Different Concepts in Community Law, Common Market Law Review 9 (1972), S. 425.

de Witte, Bruno, Direct Effect, Supremacy and the Nature of the Legal Order, in: Paul Craig / Gráinne de Búrca (Hg.), The Evolution of EU Law, 1. Aufl. 1999, S. 177.

de Witte, Bruno, The Continuous Significance of *Van Gend en Loos*, in: Miguel Poiares Maduro / Loïc Azoulai (Hg.), The Past and Future of EU Law: The Classics of EU Law Revisited on the 50th Anniversary of the Rome Treaty, 2010, S. 9.

de Witte, Bruno, Direct Effect, Primacy, and the Nature of the Legal Order, in: Paul Craig / Gráinne de Búrca (Hg.), The Evolution of EU Law, 2. Aufl. 2011, S. 323.

de Witte, Bruno, The Impact of Van Gend en Loos on Judicial Protection at European and National Level: Three Types of Preliminary Questions, in: Antonio Tizzano / Juliane Kokott / Sacha Prechal (Hg.), 50ème anniversaire de l'arrêt Van Gend en Loos, 1963-2013, 2013, S. 93.

Wohlfahrt, Christian, Veränderungen des Lissabon-Vertrages im Hinblick auf die Doktrin der unmittelbaren Wirkung, Zeitschrift für ausländisches öffentliches Recht und Völkerrecht 70 (2010), S. 523.

Wohlfarth, Ernst / Ulrich Everling / Hans Joachim Glaesner / Rudolf Sprung, Die Europäische Wirtschaftsgemeinschaft: Kommentar zum Vertrag, 1960.

Wolfrum, Rüdiger / Volker Röben (Hg.), Legitimacy in International Law, 2008.

Wüger, Daniel, Anwendbarkeit und Justitziabilität völkerrechtlicher Normen im schweizerischen Recht: Grundlagen, Methoden und Kriterien, 2005.

Wyatt, Derrick, Direct applicability of Community acts, European Law Review 1 (1975), S. 51.

Ziller, Jacques, Les réactions des milieux institutionnels, nationaux et scientifiques de l'époque, in: Antonio Tizzano / Juliane Kokott / Sacha Prechal (Hg.), 50ème anniversaire de l'arrêt Van Gend en Loos, 1963-2013, 2013, S. 37.

Zöchling-Jud, *Brigitta*, Überlegungen zur unmittelbare Wirkung des Unionsrechts, in: Clemens Jabloner / Gabriele Kucsko-Stadlmayer / Gerhard Muzak / Bettina Perthold-Stoitzner / Karl Stöger (Hg.), Vom praktischen Wert der Methode: Festschrift Heinz Mayer zum 65. Geburtstag, 2011, S. 871.

Zolo, *Danilo*, The Rule of Law: A Critical Reappraisal, in: Pietro Costa / ders. (Hg.), The Rule of Law: History, Theory and Criticism, 2007, S. 3.

Zürn, *Michael / Jürgen Neyer*, Conclusions – the conditions of compliance, in: Michael Zürn / Christian Joerges (Hg.), Law and Governance in Postnational Europe: Compliance beyond the Nation-State, 2005, S. 183.

Zuleeg, *Manfred*, Das Recht der Europäischen Gemeinschaften im innerstaatlichen Bereich, 1969.

Zuleeg, *Manfred*, Die innerstaatliche Anwendbarkeit völkerrechtlicher Verträge am Beispiel des GATT und der Europäischen Sozialcharta, Zeitschrift für ausländisches öffentliches Recht und Völkerrecht 35 (1975), S. 341.

Zuleeg, *Manfred*, Die Europäische Gemeinschaft als Rechtsgemeinschaft, Neue Juristische Wochenschrift 1994, S. 545.

Sachregister

Max-Planck-Institut für ausländisches öffentliches Recht und Völkerrecht

Beiträge zum ausländischen öffentlichen Recht und Völkerrecht

Hrsg.: A. von Bogdandy, A. Peters

Bde. 27–59 erschienen im Carl Heymanns Verlag KG Köln, Berlin (Bestellung an: Max-Planck-Institut für Völkerrecht, Im Neuenheimer Feld 535, 69120 Heidelberg); ab Band 60 im Springer Heidelberg New York Dordrecht London

---

254 Christian *Wohlfahrt*: **Die Vermutung unmittelbarer Wirkung des Unionsrechts.** 2016. XIX, 300 Seiten. Geb. € 84,99

253 Katja *Göcke*: **Indigene Landrechte im internationalen Vergleich.** 2016. XVII, 818 Seiten. Geb. € 139,99

252 Julia *Heesen*: **Interne Abkommen.** 2015. XXI, 473 Seiten. Geb. € 94,99

251 Matthias *Goldmann*: **Internationale öffentliche Gewalt.** 2015. XXIX, 636 Seiten. Geb. € 109,99

250 Isabelle *Ley*: **Opposition im Völkerrecht.** 2014. XXIII, 452 Seiten. Geb. € 94,99

249 Matthias *Kottmann*: **Introvertierte Rechtsgemeinschaft.** 2014. XII, 352 Seiten. Geb. € 84,99

248 Jelena *von Achenbach*: **Demokratische Gesetzgebung in der Europäischen Union.** 2014. XVI, 522 Seiten. Geb. € 94,99

247 Jürgen *Friedrich*: **International Environmental "soft law".** 2014. XXI, 503 Seiten. Geb. € 94,99 zzgl. landesüblicher MwSt.

246 Anuscheh *Farahat*: **Progressive Inklusion.** 2014. XXIV, 429 Seiten. Geb. € 94,99

245 Christina *Binder*: **Die Grenzen der Vertragstreue im Völkerrecht.** 2013. XL, 770 Seiten. Geb. € 119,99

244 Cornelia *Hagedorn*: **Legitime Strategien der Dissensbewältigung in demokratischen Staaten.** 2013. XX, 551 Seiten. Geb. € 99,99

243 Marianne *Klumpp*: **Schiedsgerichtsbarkeit und Ständiges Revisionsgericht des Mercosur.** 2013. XX, 512 Seiten. Geb. € 94,99

242 Karen *Kaiser* (Hrsg.): **Der Vertrag von Lissabon vor dem Bundesverfassungsgericht.** 2013. XX, 1635 Seiten. Geb. € 199,99

241 Dominik *Steiger*: **Das völkerrechtliche Folterverbot und der „Krieg gegen den Terror".** 2013. XXX, 821 Seiten. Geb. € 139,99

240 Silja *Vöneky*, Britta *Beylage-Haarmann*, Anja *Höfelmeier*, Anna-Katharina *Hübler* (Hrsg.): **Ethik und Recht - Die Ethisierung des Rechts/Ethics and Law - The Ethicalization of Law.** 2013. XVIII, 456 Seiten. Geb. € 94,99

239 Rüdiger *Wolfrum*, Ina *Gätzschmann* (eds.): **International Dispute Settlement: Room for Innovations?** 2013. XIV, 445 Seiten. Geb. € 94,95 zzgl. landesüblicher MwSt.

238 Isabel *Röcker*: **Die Pflicht zur rahmenbeschlusskonformen Auslegung nationalen Rechts.** 2013. XXIII, 410 Seiten. Geb. € 89,95

237 Maike *Kuhn*: **Die Europäische Sicherheits- und Verteidigungspolitik im Mehrebenensystem.** 2012. XIII, 325 Seiten. Geb. € 79,95

236 Armin *von Bogdandy*, Ingo *Venzke* (eds.): **International Judicial Lawmaking.** 2012. XVII, 509 Seiten. Geb. € 94,95 zzgl. landesüblicher MwSt.

235 Susanne *Wasum-Rainer*, Ingo *Winkelmann*, Katrin *Tiroch* (eds.): **Arctic Science, International Law and Climate Change.** 2012. XIX, 374 Seiten. Geb. € 84,95 zzgl. landesüblicher MwSt.

234 Mirja A. *Trilsch*: **Die Justiziabilität wirtschaftlicher, sozialer und kultureller Rechte im innerstaatlichen Recht.** 2012. XIX, 559 Seiten. Geb. € 99,95

233 Anja *Seibert-Fohr* (ed.): **Judicial Independence in Transition.** 2012. XIII, 1378 Seiten. Geb. € 169,95 zzgl. landesüblicher MwSt.

232 Sandra *Stahl*: **Schutzpflichten im Völkerrecht - Ansatz einer Dogmatik.** 2012. XXX, 505 Seiten. Geb. € 94,95

231 Thomas *Kleinlein*: **Konstitutionalisierung im Völkerrecht.** 2012. XLII, 940 Seiten. Geb. € 149,95

230 Roland *Otto*: **Targeted Killings and International Law.** 2012. XVIII, 661 Seiten. Geb. € 109,95 zzgl. landesüblicher MwSt.

229 Nele *Matz-Lück*, Mathias *Hong* (Hrsg.): **Grundrechte und Grundfreiheiten im Mehrebenensystem - Konkurrenzen und Interferenzen.** 2012. VIII, 394 Seiten. Geb. € 89,95

228 Matthias *Ruffert*, Sebastian *Steinecke:* **The Global Administrative Law of Science,** 2011. IX, 140 Seiten. Geb. € 59,95 zzgl. landesüblicher MwSt.

227 Sebastian *Pritzkow*: **Das völkerrechtliche Verhältnis zwischen der EU und Russland im Energiesektor.** 2011. XXIV, 304 Seiten. Geb. € 79,95

226 Sarah *Wolf*: **Unterseeische Rohrleitungen und Meeresumweltschutz.** 2011. XXIII, 442 Seiten. Geb. € 94,95

225 Clemens *Feinäugle*: **Hoheitsgewalt im Völkerrecht.** 2011. XXVI, 418 Seiten. Geb. € 89,95

224 David *Barthel*: **Die neue Sicherheits- und Verteidigungsarchitektur der Afrikanischen Union.** 2011. XXV, 443 Seiten. Geb. € 94,95

223 Tilmann *Altwicker*: **Menschenrechtlicher Gleichheitsschutz.** 2011. XXX, 549 Seiten. Geb. € 99,95

222 Stephan *Bitter*: **Die Sanktion im Recht der Europäischen Union.** 2011. XV, 351 Seiten. Geb. € 84,95

221 Holger *Hestermeyer*, Nele *Matz-Lück*, Anja *Seibert-Fohr*, Silja *Vöneky* (eds.): **Law of the Sea in Dialogue.** 2011. XII, 189 Seiten. Geb. € 69,95 zzgl. landesüblicher MwSt.

220 Jan *Scheffler*: **Die Europäische Union als rechtlich-institutioneller Akteur im System der Vereinten Nationen.** 2011. XXXV, 918 Seiten. Geb. € 149,95

219 Mehrdad *Payandeh*: **Internationales Gemeinschaftsrecht.** 2010. XXXV, 629 Seiten. Geb. € 99,95

218 Jakob *Pichon*: **Internationaler Strafgerichtshof und Sicherheitsrat der Vereinten Nationen.** 2011. XXVI, 399 Seiten. Geb. € 89,95

217 Michael *Duchstein*: **Das internationale Benchmarkingverfahren und seine Bedeutung für den gewerblichen Rechtsschutz.** 2010. XXVI, 528 Seiten. Geb. € 99,95

216 Tobias *Darge*: **Kriegsverbrechen im nationalen und internationalen Recht.** 2010. XXXV, 499 Seiten. Geb. € 94,95

215 Markus *Benzing*: **Das Beweisrecht vor internationalen Gerichten und Schiedsgerichten in zwischenstaatlichen Streitigkeiten.** 2010. L, 846 Seiten. Geb. € 139,95

214 Urs *Saxer*: **Die internationale Steuerung der Selbstbestimmung und der Staatsentstehung.** 2010. XLII, 1140 Seiten. Geb. € 169,95

213 Rüdiger *Wolfrum*, Chie *Kojima* (eds.): **Solidarity: A Structural Principle of International Law.** 2010. XIII, 238 Seiten. Geb. € 69,95 zzgl. landesüblicher MwSt.

212 Ramin S. *Moschtaghi*: **Die menschenrechtliche Situation sunnitischer Kurden in der Islamischen Republik Iran.** 2010. XXIII, 451 Seiten. Geb. € 94,95

211 Georg *Nolte* (ed.): **Peace through International Law. The Role of the International Law Commission.** 2009. IX, 195 Seiten. Geb. € 64,95 zzgl. landesüblicher MwSt.

210 Armin *von Bogdandy*, Rüdiger *Wolfrum*, Jochen *von Bernstorff*, Philipp *Dann*, Matthias *Goldmann* (eds.): **The Exercise of Public Authority by International Institutions.** 2010. XIII, 1005 Seiten. Geb. € 149,95 zzgl. landesüblicher MwSt.

209 Norman *Weiß*: **Kompetenzlehre internationaler Organisationen.** 2009. XVIII, 540 Seiten. Geb. € 99,95

208 Michael *Rötting*: **Das verfassungsrechtliche Beitrittsverfahren zur Europäischen Union.** 2009. XIV, 317 Seiten. Geb. € 79,95

207 Björn *Ahl*: **Die Anwendung völkerrechtlicher Verträge in China.** 2009. XIX, 419 Seiten. Geb. € 89,95

206 Mahulena *Hofmann*: **Von der Transformation zur Kooperationsoffenheit?** 2009. XIX, 585 Seiten. Geb. € 99,95

205 Rüdiger *Wolfrum*, Ulrike *Deutsch* (eds.): **The European Court of Human Rights Overwhelmed by Applications: Problems and Possible Solutions.** 2009. VIII, 128 Seiten. Geb. € 59,95 zzgl. landesüblicher MwSt.

204 Niels *Petersen*: **Demokratie als teleologisches Prinzip.** 2009. XXVII, 280 Seiten. Geb. € 79,95

GPSR Compliance
The European Union's (EU) General Product Safety Regulation (GPSR) is a set of rules that requires consumer products to be safe and our obligations to ensure this.

If you have any concerns about our products, you can contact us on

ProductSafety@springernature.com

In case Publisher is established outside the EU, the EU authorized representative is:

Springer Nature Customer Service Center GmbH
Europaplatz 3
69115 Heidelberg, Germany

www.ingramcontent.com/pod-product-compliance
Lightning Source LLC
LaVergne TN
LVHW020451051026
849527LV00001B/345
* 9 7 8 3 6 6 2 4 8 9 8 0 2 *